VISITES

AUX

LIEUX SAINTS

DANS L'ORDRE DES FAITS ÉVANGÉLIQUES

OU

STATIONS DE LA VIE DE N.-S. JÉSUS-CHRIST

PAR

L'ABBÉ FRANÇOIS AMODRU

Vicaire à Notre-Dame des Victoires

Avec cent quatre-vingt-cinq gravures sur bois

OUVRAGE APPROUVÉ PAR MONSEIGNEUR L'ARCHEVÊQUE DE CAMBRAI
ET RECOMMANDÉ PAR NOSSEIGNEURS LES ÉVÊQUES DE VALENCE ET DE VERSAILLES
ET PAR M. LE CURÉ DE NOTRE-DAME DES VICTOIRES

*Sumptis fidei alis, Hierosolymam
et sancta loca videre cupiebat.*

Elle s'envolait avec les ailes de la foi, brûlant du désir de voir Jérusalem et les lieux saints.

Éloge de Ste Paule par S. JÉRÔME.

PARIS

LIBRAIRIE VICTOR LECOFFRE

90, RUE BONAPARTE, 90

M DCCC LXXXIV

Tous droits réservés

VISITES
AUX
LIEUX SAINTS

DANS L'ORDRE DES FAITS ÉVANGÉLIQUES

OU

STATIONS DE LA VIE DE N.-S. JÉSUS-CHRIST

PAR

L'ABBÉ FRANÇOIS AMODRU

Vicaire à Notre-Dame des Victoires

Avec cent quatre-vingt-cinq gravures sur bois

OUVRAGE APPROUVÉ PAR MONSEIGNEUR L'ARCHEVÊQUE DE CAMBRAI
ET RECOMMANDÉ PAR NOSSEIGNEURS LES ÉVÊQUES DE VALENCE ET DE VERSAILLES
ET PAR M. LE CURÉ DE NOTRE-DAME DES VICTOIRES

*Sumptis fidei alis, Hierosolymam
et sancta loca videre cupiebat.*

Elle s'envolait avec les ailes de la foi,
brûlant du désir de voir Jérusalem
et les lieux saints.

Eloge de Ste Paule par S. Jérôme.

PARIS
LIBRAIRIE VICTOR LECOFFRE
90, RUE BONAPARTE, 90

—

M DCCC LXXXIV

Tous droits réservés

ARCHEVÊCHÉ de CAMBRAI

APPROBATION DE S. G. Mgr DUQUESNAY

ARCHEVÊQUE DE CAMBRAI.

———

Cambrai, le 12 janvier 1884.

Un des signes les plus caractéristiques et des plus consolants du réveil de la foi parmi nous, c'est l'élan qui entraîne les fidèles vers les Lieux Saints et fait revivre, sous une autre forme, l'époque si chevaleresque et si chrétienne des Croisades.

Le livre de M. l'abbé François Amodru, deux fois pèlerin en Terre-Sainte, ne peut qu'augmenter ce mouvement merveilleux. Son principal résultat sera de sanctifier le Pèlerinage en donnant pour guide et pour directeur Notre-Seigneur lui-même ; ce beau livre, c'est l'Évangile reproduit et appliqué à chacun des lieux visités : on entend, on voit, on suit Jésus-Christ ; on devient son contemporain et l'un de ses heureux disciples. Ah! bénis soient donc et le pieux auteur et son ouvrage !

Pèlerins de Jérusalem, voilà votre vade-mecum. Pour

nous qui n'avons pas le bonheur de faire le grand pèlerinage, nous nous consolerons et nous nous édifierons par la lecture de cet excellent ouvrage.

† Alfred,
Archevêque de Cambrai.

ÉVÊCHÉ
de
VALENCE

LETTRE DE S. G. Mgr COTTON

ÉVÊQUE DE VALENCE

Valence, le 16 janvier 1884.

Monsieur l'abbé,

La pensée que vous avez eue d'encadrer le récit de la vie de Notre-Seigneur dans le paysage des lieux où s'est écoulée sa divine existence, est à la fois pieuse et féconde.

Elle révèle votre amour pour cet adorable Sauveur que l'on vit autrefois sur la terre de Judée, conversant avec les hommes, et votre ardent désir de le faire aimer davantage. La lecture de votre intéressant et pieux travail nous donnera une intelligence plus complète du texte évangélique, gravera plus profondément ses leçons dans notre esprit, et nous en fera mieux goûter le charme.

Guidés par vous, les fidèles privés de la consolation de visiter les Lieux Saints pourront, au moins, se les représenter fidèlement. Unis de cœur aux dévots pèlerins qui les parcourent, ils se feront la douce illusion de croire qu'ils adorent avec eux

Jésus pauvre à Bethléem, obéissant à Nazareth, mourant sur le Calvaire.

Comme autrefois les disciples du bon Maitre, ils le suivront pas à pas dans les cités et les bourgades qu'il visitait, prêchant l'Évangile aux pauvres, guérissant toute langueur et toute infirmité.

Que d'enseignements à recueillir! que de paroles à méditer! quels exemples à suivre!

Je bénis Dieu de l'inspiration qu'Il vous a donnée, et je m'en réjouis pour le diocèse de Valence, auquel vous appartenez par votre origine.

Heureux et fier du choix que la Providence a fait de vous pour cette œuvre, j'adresse à Dieu les vœux les plus ardents pour que votre ouvrage obtienne tout le succès que votre zèle sacerdotal ambitionne.

Agréez, Monsieur l'abbé, l'expression respectueuse de mon affectueux dévouement en Notre-Seigneur Jésus-Christ.

† CHARLES,
Évêque de Valence.

ÉVÊCHÉ
de
VERSAILLES

LETTRE DE S. G. Mgr GOUX

ÉVÊQUE DE VERSAILLES

Versailles, le 16 janvier 1884.

Monsieur l'abbé,

Je vous félicite du beau et pieux dessein que vous avez conçu de réunir dans un même livre l'image et la description des lieux où Notre-Seigneur a passé dans le cours de sa vie mortelle, le récit de ses actions emprunté au saint Évangile, et quelques réflexions et prières inspirées naturellement par l'évocation de ces grands souvenirs. Ce livre manquait. Œuvre d'érudition et de piété tout ensemble, il permettra de suivre à la trace les pas du divin Maître, de contempler ses traits ou ses actes dans le cadre où ils ont apparu à ses heureux contemporains. Nous avions les STATIONS DU CHEMIN DE LA CROIX, nous aurons désormais celles de la vie entière de Jésus-Christ. Que de charmes, que de douces impressions cet itinéraire réserve aux âmes pieuses, à celles qui se serviront de votre livre comme d'un manuel de piété en Terre-Sainte, à celles qui chercheront à se consoler de n'avoir pu contempler la Terre promise, en écoutant les récits et en recueillant les *impressions des pèlerins qui en sont revenus ! Il me tarde de voir réalisé tout ce que votre publication me fait pressentir.*

Veuillez agréer, Monsieur l'abbé, avec mes plus sincères félicitations, l'assurance de mon respectueux dévouement en Notre-Seigneur.

† Paul,
Évêque de Versailles.

LETTRE

DE M. LE CURÉ DE N.-D. DES VICTOIRES

Paris, le 23 janvier 1884.

Mon cher vicaire,

Je trouve votre livre plein d'intérêt, et je suis convaincu qu'il plaira aux âmes vraiment pieuses. L'Évangile est là tout entier, et il y est vivant. Avec vous, on peut suivre Jésus-Christ pour ainsi dire pas à pas, on peut le voir et l'entendre à tous les endroits où il a accompli sa divine mission. Selon votre désir, vous le ferez certainement mieux connaître, vous le ferez aimer davantage encore.

Je vous félicite au nom de Notre-Dame des Victoires qui vous a ainsi choisi, parmi ses prêtres, pour être, de nos jours, un nouvel apôtre des Lieux Saints.

C'est au pied de son autel que vous avez eu l'idée de votre pèlerinage, c'est sous son inspiration que vous en avez fait un si édifiant récit.

Elle a une trop grande part dans votre travail pour ne pas le bénir. Ayez donc confiance, elle ne peut manquer de lui donner le succès qu'il mérite.

Je m'en réjouis pour notre sanctuaire, pour vos confrères et pour moi-même.

Croyez, mon cher ami, à mes sentiments les plus dévoués en Notre-Seigneur.

L. Chevojon,

Chanoine honoraire, Curé de Notre-Dame des Victoires, Directeur général de l'Archiconfrérie du saint et immaculé Cœur de Marie.

DÉDICACE

Sainte Mère de Dieu, Notre-Dame des Victoires ! en la chère fête de votre Conception Immaculée, je viens vous offrir ce travail.

Il rappelle les actions et les paroles de votre divin Fils et de vous, et il décrit les lieux sacrés où, tous deux, vous avez laissé l'empreinte de vos pas.

En osant toucher à un sujet si auguste, je savais bien que j'étais téméraire; mais je ne pouvais m'ôter du cœur la pensée que vous donneriez toujours un sourire à ma bonne intention.

O Reine incomparable, si grande, que, pourvu qu'on dise de vous que vous n'êtes pas Dieu, on peut mettre librement sur votre front toutes les couronnes, qua major sub Deo nullatenus intelligitur[1]; *mais*

---

1. Bulle *Ineffabilis* de la définition du dogme de l'Immaculée Conception.

meilleure encore, si cela se peut, que vous n'êtes grande, Notre-Dame des Victoires, oh! daignez bénir ceux qui, dans l'espérance de vous aimer davantage, d'aimer davantage Notre-Seigneur Jésus-Christ, ouvriront ce livre et le liront. Est-ce que je vous demande trop en vous suppliant de leur faire trouver dans ces pauvres pages ce que mon ignorance n'a su y mettre? Vous pouvez faire cela si facilement!

François A<small>MODRU</small>.

Sanctuaire de Notre-Dame des Victoires, 8 décembre 1883
en la fête de l'Immaculée Conception.

PRÉFACE

Le présent ouvrage renferme les paroles et les actions de notre divin Sauveur Jésus-Christ.

Ces paroles et ces actions adorables, nous avons essayé de les enchâsser dans la description à la plume et au burin des lieux sacrés où l'homme-Dieu a parlé et a vécu.

La science, qui, à notre époque, permet de jeter tant de clartés sur la Terre-Sainte, de mettre dans un jour de plus en plus éclatant les traditions, et de placer les faits dont se compose la vie du Sauveur dans un ordre de plus en plus logique, cette science si précieuse, nous l'avons interrogée avec une vive sollicitude ; mais, ne voulant écrire qu'un livre de piété, nous ne l'avons pas fait beaucoup parler, du moins dans son langage technique; nous nous sommes contenté de marcher toujours à sa lumière.

La concordance des faits évangéliques, insérés ici intégralement, nous a été fournie par Dutour, bien que d'autres concordances fussent sous notre main, de plus de valeur peut-être, mais, dans les points difficiles, présentant, comme tous les ouvrages qu'on fera en ce genre, des opinions que chacun est libre d'accepter ou de rejeter.

Les gravures sur bois ont été faites sous notre direction; et quand nous cherchons au fond de notre âme le souvenir de ces lieux vénérables, qui y demeure à jamais gravé, nous trouvons que bon nombre d'entre elles ont une ressemblance saisissante avec la réalité.

Le texte sacré, qui est le joyau du livre, nous l'avons collationné avec toute la vénération de l'amour, sur les traductions les meilleures et les plus autorisées de la sainte Église, gardienne et interprète infaillible de la parole inspirée.

Quant aux toutes petites réflexions qui accompagnent le texte, ce ne sont que des traits, des esquisses, ayant un caractère très général, à la manière de ces sons fugitifs que l'organiste tire d'un instrument, pour donner quelque idée de sa puissance et inviter chacun à se rendre compte par lui-même des trésors d'harmonie qu'il contient.

Les prières, douces fleurs que l'âme chrétienne est heureuse d'offrir à Dieu, sous l'impression des sentiments pieux qu'elle éprouve successivement dans chaque visite, nous les avons empruntées à la liturgie romaine, au rit ambroisien et à de vieux manuscrits de la Térre-Sainte.

Enfin, nous avons montré, en exposant les prophéties et figures, qui sont le plus souvent de simples parallélismes, comment le Nouveau Testament se reflète dans l'Ancien.

Ceci dit, notre but se voit tout de suite. L'Évangile est le foyer par excellence de la consolation, de la force, de la lumière. En encadrant ce divin foyer dans ces dessins, ces descriptions, ces réflexions, nous avons pensé y attirer les âmes qui ont besoin de quelque chose de meilleur que ce que peuvent leur offrir les livres écrits de main d'homme. Et toutes les âmes, en définitive, en sont là. Le divin, c'est ce que recherche instinctivement toute créature baptisée. Ainsi, mettre les fidèles en un contact plus intime avec Notre-Seigneur Jésus-Christ, avec sa parole, avec sa vie divine, tel a été notre but.

D'autres pensées encore, — qui, au reste, rentrent toutes dans celle-là, — nous ont inspiré.

Ceux qui ont jusqu'ici fait le pèlerinage en Terre-Sainte, n'ont jamais eu entre les mains, d'une manière commode, le texte sacré, qu'il importe de lire, quand on foule de ses pieds l'endroit même où s'est passée la scène évangélique. Nous nous sommes demandé bien des fois comment on n'a pas eu l'idée de composer un *Manuel de la Terre-Sainte*, dans le sens que nous indiquons. Et c'est après avoir longtemps attendu en vain que cette lacune fût comblée que nous avons essayé de faire cet ouvrage. Nous espérons que le pèlerin de Terre-Sainte ne l'emportera pas avec lui sans quelque profit.

Et puis, à tous, il n'est pas donné de franchir les mers, et de voir de leurs yeux l'endroit où Notre-Seigneur est né, où il a rendu le dernier soupir, où il a passé sa vie. Mais tous en esprit peuvent faire le pèlerinage. Pour ceux-là, l'image de la patrie absente de notre divin et adoré Maître doit avoir de grands charmes. Trouvant en ce livre, d'un côté, le récit divin, de l'autre, les montagnes, les vallées, les villes, les bourgades, le ciel, l'eau, les ombrages où, durant trente-trois ans, le Fils de Dieu a été vu sur la terre, le pieux fidèle dans son cœur peut suppléer au voyage en Palestine.

Ajoutons encore ceci : saint Ignace de Loyola attachait un grand prix, pour arriver à l'intelligence des mystères de la vie et de la mort de Notre-Seigneur, à la connaissance des lieux où s'est opérée notre rédemption. Dans son incomparable livre des *Exercices* il inscrit, en tête de chaque méditation, un prélude qu'il appelle la *construction du lieu*, et qu'il regarde comme ayant une grande importance pour fixer l'imagination. Ceux à qui Dieu a fait la grâce de comprendre et de goûter la méthode d'oraison de ce grand maître de la vie spirituelle trouveront ici la *construction du lieu* tout à fait d'après nature.

On raconte que le général Bonaparte, après sa victoire du mont Thabor, s'arrêta à Nazareth, et y reçut l'hospitalité au couvent latin. Reconnaissant parmi les religieux un ancien condisciple, le grand homme se jeta à son cou, et lui présenta une poignée d'or, en lui demandant ce qu'il pouvait faire pour lui être agréable. Le Franciscain remercia Napoléon, et prononça ces nobles paroles : « La Terre-Sainte me suffit ! »

Qui donc en pourrait douter ? Est-ce qu'une étude attentive de l'Évangile et des lieux où l'homme-Dieu a passé, n'est pas de nature à faire connaître intimement Notre-Seigneur Jésus-Christ, à faire vivement goûter ce qu'il y a en lui de fortifiant, de consolant, et finalement à amener toute âme intelligente à dire : « Jésus-Christ seul me suffit ! »

Paris, 3 décembre 1883,
en la fête de saint François Xavier.

MANIÈRE DE SE SERVIR

DE L'OUVRAGE

1° *Ceux qui ne peuvent faire le pèlerinage de Terre-Sainte ont le choix :*

Ou de prendre chaque jour une visite, et de s'en servir comme sujet de méditation ;

Ou de prendre chaque jour une visite, et d'aller la lire auprès de Notre-Seigneur, au Très Saint Sacrement de l'autel ;

Ou de prendre chaque jour un certain nombre de pages, et d'en faire un sujet de lecture spirituelle.

On remarquera bien que cet ouvrage ne demande pas à être lu d'un trait. On n'en parcourra chaque fois que peu de pages, si l'on veut en retirer un véritable profit. Il s'agit ici, surtout, de goûter les choses intérieurement.

Ajoutons qu'une table placée à la fin du second volume, indiquera les Évangiles des Dimanches, des Fêtes, du Carême, etc...

2° *Ceux qui font le pèlerinage de Terre-Sainte n'ont qu'à prendre la table suivante :*

JAFFA. Tome I, visite I. — Ramley (Arimathie). I, XLVI. — Latroun, pays du bon Larron. II, CCLXXXII.

---

1. Les chiffres romains majuscules I et II indiquent *le tome*. Les autres indiquent *la visite*.

JÉRUSALEM. — Tour de David. II, ccxxxv, ccxciv. — Église de Sainte-Anne. I, ii. — Temple. I, iii, iv, xxi, xxii, xliv, xlv; II, clxxiii à clxxv, clxxvii à clxxxii, clxxxvi, ccvi, ccviii, ccx à ccxx, ccxxii à ccxxv. — Dans la ville. I, xlvi. — Piscine probatique. I, lxviii. — Simon le Pharisien. I, xciii, cliii. — Mur des pleurs. II, clxii. — Mauvais riche. II, clxx. — Pilate. II, cclix à cclxiii. — Hérode. II, cclx. — Ecce Homo. II, cclxiv. — Voie douloureuse. II, cclxv à cclxxvi. — Basilique du Saint-Sépulcre (crucifiement, mort, sépulture et résurrection du Sauveur). II, cclxxvii à ccxciii. — Chapelle de Sainte-Hélène. II, cccviii. — Invention de la Sainte-Croix. II, cccix.

Sion. — Cénacle. II, ccxxxvii, ccxxx à ccxliv, ccxcvii, ccciii. — Anne. II, ccl. — Caïphe. II, ccli, cclii, cclvi, ccxcv. — Lieu de la mort de la sainte Vierge. II, cccv. — De Sion à Gethsémani. II, ccxlv. — Vallée de la Géhenne. II, cclv.

Haceldama. II, cclviii. — Mont du Mauvais Conseil. II, cxcii, cclvii.

Vallée de Josaphat et mont des Oliviers. I, cl, cli, clii; II, clxxvi, ccii à cciv. — Larmes de Jésus. II, cciii. — Prédiction du jugement. II, ccxxi. — Bethphagé. II, cci. — Ascension. II, ccci, cccii.

Gethsémani. II, ccv, ccxxvi, ccxlvi, ccxlvii, ccxlviii. — Sépulcre de la Vierge. II, ccciv, cccvi, cccvii. — Siloé. I, lxvii; II, clviii, clxxxi. — Puits de Néhémie. II, clvii. — Le Cédron. II, ccxlix. — Tombeau de saint Jacques. II, ccliv.

Bethléem. I, xii, xv, xvi, xvii, xviii, xix, xx, xxvi. — De Bethléem à Nazareth. I, xxiii. — Champ des Pasteurs. I, xiii, xiv.

Saint-Jean in Montana. I, vii, viii, ix, x. — Désert de saint Jean. I, xxix. — Sainte-Croix. II, ccxxix.

Emmaüs. II, ccxcvi.

Ephraïm. II, cxciii, cxciv.

En Judée. I, cliv; II, clvi, clvii, clix.

Béthanie. I, cxlix; II, cxci, cc, ccvii, ccix. — Fontaine des apôtres. II, cxcv. — Chemin de Jéricho. I, cxlviii; II, cxcix.

Jéricho. II, cxc, cxcvi à cxcviii. — Quarantaine. I, xxxvii. — Mer Morte. I, cxiv.

JOURDAIN. I, XXXIV, XXXV, XXXVI, XL, XLI ; II, CLV, CLX à CLXXI. — Au delà du Jourdain. I, CXLIII ; II, CLXXXVII, CXC. — Béthanie du Jourdain. I, XXXVIII, XXXIX ; II, CLXXXVIII et CLXXXIX. El Bireh (Béthel). I, XXXI.

NAPLOUSE-SICHEM. I, XLIX ; L, LI, LII.

SAMARIE OU SÉBASTE. I, CXVII, CXVIII, CXLIV; II, CLXXXIV, CLXXXV. — Garizim. I, CXLV. — Ænnon. I, XLVIII. — Djennin. II, CLXXXIII.

COURSES ÉVANGÉLIQUES EN GALILÉE. I, LXX, XCIV, CIV, CXIII, CXXVI, CXXXVII; II, CLIX, CLX, CLXXII. — Naïm. I, LXXXIX, XC. — Esdrelon. I, CXII, CXVI. — Thabor. I, CXXXV, CXXXVI ; II, CCXCIX.

NAZARETH. I, V, VI, XI, XXX, XXXII, XXXIII, LIII, LV ; II, CCC.— Mont du Précipice. I, LIV. — Cana. I, XLII, LVII. — Champ des épis. I, LXIX. — Plaine de Zabulon. I, CXV.

MONTAGNE DES BEATITUDES. I, de LXXII à LXXXVII. — Autre montagne. I, CXIII. — Lac de Génésareth. I, LVIII, LIX, LXIII, LXVI, LXXI, XCVII, XCIX, C, CI, CII, CV, CXXI. — Terre de Génésar. I, CXXII. — Multiplication des pains. I, CXIX, CXXIX. — Montagne de la Prière. I, CXX. — Tibériade. II, CCXCVIII. — Magdala. I, XCIV. — Bethsaïda. I, XCII, CXXVIII, CXXXI.

CAPHARNAÜM. I, XLIII, LVI, LX, LXI, LXV, LXVII, LXXXVIII, XCV, XCVI, XCVIII, CIII, CIV, CVII à CXI, CXXXIII à CXXXV, CXXXVIII à CXLII, CXLVII. — Dans une solitude. I, LXII. — Montagne du Christ. I, LXIV. — Corozaïn. I, XCI. — Dalmanutha ou Magedan. I, CXXX. — Gérasa. I, CVI.

CÉSARÉE DE PHILIPPE. I, CVII, CXXXII, CXXXIII, CXXXIV. — Abila. I, XXXIV. — Sidon. I, CXXVII. — Tyr. I, CXLVI.

CARMEL, II, CCCX. — D'Égypte en Galilée. I, XXVIII. — Égypte, Caire. I, XXIV, XXV, XXVII.

Jaffa.

PREMIÈRE VISITE.

JAFFA.

JAFFA est l'unique port de la Terre-Sainte. On n'y aborde pas sans danger à cause des mille récifs semés dans la mer aux environs.

Aperçue dans le lointain, de dessus le navire, cette ville offre un aspect enchanteur. On est ravi à la vue de ses maisons, de ses coupoles, de ses minarets étincelant au soleil, de ses terrasses, le tout se détachant sur un fond de feuilles et de fleurs formé par les palmiers, les bananiers, les cactus grands comme de vrais arbres, et par une forêt d'orangers. Telle est Jaffa, sans compter de nombreux souvenirs qui ajoutent à sa beauté un prestige de plus.

C'est à Jaffa, autrefois Joppé, qu'Hiram fit venir les vaisseaux qui portaient les cèdres du Liban destinés par Salomon à la construction du Temple. Là, Jonas s'embarqua pour Tharsis, après avoir refusé d'obéir aux ordres du Seigneur.

Parmi les souvenirs de l'Ancien Testament, celui des Macchabées n'est pas le moins touchant. Jonathas et Simon son frère s'emparent plusieurs fois de Joppé; et Simon défend avec un admirable courage cette ville contre Antiochus.

C'est à Joppé ou Jaffa, dans la maison du corroyeur Simon, située auprès de la mer (*domus juxta mare*), que saint Pierre a reçu la révélation de la vocation des païens à la foi. Là, il a ressuscité Tabitha, une sainte femme qui pratiquait toutes sortes de bonnes œuvres.

Quelle joie pour nous de visiter en premier lieu cette ville de Jaffa, d'y méditer les mystères de la miséricorde divine dans cette vocation à la foi et à la vie chrétienne, et d'y lire la préface de l'Évangile écrite par saint Luc!

L'Évangile! C'est avec ce livre divin à la main que nous allons suivre Notre-Seigneur pas à pas dans la Palestine. Nous lirons une à une chacune de ses pages correspondant aux localités qu'il nous sera donné de visiter, avec la certitude que nous avons la vérité : des témoins plus authentiques et des historiens plus fidèles que nos écrivains sacrés, où pourrait-on en trouver? Le Saint-Esprit a dirigé leur plume, et ce qu'ils racontent, des millions de martyrs, à travers dix-neuf siècles de christianisme, l'ont signé de leur sang.

PRÉFACE DU SAINT ÉVANGILE.

Luc., 1.

1. *Quoniam quidem multi conati sunt ordinare narrationem, quæ in nobis completæ sunt, rerum :*

2. *Sicut tradiderunt nobis,*

1. Plusieurs ayant entrepris d'écrire le récit des choses qui se sont accomplies parmi nous,

2. Suivant ce que nous

ont transmis ceux qui dès le commencement les virent de leurs propres yeux, et qui ont été les ministres de la parole,

3. Il m'est venu aussi en l'esprit, excellent Théophile, après m'être diligemment enquis de tout dès l'origine, de vous en écrire par ordre toute la suite,

4. Afin que vous connaissiez la vérité de ce dont vous avez été instruit.

qui ab initio ipsi viderunt et ministri fuerunt sermonis :

3. Visum est et mihi, assecuto omnia a principio diligenter, ex ordine tibi scribere, optime Theophile,

4. Ut cognoscas eorum verborum, de quibus eruditus es, veritatem.

RÉFLEXIONS.

1º Nous venons de le lire, la vérité même est contenue dans tous les récits évangéliques. Nous n'y trouverons rien que d'exact et de certain, et nous en avons pour garant la parole de saint Luc, ou plutôt celle de l'Esprit-Saint lui-même qui l'inspire.

Rendons grâces à Dieu et à son divin Esprit.

2º Nous sommes chrétiens, et nous voulons mener une vie conforme à notre foi. C'est donc pour nous un devoir d'étudier Jésus-Christ, de méditer avec attention sa vie, sa doctrine, ses exemples. Quel meilleur moyen que de le visiter par la pensée dans quelqu'un de ses mystères ou quelqu'une des circonstances où il s'est trouvé sur la terre ? Pour ce motif, nous nous appliquerons chaque jour à cette étude en parcourant les actes principaux de cette merveilleuse vie du Verbe incarné.

3º Le but qu'il faut se proposer en étudiant ainsi Notre-Seigneur, c'est de l'imiter, puisqu'il est venu au milieu de nous pour nous donner l'exemple.

« Le Fils de Dieu s'est fait homme, dit saint Augustin, pour offrir en sa personne divine un modèle visible par son humanité et parfait par sa divinité. » A tous il dit : *Sequere me;* « Suivez-moi », je suis la voie, la vérité et la vie. Et à qui irions-nous donc, puisque Jésus a seul les promesses de la vie éternelle?

PRIÈRE A L'ESPRIT-SAINT.

A̶nt. *Veni, Sancte Spiritus, reple tuorum corda fidelium, et tui amoris in eis ignem accende.*

℣. *Emitte Spiritum tuum, et creabuntur;*

℟. *Et renovabis faciem terræ.*

OREMUS.

Deus, qui corda fidelium Sancti Spiritus illustratione docuisti, da nobis in eodem Spiritu recta sapere et de ejus semper consolatione gaudere. Per Christum Dominum nostrum. Amen.

A̶nt. Venez, ô Esprit-Saint, remplissez les cœurs de vos fidèles, et allumez en eux le feu de votre amour.

℣. Envoyez votre Esprit, et une nouvelle création s'opérera.

℟. Et vous renouvellerez la face de la terre.

ORAISON.

O Dieu qui avez instruit les cœurs de vos fidèles en répandant sur eux la lumière de votre Esprit-Saint, faites-nous la grâce, par ce même Esprit, de goûter ce qui est bien et de jouir toujours de sa divine consolation. Par Jésus-Christ Notre-Seigneur. Ainsi soit-il.

Préface du saint Évangile. — FIGURE : *Deut.*, IV, 5, 6. Exposition de la loi par Moïse. — PROPHÉTIE : *Is.*, XLI, 27. *Ad Sion dicet :* « *Ecce adsum, et Jerusalem evangelistam dabo.* » Le Seigneur dira à Sion : Me voici, et je donnerai à Jérusalem un évangéliste.

Église de Sainte-Anne, à Jérusalem.

IIe VISITE.

ÉGLISE DE SAINTE-ANNE A JÉRUSALEM.

A JÉRUSALEM, du côté de l'est, et au nord de la Piscine probatique, se trouve l'église de Sainte-Anne, sanctuaire magnifiquement restauré, appartenant à la France. Cette église recouvre l'emplacement de la maison d'Anne et de Joachim. On sait que, outre leur demeure de Nazareth, les pieux parents de la Sainte Vierge avaient à Jérusalem une habitation, qui était sans doute le lieu de leur résidence légale. Différents Pères et docteurs de l'Église appellent *Maison probatique* de Joachim la maison dont nous parlons, évidemment à cause de son voisinage de la piscine.

Là vécurent donc Anne et Joachim, servant Dieu dans la simplicité de leurs cœurs, sans posséder de grandes richesses, mais à l'abri de l'indigence. Leurs ferventes prières obtinrent du ciel la naissance de la Sainte Vierge. Anne, avancée en âge, mit au monde, dans une grotte qui servait de chambre à sa maison, celle qui était l'aurore du Soleil de justice, l'étoile du matin précédant le plus beau des jours, enfin l'Immaculée Vierge Marie.

La grotte où la Mère du Verbe fait chair naquit se voit encore sous l'église de Sainte-Anne.

ÉVANGILE.

GÉNÉALOGIE DE JÉSUS-CHRIST *par Salomon et Abiud.*

MATTH., I.

1. *Liber generationis Jesu Christi, filii David, filii Abraham.*

2. *Abraham genuit Isaac. Isaac autem genuit Jacob. Jacob autem genuit Judam et fratres ejus.*

3. *Judas autem genuit Phares et Zaram de Thamar. Phares autem genuit Esron. Esron autem genuit Aram.*

4. *Aram autem genuit Aminadab. Aminadab autem genuit Naasson. Naasson autem genuit Salmon.*

5. *Salmon autem genuit Booz de Rahab. Booz autem genuit Obed ex Ruth. Obed autem genuit Jesse. Jesse autem genuit David regem.*

6. *David autem rex genuit*

1. Généalogie de Jésus-Christ, fils de David, fils d'Abraham.

2. Abraham engendra Isaac. Isaac engendra Jacob. Jacob engendra Juda et ses frères.

3. Juda engendra de Thamar Pharès et Zara ; Pharès engendra Esron. Esron engendra Aram.

4. Aram engendra Aminadab. Aminadab engendra Naasson. Naasson engendra Salmon.

5. Salmon engendra de Rahab Booz. Booz engendra de Ruth Obed. Obed engendra Jessé, et Jessé engendra David qui fut roi.

6. Le roi David engen-

NATIVITÉ DE MARIE.

dra Salomon de celle qui avait été femme d'Urie.

7. Salomon engendra Roboam. Roboam engendra Abias. Abias engendra Asa.

8. Asa engendra Josaphat. Josaphat engendra Joram. Joram engendra Ozias.

9. Ozias engendra Joatham. Joatham engendra Achaz. Achaz engendra Ézéchias.

10. Ézéchias engendra Manassé. Manassé engendra Amon. Amon engendra Josias.

11. Josias engendra Jéchonias et ses frères vers le temps de la transmigration des Juifs à Babylone.

12. Et depuis qu'ils furent emmenés à Babylone, Jéchonias engendra Salathiel. Salathiel engendra Zorobabel.

13. Zorobabel engendra Abiud. Abiud engendra Éliacim. Éliacim engendra Azor.

14. Azor engendra Sadoc. Sadoc engendra Achim. Achim engendra Éliud.

Salomonem ex ea quæ fuit Uriæ.

7. Salomon autem genuit Roboam. Roboam autem genuit Abiam. Abias autem genuit Asa.

8. Asa autem genuit Josaphat. Josaphat autem genuit Joram. Joram autem genuit Oziam.

9. Ozias autem genuit Joathan. Joathan autem genuit Achaz. Achaz autem genuit Ezechiam.

10. Ezechias autem genuit Manassen. Manasses autem genuit Amon. Amon autem genuit Josiam.

11. Josias autem genuit Jechoniam et fratres ejus, in transmigratione Babylonis.

12. Et post transmigrationem Babylonis, Jechonias genuit Salathiel. Salathiel autem genuit Zorobabel.

13. Zorobabel autem genuit Abiud. Abiud autem genuit Eliacim. Eliacim autem genuit Azor.

14. Azor autem genuit Sadoc. Sadoc autem genuit Achim. Achim autem genuit Eliud.

15. *Eliud autem genuit Eleazar. Eleazar autem genuit Mathan. Mathan autem genuit Jacob.*

16. *Jacob autem genuit Joseph virum Mariæ, de qua natus est Jesus, qui vocatur Christus.*

17. *Omnes itaque generationes ab Abraham usque ad David, generationes quatuordecim; et a David usque ad transmigrationem Babylonis generationes quatuordecim; et a transmigratione Babylonis usque ad Christum, generationes quatuordecim.*

18. *Christi autem generatio sic erat.*

15. Éliud engendra Éléazar, Éléazar engendra Mathan, Mathan engendra Jacob.

16. Et Jacob engendra Joseph, l'époux de Marie, de laquelle est né Jésus, qui est appelé Christ.

17. Voilà donc le nombre de toutes les générations depuis Abraham jusqu'à David, quatorze générations ; depuis David jusqu'à la captivité des Juifs à Babylone, quatorze générations ; et depuis cette captivité à Babylone jusqu'à Jésus-Christ, quatorze générations.

18. Telle est la génération du Christ.

ÉVANGILE.

GÉNÉALOGIE DE JÉSUS-CHRIST *par Nathan et Reza.*

Luc., III.

23. *Jesus.... putabatur filius Joseph, qui fuit Heli, qui fuit Mathat,*

24. *Qui fuit Levi, qui fuit Melchi, qui fuit Janne, qui fuit Joseph,*

23. Jésus était, à ce que l'on croyait, fils de Joseph, qui fut fils d'Héli, qui fut fils de Mathat,

24. Qui fut fils de Lévi, qui fut fils de Melchi, qui fut fils de Janne, qui fut fils de Joseph,

NATIVITÉ DE MARIE.

25. Qui fut fils de Mathathias, qui fut fils d'Amos, qui fut fils de Nahum, qui fut fils d'Hesli, qui fut fils de Naggé,

26. Qui fut fils de Mahath, qui fut fils de Mathathias, qui fut fils de Séméi, qui fut fils de Joseph, qui fut fils de Juda,

27. Qui fut fils de Joanna, qui fut fils de Réza, qui fut fils de Zorobabel, qui fut fils de Salathiel, qui fut fils de Néri,

28. Qui fut fils de Melchi, qui fut fils d'Addi, qui fut fils de Cosan, qui fut fils d'Elmadan, qui fut fils d'Her,

29. Qui fut fils de Jésus, qui fut fils d'Éliézer, qui fut fils de Jorim, qui fut fils de Mathat, qui fut fils de Lévi,

30. Qui fut fils de Siméon, qui fut fils de Juda, qui fut fils de Joseph, qui fut fils de Jona, qui fut fils d'Éliakim,

31. Qui fut fils de Méléa, qui fut fils de Menna, qui fut fils de Mathatha, qui fut fils de Nathan, qui fut fils de David,

25. Qui fuit Mathathiæ, qui fuit Amos, qui fuit Nahum, qui fuit Hesli, qui fuit Nagge,

26. Qui fuit Mahath, qui fuit Mathathiæ, qui fuit Semei, qui fuit Joseph, qui fuit Juda,

27. Qui fuit Joanna, qui fuit Reza, qui fuit Zorobabel, qui fuit Salathiel, qui fuit Neri,

28. Qui fuit Melchi, qui fuit Addi, qui fuit Cosan, qui fuit Elmadan, qui fuit Her,

29. Qui fuit Jesu, qui fuit Eliezer, qui fuit Jorim, qui fuit Mathat, qui fuit Levi,

30. Qui fuit Simeon, qui fuit Juda, qui fuit Joseph, qui fuit Jona, qui fuit Eliakim,

31. Qui fuit Melea, qui fuit Menna, qui fuit Mathatha, qui fuit Nathan, qui fuit David,

32. *Qui fuit Jesse, qui fuit Obed, qui fuit Booz, qui fuit Salmon, qui fuit Naasson,*

33. *Qui fuit Aminadab, qui fuit Aram, qui fuit Esron, qui fuit Phares, qui fuit Judæ,*

34. *Qui fuit Jacob, qui fuit Isaac, qui fuit Abrahæ, qui fuit Thare, qui fuit Nachor,*

35. *Qui fuit Sarug, qui fuit Ragau, qui fuit Phaleg, qui fuit Heber, qui fuit Sale,*

36. *Qui fuit Cainan, qui fuit Arphaxad, qui fuit Sem, qui fuit Noe, qui fuit Lamech,*

37. *Qui fuit Mathusale, qui fuit Henoch, qui fuit Jared, qui fuit Malaleel, qui fuit Cainan,*

38. *Qui fuit Henos, qui fuit Seth, qui fuit Adam, qui fuit Dei.*

32. Qui fut fils de Jessé, qui fut fils d'Obed, qui fut fils de Booz, qui fut fils de Salmon, qui fut fils de Naasson,

33. Qui fut fils d'Aminadab, qui fut fils d'Aram, qui fut fils d'Esron, qui fut fils de Pharès, qui fut fils de Juda,

34. Qui fut fils de Jacob, qui fut fils d'Isaac, qui fut fils d'Abraham, qui fut fils de Tharé, qui fut fils de Nachor,

35. Qui fut fils de Sarug, qui fut fils de Ragau, qui fut fils de Phaleg, qui fut fils d'Héber, qui fut fils de Salé,

36. Qui fut fils de Caïnan, qui fut fils d'Arphaxad, qui fut fils de Sem, qui fut fils de Noé, qui fut fils de Lamech,

37. Qui fut fils de Mathusalem, qui fut fils d'Énoch, qui fut fils de Jared, qui fut fils de Malaléel, qui fut fils de Caïnan,

38. Qui fut fils d'Hénos, qui fut fils de Seth, qui fut fils d'Adam, qui fut créé de Dieu.

RÉFLEXIONS.

I. Sur la nativité de Marie.

Votre naissance, Vierge mère de Dieu, a apporté la joie au monde. C'est la sainte Église qui le dit dans la liturgie. Et, en effet, la naissance de Marie a été :

1º Une joie pour ses parents, qui se trouvaient sans enfants et qui avaient pendant longtemps prié Dieu de leur en accorder. Par là on voit que celui qui persévère dans la prière est exaucé ;

2º Une joie pour les hommes en général : pour les justes de l'ancienne loi, qui attendaient leur Libérateur, et pour les saints de la nouvelle, qui savent que Marie est la Mère du Rédempteur et leur propre mère ;

3º Une joie pour Dieu même. Marie est l'épouse du Père, la Mère du Fils, le Temple du Saint-Esprit. Par elle le Seigneur allait être grandement glorifié, et l'Immaculée Vierge était destinée à donner au monde un Sauveur.

II. Sur le nom de Marie.

« Le nom de la Vierge est Marie. » (Luc., I.)

1º Marie signifie Reine : *Domina* : car elle est la Souveraine du Ciel, des Anges, des Saints. Elle est la Souveraine de la terre, des justes, des pécheurs. Vénérons notre Reine et redisons ce nom de Marie avec amour.

2º Marie signifie mer amère : *Mare amarum*. Son âme très-sainte a été comblée de toutes sortes d'amertumes, au Calvaire surtout.

« O Marie, avait dit Siméon, un glaive de douleur transpercera votre âme !... » Elle a souffert patiemment. Imitons-la en souffrant patiemment avec elle et redisons ce nom si doux de Marie avec la plus entière confiance.

3º Marie signifie encore *illuminatrice*. Demandons-lui de nous faire sortir des ténèbres du péché, d'illuminer notre foi de vives clartés. Il lui a été dit : Vous êtes heureuse d'avoir cru. Ce bonheur, elle le comprend mieux que personne. O Marie, rendez-nous participants de cette foi admirable dont vous étiez remplie sur la terre.

PRIÈRE A LA TRÈS SAINTE VIERGE.

Ant. *Gloriosæ Virginis Mariæ nativitatis locum devotissime visitemus quæ et Genitricis dignitatem obtinuit, et virginalem pudicitiam non amisit.*

℣. *Hic nata est sancta Dei Genitrix Virgo,*

℟. *Cujus vita inclyta cunctas illustrat Ecclesias.*

Oremus.

Famulorum tuorum, quæsumus, Domine, delictis ignosce, ut qui tibi placere de actibus nostris non valemus, Genitricis Filii tui Domini nostri Jesu Christi, quæ hìc

Ant. Visitons très dévotement ce lieu où est née la glorieuse Vierge Marie qui a été élevée à la dignité de Mère de Dieu, et qui est toujours demeurée dans la fleur de sa virginité.

℣. C'est ici qu'est née la Très Sainte Vierge Mère de Dieu !

℟. Sa glorieuse vie a jeté de l'éclat sur toutes les Églises du monde.

Oraison.

Pardonnez, nous vous en supplions, à vos serviteurs leurs fautes, et, dans l'impuissance où nous sommes de vous plaire par nos propres mérites, accordez-nous le salut par l'intercession de la Mère de votre Fils Notre-Seigneur Jésus-Christ, qui est née en ce lieu. Ainsi soit-il.

nata est, intercessione salvemur. Amen.

PRIÈRE A SAINTE ANNE.

Ant. Oh ! heureuse, en vérité, et trois fois heureuse, vous qui, en ce lieu, avez mis au monde une enfant à qui toute béatitude était réservée, Marie : car elle devait porter un nom sur lequel viendrait reposer toute la vénération de la terre.

℣. Nous aussi, ô Mère fortunée,

℟. Nous vous félicitons.

Oraison.

O Dieu, qui avez accordé à la bienheureuse Anne la grâce de mettre au monde, en ce lieu, la Mère de votre Fils unique, nous vous en prions par Notre-Seigneur Jésus-Christ, faites que nous ressentions auprès de vous les effets de sa puissante protection, puisque nous célébrons ici sa glorieuse maternité.

Ainsi soit-il.

Ant. *Vere beata es ac ter beata, quæ beatitudine donatam a Deo infantem, hoc est Mariam, nomine quoque ipso magnopere venerandam, hìc peperisti.*

℣. *Nos quoque, o beatissima femina,*

℟. *Tibi gratulamur.*

Oremus.

Deus, qui beatæ Annæ gratiam conferre dignatus es ut hìc Genitricis Unigeniti Filii tui mater effici mereretur, concede propitius, ut cujus maternitatem celebramus, ejus apud te patrociniis adjuvemur.

Amen.

PRIÈRE A SAINT JOACHIM.

Ant. *Laudemus virum gloriosum in generatione sua, quia benedictionem omnium gentium dedit illi Dominus, et testamentum suum confirmavit super caput ejus.*

℣. *Potens in terra erit semen ejus.*

℟. *Generatio rectorum benedicetur.*

Oremus.

Deus, qui præ omnibus Sanctis tuis beatum Joachim Genitricis Filii tui patrem esse voluisti : concede, quæsumus, ut quem hìc veneramur, ejus quoque perpetuo patrocinia sentiamus.

Amen.

Ant. Louons cet homme illustre dans sa race; car le Seigneur lui a donné la bénédiction de toutes les nations, et en lui se sont réalisées les promesses divines.

℣. Sa postérité sera puissante sur la terre.

℟. La race des justes sera bénie.

Oraison.

O Dieu, qui entre tous les Saints avez choisi le bienheureux Joachim pour être le père de la Mère de votre Fils, faites, nous vous en prions, que nous ressentions toujours les effets de la protection puissante de celui que nous vénérons en ce sanctuaire.

Ainsi soit-il.

I. *Généalogie d'après saint Matthieu.* — Fig. : *Par.*, I, II, III. Généalogie des patriarches. — Proph. : *Gen.*, xxviii, 13, 14. *Benedicentur in te et in semine tuo tribus terræ*. En vous et en votre race seront bénies toutes les tribus de la terre.

II. *Généalogie d'après saint Luc.* — Fig.: *Is.*, xi, 1, 3. Un rejeton doit sortir du tronc coupé de Jessé, et une fleur naîtra de sa racine. — Proph. : *Jer.*, xxiii, 5. *Suscitabo germen justum.* Je susciterai à David une race juste.

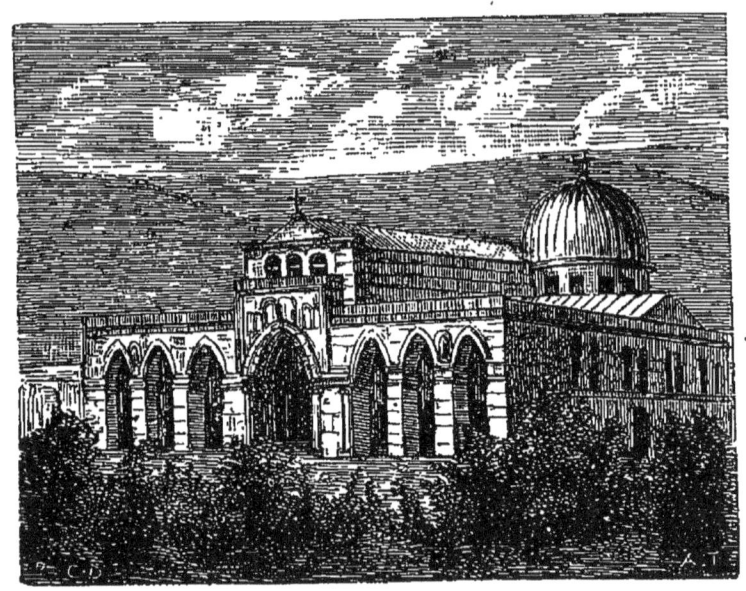

Mosquée El-Aksa
Ou ancienne église de la Présentation, à Jérusalem.

IIIᵉ VISITE.

PRÉSENTATION DE MARIE AU TEMPLE

DE JERUSALEM.

Le temple de Jérusalem a été complètement détruit, selon la prédiction du Sauveur. Mais l'emplacement où il s'élevait est encore visible, et de hauts murs l'entourent.

La partie de l'enceinte qui correspond à l'endroit du temple où fut reçue et où habita la sainte Vierge, est couverte par une mosquée appelée El-Aksa, dont la façade septentrionale est ici représentée.

Pénétrons en esprit dans ce lieu où Marie, à l'âge de trois ans, fut conduite par ses parents, et partageons la joie de cette toute petite enfant qui va se consacrer à

Dieu. Enfin voyons-la, avec saint Jean Damascène, transplantée dans cette demeure bénie et se développant comme un olivier fertile devant le Seigneur.

RÉFLEXIONS.

1º Les parents de la très sainte Vierge consacrent à Dieu leur fille bien-aimée dès l'âge le plus tendre. Ils le font par amour pour Dieu. Ce qu'on a de plus cher, à qui donc le donner, si ce n'est à ce qu'on aime le plus? Mais ils le font aussi par amour pour Marie. C'est ainsi que les vrais parents comprennent l'affection qu'ils doivent à leurs enfants. Leur cœur les porte à offrir au Seigneur, au moins en esprit, ces petits êtres qui lui appartiennent, et dont tout le bonheur sera de lui appartenir.

2º Marie fait en ce mystère une triple consécration au Seigneur, car son oblation est précoce, entière et irrévocable.

3º Comprenons donc bien que nous ne saurions trop tôt nous donner à Dieu ; comprenons que nous lui appartenons entièrement, et que nous ne devons jamais nous séparer de lui. A ces marques on reconnaît le véritable enfant et l'imitateur de Marie.

PRIÈRES.

Ant. *Quam pulchre graditur Filia Principis, templi istius cum properat limina tangere !*

℣. *Specie tua et pulchritudine tua.*

℟. *Intende, prospere procede, et regna.*

Ant. Qu'elle est majestueuse dans sa démarche, la Fille du grand Roi, lorsqu'elle s'avance avec une sainte hâte sur le seuil de ce temple sacré !

℣. Vous, qui êtes remplie de beauté et de splendeur,

℟. Venez, marchez dans la joie, et régnez.

ORAISON.	OREMUS.
O Dieu! vous avez voulu que la bienheureuse Marie toujours vierge, qui était la demeure de l'Esprit-Saint, fût présentée dans ce temple de Jérusalem! Accordez-nous, par son intercession, l'entrée dans le temple de votre gloire céleste. Ainsi soit-il.	*Deus qui beatam Mariam semper virginem, Spiritus Sancti habitaculum, in hoc templo præsentari voluisti : præsta, quæsumus, ut ejus intercessione in templo gloriæ tuæ præsentari mereamur..* Amen.

Présentation de Marie au Temple. — Fig. : I *Reg.*, I, 28. Consécration de Samuel au Temple. — Proph. : *Ps.*, XLIV, 11. *Audi, filia, et vide, et inclina aurem tuam, et obliviscere populum tuum, et domum patris tui.* Écoutez, ma fille, et voyez; prêtez l'oreille, et oubliez votre nation, oubliez la maison de votre père.

Mosquée d'Omar, à Jérusalem.

IVe VISITE.

L'ANGE ANNONCE LA NAISSANCE
DE JEAN-BAPTISTE.

SUR l'emplacement même du Saint des saints, du sanctuaire de l'ancien temple, est construite la mosquée d'Omar.

En présence de cet édifice malheureusement trop profane, rappelons-nous la scène qui s'est passée là : Zacharie qui offre les parfums, Gabriel qui lui apparaît, le merveilleux entretien entre le prêtre et l'ange du Seigneur; le nom de Jean-Baptiste qui est prononcé; Zacharie qui devient muet; enfin le peuple en dehors, qui s'étonne de voir se prolonger la prière du prêtre.

ÉVANGILE.

Luc., 1.

5. Au temps d'Hérode, roi de Judée, il y avait un prêtre nommé Zacharie qui était de la famille d'Abia. Sa femme était, comme lui, de la famille d'Aaron, et s'appelait Élisabeth.

6. Ils étaient tous deux justes devant Dieu, et marchaient ensemble dans la voie des commandements et des préceptes du Seigneur, avec une irréprochable fidélité;

7. Et ils n'avaient point d'enfant, parce qu'Élisabeth était stérile, et qu'ils étaient tous deux déjà avancés en âge.

8. Or, il arriva que tandis que Zacharie s'acquittait, à son tour, devant Dieu, des fonctions de son ministère,

9. Il fut, selon la coutume sacerdotale, désigné par le sort pour entrer dans le temple du Seigneur, et y offrir l'encens.

10. L'heure étant venue

5. *Fuit in diebus Herodis, regis Judææ, sacerdos quidam nomine Zacharias de vice Abia, et uxor illius de filiabus Aaron, et nomen ejus Elisabeth.*

6. *Erant autem justi ambo ante Deum, incedentes in omnibus mandatis et justificationibus Domini sine querela,*

7. *Et non erat illis filius, eo quod esset Elisabeth sterilis, et ambo processissent in diebus suis.*

8. *Factum est autem, cum sacerdotio fungeretur in ordine vicis suæ ante Deum,*

9. *Secundum consuetudinem sacerdotii, sorte exiit ut incensum poneret, ingressus in templum Domini :*

10. *Et omnis multitudo*

populi erat orans foris hora incensi.

11. *Apparuit autem illi angelus Domini, stans a dextris altaris incensi.*

12. *Et Zacharias turbatus est videns, et timor irruit super eum.*

13. *Ait autem ad illum angelus : Ne timeas, Zacharia, quoniam exaudita est deprecatio tua : et uxor tua Elisabeth pariet tibi filium, et vocabis nomen ejus Joannem.*

14. *Et erit gaudium tibi, et exultatio, et multi in nativitate ejus gaudebunt.*

15. *Erit enim magnus coram Domino, et vinum et siceram non bibet, et Spiritu Sancto replebitur adhuc ex utero matris suæ :*

16. *Et multos filiorum Israel convertet ad Dominum Deum ipsorum :*

17. *Et ipse præcedet ante illum in spiritu et virtute Eliæ : ut convertat corda patrum in filios, et incredulos ad*

d'offrir l'encens, toute la multitude du peuple se tenait dehors et priait.

11. Or l'ange du Seigneur apparut à Zacharie, debout à la droite de l'autel des parfums.

12. A cette vue Zacharie est troublé, et la frayeur le saisit.

13. Mais l'ange lui dit : Ne craignez point, Zacharie, car votre prière a été exaucée. Élisabeth, votre épouse, vous donnera un fils, que vous nommerez Jean.

14. A la naissance de cet enfant, vous serez dans la joie et l'allégresse, et beaucoup se réjouiront avec vous.

15. Car il sera grand devant le Seigneur ; il ne boira point de vin, ni rien de ce qui peut enivrer ; et il sera rempli du Saint-Esprit, dès le sein de sa mère.

16. Il convertira au Seigneur, leur Dieu, un grand nombre d'enfants d'Israël.

17. Et il marchera devant le Seigneur, dans l'esprit et dans la vertu d'Élie, pour réunir les cœurs des pères

avec leurs enfants, ramener à la prudence des justes les esprits incrédules, et préparer au Seigneur un peuple parfait.

18. Zacharie répondit à l'ange : A quoi connaîtrai-je la vérité de ce que vous me dites? Car je suis vieux, et ma femme est déjà avancée dans ses jours.

19. L'ange lui répondit : Je suis Gabriel, qui me tiens toujours devant Dieu, et c'est pour vous parler et vous annoncer cette nouvelle que j'ai été envoyé vers vous.

20. Mais parce que vous n'avez pas cru à mes paroles, qui s'accompliront en leur temps, vous allez, dès ce moment, devenir muet, et vous ne pourrez plus parler jusqu'au jour où ces choses arriveront.

21. Cependant le peuple attendait Zacharie, et s'étonnait qu'il demeurât si longtemps dans le temple.

22. Mais, lorsqu'il en sortit, il ne put leur parler; alors on reconnut qu'il avait eu une vision dans le temple,

prudentiam justorum, parare Domino plebem perfectam.

18. Et dixit Zacharias ad angelum : Unde hoc sciam? ego enim sum senex, et uxor mea processit in diebus suis.

19. Et respondens angelus, dixit ei : Ego sum Gabriel, qui adsto ante Deum : et missus sum loqui ad te, et hæc tibi evangelizare.

20. Et ecce eris tacens, et non poteris loqui usque in diem quo hæc fiant, pro eo quod non credidisti verbis meis, quæ implebuntur in tempore suo.

21. Et erat plebs exspectans Zachariam : et mirabantur quod tardaret ipse in templo.

22. Egressus autem non poterat loqui ad illos, et cognoverunt quod visionem vidisset in templo:

23. Et factum est, ut impleti sunt dies officii ejus, abiit in domum suam.

24. Post hos autem dies concepit Elisabeth uxor ejus, et occultabat se mensibus quinque, dicens :

25. Quia sic fecit mihi Dominus in diebus, quibus respexit auferre opprobrium meum inter homines.

car il s'expliquait par des signes, et il demeura muet.

23. Lorsque les jours de son ministère furent accomplis, il retourna dans sa maison.

24. Or, après ces jours-là, Élisabeth, sa femme, devint enceinte, et elle demeura cinq mois sans se montrer, disant :

25. Voilà ce que le Seigneur a fait en moi dans ces jours où il lui a plu de jeter sur moi les yeux, et de me tirer de l'opprobre où j'étais devant les hommes.

RÉFLEXIONS.

1º Zacharie, arrivé à la vieillesse, n'a vécu que pour Dieu. Constamment il demandait au Ciel la venue du divin Rédempteur ; et, désirant échapper à l'opprobre dont la stérilité était alors environnée, il ne cessait de supplier le Seigneur de lui accorder un fils. Ses prières avaient semblé jusqu'à ce jour inutiles. Mais peut-on faire à Dieu des demandes en vain ?

2º A l'autel même, lorsqu'il continue à remplir fidèlement ses fonctions saintes, il est exaucé par le Tout-Puissant, qui lui envoie l'archange Gabriel. Le messager céleste lui annonce la naissance du petit Jean-Baptiste; naissance qui doit causer tant de joie au monde; car l'enfant de Zacharie va être le précurseur de Jésus-Christ.

3º Le bon vieillard n'ajoute pas une foi absolue à la parole de l'Ange ; il en est aussitôt puni, puisqu'il ne pourra plus parler qu'au jour de la naissance de son fils.

Ce que nous avons à apprendre ici, c'est à vivre dans le bien jusqu'à la fin, comme Zacharie; c'est à persévérer dans la prière; c'est surtout à ne jamais douter de la parole divine.

PRIÈRES.

ANT. Ne craignez rien, Zacharie, parce que votre prière a été exaucée; Élisabeth, votre épouse, vous donnera un fils, que vous nommerez Jean.

℣. Vous serez dans la joie et l'allégresse.

℟. Beaucoup se réjouiront à cause de sa naissance.

ORAISON.

O Dieu! qui avez réjoui, par la visite de votre ange, le prêtre Zacharie, ce juste qui observait avec une fidélité irréprochable votre loi, et qui l'avez exaucé alors qu'il vous offrait l'encens dans ce temple, nous vous supplions de ne pas nous abandonner dans nos prières.

Ainsi soit-il.

ANT. *Ne timeas, Zacharia, quoniam exaudita est deprecatio tua, et uxor tua Elisabeth pariet tibi filium, et vocabis nomen ejus Joannem.*

℣. *Et erit gaudium tibi, et exultatio.*

℟. *Et multi in nativitate ejus gaudebunt.*

OREMUS.

Deus, qui sacerdotem tuum Zachariam, incedentem in omnibus tuis justificationibus sine querela, in hoc templo, quum poneret incensum visitatione tua lætificasti, quæsumus, ne nos deseras in orationibus nostris.

Amen.

Annonciation et Conception de saint Jean-Baptiste. — FIG. : *Jér.*, 1, 5. Sanctification de Jérémie dans le sein de sa mère. — PROPH. : *Mal.*, IV, 5, 6. *Mittam vobis prophetam, convertet cor patrum et cor filiorum.* Je vous enverrai un prophète pour convertir le cœur de vos pères et celui de vos fils.

Crypte de l'Annonciation, à Nazareth.

Vᵉ VISITE.

NAZARETH. — L'ANNONCIATION DE MARIE.

AZARETH, qui veut dire fleur, était une vieille cité de la Galilée, dépendant de Capharnaüm, dans la tribu de Zabulon. Bâtie en amphithéâtre sur une montagne, avec une vallée au milieu, Nazareth est à deux lieues du Thabor, à trois jours de marche de Jérusalem.

La pensée qui vient de suite, quand on arrive en cette ville, c'est de chercher la demeure de la Sainte Vierge.

Il faut dire d'abord que la pièce la plus considérable de cette habitation a été transportée par les Anges à Lorette. C'est un carré long, construit en pierres du pays, assez semblables à des briques un peu rougeâtres. Moins large que long, assez haut, cet appartement avait une ouverture donnant sur une seconde pièce qui n'est autre chose qu'une grotte. C'est cette grotte qu'on a la consolation de vénérer à Nazareth.

Quant à l'emplacement de l'ensemble de l'habitation de la Sainte Vierge, il est actuellement renfermé dans une église appartenant aux Franciscains.

On trouve la vénérable église, reliquaire sacré des plus augustes souvenirs, au milieu de la ville, presque dans le fond de la vallée. Dans ce temple est une chapelle de l'Annonciation où l'on descend par plusieurs marches. C'est là que le Christ, notre Seigneur et notre Sauveur, notre couronne et notre gloire, a été conçu dans le sein virginal de Marie.

La deuxième moitié du sanctuaire souterrain, ou grotte, est dédiée à saint Joseph, dont l'autel se trouve adossé à celui de l'Annonciation. Qui pourrait n'être pas profondément ému en entrant ici ?

ÉVANGILE.

	Luc., I.
26. Au sixième mois de la grossesse d'Élisabeth, l'ange Gabriel fut envoyé de Dieu en une ville de Galilée, nommée Nazareth,	26. *In mense autem sexto, missus est angelus Gabriel a Deo in civitatem Galileæ, cui nomen Nazareth,*
27. A une vierge qu'un homme, appelé Joseph, de la maison de David, avait épousée, et le nom de la vierge était Marie ;	27. *Ad virginem desponsatam viro, cui nomen erat Joseph, de domo David, et nomen virginis, Maria.*
28. L'ange entra où elle était, et lui dit : Je vous salue, pleine de grâce ; le	28. *Et ingressus angelus ad eam, dixit : Ave, gratia plena ; Dominus tecum :*

benedicta tu in mulieribus.	Seigneur est avec vous; vous êtes bénie entre toutes les femmes.
29. *Quæ cum audisset, turbata est in sermone ejus, et cogitabat qualis esset ista salutatio.*	29. Marie, l'ayant entendu, fut troublée de ses paroles, et elle se demandait à elle-même ce que voulait dire cette salutation.
30. *Et ait angelus ei : Ne timeas, Maria, invenisti enim gratiam apud Deum :*	30. Et l'ange lui ajouta : Ne craignez point, Marie, vous avez trouvé grâce devant le Seigneur.
31. *Ecce concipies in utero, et paries filium, et vocabis nomen ejus Jesum.*	31. Vous concevrez dans votre sein, et vous enfanterez un fils auquel vous donnerez le nom de Jésus.
32. *Hic erit magnus, et Filius Altissimi vocabitur, et dabit illi Dominus Deus sedem David patris ejus : et regnabit in domo Jacob in æternum,*	32. Celui-là sera grand, et il sera appelé le Fils du Très-Haut. Le Seigneur Dieu lui donnera le trône de David, son père, et il régnera éternellement dans la maison de Jacob,
33. *Et regni ejus non erit finis.*	33. Et son règne n'aura pas de fin.
34. *Dixit autem Maria ad angelum : Quomodo fiet istud, quoniam virum non cognosco ?*	34. Marie répond à l'ange : Comment donc cela se fera-t-il, puisque je ne connais point d'homme ?
35. *Et respondens angelus dixit ei : Spiritus Sanctus superveniet in te, et virtus Altissimi obumbrabit tibi. Ideoque et quod nascetur ex te*	35. L'ange, reprenant, lui dit : Le Saint-Esprit surviendra en vous, et la vertu du Très-Haut vous couvrira de son ombre; et c'est

pourquoi le Saint qui naîtra de vous sera nommé Fils de Dieu.

36. Et voilà que votre cousine Élisabeth a elle-même conçu un fils dans sa vieillesse, et celle que l'on appelait stérile est maintenant dans son sixième mois,

37. Parce qu'il n'y a rien d'impossible à Dieu.

38. Marie dit alors : Voici la servante du Seigneur, qu'il me soit fait selon votre parole. Et l'ange s'en alla.

Sanctum vocabitur Filius Dei.

36. *Et ecce Elisabeth, cognata tua, et ipsa concepit filium in senectute sua : et hic mensis sextus est illi, quæ vocatur sterilis,*

37. *Quia non erit impossibile apud Deum omne verbum.*

38. *Dixit autem Maria : Ecce ancilla Domini, fiat mihi secundum verbum tuum. Et discessit ab illa angelus.*

RÉFLEXIONS.

I. Au moment où Adam désobéit à Dieu dans le paradis terrestre, la justice divine prononça la sentence de mort ; mais la miséricorde consola l'humanité par une promesse de salut. Marie, mère de Jésus, devait écraser la tête du serpent. En vertu de sa promesse, la Très Sainte Trinité envoya ici, à Nazareth, l'archange Gabriel pour dire à Marie qu'elle allait concevoir et mettre au monde le Sauveur de son peuple. Quel heureux jour que celui où Marie fit entendre ces paroles : *Voici la servante du Seigneur !*

II. Apprenons du Verbe fait chair et de Marie :

1º L'Humilité. Quel anéantissement pour un Dieu qui s'est fait homme et pauvre petit enfant dans le sein d'une Vierge ! *Non horruisti Virginis uterum.* Marie s'appelle la servante du Seigneur, lorsqu'elle est choisie pour sa mère.

2° L'Obéissance. Le Fils de Dieu obéit à son Père, qui l'envoie sauver les hommes. Marie obéit à la parole de l'ange, qui est celle de Dieu. Qu'il me soit fait selon votre parole !

3° La Charité. Dieu a aimé le monde à ce point qu'il lui a donné son Fils unique. Et ce Fils adorable s'est anéanti lui-même en prenant la forme de l'esclave.

Marie consent à être la mère de la victime de notre salut. Par cette acceptation, elle allait au-devant d'indicibles angoisses. Mais elle aimait les hommes et voulait devenir leur mère.

PRIÈRE.

Angelus Domini hìc *nuntiavit Mariæ. Et concepit de Spiritu Sancto.*
Ave, Maria, etc...

Ecce ancilla Domini, fiat mihi secundum verbum tuum.
Ave, Maria, etc...

Et hìc *Verbum caro factum est, et habitavit in nobis.*
Ave, Maria, etc.

℣. *Ora pro nobis, sancta Dei Genitrix,*
℟. *Ut digni efficiamur promissionibus Christi.*

OREMUS
Gratiam tuam, quæsumus,

L'ange du Seigneur *ici* a annoncé à Marie qu'elle serait mère de Dieu. Et elle a conçu par l'opération du Saint-Esprit.
Je vous salue, Marie, etc.

Voici la servante du Seigneur, qu'il me soit fait selon votre parole.
Je vous salue, Marie, etc.

Et *ici* le Verbe s'est fait chair, et il a habité parmi nous.
Je vous salue, Marie, etc.

℣. Priez pour nous, sainte Mère de Dieu,
℟. Afin que nous soyons dignes des promesses de Jésus-Christ.

ORAISON.
Seigneur, nous vous sup-

plions de répandre votre grâce dans nos âmes, afin qu'ayant connu, par le ministère de l'ange, l'Incarnation de votre Fils, nous soyons conduits par sa Passion et sa Croix à la gloire de sa Résurrection.

Ainsi soit-il.

Domine, mentibus nostris infunde; ut qui, hìc, angelo nuntiante, Christi Filii tui Incarnationem cognovimus, per Passionem ejus et Crucem ad Resurrectionis gloriam perducamur.

Amen.

Annonciation et Incarnation du Christ. — Fig. : Gen., xviii, 10, 14. Prédiction de la conception d'Isaac. — Proph. : Is., vii, 14. *Ecce virgo concipiet, et pariet filium, et vocabitur nomen ejus Emmanuel.* Voici qu'une vierge concevra et enfantera un fils, et il sera appelé Emmanuel.

1.

2.

VIe VISITE.

LA MAISON DE LA SAINTE VIERGE
A NAZARETH.

Les Anges, nous l'avons dit, ont emporté une partie de ce trésor en Italie. Ce qu'il en reste à Nazareth, la cité fleur, est bien capable de faire naître dans l'âme une vive émotion. L'auguste Vierge, portant dans son sein le Créateur du ciel et de la terre, a marché dans cette grotte ; elle y a respiré, elle y a parlé, elle y a prié, et plus tard elle a aidé Jésus à y faire ses premiers pas.

Adorons en ce lieu si vénérable le Verbe divin dont la Vierge immaculée est en ce moment comme le tabernacle vivant.

ÉVANGILE.

JOAN., 1.

1. *In principio erat Verbum, et Verbum erat apud Deum, et Deus erat Verbum.*

2. *Hoc erat in principio apud Deum.*

3. *Omnia per ipsum facta sunt : et sine ipso factum est nihil, quod factum est.*

4. *In ipso vita erat, et vita erat lux hominum.*

1. Au commencement était le Verbe, et le Verbe était en Dieu, et le Verbe était Dieu.

2. Il était au commencement en Dieu.

3. Toutes choses ont été faites par lui, et sans lui rien n'a été fait de ce qui a été fait.

4. En lui était la vie, et la vie était la lumière des hommes.

5. Et la lumière luit parmi les ténèbres, et les ténèbres ne l'ont point comprise.

6. Il y eut un homme envoyé de Dieu, dont le nom était Jean.

7. Il vint pour servir de témoin et rendre témoignage à la lumière, afin que tous crussent par lui.

8. Il n'était pas la lumière, mais il était venu pour rendre témoignage à Celui qui était la lumière.

9. Le Verbe était la véritable lumière qui illumine tout homme venant en ce monde.

10. Il était dans le monde, et le monde a été fait par lui, et cependant le monde ne l'a point connu.

11. Il est venu chez lui, et les siens ne l'ont pas reçu.

12. Mais il a donné le pouvoir d'être enfants de Dieu à tous ceux qui l'ont reçu, à tous ceux qui croient en son nom ;

13. Qui ne sont point nés du sang, ni de la volonté de la chair, ni de la volonté de

---

5. *Et lux in tenebris lucet, et tenebræ eam non comprehenderunt.*

6. *Fuit homo missus a Deo, cui nomen erat Joannes.*

7. *Hic venit in testimonium, ut testimonium perhiberet de lumine, ut omnes crederent per illum.*

8. *Non erat ille lux, sed ut testimonium perhiberet de lumine.*

9. *Erat lux vera, quæ illuminat omnem hominem venientem in hunc mundum.*

10. *In mundo erat, et mundus per ipsum factus est, et mundus eum non cognovit.*

11. *In propria venit, et sui eum non receperunt.*

12. *Quotquot autem receperunt eum, dedit eis potestatem filios Dei fieri, his qui credunt in nomine ejus ;*

13. *Qui non ex sanguinibus, neque ex voluntate carnis, neque ex voluntate*

viri, sed ex Deo nati sunt.

14. *Et Verbum caro factum est, et habitavit in nobis: et vidimus gloriam ejus, gloriam quasi Unigeniti a Patre, plenum gratiæ et veritatis.*

l'homme, mais de Dieu même.

14. Et le Verbe s'est fait chair, et il a habité parmi nous ; et nous avons vu sa gloire, comme la gloire du Fils unique du Père plein de grâce et de vérité.

RÉFLEXIONS.

I. Jésus est le Verbe, c'est-à-dire la seconde personne de la Très Sainte Trinité ; il est donc Dieu par nature et par substance, et digne de toutes nos adorations.

II. Jésus est la vraie lumière, et c'est pour cela qu'il a dit : *Celui qui me suit ne marche point dans les ténèbres.* Cette lumière adorable, qui éclaire tout homme venant en ce monde, doit être notre unique flambeau. Toute clarté qui vient d'ailleurs n'a qu'un faux éclat et ne peut qu'égarer.

III. En reconnaissant Jésus pour notre Dieu et pour notre Sauveur, nous devenons les enfants de Dieu, car puissance lui a été donnée par son Père de nous rendre semblables à lui. *Il est plein de grâce et de vérité.*

PRIÈRES.

Ant. *Et Verbum caro factum est, et habitavit in nobis.*

℣. *Omnia per ipsum facta sunt ;*

℟. *Et sine ipso factum est nihil quod factum est.*

Ant. Le Verbe s'est fait chair et il a habité parmi nous.

℣. Toutes choses ont été faites par lui ;

℟. Et sans lui rien n'a été fait de ce qui a été fait.

Oraison.	Oremus.
O Jésus vivant en Marie, venez et vivez en nous dans votre esprit de sainteté, dans la plénitude de votre puissance, dans la perfection de vos voies, dans la vérité de vos vertus, dans la communion de vos divins mystères ; dominez en nous sur toutes les puissances ennemies, dans la vertu de votre Esprit et pour la gloire de votre Père. Ainsi soit-il.	O Jesu vivens in Maria, veni et vive in famulis tuis, in spiritu sanctitatis tuæ, in plenitudine virtutis tuæ, in perfectione viarum tuarum, in veritate virtutum tuarum, in communione mysteriorum tuorum : dominare omni adversæ potestati, in Spiritu tuo, ad gloriam Patris. Amen.

(300 *Jours d'indulgence.*)

I. *Le Verbe fait chair.* — Fig. : *Prov.*, VIII, 22, 31. La sagesse éternelle de Dieu. — Proph. : *Ps.*, CIX, 3. *Ex utero ante luciferum genui te.* Vous êtes sorti du sein du Père avant la création de la lumière.

II. *Jésus source de grâce et de vérité.* — Fig. : *Judic.*, VI, 36, 40. Toison de Gédéon, terre couverte de rosée. — Proph. : *Ps.*, LXXI, 6. *Descendet sicut pluvia.* Le Sauveur descendra comme l'eau du ciel qui arrose la terre.

Sanctuaire du Magnificat, près Saint-Jean *in Montana*.

VIIe VISITE.

LA VISITATION DE LA SAINTE VIERGE.

QUAND vous sortez de Jérusalem du côté de l'ouest, après avoir traversé, durant l'espace de trois lieues et demie, des collines et des vallées rocailleuses, vous arrivez au sommet d'une montagne qui domine la vallée du Térébinthe, et qui laisse apercevoir, étagé sur son versant occidental, un village arabe et chrétien. C'est Saint-Jean de la Montagne.

Ce bourg était autrefois une ville de la tribu de Juda. Là se trouve, enclavé dans un couvent latin, l'emplacement de la maison de Zacharie, où naquit saint Jean-Baptiste.

Si vous allez au delà de ce village, vers le sud-ouest,

vous rencontrez d'abord la Fontaine de la Vierge, ainsi nommée en souvenir de Marie.

La Mère de Dieu vint souvent y puiser de l'eau alors qu'elle demeurait avec sa cousine Élisabeth.

Un peu plus loin, c'est-à-dire à dix minutes du village, est la maison de campagne de Zacharie. C'est là qu'eut lieu cette admirable scène de la Visitation.

On raconte qu'après avoir traversé la Galilée, la Samarie, les montagnes de Judée, la Sainte Vierge arriva à Saint-Jean de la Montagne, qui était alors, nous l'avons dit, une cité. Élisabeth était en ce moment à la campagne. Marie, ne la trouvant pas dans sa résidence de ville, se rendit à sa maison des champs. Tout le monde sait ce qui arriva. La maison a été convertie en chapelle d'un aspect, hélas! délabré.

Visitons avec de vifs sentiments de foi ce lieu sanctifié par Marie, où la Mère de Dieu échangea avec la mère du Précurseur de si ravissantes paroles.

ÉVANGILE.

	Luc., I.
39. Or, en ces jours-là, Marie partit et s'en alla en toute hâte au pays des montagnes, vers une ville de la tribu de Juda;	39. *Exurgens autem Maria in diebus illis abiit in montana cum festinatione, in civitatem Juda :*
40. Et, étant entrée dans la maison de Zacharie, elle salua Élisabeth.	40. *Et intravit in domum Zachariæ, et salutavit Elisabeth.*
41. Aussitôt qu'Élisabeth eut entendu la voix de Marie qui la saluait, il ar-	41. *Et factum est, ut audivit salutationem Mariæ Elisabeth, exultavit infans in*

utero ejus; et repleta est Spiritu Sancto Elisabeth.

42. Et exclamavit voce magna, et dixit: Benedicta tu inter mulieres, et benedictus fructus ventris tui.

43. Et unde hoc mihi ut veniat mater Domini mei ad me?

44. Ecce enim. ut facta est vox salutationis tuæ in auribus meis, exultavit in gaudio infans in utero meo.

45. Et beata quæ credidisti, quoniam perficientur ea quæ dicta sunt tibi a Domino.

riva que son enfant tressaillit dans son sein ; et Élisabeth fut elle-même remplie du Saint-Esprit.

42. Et, élevant la voix, elle s'écria: Vous êtes bénie entre toutes les femmes, et le fruit de vos entrailles est béni.

43. Et d'où ai-je ce bonheur que la mère de mon Seigneur vienne à moi ?

44. Car votre voix, lorsque vous m'avez saluée, ne s'est pas plustôt fait entendre à mes oreilles, que, dans mon sein, mon enfant a tressailli de joie.

45. Que vous êtes heureuse d'avoir cru ; car tout ce qui vous a été annoncé de la part du Seigneur s'accomplira.

RÉFLEXIONS.

Le Verbe incarné, présent en Marie, répand d'abondantes grâces dans l'âme d'Élisabeth, et de Jean-Baptiste; et la Sainte Vierge reçoit, elle aussi, une effusion merveilleuse de dons célestes.

Le Précurseur est purifié de la tache originelle; son âme s'ouvre aux clartés de la foi; il est pénétré de l'esprit de pénitence et de charité. — Ses tressaillements signifient qu'il veut, selon la pensée de saint Chrysostôme, déjà prêcher le Dieu fait homme et le montrer à tous. *Quid hìc sedeo vinctus? Pourquoi demeurer ici lié? Exibo, præcurram, et prædicabo omnibus : Ecce Agnus Dei.* « J'en sortirai, et j'irai au-devant de mon Seigneur, et je prêcherai à tout le monde que l'Agneau de Dieu est venu. »

Élisabeth pénètre dans les mystères divins : la première entre toutes, elle salue Marie du nom de Mère de Dieu, et elle prophétise le bonheur de la Très Sainte Vierge à cause de sa foi.

Marie reçoit un accroissement d'humilité. Reine et mère du Grand Roi, la voilà qui vient saluer la mère du Précurseur de son Fils. Sa charité est de plus en plus ardente. Marie surmonte tous les obstacles et ne redoute aucune fatigue pour accourir auprès de sa cousine. Enfin, ravie en Dieu, dans l'extase de l'amour, elle prononce le cantique du *Magnificat.*

Demandons, avec Jean-Baptiste, la purification de nos fautes ; avec Élisabeth, la connaissance des mystères de Dieu, et l'amour de ces mystères ; avec Marie, l'héroïsme et les joies célestes de la charité.

Puissions-nous mourir en redisant: *Magnificat anima mea Dominum !*

PRIÈRES.

Ant. Marie partit, et s'en alla en toute hâte au pays des montagnes, vers une ville de la tribu de Juda ; et, étant entrée dans la maison de Zacharie, elle salua Élisabeth.

℣. Vous êtes bénie entre toutes les femmes ;

Ant. *Exurgens Maria abiit in montana cum festinatione, in civitatem Juda, et intravit in domum Zachariæ, et salutavit Elisabeth.*

℣. *Benedicta tu inter mulieres ;*

℟. *Et benedictus fructus ventris tui.*

OREMUS.

Omnipotens sempiterne Deus, qui ex abundantia charitatis Beatam Mariam, tuo Filio fecundatam, in hoc loco, ad salutationem Elisabeth inspirasti: præsta, quæsumus, ut per ejus Visitationem donis cœlestibus repleamur, et ab omnibus adversitatibus eruamur. Amen.

℟. Et le fruit de vos entrailles est béni.

ORAISON.

O Dieu tout-puissant et éternel, qui, par un effet de votre immense charité, avez inspiré en ce lieu à la bienheureuse Marie, qui devait être mère de votre Fils, la salutation qu'elle adresse à Élisabeth, faites, nous vous en supplions, que par sa Visitation nous soyons remplis des dons célestes et délivrés de toutes les adversités. Ainsi soit-il.

Visite de Marie à Élisabeth. — FIG. : II *Reg.*, VI, 11. L'arche sainte amenée auprès d'Obededom. — PROPH. : *Judith*, XIII, 23. *Benedicta es tu a Domino præ omnibus mulieribus.* Vous êtes bénie par le Seigneur entre toutes les femmes.

Ruines de l'ancienne église du Magnificat.

VIIIe VISITE.

LE MAGNIFICAT.

JETONS encore une fois les yeux sur les pays montagneux qui s'étendent de Nazareth jusqu'au lieu où Marie rencontra Élisabeth. Arrêtons-nous surtout au village de Saint-Jean dans la Montagne, où naquit le Précurseur; puis à la maison de campagne de Zacharie; enfin, à la fontaine où, comme nous l'avons déjà dit, la sainte Vierge, durant son séjour auprès de sa cousine, vint souvent puiser de l'eau. Cette source est abondante; elle arrose et fertilise toute la contrée.

ÉVANGILE.

	Luc., I.
46. Alors Marie dit ces	46. *Et ait Maria: Magni-*

ficat anima mea Dominum;

47. *Et exultavit spiritus meus in Deo salutari meo.*

48. *Quia respexit humilitatem ancillæ suæ : ecce enim ex hoc Beatam me dicent omnes generationes.*

49. *Quia fecit mihi magna qui potens est, et sanctum nomen ejus.*

50. *Et misericordia ejus a progenie in progenies timentibus eum.*

51. *Fecit potentiam in brachio suo : dispersit superbos mente cordis sui.*

52. *Deposuit potentes de sede, et exaltavit humiles.*

53. *Esurientes implevit bonis, et divites dimisit inanes.*

54. *Suscepit Israel puerum suum, recordatus misericordiæ suæ.*

55. *Sicut locutus est ad pa-*

paroles : Mon âme glorifie le Seigneur;

47. Et mon esprit est ravi de joie en Dieu mon sauveur.

48. Parce qu'il a regardé la petitesse de sa servante; et voilà que toutes les générations me diront Bienheureuse.

49. Car il a fait en moi de grandes choses celui qui est puissant, et son nom est saint.

50. Et sa miséricorde s'étend de race en race sur ceux qui le craignent.

51. Il a déployé la puissance de son bras : il a dissipé ceux qui étaient enflés d'orgueil dans les pensées de leur cœur.

52. Il a renversé les puissants de leur trône, et il a élevé les humbles.

53. Il a rempli de biens ceux qui avaient faim, et il a renvoyé avec les mains vides ceux qui étaient riches.

54. Il a pris sous sa protection Israël, son serviteur, dans le souvenir de sa miséricorde.

55. Selon les promesses

qu'il avait faites à nos pères, à Abraham et à sa race pour jamais.	tres nostros, Abraham et semini ejus in sæcula.
56. Or, Marie demeura avec Élisabeth environ trois mois ; puis elle retourna dans sa maison.	56. *Mansit autem Maria cum illa quasi mensibus tribus : et reversa est in domum suam.*

RÉFLEXIONS.

Dans ce lieu béni on croit entendre encore résonner les paroles de sainte Élisabeth et de Marie. Redisons avec joie, avec amour, cet admirable *Magnificat* qui fut composé ici même et dont la terre tout entière n'a pas tardé à répéter les strophes sublimes, transmettant de siècle en siècle aux générations cette hymne qui ne cessera sur la terre que pour être reprise aux cieux.

1º Marie entonne le cantique de la reconnaissance. Elle le doit, puisqu'elle a été plus privilégiée qu'aucune autre créature. Mais elle le fait avec foi et humilité. Que faisons-nous nous-mêmes ? Montrons-nous un peu notre reconnaissance envers Dieu ?

2º Elle est humble. « *Dieu a regardé la bassesse de sa servante.* » Elle s'appelle servante, celle que Dieu choisit pour être sa mère. L'humilité sera toujours la vertu fondamentale, comme l'orgueil le vice capital. Travaillons à acquérir tous les jours de notre vie la sainte humilité.

3º Marie prophétise que toutes les nations l'appelleront Bienheureuse ; jamais prédiction ne s'est mieux réalisée. Joignons-nous à toutes les nations, à tous les peuples, à toutes les âmes saintes ; disons : « Vous êtes bénie entre toutes les femmes ! » et chantons le *Magnificat* avec elle.

PRIÈRES.

Ant. Exurgens Maria, abiit in montana cum festinatione, in civitatem Júda, et intravit in domum Zachariæ, et salutavit Elisabeth.

℣. Benedicta tu inter mulieres,

℟. Et benedictus fructus ventris tui.

Oremus.

Omnipotens sempiterne Deus, qui ex abundantia charitatis Beatam Mariam tuo filio fecundatam in hoc loco ad salutationem Elisabeth inspirasti : præsta, quæsumus, ut per ejus Visitationem donis cœlestibus repleamur, et ab omnibus adversitatibus eruamur. Amen.

Ant. Marie partit et s'en alla en toute hâte au pays des montagnes, vers une ville de la tribu de Juda. Et, étant entrée dans la maison de Zacharie, elle salua Elisabeth.

℣. Vous êtes bénie entre les femmes,

℟. Et le fruit de vos entrailles est béni.

Oraison.

O Dieu tout-puissant et éternel qui, par un effet de votre immense charité, avez inspiré en ce lieu à la bienheureuse Marie, qui devait être mère de votre Fils, la salutation qu'elle adressa à Élisabeth, faites, nous vous en supplions, que par sa Visitation nous soyons remplis des dons célestes et délivrés de toutes les adversités. Ainsi soit-il.

Cantique de Marie. — Fig. : I *Reg.*, II, 1, 10. Cantique d'Anne, mère de Samuel. — Proph. : *Ps.*, LXVIII, 31. *Laudabo nomen Dei, et magnificabo eum.* Je louerai le nom de Dieu, et je le glorifierai.

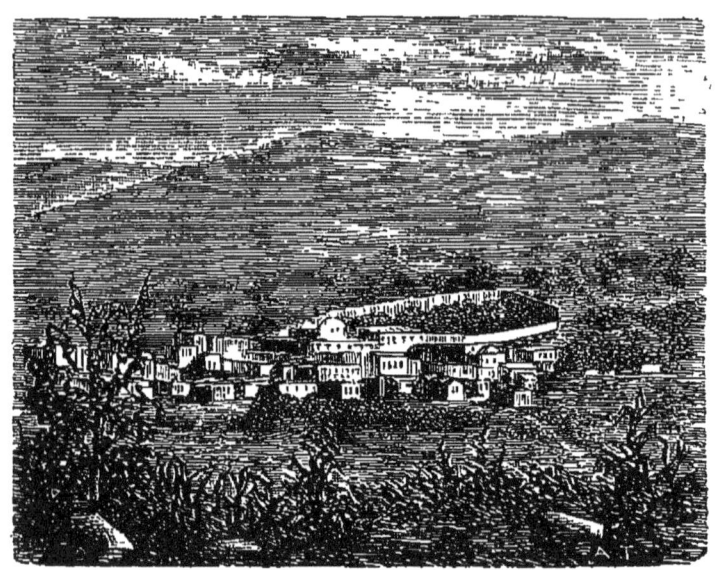

Aïn-Kérim, village de Saint-Jean *in Montana*.

IXᵉ VISITE.

LE LIEU OU NAQUIT JEAN-BAPTISTE.

LE mamelon où se dresse le village d'Aïn-Kérim, ou de Saint-Jean, domine, nous l'avons fait remarquer, la vallée du Térébinthe. On se rappelle encore que là se trouve un couvent de Franciscains.

L'église de ce couvent est assez grande ; elle a trois nefs. Or, c'est près du maître-autel, du côté de l'évangile, que l'on descend, par des marches larges et profondes, dans la chapelle de la Nativité de Saint Jean-Baptiste.

Sous la table de l'autel et sur le marchepied, on lit ces mots : *Hic Præcursor Domini natus est.* « C'est ici qu'est né le Précurseur du Seigneur. » Sous cet autel et sur les murs on peut voir divers médaillons en marbre blanc, représentant les principales scènes de la vie de saint Jean.

Que de choses accomplies dans ce lieu béni ! Là naît le Précurseur, là Zacharie retrouve la parole, là il compose le beau cantique : *Benedictus Dominus Deus Israel*, qui est une prophétie et un chant de triomphe. Là enfin commence la vraie joie d'Israël et du monde entier : *In nativitate ejus multi gaudebunt*.

ÉVANGILE.

Luc., 1.

57. *Elisabeth autem impletum est tempus pariendi, et peperit filium.*

58. *Et audierunt vicini et cognati ejus, quia magnificavit Dominus misericordiam suam cum illa, et congratulabantur ei.*

59. *Et factum est in die octavo, venerunt circumcidere puerum, et vocabant eum nomine patris sui Zachariam.*

60. *Et respondens mater ejus, dixit: Nequaquam, sed vocabitur Joannes.*

61. *Et dixerunt ad illam : Quia nemo est in cognatione tua, qui vocetur hoc nomine.*

62. *Innuebant autem patri ejus, quem vellet vocari eum.*

57. Cependant arriva le temps où Élisabeth devait accoucher, et elle eut un fils.

58. Ses voisins et ses parents, apprenant que Dieu avait fait éclater sa miséricorde sur elle, partageaient sa joie.

59. Et voici ce qui arriva : le huitième jour étant venus pour circoncire l'enfant, ils l'appelaient Zacharie du nom de son père.

60. Mais sa mère prit la parole et dit : Non, il s'appellera Jean.

61. Ils lui répondirent : Dans votre famille il n'y a personne qui porte ce nom.

62. Et ils demandèrent par signes au père de l'en-

NATIVITÉ DE SAINT JEAN-BAPTISTE.

fant comment il voulait qu'on le nommât.

63. Zacharie demande des tablettes, et écrit : Jean est son nom. Et tous furent dans l'étonnement.

64. Au même moment, la bouche de Zacharie s'ouvrit, sa langue se délia, et il parlait, bénissant Dieu.

65. Et tous ceux qui demeuraient dans le voisinage furent saisis de crainte ; et le bruit de ces merveilles se répandait dans tout le pays des montagnes de Judée.

66. Et tous ceux qui les entendaient raconter y pensaient au fond de leur cœur et disaient : Que croyez-vous que sera un jour cet enfant ? Car la main de Dieu était visiblement avec lui.

67. Et Zacharie, son père, fut rempli du Saint-Esprit, et prophétisa en ces termes :

68. Béni soit le Seigneur, le Dieu d'Israël !

63. *Et postulans pugillarem scripsit, dicens : Joannes est nomen ejus. Et mirati sunt universi.*

64. *Apertum est autem illico os ejus, et lingua ejus, et loquebatur benedicens Deum.*

65. *Et factus est timor super omnes vicinos eorum : et super omnia montana Judææ divulgabantur omnia verba hæc :*

66. *Et posuerunt omnes, qui audierant in corde suo, dicentes : Quis, putas, puer iste erit ? Etenim manus Domini erat cum illo.*

67. *Et Zacharias pater ejus repletus est Spiritu Sancto, et prophetavit, dicens :*

68. *Benedictus Dominus !...*

RÉFLEXIONS.

Qu'elles sont grandes, les prérogatives de Jean-Baptiste en sa naissance !

1° C'est à la suite des prières ferventes de saint Zacharie et de sainte Élisabeth qu'il vint au monde. Et il reçut la vie uniquement pour travailler à la gloire de Dieu. Ce fut là son seul ministère. Louer Dieu, l'honorer, lui obéir, c'est la principale affaire, l'unique même de l'homme sur la terre. Que l'exemple de Jean-Baptiste nous rappelle notre sublime fin, nous la fasse goûter, nous la fasse remplir dignement.

2° Jean-Baptiste naît donc innocent, déjà purifié dans le sein de sa mère. Il a été en même temps rempli de la grâce de l'Esprit-Saint. N'avons-nous pas reçu le baptême et beaucoup d'autres grâces?... Y avons-nous répondu comme le Précurseur de Jésus?

3° Quelle joie remplit toutes les montagnes de la Judée à l'apparition de cet astre nouveau qui annonce le Maître, et qui un jour le désignera clairement! *Quel est donc cet enfant?* redisent tous les échos et toutes les vallées de Juda. *Il sera grand*, répondent les échos et les vallées, *car la main de Dieu est avec lui*. Nous tous aussi, nous avons été une source de joie pour l'Église au jour de notre baptême ; à nous d'être grands devant Dieu, car la main du Seigneur est aussi toujours avec nous.

PRIÈRES.

ANT. *Ex utero senectutis et sterili hìc Joannes natus est, Præcursor Domini.*	ANT. Ici est né, d'une mère âgée et stérile, Jean, le Précurseur du Seigneur.
℣. *Fuit homo missus a Deo,*	℣. Dieu a envoyé un homme,
℟. *Cui nomen erat Joannes.*	℟. Dont le nom était Jean.

Oraison.	Oremus.
O Dieu, qui avez causé à votre peuple tant de joie par la nativité du bienheureux Jean-Baptiste, donnez à nous tous, vos serviteurs, la grâce des joies célestes, et dirigez les cœurs de tous vos fidèles dans le chemin du salut éternel. Ainsi soit-il.	Deus, qui populum tuum in nativitate beati Joannis Baptistæ lætificari fecisti, da nobis famulis tuis spiritualium gratiam gaudiorum, et omnium fidelium mentes dirige in viam salutis æternæ. Amen.

Naissance et dénomination de saint Jean. — Fig. : *Judic.*, xiii, 1, 24. Naissance et dénomination de Samson. — Proph. : *Is.*, xlix, 1. *Dominus ab utero vocavit me, ... recordatus est nominis mei.* Le Seigneur m'a appelé dès le sein de ma mère, il s'est souvenu de mon nom.

Xᵉ VISITE.

LE CANTIQUE DE ZACHARIE.

FAISONS au lieu où Zacharie composa le *Benedictus* une nouvelle station, et voyons dans ce bourg de Saint-Jean *in Montana* la maison de la nativité du Précurseur. N'est-il pas doux, touchant, de méditer sur ce cantique là même où le Seigneur l'a inspiré ?

ÉVANGILE.

Luc., I.

68. *Benedictus Dominus Deus Israel, quia visitavit, et fecit redemptionem plebis suæ;*

69. *Et erexit cornu salutis nobis, in domo David pueri sui.*

70. *Sicut locutus est per os sanctorum, qui a sæculo sunt, prophetarum ejus:*

71. *Salutem ex inimicis nostris, et de manu omnium qui oderunt nos:*

72. *Ad faciendam miseri-*

68. Béni soit le Seigneur Dieu d'Israël, parce qu'il a visité son peuple, et en a opéré la rédemption.

69. Il nous a suscité un puissant sauveur dans la maison de David, son serviteur.

70. Selon ce qu'il a dit par la bouche de ses saints, les prophètes qui ont paru d'âge en âge parmi nous,

71. Qu'il nous sauverait de nos ennemis, et des mains de tous ceux qui nous haïssent,

72. Pour accomplir ses

promesses de miséricorde faites à nos pères, en souvenir de sa sainte alliance avec eux,

73. Selon le serment qu'il avait juré à Abraham, notre père, d'ainsi faire pour nous ;

74. Afin qu'étant délivrés des mains de nos ennemis, nous le servions sans crainte,

75. Marchant devant lui dans la sainteté et dans la justice tous les jours de notre vie.

76. Et toi, petit enfant, tu seras appelé le prophète du Très-Haut, car tu marcheras devant la face du Seigneur, pour préparer ses voies.

77. Pour donner à son peuple la science du salut, afin qu'il obtienne la rémission de ses péchés.

78. Par les entrailles de la miséricorde de notre Dieu. C'est par elles qu'il nous a visités, se levant comme le soleil du haut des cieux,

79. Pour illuminer ceux qui sont assis dans les ténèbres, et dans l'ombre de la mort, et pour diriger nos

cordiam cum patribus nostris, et memorari testamenti sui sancti,

73. *Jusjurandum, quod juravit ad Abraham patrem nostrum, daturum se nobis :*

74. *Ut sine timore, de manu inimicorum nostrorum liberati, serviamus illi.*

75. *In sanctitate et justitia coram ipso, omnibus diebus nostris.*

76. *Et tu, puer, propheta Altissimi vocaberis : præibis enim ante faciem Domini parare vias ejus :*

77. *Ad dandam scientiam salutis plebi ejus, in remissionem peccatorum eorum :*

78. *Per viscera misericordiæ Dei nostri : in quibus visitavit nos, oriens ex alto,*

79. *Illuminare his, qui in tenebris, et in umbra mortis sedent, ad dirigendos pedes nostros in viam pacis.*

80. *Puer autem crescebat, et confortabatur spiritu: et erat in desertis usque in diem ostensionis suæ ad Israel.*	pas dans le chemin de la paix. 80. Or l'enfant croissait, et son esprit se fortifiait; et il vivait dans les déserts, jusqu'au jour de sa manifestation dans Israël.

RÉFLEXIONS.

1° Ce cantique est le chant d'action de grâces de Zacharie tout émerveillé des bienfaits de Dieu envers les hommes, et du grand bienfait de l'Incarnation, qu'il exalte au-dessus de tous les autres. Chantons avec lui les mêmes prodiges.

2° Il s'adresse à son fils, qu'il a voulu appeler *Jean*, nom qui signifie *Grâce*. Il lui annonce son futur ministère. Jean doit préparer les voies du Seigneur. Ne sommes-nous pas tous les précurseurs du Christ, en ce sens que nous devons faire connaître le Sauveur et préparer son règne dans les âmes qui n'ont pas le bonheur de le servir et de l'aimer ?

3° Enfin, pour Zacharie, il n'y a qu'une lumière véritable, la lumière du Sauveur qui a brillé au milieu des ténèbres et de la mort.

Sortons par Jésus-Christ des ombres obscures de la mort, et vivons de sa vie divine pour l'éternité.

PRIÈRES.

Ant. *Ex utero senectutis et sterili* hìc *Joannes natus est, Præcursor Domini.*	Ant. Ici est née d'une mère âgée et stérile Jean, le Précurseur du Seigneur.

℣. Dieu a envoyé un homme,

℟. Dont le nom était Jean.

ORAISON.

O Dieu, qui avez causé tant de joie à votre peuple par la nativité du bienheureux Jean-Baptiste, donnez à nous tous, vos serviteurs, la grâce des joies célestes, et dirigez les cœurs de tous vos fidèles dans le chemin du salut éternel. Ainsi soit-il.

℣. *Fuit homo missus a Deo,*

℟. *Cui nomen erat Joannes.*

OREMUS.

Deus, qui populum tuum in nativitate beati Joannis Baptistæ lætificari fecisti, da nobis famulis tuis spiritualium gratiam gaudiorum et omnium fidelium mentes dirige in viam salutis æternæ. Amen.

Cantique de Zacharie. — FIG. : *Sap.*, VII, 26. La sagesse éclat de la lumière éternelle. — PROPH. : *Zach.*, III, 8. *Adducam servum meum orientem.* Je ferai surgir mon serviteur comme le soleil à l'orient.

Entrée de la chapelle de l'Annonciation, à Nazareth.

XIe VISITE.

MAISON DE LA SAINTE VIERGE A NAZARETH.
UN ANGE APPARAIT A SAINT JOSEPH.

C'EST très probablement dans cette maison que l'Ange apparut à saint Joseph et lui dit : *Ne craignez pas de prendre avec vous Marie, votre épouse; car Celui qu'elle mettra au monde, est le Fils du Très-Haut, et l'Esprit-Saint a opéré cette merveille.* Sanctifiée par l'Annonciation de la Très Sainte Vierge Marie, par l'apparition de l'Ange à saint Joseph, dont il est ici question, par la présence de la Sainte Famille pendant au moins vingt-quatre ans, cette maison de Marie, après l'Ascension, fut consacrée, par les disciples du Sauveur, à des usages pieux. Les Apôtres, surtout saint Pierre, y célébrèrent plus d'une fois nos divins mystères. Plus tard on éleva au-dessus une magnifique église, qui devint un siège archiépiscopal.

Nous donnons dans la gravure la porte d'entrée de ce temple vénérable.

ÉVANGILE.

	MATTH., I.
18. Marie, mère de Jésus, avait épousé Joseph, et, avant qu'ils eussent été ensemble, elle se trouva enceinte par l'opération du Saint-Esprit.	18. *Cum esset desponsata mater ejus Maria Joseph, antequam convenirent, inventa est in utero habens de Spiritu Sancto.*
19. Comme Joseph, son époux, était un homme juste et ne voulait pas la diffamer, il résolut de la renvoyer sans éclat.	19. *Joseph autem vir ejus, cum esset justus, et nollet eam traducere, voluit occulte dimittere eam.*
20. Mais pendant qu'il pensait à le faire, un Ange du Seigneur lui apparut en songe et lui dit : Joseph fils de David, ne craignez point de prendre avec vous Marie, votre épouse ; car ce qui est né en elle est du Saint-Esprit.	20. *Hæc autem eo cogitante, ecce Angelus Domini apparuit in somnis ei, dicens : Joseph fili David, noli timere accipere Mariam conjugem tuam : quod enim in ea natum est, de Spiritu Sancto est.*
21. Et elle mettra au monde un fils, auquel vous donnerez le nom de Jésus, parce que ce sera lui qui sauvera son peuple en le délivrant de ses péchés.	21. *Pariet autem filium, et vocabis nomen ejus Jesum : ipse enim salvum faciet populum suum a peccatis eorum.*

22. *Hoc autem totum factum est, ut adimpleretur quod dictum est a Domino per prophetam, dicentem :*

23. *Ecce virgo in utero habebit, et pariet filium : et vocabunt nomen ejus Emmanuel, quod est interpretatum : Nobiscum Deus.* (Is., VII, 14.)

24. *Exurgens autem Joseph a somno, fecit sicut præcepit ei Angelus Domini, et accepit conjugem suam.*

25. *Et non cognoscebat eam donec peperit filium suum primogenitum : et vocavit nomen ejus Jesum.*

22. Or, tout ceci a été fait pour accomplir ce que le Seigneur avait dit par le prophète en ces termes :

23. Voici qu'une vierge concevra dans son sein, et elle enfantera un fils; et il sera appelé Emmanuel, c'est-à-dire Dieu avec nous.

24. Joseph, s'étant donc réveillé de son sommeil, fit comme l'Ange lui avait dit, et garda près de lui son épouse.

25. Et elle était vierge quand elle mit au monde son fils premier né, à qui fut donné le nom de Jésus.

RÉFLEXIONS.

1º Trois vertus nous sont enseignées par cette apparition de l'Ange à saint Joseph. De Marie nous apprenons l'humilité, la divine Vierge ne voulut jamais manifester à saint Joseph le grand mystère de l'incarnation du Verbe, quoiqu'il dût tourner à son avantage et à sa gloire.

2º Nous apprenons aussi de Marie la confiance en la divine Providence; car la sainte Vierge voyait saint Joseph troublé et préoccupé à son sujet, mais elle laissa à Dieu lui-même l'éclaircissement du grand mystère. Mettez tous vos soucis dans le cœur de Dieu, dit le prophète David.

3º Nous apprenons de saint Joseph la charité; il ne jugea pas mal sa sainte épouse, malgré toutes les apparences qui étaient contre elle. Aussi l'Ange vient à lui pour lui annoncer la naissance du Sauveur : Vous l'appellerez Jésus puisqu'il rachètera son peuple de tous ses péchés.

PRIÈRES.

Ant. L'Ange du Seigneur apparut à Joseph et lui dit : Joseph fils de David, ne craignez point de prendre avec vous Marie, votre épouse ; car ce qui est né en elle est du Saint-Esprit. Et elle enfantera un fils à qui vous donnerez le nom de Jésus.

℣. Il l'a établi le maître de sa maison,

℟. Et lui a donné tout pouvoir sur ce qu'il possède.

Oraison.

Daignez, Seigneur, nous secourir par les mérites du bienheureux Joseph, époux de votre très sainte Mère, et nous accorder, par son intercession, ce que notre faiblesse ne peut mériter. Ainsi soit-il.

Ant. *Angelus Domini apparuit Joseph, dicens : Joseph fili David, noli timere accipere Mariam, conjugem tuam; quod enim in ea natum est, de Spiritu Sancto est : pariet autem filium, et vocabis nomen ejus Jesum.*

℣. *Constituit eum dominum domus suæ,*

℟. *Et principem omnis possessionis suæ.*

Oremus.

Sanctissimæ Genitricis tuæ sponsi, quæsumus, Domine, meritis adjuvemur, ut quod possibilitas nostra non obtinet, ejus nobis intercessione donetur. Amen.

Joseph averti de l'Incarnation. — Fig. : Gen., xviii, 13, 14. Abraham averti de la conception d'Isaac. — Proph. : Is., vii, 14. *Ecce virgo concipiet et pariet filium.* Voici qu'une vierge concevra et enfantera un fils.

Autel de la Nativité de Notre-Seigneur
dans la grotte de Bethléem.

XIIe VISITE.

A LA GROTTE DE BETHLÉEM,
LIEU DE LA NATIVITÉ DE NOTRE-SEIGNEUR.

 L'EXTRÉMITÉ orientale de Bethléem [1], sur la colline et en dehors des murs, il y avait des grottes naturelles servant de retraite ou d'étable aux animaux. C'est dans un de ces réduits qu'est né Jésus-Christ.

Deux escaliers, deux passages étroits conduisent à la

---

1. *Bethléem signifie la Maison du pain, à cause du pain vivant, du Christ, qui est descendu du ciel en ce lieu.*
Cette petite ville de la tribu de Juda est située au midi de Jéru-

grotte de la Nativité, soit du côté de l'orient, soit du côté du nord. On a dix marches environ à descendre, et l'on se trouve aussitôt dans un des sanctuaires les plus augustes du monde. Là, dans la plénitude des temps, au milieu du silence dè la nuit est né de la Vierge Marie le fils de l'Éternel. Il a été placé entre deux animaux qui ont réchauffé ses petits membres.

La Grotte de la Nativité compte environ dix ou douze mètres de long sur quatre ou cinq de large. Il s'y trouve deux enfoncements : dans l'un, est la place où Jésus vint au monde ; dans l'autre, est celle de la crèche. A l'endroit de la naissance, on lit, autour d'une étoile d'or, cette inscription, gravée sur la pierre même où reposa Marie : *Hic de Virgine Maria Jesus Christus natus est.* « Ici Jésus est né de la Vierge Marie. » Cette pierre est baisée avec amour par tous les pieux pèlerins.

ÉVANGILE.

	Luc., ii.
1. En ces jours, parut un édit de César Auguste, qui	1. *Factum est autem in diebus illis, exiit edictum a*

salem, à deux ou trois lieues de distance de la grande cité. Du côté de l'occident, on arrive à Bethléem par une vallée, qui est plus basse que la ville, et qui est située à la droite et à la gauche d'une longue colline ayant, au levant, la forme d'un navire renversé. C'est ce qu'atteste Sulpice Sévère, qui passa six mois à Bethléem avec saint Jérôme.

La route de Jérusalem à Bethléem était autrefois embellie par des villas, des jardins, des arbres à fruits, des fleurs embaumées ; et le pays était un des plus fertiles de la Palestine. Sur cette terre, sorte de petit paradis terrestre, qui sourit à la naissance de son Créateur, chrétien, sois-en assuré, Jésus ne choisira que ce qu'il y a de plus humble et de plus pauvre, et il se montrera au monde dénué de tout.

Cæsare Augusto, ut describeretur universus orbis.

2. Hæc descriptio prima facta est a præside Syriæ Cyrino :

3. Et ibant omnes ut profiterentur singuli in suam civitatem.

4. Ascendit autem et Joseph a Galilæa de civitate Nazareth, in Judæam in civitatem David, quæ vocatur Bethleem : eo quod esset de domo et familia David;

5. Ut profiteretur cum Maria desponsata sibi uxore prægnante.

6. Factum est autem, cum essent ibi, impleti sunt dies ut pareret.

7. Et peperit filium suum primogenitum, et pannis eum involvit, et reclinavit eum in præsepio, quia non erat eis locus in diversorio.

ordonnait de faire le dénombrement des habitants de toute la terre.

2. Ce fut le premier dénombrement qui se fit par Cyrinus, gouverneur de Syrie.

3. Et tous allaient se faire enregistrer, chacun dans la ville dont il était originaire.

4. Or, Joseph, qui était de la maison et de la famille de David, partit de la ville de Nazareth en Galilée, et monta en Judée jusqu'à la ville de David, qui s'appelle Bethléem.

5. Pour se faire inscrire avec Marie, son épouse, qui était enceinte.

6. Pendant qu'ils étaient là, le temps auquel elle devait accoucher arriva.

7. Et elle mit au monde son fils premier-né, l'enveloppa de langes et le coucha dans une crèche, parce qu'il n'y avait pas de place pour eux dans l'hôtellerie.

RÉFLEXIONS.

Contemplez, âme chrétienne :
1º Jésus-Christ dans sa personne. Il est le Dieu du ciel

et de la terre, le Très-Haut, et ici nous le voyons le dernier des hommes, le plus humilié de tous.

2° Jésus dans son langage. Il parle à Dieu son Père par sa prière. Il parle aux hommes par ses exemples d'humilité, de silence, de charité, d'innocence enfantine.

3° Jésus dans ses actions. Il ne fait que ce que font les enfants de son âge; il pleure souvent, et pourquoi? A cause de nos péchés.

4° Jésus dans ses souffrances. L'enfant Jésus les accueille toutes selon l'ordre de la volonté de Dieu. Déjà il en endure de très vives, et il accepte celles qui devront remplir sa vie depuis la crèche jusqu'au Calvaire.

O âme chrétienne, contemplez donc tout ce mystère; voyez aussi ce que fait Marie, ce que fait Joseph. Unissez vos adorations aux anéantissements de l'un et de l'autre. Aimez Jésus. *Quis tam amantem non redamaret?* Qui donc n'aimerait pas celui qui nous a tant aimés?

PRIÈRES.

HYMNE.

Jésus, Rédempteur de tous les hommes, vous qu'avant la première aurore engendre, semblable à sa gloire, le Père dans sa paternité suprême.

Vous êtes lumière et splendeur du Père, vous, l'éternelle espérance de tous, daignez écouter les prières que vous adressent vos serviteurs dans le monde entier.

HYMNUS.

Jesu Redemptor omnium,
Quem lucis ante originem
Parem paternæ gloriæ,
Pater supremus edidit.

Tu lumen et splendor Patris,
Tu spes perennis omnium,
Intende quas fundunt preces
Tui per orbem servuli.

Memento, rerum Conditor,
Nostri quod olim corporis
Sacrata ab alvo virginis
Nascendo formam sumpseris.

Testatur hoc præsens dies,
Currens per anni circulum,
Quod solus e sinu Patris
Mundi salus adveneris.

Hunc astra, tellus, æquora,
Hunc omne quod cœlo subest,
Salutis auctorem novæ
Novo salutat cantico.

Et nos beata quos sacri
Rigavit unda sanguinis,
Natalis ob diem tui
Hymni tributum solvimus.

Jesu, tibi sit gloria,
Qui natus es de Virgine,
Cum Patre et almo Spiritu
In sempiterna sæcula.
    Amen.
    ℣. *Verbum caro factum est,*
    ℟. *Et habitavit in nobis.*

OREMUS.
Concede, quæsumus, omnipotens Deus, ut nos Unigeniti

Souvenez-vous, Créateur des êtres, qu'un jour, dans le chaste sein d'une vierge, vous prîtes, par votre naissance, un corps comme le nôtre.

Ce jour même l'atteste, ce jour que chaque année ramène, et il nous dit que du sein de votre Père vous vîntes à nous, vous, l'unique salut du monde.

Les astres, la terre, la mer, et tout ce que le ciel abrite, célèbrent par un nouveau cantique l'auteur d'un salut nouveau.

Et nous, lavés dans les ondes bienheureuses de votre sang sacré, nous vous offrons, ô Christ, en souvenir de votre jour natal, le tribut de cette hymne.

O Jésus, qui êtes né de la Vierge, gloire à vous avec le Père et le Saint-Esprit, dans les siècles éternels.
    Ainsi soit-il.
    ℣. Et le Verbe s'est fait chair,
    ℟. Et il a habité parmi nous.

ORAISON.
Nous vous en supplions, ô Dieu tout-puissant, dai-

gnez faire que la nouvelle naissance de votre Fils unique, dans la chair, dont le lieu où nous sommes a été témoin, nous délivre, nous que retient sous le joug du péché l'ancienne servitude. Ainsi soit-il.

tui nova per carnem nativitas hìc facta liberet, quos sub peccati jugo vetusta servitus tenet. Amen.

Naissance du Christ. — FIG. : Gen., XXI, 1, 2. Naissance d'Isaac. — PROPH. : *Is.*, IX, 6. *Parvulus natus est nobis.* Un petit enfant nous est né.

Ruines de la chapelle de l'apparition des Anges
aux pasteurs, près Bethléem.

XIIIe VISITE.

AU CHAMP DES PASTEURS, PRÈS DE BETHLÉEM.
LES BERGERS AVERTIS PAR LES ANGES.

A UNE demi-lieue de Bethléem, à l'orient de cette ville, est la vallée où les pasteurs veillaient, la nuit de Noël, auprès de leurs troupeaux.

Dans cette vallée agréable et fertile se trouve une petite plaine bien cultivée, entourée de montagnes peu élevées, qui donnent un aspect assez pittoresque à tout l'ensemble du pays. Les pâturages abondants qu'on y trouvait en hiver, attachaient à ce lieu ces pasteurs bénis. C'est là qu'autrefois Jacob avait fixé sa tente, près du tombeau de Rachel, son épouse bien-aimée. Ce lieu s'appelait *Ader* ou *la Tour du troupeau*.

La nuit de la Nativité, la plus belle des nuits, alors que le ciel était tout brillant d'étoiles, véritables feux de joie à l'occasion de la naissance de Notre-Seigneur, l'Archange Gabriel, à qui Dieu avait confié tout ce qui regarde l'Incarnation de son Fils, apparut donc aux bergers, calma leurs appréhensions, leur apprit la bonne nouvelle de la venue du Roi des rois, leur donnant pour le reconnaître ces signes : une crèche, des langes, un petit enfant.

A l'endroit où eut lieu cette apparition angélique, est une grotte mesurant cinq ou six mètres de largeur sur six ou sept de longueur. C'est la Chapelle des pasteurs. Autrefois une grande église, construite par sainte Hélène, enchâssait la grotte sacrée. Quelles tristes ruines sont aujourd'hui accumulées en ce lieu visité par les Anges !

ÉVANGILE.

Luc., II.

8. Or, il y avait aux environs, dans les champs, des bergers qui passaient la nuit, veillant, tour à tour, à la garde de leurs troupeaux.

9. Tout d'un coup un Ange du Seigneur se présenta à eux, et une clarté divine les environna, ce qui leur causa une frayeur extrême.

10. Mais l'Ange leur dit : Ne craignez point ; car je vous apporte une nouvelle

8. *Et pastores erant in regione eadem vigilantes, et custodientes vigilias noctis super gregem suum.*

9. *Et ecce Angelus Domini stetit juxta illos, et claritas Dei circumfulsit illos, et timuerunt timore magno.*

10. *Et dixit illis Angelus : Nolite timere : ecce enim evangelizo vobis gaudium ma-*

gnum, quod erit omni populo:	qui sera pour tout le peuple le sujet d'une grande joie ;
11. Quia natus est vobis hodie Salvator, qui est Christus Dominus, in civitate David.	11. C'est qu'aujourd'hui, dans la ville de David, il vous est né un Sauveur, qui est le Christ, le Seigneur ;
12. Et hoc vobis signum: invenietis infantem pannis involutum, et positum in præsepio.	12. Et voici le signe que je vous donne pour le reconnaître : Vous trouverez un enfant enveloppé de langes, couché dans une crèche.
13. Et subito facta est cum Angelo multitudo militiæ cœlestis, laudantium Deum, et dicentium :	13. Au même instant parut avec l'Ange une grande troupe de l'armée céleste ; et tous, louant Dieu, disaient :
14. Gloria in altissimis Deo!	14. Gloire à Dieu au plus haut des cieux !

RÉFLEXIONS.

1º L'Ange qui apporta la nouvelle du salut, ne fut pas d'abord envoyé à des rois ou à des riches, mais à de pauvres bergers. Leur humilité et leur vigilance leur avaient mérité cette faveur.

2º Les marques indiquées par l'Ange pour trouver l'enfant Jésus et le reconnaître sont les marques de l'humilité et de l'enfance chrétiennes. Il faut donc que nous soyons comme des enfants, simples, sans malice, entièrement abandonnés à Dieu, ne tenant qu'aux choses nécessaires à notre vie, et encore toujours dans l'ordre de son adorable volonté, sans porter plus loin nos désirs.

3º Quels cantiques de joie les Anges font entendre au

plus haut des cieux, et au-dessus de ce Champ des Pasteurs ! Ce mystère glorifie Dieu, et il apporte la paix aux âmes de bonne volonté ; c'est ce que chantaient les Anges, et c'est ce que le chrétien doit méditer en ce lieu avec une foi vive et un grand amour.

PRIÈRES.

Ant. Qui avez-vous vu, bergers ? Dites-le-nous ! Apprenez-nous quel est celui qui a paru sur la terre. Nous avons vu l'enfant ; nous avons entendu les chœurs des Anges qui louaient ensemble le Seigneur, en disant : Gloire à Dieu au plus haut des cieux, et sur la terre paix aux hommes de bonne volonté !

℣. Je vous annonce une grande joie ;

℟. C'est que le Sauveur du monde vous est né aujourd'hui.

Oraison.

O Dieu, vous avez fait entendre aux bergers les chœurs des Anges qui annonçaient la paix et une grande joie ! Accordez, nous vous en prions, à nous, ainsi

Ant. *Quem vidistis, pastores ? dicite : annuntiate nobis, in terris quis apparuit? Natum vidimus, et choros Angelorum collaudantes Dominum et dicentes : Gloria in excelsis Deo, et in terra pax hominibus bonæ voluntatis !*

℣. *Annuntio vobis gaudium magnum,*

℟. *Quia natus est vobis hodie Salvator mundi.*

Oremus.

Deus, qui in hac sanctissima valle voluisti choros angelorum a pastoribus audiri annuntiantes pacem et gaudium magnum, da nobis, quæsumus, hic et cunctis fidelibus

fidei pacem et veram lætitiam cordis. Amen.	qu'à tous les fidèles chrétiens, la paix et la joie véritable du cœur. Ainsi soit-il.

Les Anges à Bethléem. — Fig. : *Gen.*, xxviii, 12. Jacob voit les anges qui descendent du ciel et y montent. — Proph. : *Ps.*, cvi, 7. *Et adorent eum omnes Angeli ejus.* Et que tous ses Anges l'adorent.

Champ des pasteurs à Bethléem.

XIVᵉ VISITE.

A JÉSUS ENFANT,
INSPIRANT LE CANTIQUE DES ANGES.

Ici, que de ravissantes choses! Au-dessus de Bethléem, au-dessus du Champ des pasteurs, le ciel! Voyez comme ce lieu si tranquille, si calme, vient de s'illuminer tout à coup d'étonnantes splendeurs : la musique des Anges le remplit. Oui, élevez vos yeux en haut, prêtez l'oreille, et entendez : Y a-t-il rien de plus beau, rien aussi de plus mélodieux?

Gloire à Dieu dans les hauteurs des cieux, et sur la terre paix aux hommes de bonne volonté!

ÉVANGILE.

	Luc., II.
14. Gloire à Dieu au plus	14. *Gloria in altissimis*

Deo, et in terra pax hominibus bonæ voluntatis.

haut des cieux, et paix sur la terre aux hommes de bonne volonté !

CANTIQUE DÉVELOPPÉ PAR L'ÉGLISE.

Gloria in excelsis Deo, et in terra pax hominibus bonæ voluntatis ! Laudamus te; Benedicimus te; Adoramus te; Glorificamus te; Gratias agimus tibi propter magnam gloriam tuam, Domine Deus, Rex cælestis, Deus Pater omnipotens. Domine Fili unigenite, Jesu Christe ; Domine Deus, Agnus Dei, Filius Patris. Qui tollis peccata mundi, miserere nobis; qui tollis peccata mundi, suscipe deprecationem nostram. Qui sedes ad dexteram Patris, miserere nobis. Quoniam tu solus Sanctus, tu solus Dominus, tu solus Altissimus, Jesu Christe, cum Sancto Spiritu, in gloria Dei Patris. Amen.

Gloire à Dieu au plus haut des cieux et, sur la terre, paix aux hommes de bonne volonté ! Nous vous louons, nous vous bénissons, nous vous adorons. Nous vous glorifions, nous vous rendons grâces à cause de votre grande gloire, Seigneur Dieu, roi du Ciel; Dieu Père tout-puissant ! Seigneur Jésus-Christ, Fils unique ! Seigneur Dieu, Agneau de Dieu, Fils du Père ! Vous qui ôtez les péchés du monde, ayez pitié de nous ! Vous qui ôtez les péchés du monde, recevez notre prière ! Vous qui êtes assis à la droite du Père, ayez pitié de nous ! Car vous êtes le seul Saint, vous êtes le seul Seigneur, vous êtes le seul Très-Haut, ô Jésus-Christ ! avec le Saint-Esprit, dans la gloire de Dieu le Père. Ainsi soit-il.

RÉFLEXIONS.

1º Relisez attentivement et méditez chaque parole de ce chant angélique. C'est un cantique de gloire à l'honneur de l'Incarnation du Verbe. Oui, gloire à Dieu en lui-même, et n'aimons ce qu'il fait en nous que par rapport à Lui. Paix aux âmes de bonne volonté, la paix, le plus grand bien de l'homme exilé sur cette terre, cette paix qu'on trouve dans l'unique désir de contenter Dieu, et qui aura dans les Cieux pour couronnement la vision béatifique.

2º Louez Jésus! Glorifiez-le! Rendez-lui grâces. Il est si beau de servir le Roi de gloire, le Fils de l'Éternel.

3º Jésus s'est chargé de nos péchés, et il daigne offrir à Dieu nos prières. Il est le seul qui soit écouté par Dieu le Père, à cause de sa sainteté, à cause de son éminente dignité. N'égale-t-il pas le Père et l'Esprit-Saint dans leur gloire? Croyez et aimez.

PRIÈRES.

Avec l'Église récitez le *Gloria in excelsis*.

Cantique des Anges. — Fig. : *Apoc.*, XII, 10 et suiv. Cantique des Anges, après la victoire de saint Michel sur les démons. Proph. : *Matth.*, XXIV, 31. *Mittet Angelos suos cum tuba et voce magna.* Dieu enverra ses Anges, et il fera entendre leurs voix et leurs concerts.

Intérieur de la Grotte du Lait, à Bethléem.
(Voir visite XIXᵉ.)

XVᵉ VISITE

EMPLACEMENT DE L'ANCIENNE MAISON DE SAINT JOSEPH, PRÈS DE BETHLÉEM.

Quand vous parcourez le chemin qui conduit du village des Bergers à Bethléem, au levant de cette ville, vous apercevez sur la pente assez escarpée de la colline quelques pans de murs et les fondations d'une maison isolée. Ce sont, dit-on, les ruines de la maison de saint Joseph.

Jadis il y avait là une chapelle taillée dans le roc, dont on voit encore les vestiges. La tradition fait remarquer que saint Joseph, en accompagnant Marie à Bethléem, ne put aller loger dans cette maison, parce qu'il l'avait louée à un habitant de la ville.

En face de l'endroit où saint Joseph a vécu avant d'être l'époux de la Reine des Anges, que de sentiments se pressent dans le cœur ! Goûtez tranquillement les douces pensées qui vous émeuvent, et priez avec ferveur le glorieux patriarche.

REFLEXIONS.

1º Saint Joseph avait reçu quelque héritage de sa famille, et il ne négligeait pas d'en prendre un soin convenable.

C'est du moins ce que la tradition nous apprend. Nous devons, nous aussi, vivre selon notre rang, veiller à la conservation de ce qui nous a été transmis, avec un soin raisonnable et exempt de toute avarice.

2º Saint Joseph travaillait de ses mains, afin de subvenir aux besoins de la sainte Famille, dont il avait la charge. Hélas! tout ce travail pouvait bien être pénible, mais il était aimable pour cet homme juste, puisque la volonté du Très-Haut le lui imposait. En est-il ainsi de nous ? Aimons-nous les fatigues de notre condition pour ce noble motif?

3º Entrons avec les yeux de la foi dans cette demeure de saint Joseph, et prions-le de nous donner là toutes les grâces dont il est le dispensateur. Demandons-lui spécialement la grâce d'une bonne vie et d'une sainte mort.

PRIÈRES.

Ant. L'homme fidèle sera grandement loué, et	Ant. *Vir fidelis multum laudabitur; et qui custos est*

Domini sui glorificabitur.

℣. *Constituit eum dominum domus suæ,*

℟. *Et principem omnis possessionis suæ.*

ORÉMUS.

Sanctissimæ Genitricis tuæ sponsi, quæsumus, Domine, meritis adjuvemur, ut quod possibilitas nostra non obtinet, ejus nobis intercessione donetur.
Amen.

celui qui est le gardien de son Maître sera glorifié.

℣. Le Seigneur l'a établi le maître de sa maison,

℟. Et il lui a donné plein pouvoir sur tout ce qu'il possède.

ORAISON.

Daignez, Seigneur, nous secourir par les mérites du bienheureux Joseph, l'époux de votre très sainte Mère, et nous accorder, par son intercession ce que notre faiblesse ne peut mériter.
Ainsi soit-il.

Saint Joseph. — FIG. : *Gen.*, XLIX, 22, 26. Bénédiction de Jacob à son fils Joseph. — PROPH. : *Gen.*, L, 21. *Consolatusque est eos, et blande ac leniter est locutus.* Et Joseph consola ses frères en leur parlant avec tendresse.

Intérieur de l'église de Bethléem, au-dessus de la grotte de la Nativité.

XVIᵉ VISITE.

ADORATION DES BERGERS.

Les pasteurs, empressés de voir le Sauveur, s'étant dit : « Allons à Bethléem », avaient quitté la plaine où paissaient leurs troupeaux.

Les voici qui gravissent la montagne ; ils passent ensuite près de la maison de saint Joseph, et arrivent enfin à l'étable où est le nouveau-né, le divin Rédempteur du monde attendu depuis quatre mille ans. Retournons avec eux à la grotte de la Nativité ; voyons la place de la crèche, et baisons l'étoile d'or qui marque l'endroit où Jésus reposa en venant en ce monde. C'est dans ce lieu vénérable que les bergers adorèrent Notre-Seigneur Jésus-Christ.

ÉVANGILE.

Luc., II.

15. *Et factum est, ut discesserunt ab eis angeli in cœlum, pastores loquebantur ad invicem : Transeamus usque Bethleem, et videamus hoc verbum, quod factum est, quod Dominus ostendit nobis.*

16. *Et venerunt festinantes : et invenerunt Mariam, et Joseph, et infantem positum in præsepio.*

17. *Videntes autem cognoverunt de verbo, quod dictum erat illis de puero hoc.*

18. *Et omnes qui audierunt, mirati sunt, et de his, quæ dicta erant a pastoribus ad ipsos.*

19. *Maria autem conservabat omnia verba hæc, conferens in corde suo.*

20. *Et reversi sunt pastores glorificantes et laudantes Deum, in omnibus quæ audierant et viderant, sicut dictum est ad illos.*

15. Après que les anges, remontant au ciel, les eurent quittés, les bergers se dirent les uns aux autres : Passons jusqu'à Bethléem, voyons ce qui est arrivé, et ce que le Seigneur nous annonce.

16. S'étant donc hâtés d'y aller, ils trouvèrent Marie et Joseph, et l'enfant couché dans une crèche.

17. A cette vue, ils reconnurent la vérité de ce qu'on leur avait dit de cet enfant.

18. Et tous ceux qui les entendirent parler admiraient ce que ces bergers leur en racontaient.

19. Cependant Marie conservait toutes ces choses dans son cœur, et les méditait.

20. Et les bergers s'en retournèrent, glorifiant et louant Dieu de tout ce qu'ils avaient entendu et vu, selon qu'il leur avait été annoncé.

RÉFLEXIONS.

1° Nous devons prendre part à la joie de ces bons bergers qui tressaillent d'allégresse d'avoir entendu la parole de l'Ange : *Il vous est né un Sauveur.*

2° Il faut, comme eux, tout quitter, tout oublier pour aller contempler le divin Sauveur, pour le reconnaître aux signes indiqués par l'Ange : la crèche, les langes, les faibles dehors d'un enfant.

3° Enfin, il faut avec les bergers adorer cet enfant nouveau-né, comme eux baiser ses petits pieds, ses mains délicates, et lui présenter avec eux quelques dons. Ils offraient des présents champêtres ; nous, donnons-lui les pieux présents de notre champ, c'est-à-dire de notre cœur. O heureux bergers d'avoir contemplé les premiers Celui que tant de rois, de patriarches et de saints ont désiré voir et n'ont point vu !

PRIÈRES.

HYMNE.

Les chœurs célestes se réjouissent, et les Anges chantent le Dieu, le vrai Pasteur, Créateur de toutes choses, se révélant à des bergers.

ANT. Qui avez-vous vu, bergers ? Dites-le-nous. Apprenez-nous quel est celui qui a paru sur la terre. Nous avons vu l'Enfant, nous avons entendu les chœurs

HYMNUS.

*Gaudet chorus cœlestium,
Et Angeli canunt Deo ;
Palamque fit pastoribus
Pastor, Creator omnium.*

ANT. *Quem vidistis pastores ? Dicite, annuntiate nobis ; in terris quis apparuit ? Natum vidimus et choros angelorum collaudantes Dominum. Alleluia.*

℣. *Notum fecit Dominus, alleluia,*

℟. *Salutare suum, alleluia.*

. OREMUS.

Da nobis, quæsumus, omnipotens Deus, ut qui nova incarnati Verbi tui luce cum pastoribus perfundimur; hoc in nostro resplendeat opere, quod per fidem fulget in mente. Amen.

des anges qui louaient ensemble le Seigneur. Alleluia.

℣. Le Seigneur a manifesté, alleluia,

℟. Le Sauveur qu'il avait promis, alleluia.

ORAISON.

O Dieu tout-puissant, inondés, avec les bergers, de la nouvelle lumière de votre Verbe incarné, nous vous en supplions, daignez faire resplendir dans nos œuvres ce qui par la foi brille en nos esprits. Ainsi soit-il.

Adoration des bergers. — FIG. : *Gen.*, XXXVII, 5, 10; XL, 3, 15. Honneurs rendus à Joseph par ses frères. — PROPH. : *Ps.*, CXXXI, 7. *Adorabimus in loco ubi steterunt pedes ejus.* Nous l'adorerons dans ce lieu où se sont arrêtés ses pieds.

Extérieur de l'église supérieure de Bethléem.

XVIIe VISITE.

A LA GROTTE DE BETHLÉEM OU LE CHRIST EST CIRCONCIS ET NOMMÉ JÉSUS.

D'APRÈS la tradition, Notre-Seigneur fut circoncis dans l'étable de Bethléem, au lieu même de sa nativité. Saint Épiphane l'affirme : *Circumcisus in spelunca*. Saint Joseph fut le ministre de cette cérémonie sacrée, qui eut lieu huit jours après la naissance de l'Enfant divin. Également dans la vénérable grotte Joseph et Marie imposèrent au petit enfant Dieu l'admirable nom de Jésus, qui résume toute la rédemption, et dans lequel nous voyons, à l'avance, le sang, la mort, les mérites infinis du Fils de Dieu fait homme, appliqués à nous pauvres pécheurs.

Entrons donc encore dans la grotte sacrée, témoin de ce nouveau mystère, et où ont coulé les premières gouttes du sang du Sauveur.

ÉVANGILE.

Luc., II.

21. *Et postquam consummati sunt dies octo ut circumcideretur puer, vocatum est nomen ejus Jesus, quod vocatum est ab Angelo priusquam in utero conciperetur.*

21. Et le huitième jour, auquel l'enfant devait être circoncis, étant arrivé, il reçut le nom de Jésus, qui lui avait été donné par l'Ange avant qu'il fût conçu dans le sein de sa mère.

RÉFLEXIONS.

1º *Jésus* signifie *Sauveur*. Donné par Dieu le Père, transmis par un Ange avant la naissance du Rédempteur, ce nom est tout ce qu'il y a de plus vénérable. Devant le nom de Jésus tout s'incline au ciel, sur la terre et dans les enfers.

2º Oh! comme notre Sauveur a mérité ce nom! Ici, en cette grotte, il commence à verser son sang. Plus tard, pour le répandre à flots et le donner tout entier, il se rendra obéissant jusqu'à la mort, et à la mort de la croix. C'est ainsi qu'il est notre Sauveur.

3º Pour appartenir vraiment à Jésus et lui ressembler, il faut ne pas craindre la douleur et la peine. Au besoin, nous devrions verser notre sang pour lui et pour le prochain. Dans le sang est le grand témoignage de l'amour. Par là on se sauve soi-même, et l'on parvient à sauver les autres.

PRIÈRES.

Ant. Qu'au saint nom de Jésus tout genou fléchisse au ciel, sur la terre et dans les enfers; et que toute langue confesse que le Sauveur Jésus est dans la gloire de Dieu, son Père.

℣. Notre soutien est dans le nom du Seigneur,

℟. Qui a fait le ciel et la terre.

ORAISON.

O Dieu, qui avez établi votre Fils unique sauveur du genre humain, et avez ordonné qu'on l'appelât Jésus, daignez nous faire jouir au ciel de la vue de Celui dont, sur la terre, nous vénérons le saint nom. Ainsi soit-il.

Ant. *In nomine Jesu omne genu flectatur, cœlestium, terrestrium et infernorum : et omnis lingua confiteatur quia Dominus Jesus Christus in gloria est Dei Patris.*

℣. *Adjutorium nostrum in nomine Domini,*

℟. *Qui fecit cœlum et terram.*

OREMUS.

Deus, qui Unigenitum Filium tuum constituisti humani generis Salvatorem et Jesum vocari jussisti, concede propitius, ut cujus sanctum nomen veneramur in terris, ejus quoque aspectu perfruamur in cœlis. Amen.

Circoncision et nom de Jésus. — Fig. : *Gen.*, xxi, 3, 4. Circoncision et nom d'Isaac. — Proph. : *Is.*, vii, 14. *Et vocabitur nomen ejus Emmanuel.* Et son nom sera Emmanuel.

Lieu de l'adoration des Mages dans la grotte de Bethléem.

XVIIIe VISITE.

A LA GROTTE DE BETHLÉEM
AU LIEU DE L'ADORATION DES MAGES.

D'APRÈS l'opinion commune, les Mages adorèrent l'enfant et lui offrirent leurs présents dans la grotte même de la Nativité. C'est pourquoi il y a un autel à l'orient de la sainte Crèche. La crèche, on se le rappelle, est placée dans un enfoncement. Si vous longez les parois de cette excavation, vous trouvez, entre l'autel dont il est ici question et la crèche, un rebord de rocher où se sont assis, dit-on, bien souvent, la très sainte Vierge et son bienheureux époux. L'excavation où sont placés la crèche et l'autel est plus basse de deux degrés que le reste de la grotte.

L'entrée d'ailleurs est aussi grande et aussi large que l'excavation. On a orné ce lieu saint de quelques colonnes, dont une se trouve au lieu où les degrés forment un angle. En cet endroit, la voûte, qui est le rocher même de la grotte, n'a que la hauteur de deux ou trois mètres. Dans le reste de la grotte, la voûte est plus élevée.

D'autres pensent qu'il est plus conforme au texte évangélique de croire que le lieu de la visite des Mages fut la maison située au-dessus de la grotte de la Nativité. Saint Matthieu dit en effet : *Intrantes domum.* « Ils entrèrent dans la maison. » Le chœur, ou le sanctuaire de l'église, placé au-dessus de la grotte, serait alors l'endroit où ils ont adoré l'enfant Dieu.

Quoi qu'il en soit, nous pouvons toujours nous unir à eux, soit dans la grotte, soit dans l'édifice placé au-dessus où l'on vénère un autel dédié aux trois rois mages.

On voit ici la gravure de la grotte et du lieu appelé communément l'Adoration des Mages.

ÉVANGILE.

Matth., ii.

1. Jésus étant donc né dans Bethléem, ville de Juda, aux jours du roi Hérode, voilà que des Mages vinrent d'Orient à Jérusalem.

2. Ils disaient : Où est le roi des Juifs qui vient de naître? Car nous avons vu son étoile en Orient, et nous sommes venus pour l'adorer.

3. Hérode, apprenant cela,

1. *Cum ergo natus esset Jesus in Bethleem Juda, in diebus Herodis regis, ecce Magi ab Oriente venerunt Jerosolymam,*

2. *Dicentes : Ubi est qui natus est rex Judæorum? Vidimus enim stellam ejus in Oriente, et venimus adorare eum.*

3. *Audiens autem Herodes*

rex turbatus est, et omnis Jerosolyma cum illo.	fut troublé, et avec lui toute la ville de Jérusalem.
4. *Et congregans omnes principes sacerdotum et scribas populi, sciscitabatur ab eis ubi Christus nasceretur.*	4. Et, ayant rassemblé tous les princes des prêtres et les docteurs du peuple, il leur demanda où devait naître le Christ.
5. *At illi dixerunt ei: In Bethleem Judæ : sic enim scriptum est per Prophetam :*	5. Ils répondirent : A Bethléem de Juda; car voici ce qui a été écrit par le Prophète :
6. *Et tu, Bethleem terra Juda, nequaquam minima es in principibus Juda: ex te enim exiet dux, qui regat populum meum Israel.*	6. Et toi, Bethléem, terre de Juda, tu n'es pas la moindre entre les principales villes de Juda; car de toi sortira le chef qui doit gouverner Israël, mon peuple.
7. *Tunc Herodes, clam vocatis Magis, diligenter didicit ab eis tempus stellæ, quæ apparuit eis.*	7. Alors Hérode, ayant appelé les Mages en secret, s'informa auprès d'eux avec grand soin de l'époque où l'étoile leur était apparue.
8. *Et mittens illos in Bethleem, dixit: Ite, et interrogate diligenter de puero: et cum inveneritis, renuntiate mihi, ut et ego veniens adorem eum.*	8. Et, les envoyant à Bethléem, il leur dit : Allez, renseignez-vous exactement sur cet enfant; et quand vous l'aurez trouvé, faites-le-moi savoir afin que j'aille aussi l'adorer.
9. *Qui cum audissent regem, abierunt : et ecce stella, quam viderant in Oriente, antecedebat eos, usque dum veniens staret supra, ubi erat puer.*	9. Les Mages, après avoir entendu ces paroles du roi, s'en allèrent. Et voilà que, en même temps, l'étoile qu'ils avaient vue en Orient allait devant eux, jusqu'à ce

ADORATION DES MAGES.

que, venant sur le lieu où était l'enfant, elle s'y arrêta.

10. Or, en voyant l'étoile, ils furent transportés d'une grande joie.

11. Et, entrant dans la maison, ils trouvèrent l'enfant avec Marie, sa mère; et, se prosternant, ils l'adorèrent. Puis, ouvrant leurs trésors, ils lui offrirent pour présents de l'or, de l'encens et de la myrrhe.

12. Cependant, avertis en songe de ne point aller retrouver Hérode, ils revinrent dans leur pays par un autre chemin.

10. *Videntes autem stellam, gavisi sunt gaudio magno valde.*

11. *Et intrantes domum, invenerunt puerum cum Maria matre ejus, et procidentes adoraverunt eum ; et apertis thesauris suis, obtulerunt ei munera, aurum, thus et myrrham.*

12. *Et responso accepto in somnis ne redirent ad Herodem, per aliam viam reversi sunt in regionem suam.*

RÉFLEXIONS.

1. L'obéissance des Mages est admirable. Ils ont vu le signe naturel et prophétique du grand Roi : « Nous avons vu son étoile », et ils viennent en Judée, et demandent où est né le roi des Juifs. — Obéissons-nous aussi promptement que les Mages aux ordres de Dieu, à ses conseils, aux inspirations célestes ?

2. L'humilité des Mages est profonde; ils ne sont pas effrayés de la pauvreté de l'enfant-Dieu; ils reconnaissent le Sauveur et ils l'adorent en se prosternant devant lui. Cet acte est l'offrande de leur cœur et de leur volonté.

3. Leur générosité est parfaite. Après avoir donné le cœur et la volonté, ils ouvrent leurs trésors, et ils mettent leurs richesses aux pieds de Jésus. Ils lui offrent de

l'or, de l'encens et de la myrrhe. Par ces dons qui symbolisent la charité, la prière, la mortification, ils honorent en Jésus-Christ le Dieu, le roi et l'homme.

Faisons à Jésus, en cette grotte, les mêmes présents que les rois Mages, bien que nous soyons, au spirituel et au temporel, plus pauvres qu'eux... *Venimus adorare eum.*

PRIÈRES.

Ant. *Apertis thesauris suis, obtulerunt Magi Domino aurum, thus et myrrham. Alleluia.*

℣. *Omnes de Saba venient,*

℟. *Aurum et thus deferentes, et laudem Domini annuntiantes.*

Oremus.

Deus, qui in isto sacratissimo loco Unigenitum tuum gentibus stella duce revelasti: concede propitius, ut qui jam te ex fide cognovimus, usque ad contemplandam speciem tuæ celsitudinis perducamur. Amen.

Ant. Les Mages, ouvrant leurs trésors, offrirent au Seigneur l'or, l'encens et la myrrhe. Alleluia.

℣. Tous accourront de Saba

℟. Lui apporter l'or et l'encens, en chantant la gloire du Seigneur.

Oraison.

O Dieu, qui par une étoile avez révélé aux nations la présence de votre Fils unique en ce très saint lieu, faites, nous vous en prions, que, vous connaissant déjà par la foi, nous arrivions un jour à contempler la splendeur de votre majesté. Ainsi soit-il.

L'étoile des Mages et leurs présents. — Fig. : *Num.*, XXIV, 17. L'étoile sortant de Jacob. — Proph. : *Ps.*, LXXI, 10. *Reges Arabum et Saba dona adducent.* Les rois d'Arabie et de Saba lui apporteront des présents.

Entrée de la Grotte du Lait à Bethléem.

XIXe VISITE.

A BETHLÉEM. LA GROTTE DU LAIT.

A L'ORIENT de Bethléem, non loin de cette petite ville, sur la colline même où elle est bâtie, se trouve une grotte consacrée à la sainte Vierge, et appelée la Grotte du Lait. Ce nom lui vient de ce que Marie aurait allaité en ce lieu l'enfant Jésus pendant les quarante jours qui ont suivi sa naissance; ou bien de ce que la divine Vierge, en donnant son sein virginal à Jésus, aurait laissé tomber là quelques gouttes de son lait très pur. Cette grotte en forme trois.

La première grotte est la plus petite.

Dans la seconde il y a quelques colonnes de pierre crayeuse et blanchâtre, qui semblent presque toujours humides, et qui même parfois suent l'eau. Les indigènes catholiques, schismatiques et musulmans attribuent à l'eau dans laquelle on a détrempé un peu de cette pierre la vertu de guérir différentes maladies ; et spécialement les mères qui nourrissent, et qui voient leur lait tarir, viennent en boire avec confiance.

Enfin dans la troisième grotte on voit un autel où les prêtres pèlerins de la Terre Sainte célèbrent souvent la messe. On remarque encore là plusieurs antres assez profonds, ayant servi de sépulcres, et une excavation qui, dit-on, aurait été la retraite de saint Joseph, de la sainte Vierge et de Notre-Seigneur, lorsqu'ils fuyaient en Égypte.

RÉFLEXIONS.

1. Vous êtes dans ce sanctuaire pieux où Marie allaita son Fils et son Dieu, ô âme chrétienne. Contemplez donc l'amour et la tendresse de la très sainte Vierge, qui rend à Jésus tous les devoirs d'une bonne mère. Elle l'emmaillotte avec une douceur extrême, elle le presse contre son sein, elle lui donne son très pur lait pour le nourrir.

2. Contemplez ce Dieu enfant, qui ne repose pas sur un lit doux à ses membres, même dans un petit berceau, mais souvent sur la pierre, enveloppé de pauvres langes. Et cela dure quarante jours et quarante nuits, dans cette *Grotte de l'Allaitement.*

3. Il prélude ainsi, dans ce lieu béni, par cette pénitence, au carême auquel il se condamnera plus tard en commençant sa vie apostolique.

O sanctuaire très vénérable, combien nous voudrions ne jamais vous abandonner et méditer à loisir toutes les merveilles dont vous fûtes le théâtre très saint !...

PRIÈRES.

HYMNE.

Il a bien voulu avoir pour couche un peu de paille; il n'a pas eu horreur d'une étable. Ici il s'est nourri d'un peu de lait, Lui qui donne à manger jusqu'au petit oiseau.

℣. Bienheureuses les entrailles de la Vierge Marie,

℟. Qui ont porté le Fils du Père éternel!

ORAISON.

O Dieu, qui, par la virginité féconde de la bienheureuse Marie, avez procuré au genre humain le prix du salut éternel, faites que nous éprouvions dans nos besoins combien est puissante auprès de vous l'intercession de celle par qui nous avons reçu l'Auteur de la vie, Notre-Seigneur Jésus-Christ, votre Fils. Ainsi soit-il.

HYMNUS.

Fœno jacere pertulit;
Præsepe non abhorruit:
Hìc lacte modico pastus est,
Per quem nec ales esurit.

℣. *Beata viscera Mariæ Virginis,*

℟. *Quæ portaverunt æterni Patris Filium!*

OREMUS.

Deus qui salutis æternæ, beatæ Mariæ virginitate fecunda, humano generi præmia præstitisti: tribue, quæsumus, ut ipsam pro nobis intercedere sentiamus, per quam meruimus Auctorem vitæ suscipere Dominum nostrum Jesum Christum, Filium tuum. Amen.

Allaitement de Jésus. Fig. : Cant., IV, 11. L'épouse des Cantiques a le lait et le miel sur les lèvres. PROPH. : Ps., VIII, 3. *Ex ore infantium et lactentium perfecisti laudem.* Les enfants et ceux qui sont à la mamelle vous rendront de parfaites louanges.

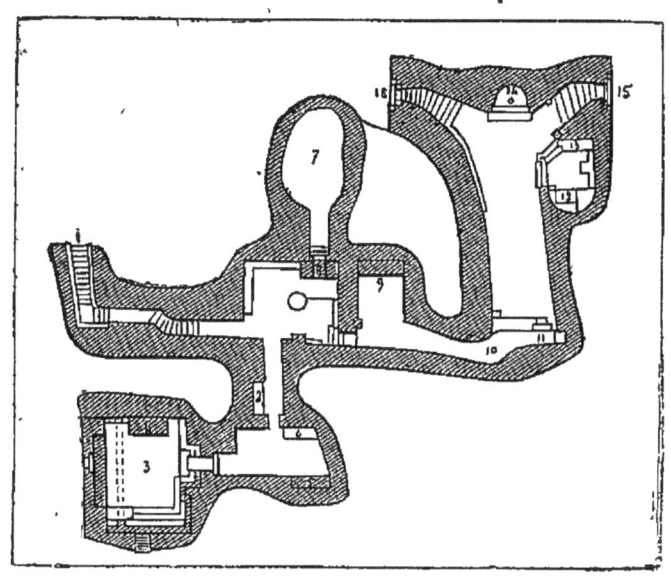

Les diverses grottes de Bethléem.

Légende : 1. Eglise Ste Catherine. — 2. Tombeau de S. Eusèbe. — 3. Oratoire de S. Jérôme. — 4. Autel. — 5. Tombeau de S. Jérôme. — 6. Tombeau de Ste Paule et de ses filles. — 7. Grotte des SS. Innocents. — 9. Chapelle de S. Joseph. — 10. Passage. — 11. Entrée latine de la grotte de la Nativité. — 12. La Crèche. — 13. Autel des Mages. — 14. Lieu de naissance de Jésus-Christ. — 15. Entrée des Grecs. — 16. Entrée des Arméniens.

XXe VISITE.

AU LIEU OU SAINT JOSEPH REÇUT L'ORDRE DE FUIR EN ÉGYPTE.

A L'OUEST de la grotte de la Nativité, il y a une petite ouverture qui donne entrée dans un couloir étroit et sinueux. En suivant ce passage, après s'être éloigné de quelques pas de la grotte de la Nativité, on trouve, sur sa droite, une autre grotte où l'on croit communément que l'Ange apparut à saint Joseph pour lui donner l'ordre de fuir en Égypte. C'est une chapelle dédiée à ce saint, et qui a seulement trois mètres de profondeur, de largeur et de hauteur. Le pieux pèlerin aime à lire en ce lieu le récit de l'Évangile, à s'en pénétrer, en vénérant ce grand et puissant patriarche de la loi nouvelle, cet homme extraordinaire, si obéissant aux ordres de Dieu, si plein de foi dans sa parole.

ÉVANGILE.

MATH., II.

13. Après le départ des Mages, l'Ange du Seigneur apparut tout à coup à Joseph pendant son sommeil, et lui dit : Levez-vous, prenez l'enfant et sa mère, fuyez en Egypte, et demeurez-y jusqu'à ce que je vous dise d'en revenir. Car Hérode va chercher l'enfant pour le faire mourir.

14. Joseph se leva et prit l'enfant et sa mère durant la nuit.

13. Qui cum recessissent, ecce Angelus Domini apparuit in somnis Joseph, dicens : Surge, et accipe puerum et matrem ejus, et fuge in Ægyptum, et esto ibi usque dum dicam tibi. Futurum est enim ut Herodes quærat puerum ad perdendum eum.

14. Qui consurgens, accepit puerum et matrem ejus nocte... (Vid. Luc., II, 39.)

RÉFLEXIONS.

1. La vie de Notre-Seigneur a commencé par la pauvreté de la crèche et la souffrance de la circoncision ; elle se continuera au milieu des peines de l'exil. C'est ainsi que le disciple de Jésus doit s'attendre à souffrir persécution pour la justice.

2. Saint Joseph reçoit l'ordre de l'Ange. Aussitôt il se lève, avertit la très sainte Vierge, qui prend l'enfant Jésus, et tous trois partent. Combien nous serions heureux de faire escorte à la Sainte Famille, mêlés aux anges qui la suivent dans l'exil !

3. Quelle humble confiance en Dieu de la part de

Marie et de Joseph ! Malgré leur émotion et leurs alarmes, ils obéissent, et ils demeureront en Égypte jusqu'au jour où devra s'accomplir la prophétie d'Osée : *J'ai rappelé mon fils d'Égypte.* Un jour, nous serons rappelés de l'Égypte, nous aussi, et nous quitterons la terre pour entrer au ciel. Que Dieu nous accorde cette grâce par Jésus, Marie et Joseph.

PRIÈRES.

Ant. *Angelus Domini apparuit in somnis Joseph, dicens: Surge, et accipe puerum et matrem ejus, et fuge in Ægyptum, et esto ibi usque dum dicam tibi.*

℣. *Confitebor nomini tuo,*

℞. *Quoniam adjutor et protector factus es mihi.*

Oremus.

Deus qui dixisti : Quum vos persequentur in ista civitate, fugite in aliam, da nobis gratiam mandatis tuis obsequendi absque detrimento corporis et animæ. Amen.

Ant. L'Ange du Seigneur apparut à Joseph pendant son sommeil, et lui dit : Levez-vous, prenez l'enfant et sa mère. Fuyez en Égypte et restez-y jusqu'à ce que je vous dise d'en revenir.

℣. Je confesserai votre nom,

℞. Parce que vous êtes mon soutien et mon guide.

Oraison.

O Dieu qui avez dit : Quand on vous persécutera dans une ville, fuyez dans une autre, accordez-nous la grâce de suivre vos ordres en conservant purs notre âme et notre corps. Ainsi soit-il.

Joseph devant partir pour l'Égypte. — Fig. : Gen., XLV, 4. Joseph vendu par ses frères et conduit en Égypte. — Proph. : Gen., XLV, 5. *Pro salute enim vestra misit me Deus ante vos in Ægyptum.* C'est pour votre salut que le Seigneur m'a envoyé avant vous en Égypte.

Ancienne église de la Présentation, mosquée El-Aksa, du côté du midi.

XXIe VISITE.

PURIFICATION DE MARIE ET PRÉSENTATION DE JÉSUS AU TEMPLE DE JÉRUSALEM.

EN souvenir de ce mystère, les croisés firent construire une église qui, à l'origine, porta le seul nom de Notre-Dame. Cette église, renfermée dans l'ancienne enceinte du temple de Jérusalem, au midi, entre la porte Dorée et la porte appelée *Sterquilinia*, est aujourd'hui une mosquée turque. Ce monument, un des plus beaux de Jérusalem, et assurément le plus grand, est très élevé et a une longueur considérable. On y entre par deux portes, l'une au nord, l'autre au midi. La toiture et le dôme sont entièrement revêtus de plomb. Le jour y pénètre par vingt fenêtres à l'est et à l'ouest.

Nous sommes ici près du lieu où le saint vieillard Siméon reçut entre ses bras le divin Enfant, pour aller le présenter au Seigneur, dans l'intérieur du temple.

Plusieurs commentateurs pensent que c'est dans le temps où Jésus, Marie et Joseph fuyaient de la Judée en Égypte, après en avoir reçu l'ordre de l'Ange, qu'eut lieu, à Jérusalem, la Purification de la très sainte Vierge Marie, et la Présentation de l'Enfant Jésus au temple.

Ainsi Marie, s'enfuyant en exil pour conserver la vie à Jésus, entendait, quarante jours après la naissance de l'enfant-Dieu, ces paroles : « O Mère ! un glaive de douleur transpercera votre âme ! » Mais quelle gloire pour ce temple de recevoir Jésus présenté à Dieu son père ! Marie est purifiée, Siméon tressaille d'allégresse, Anne prophétise.

ÉVANGILE.

Luc., II.

22. *Et postquam impleti sunt dies purgationis ejus secundum legem Moysi, tulerunt illum in Jerusalem, ut sisterent eum Domino,*

23. *Sicut scriptum est in lege Domini : Quia omne masculinum adaperiens vulvam, sanctum Domino vocabitur.*

24. *Et ut darent hostiam secundum quod dictum est in lege Domini, par turturum,*

22. Et après que les jours de sa purification furent accomplis, selon la loi de Moïse, ils portèrent Jésus à Jérusalem, pour le présenter au Seigneur,

23. Selon ce qui est écrit dans la loi du Seigneur : Tout enfant mâle premier-né sera consacré au Seigneur ;

24. Et pour offrir l'hostie, selon ce qui est dit dans la loi du Seigneur, un couple

de tourterelles ou deux petits de colombes.

25. Or, il y avait à Jérusalem un homme nommé Siméon, et cet homme juste et craignant Dieu attendait la consolation d'Israël, et l'Esprit-Saint était en lui.

26. Et il avait été averti par le Saint-Esprit qu'il ne mourrait point qu'auparavant il n'eût vu le Christ du Seigneur.

27. Poussé par l'Esprit, il vint au temple. Et comme les parents de Jésus l'y apportaient, afin d'accomplir pour lui ce que la loi ordonnait,

28. Il le prit entre ses bras et bénit Dieu, et dit :

29. Maintenant, Seigneur, laissez votre serviteur s'en aller en paix, selon votre parole,

30. Puisque mes yeux ont vu le Sauveur promis par vous,

31. Que vous avez préparé pour être devant les peuples

32. La lumière qui éclairera les nations, et la gloire d'Israël, votre peuple.

aut duos pullos columbarum.

25. *Et ecce homo erat in Jerusalem, cui nomen Simeon, et homo iste justus et timoratus, expectans consolationem Israel, et Spiritus Sanctus erat in eo.*

26. *Et responsum acceperat a Spiritu Sancto, non visurum se mortem, nisi prius videret Christum Domini.*

27. *Et venit in Spiritu in templum. Et cum inducerent puerum Jesum parentes ejus, ut facerent secundùm consuetudinem legis pro eo :*

28. *Et ipse accepit eum in ulnas suas, et benedixit Deum, et dixit :*

29. *Nunc dimittis servum tuum, Domine, secundùm verbum tuum, in pace,*

30. *Quia viderunt oculi mei salutare tuum,*

31. *Quod parasti ante faciem omnium populorum,*

32. *Lumen ad revelationem gentium, et gloriam plebis tuæ Israel.*

33. *Et erat pater ejus et mater mirantes super his quæ dicebantur de illo.*

34. *Et benedixit illis Simeon, et dixit ad Mariam matrem ejus : Ecce positus est hic in ruinam et in resurrectionem multorum in Israel, et in signum cui contradicetur :* (ISA., VIII, 14.)

35. *Et tuam ipsius animam pertransibit gladius, ut revelentur ex multis cordibus cogitationes.*

36. *Et erat Anna, prophetissa, filia Phanuel, de tribu Aser : hæc processerat in diebus multis, et vixerat cum viro suo annis septem a virginitate sua.*

37. *Et hæc vidua usque ad annos octoginta quatuor : quæ non discedebat de templo, jejuniis et obsecrationibus serviens nocte ac die.*

38. *Et hæc, ipsa hora superveniens, confitebatur Domino : et loquebatur de illo omnibus, qui expectabant redemptionem Israel.*

39. *Et ut perfecerunt omnia secundum legem Domini,*

33. Et son père et sa mère admiraient ces choses que l'on disait de lui.

34. Et Siméon les bénit et dit à Marie, sa mère : Cet enfant est placé pour la ruine et la résurrection de plusieurs en Israël, et pour être un signe auquel on contredira :

35. Et un glaive traversera votre âme, afin que les pensées de beaucoup de cœurs soient révélées.

36. Il y avait aussi une prophétesse, Anne, fille de Phanuel, de la tribu d'Aser : elle était chargée de jours, et n'avait vécu que sept ans avec son mari depuis qu'elle l'avait épousé, étant vierge.

37. Demeurée veuve et âgée alors de quatre-vingt-quatre ans, elle ne quittait point le temple, servant Dieu nuit et jour dans les jeûnes et les prières.

38. Survenant donc aussi à cette même heure, elle se mit à louer le Seigneur, et à parler de lui à tous ceux qui attendaient le Rédempteur d'Israël.

39. Après qu'ils eurent tout accompli selon la loi

du Seigneur, ils retournèrent en Galilée, à Nazareth, leur ville. | *reversi sunt in Galilæam, in civitatem suam Nazareth.*

REFLEXIONS.

1º L'Enfant Jésus prend ici la forme d'esclave, après s'être fait pauvre dans sa naissance, et en quelque sorte pécheur dans sa circoncision.

2º Marie présente à Dieu le Père la plus magnifique des offrandes, et Dieu lui fait entendre une parole affligeante : *O Mère, un glaive de douleur transpercera votre âme.*

3º Le vieillard Siméon et Anne la prophétesse ont attendu l'accomplissement des promesses divines ; ils ont prié. L'un, après avoir pressé l'Enfant divin contre son cœur, chante le cantique de la délivrance ; l'autre loue le Seigneur, et elle parle de la rédemption d'Israël à tous les habitants de Jérusalem.

PRIÈRES.

ANT. Or, il y avait à Jérusalem un homme appelé Siméon, et cet homme juste et craignant Dieu attendait la consolation d'Israël. C'est ainsi que la naissance du Seigneur reçoit non seulement le témoignage des anges, des prophètes et des bergers, mais encore celui des vieillards et des justes. Tout âge, tout sexe, toutes sortes de miracles | ANT. *Et ecce homo erat in Jerusalem, cui nomen Simeon, et homo iste justus et timoratus, expectans consolationem Israel. Non solum ab angelis et prophetis, et a pastoribus, sed etiam a senioribus et justis generatio Domini accepit testimonium. Omnis ætas et uterque sexus eventorumque miracula fidem astruunt.*

Virgo generat, sterilis parit, mutus loquitur, Elisabeth prophetat, magus adorat, utero clausus exultat, vidua confitetur, justus expectat.

℣. *Suscepimus, Deus, misericordiam tuam,*

℟. *In medio templi tui.*

OREMUS.

Omnipotens sempiterne Deus, majestatem tuam supplices exoramus : ut sicut Unigenitus Filius tuus in hoc sacratissimo templo, a Maria Virgine per Simeonem est præsentatus, ita nos facias purificatis tibi mentibus præsentari. Amen.

établissent à l'envi notre foi.

Une vierge conçoit, une femme stérile enfante, un muet parle, Élisabeth prophétise, le mage adore, Jean tressaille dans le sein de sa mère, une veuve reconnaît son Sauveur, et le juste l'attend.

℣. O Dieu, nous avons reçu votre miséricorde,

℟. Au milieu de votre temple.

ORAISON.

Dieu tout-puissant et éternel, nous vous en supplions humblement ; oh ! faites que comme votre Fils unique a été présenté dans ce très vénérable temple, par la sainte Vierge, entre les bras de Siméon, nous vous soyons aussi présentés avec la pureté de l'âme. Ainsi soit-il.

I. *Purification de Marie et présentation de Jésus.* — FIG. : *Lev.*, XII, 4, 8. Loi de la purification des femmes. — PROPH. : *Agg.*, II, 8. *Veniet desideratus cunctis gentibus, et implebo domum istam gloria.* Celui que tous les peuples désirent viendra, et je remplirai ce temple de gloire.

II. *Joie d'Anne.* — FIG. : *Tob.*, XI, 5, 6. Tressaillement d'Anne à l'annonce de l'arrivée de son fils. — PROPH. : *Soph.*, III, 14. *Lauda, filia Sion... lætare et exulta.* Chantez des hymnes de louange, fille de Sion, réjouissez-vous et soyez dans l'allégresse.

XXIIe VISITE.

LE TEMPLE DE JÉRUSALEM.

NOTRE-SEIGNEUR INSPIRANT LE CANTIQUE DE SAINT SIMÉON.

'EST dans le temple saint de Jérusalem, au lieu de la Présentation, comme nous l'avons vu dans la visite précédente, que le vieillard Siméon fait entendre son beau cantique.

Nous transportant en esprit dans ce lieu sacré, redisons-le, ce cantique, avec le saint vieillard, animons-nous de sa foi et entrons dans ses sentiments.

ÉVANGILE.

	Luc., II.
28. .... Siméon dit :	28. .... Et dixit (Simeon) :
29. Maintenant, Seigneur, laissez votre serviteur s'en aller en paix, selon votre parole.	29. Nunc dimittis servum tuum, Domine, secundum verbum tuum, in pace.
30. Puisque mes yeux ont vu le Sauveur promis par vous,	30. Quia viderunt oculi mei salutare tuum,
31. Que vous avez préparé pour être, devant les peuples,	31. Quod parasti ante faciem omnium populorum,
32. La lumière qui éclairera les nations et la gloire d'Israël, votre peuple.	32. Lumen ad revelationem gentium, et gloriam plebis tuæ Israel.

I.

RÉFLEXIONS.

Contemplez trois choses qui remplissent le cœur de Siméon, et qu'il laisse voir dans son cantique.

1º Son désir de la mort. C'est maintenant, Seigneur, que vous laisserez votre serviteur s'en aller en paix! Quand on a connu Jésus, qui pourrait aimer la vie? Quand on a étudié le mystère de sa venue sur la terre, on sait que, hors de lui, il n'y a pas de véritable espérance et l'on brûle de le voir au ciel.

2º La joie qu'éprouve Siméon de contempler Jésus est si grande qu'elle l'absorbe tout entier, et qu'il le voit déjà éclairant tous les peuples et glorifiant en particulier Israël, le peuple saint, c'est-à-dire les âmes de bonne volonté.

3º Sa foi est absolue. Il n'a plus à attendre. Sa mission est finie. Il dit qu'il a vu le Sauveur. Et cependant Siméon n'a tenu entre ses mains qu'un petit enfant. Mais qu'importe? Il croit, Dieu lui a révélé que cet enfant serait le Sauveur et la gloire de tous. C'est pour lui comme s'il avait vu. Et nous aussi, comme lui, croyons à la révélation divine, et désirons nous détacher de ce monde.

PRIÈRES.

Ant. *Salutare Domini expectavit Jacob, et venit auxilium Domini super eum.*

℣. *Lætare, o Simeon,*

℟. *Nunc et in perpetuum.*

Ant. Jacob attendait le salut de la part du Très-Haut, et enfin le Seigneur lui envoya son secours.

℣. Réjouissez-vous, ô Siméon,

℟. Maintenant et à jamais.

Oraison	Oremus.
Dieu tout-puissant et éternel, faites, nous en supplions votre majesté, que comme votre Fils unique vous a été présenté dans ce très saint temple, nous vous servions avec la pureté de cœur que vous demandez de nous. Ainsi soit-il.	*Omnipotens sempiterne Deus, majestatem tuam supplices exoramus; ut sicut Unigenitus Filius tuus in hoc sacratissimo templo est præsentatus, ita nos facias purificatis tibi mentibus famulari. Amen.*

Cantique de Siméon. — Fig. : Gen., XLIX, 18. Jacob attend le salut du Seigneur. — Proph. : Is., LVI, 7. *Lætificabo eos in domo orationis meæ.* Je les réjouirai dans la maison de ma prière.

Extérieur du couvent franciscain à Bethléem,
où se trouve la grotte de la Nativité.

XXIIIe VISITE.

LA SAINTE FAMILLE SE REND A NAZARETH.

D'APRÈS saint Luc, la sainte Famille se rend de Jérusalem à Nazareth. Saint Matthieu indique seulement le voyage en Égypte. Évidemment cette circonstance du retour pour quelques moments de Jésus, de Marie et de Joseph à Nazareth, avant de prendre le chemin de l'exil, ne contredit en aucune manière, comme le remarquent plusieurs Pères de l'Église, le récit de saint Matthieu. C'est ainsi que, en considérant avec attention les quatre Évangélistes, on verra disparaître toujours les désaccords apparents qui semblent parfois exister entre eux. La diversité qu'on y rencontre ne fait que prouver leur véracité.

ÉVANGILE.

Luc., ii.

39. Après que *Marie et Joseph* eurent tout accompli selon la loi du Seigneur, ils retournèrent en Galilée, à Nazareth, leur ville.

39. *Et ut perfecerunt omnia secundum legem Domini, reversi sunt in Galilæam in civitatem suam Nazareth.*
(Vid. Matth., ii, 22, 23.)

RÉFLEXIONS.

1º Il fallait, ce semble, qu'avant de s'éloigner pour la terre d'exil, le divin Sauveur apportât ses premières bénédictions à la Galilée, où devait se passer la plus grande partie de sa vie et où s'était accompli le grand mystère de l'Incarnation. C'est une nouvelle marque de bonté pour les siens.

2º Bénissons le Seigneur partout où il daigne porter ses pas, et apprenons à toutes les créatures à le louer, invitons-les à le glorifier et à exalter ses miséricordes.

3º Quel voyage ! Que de mystérieux contrastes n'offre-t-il pas ! Il est plein de joie et de consolation, puisque Marie et Joseph possèdent le grand trésor de la terre et du ciel. Il est aussi accompagné d'angoisse et de tristesse, puisqu'il faudra bientôt partir pour l'exil. C'est l'histoire de toute vie humaine, qui est un exil et qui n'offre de joie véritable que dans l'attente des biens invisibles.

O Jésus, cette vie de dévouement au salut des âmes, dont vous nous avez donné l'exemple, nous voulons la reproduire. C'est pour cela que nous vous suivons ; que nous allons après vous pas à pas. Ce que vous avez fait pour les âmes, nous le ferons pour notre âme, pour celles des autres, et par là nous vous témoignerons notre amour.

PRIÈRES.

Ant. *Erunt prava in directa, et aspera in vias planas, ad occursum Domini.*

℣. *Benedictus Dominus hodie, quotidie.*

℟. *Prosperum iter faciat nobis Deus salutarium nostrorum.*

Oremus.

Adesto, quæsumus, Domine, supplicationibus nostris, et viam famulorum tuorum in salutis tuæ prosperitate dispone : ut inter omnes viæ et vitæ hujus varietates tuo semper protegamur auxilio.
Amen.

Ant. A l'arrivée du Seigneur, les chemins tortueux deviendront droits, et les raboteux seront aplanis.

℣. Béni soit le Seigneur, aujourd'hui et tous les jours.

℟. Que notre Sauveur et Dieu rende heureux notre voyage.

Oraison.

O Seigneur, soyez attentif à nos supplications, et dirigez dans la voie du bonheur et du salut vos serviteurs, afin que, au milieu de toutes les vicissitudes du chemin terrestre et de la vie présente, ils soient sans cesse protégés par votre puissant secours.
Ainsi soit-il.

Jésus à Nazareth. — Fig. : I Reg., xvi, 11. — 16. Après avoir reçu l'onction sainte, David revient dans la maison d'Isaï. — Proph. : Ps., lxxxvii, 16. *Pauper sum ego et in laboribus a juventute mea.* Je suis pauvre et dans les labeurs dès ma jeunesse.

Chapelle et Grotte de la Sainte-Vierge, au Caire, en Égypte.

XXIVᵉ VISITE.

LA SAINTE FAMILLE
PENDANT SON SÉJOUR EN ÉGYPTE.

C'EST donc sur la terre étrangère, en Égypte, qu'il faut se rendre pour suivre le divin enfant au lieu de son exil. La sainte Famille quitte sans retard Nazareth, pour obéir à l'ordre divin transmis par l'Ange à Bethléem.

D'après une tradition constante, la sainte Famille vécut au Caire pendant plusieurs années, et on montre encore aujourd'hui la grotte qu'elle habita. La magnifique église que sainte Hélène avait fait construire au-dessus est en ruines ; mais dans la grotte même on peut contempler les divers endroits où la divine Vierge couchait l'Enfant Jésus : des croix les indiquent. Plusieurs colonnes soutiennent les voûtes, et au fond se trouve un autel où l'on peut offrir le saint sacrifice.

Une pieuse légende veut, que, auprès de cette grotte, un dattier se soit incliné de lui-même vers Marie pour lui offrir ses fruits. Mais un païen, irrité de ce prodige, aurait coupé l'arbre la nuit suivante, et le lendemain le dattier aurait reparu aussi beau qu'auparavant. Ce fait, vrai ou purement imaginaire, n'est qu'une figure bien imparfaite de la puissance de la sainte Vierge.

ÉVANGILE.

MATH., II.

14. ..... *Et secessit in Egyptum.*

15. *Et erat ibi usque ad obitum Herodis : ut adimpleretur quod dictum est a Domino per Prophetam dicentem : Ex Ægypto vocavi filium meum.* (Vid. Os., XI, 1 ; Luc., II, 39.)

14. *Joseph prit l'enfant et sa mère, et se retira en Égypte.*

15. *Et il y resta jusqu'à la mort d'Hérode, afin que s'accomplît ce qu'avait dit le Seigneur par le Prophète : J'ai rappelé mon fils de l'Égypte.*

RÉFLEXIONS.

1. La vie de Jésus, de Marie, de Joseph, est une vie de pauvreté, de travail et de souffrance. — Si la sainte Famille n'a pu trouver d'abri à Bethléem, trouvera-t-elle plus facilement une demeure en Égypte ?

2. Contemplez, âme chrétienne, la sollicitude, la tendresse, le dévouement de Marie pour Jésus enfant ; et puis, quelle paix, quelle harmonie dans cette pauvre maison, au milieu de cette Trinité de la terre !

3. Apprenons des saints exilés à souffrir les peines et les privations dans les voyages, et en général durant tout le cours de notre vie, qui n'est qu'un pèlerinage vers le ciel. Un jour, toutes les tribulations auront un terme, et Dieu nous rappellera de la terre d'Égypte pour nous placer dans la terre des vivants.

PRIÈRES.

Ant. O Seigneur, je suis un pèlerin sur cette terre ; pourquoi me tenir loin de votre divine face ? Ne direz-vous pas bientôt : J'ai rappelé mon fils de l'Égypte ?

℣. Allez en Égypte,

℟. Et demeurez-y jusqu'à ce que je vous dise d'en sortir.

Oraison.

O Dieu tout-puissant, par la vie d'exilé qu'a menée en ce lieu notre Sauveur, accordez-nous que la nouvelle vie divine, qu'il nous apporte, soit pour nous le principe de l'immortalité future. Ainsi soit-il.

Ant. *O Domine, incola ego sum in terra; cur abscondis faciem tuam a me? Numquid non dices:* Ex Ægypto vocavi filium meum?

℣. *Vade in Ægyptum,*

℟. *Et esto ibi usque dum dicam tibi.*

Oremus.

Præsta, quæsumus, omnipotens Deus, ut hìc in exilio vivens Salvator noster, sicut divinæ generationis nobis est auctor, ita et immortalitatis sit ipse largitor. Amen.

Jésus en Égypte. — Fig. : *Gen.*, XLVI, 1, 7. Jacob se rend en Égypte par l'ordre de Dieu. — Proph. : *Is.*, XIX, 1. *Dominus ascendet super nubem et ingredietur Ægyptum.* Le Seigneur montera sur une nuée et entrera en Égypte.

Sycomore de la Vierge, à Matarée, près du Caire, en Égypte.

XXVe VISITE.

AU SYCOMORE DE LA VIERGE, EN ÉGYPTE.

En quittant le Caire, sur le chemin de Thèbes ou Héliopolis, on voit un *sycomore* qui, d'après la tradition, abrita la Sainte Famille, et qui est appelé l'Arbre de la Vierge. Cet arbre porte des traces de vétusté incontestables. Trois magnifiques branches sortent d'un tronc ovale qui a plus de trois mètres de tour. Les chrétiens et les mahométans prient, confondus ensemble, sous ce sycomore.

Non loin de là est la fontaine de la Sainte-Vierge, ainsi nommée parce que Marie s'y est désaltérée avec saint Joseph et l'Enfant Jésus.

Voici comment, il y a plus de cent cinquante ans, un

auteur constatait la tradition alors existante sur ce sycomore : « Il y a dans le jardin de la Matarée un sycomore que les habitants croient avoir servi d'asile à la Sainte Famille à son arrivée dans ce pays. Poursuivis, disent-ils, par leurs ennemis, et parvenus en ce lieu, Jésus, Marie et Joseph, accablés de fatigue et de lassitude, ne trouvant aucun endroit où ils pussent se cacher, allaient devenir la victime de leurs persécuteurs, lorsque le sycomore s'entr'ouvrit et leur offrit dans son sein une retraite assurée et inconnue. A peine y furent-ils entrés, que l'arbre se referma pour les dérober aux recherches de ceux qui les poursuivaient dans le dessein de les faire mourir, et il ne s'ouvrit que lorsque, après beaucoup de perquisitions inutiles, les ministres de la cruauté d'Hérode eurent pris le parti de s'éloigner. Cet arbre est également en vénération aux Turcs et aux Chrétiens. Il est renfermé dans une enceinte de gazon pour la commodité des dévots. Sa cime, encore verte, est couverte de feuilles, mais son tronc est fort dégradé, surtout par le bas, d'où l'on a enlevé toute l'écorce pour en faire des reliques[1]. »

RÉFLEXIONS.

1º Marie est l'arbre vivant que le Seigneur a planté de sa main, qu'il a vivifié de sa sève divine, et dont le fruit

---

1. *Description de l'Égypte*, par l'abbé Le Maserier, ouvrage composé sur les mémoires de M. de Maillet, ancien consul de France au Caire. Paris, 1735, p. 110 et 111. — Ces traditions sont aussi rapportées par un écrivain arabe, Al-Macrizy, dans sa *Description de l'Égypte et du Caire* (Ms. arabe de la Bibliothèque nationale, nº 682, fol. 126 et 127). — Elles se lisent dans le synaxare des Coptes, dans Vansleb (*Histoire de l'Église d'Alexandrie*), chap. xxxvi, p. 88 et suiv., et dans beaucoup d'autres auteurs. — Nous devons ces renseignements précieux à M. Bargès.

béni est le Sauveur. Ame pieuse, asseyez-vous à l'ombre de cet arbre qui est rempli des fleurs odoriférantes de toutes les vertus, et qui étend ses rameaux protecteurs sur l'univers entier.

2º. Chaque enfant de Marie, chaque chrétien n'est-il pas, lui aussi, un arbre vivant dans l'Église de Dieu, dans le jardin que le Seigneur a planté? Ayons donc à cœur de prendre soin de notre âme, qui est notre arbre précieux, et faisons-lui produire les fruits de vie et de salut. *Sicut cinnamomum et balsamum aromatizans odorem dedi.*

3º. Une ancienne tradition veut que le fameux baume qui est aujourd'hui perdu et qui servait à la confection du saint chrême dans l'Église copte, fût le produit de ce jardin de la Matarée. Prions Marie de nous aider à rendre nos âmes semblables à ce baume sous l'action de l'Esprit-Saint.

Ainsi sera merveilleusement retrouvé ce qui était perdu.

PRIÈRES.

ANT. *Zachæus ascendit olim in sycomorum, et vidit Jesum. Sic nos per Mariam ad Jesum ascendamus.*

℣. *Sicut cedrus exaltata sum in Libano,*

℟. *Et sicut cypressus in monte Sion.*

OREMUS.

Deus qui visibiliter Christum Filium tuum per Mariam universo mundo dedisti, da nobis invisibiliter eumdem

ANT. Autrefois Zachée monta sur le sycomore, et il vit Jésus. Ainsi élevons-nous à Jésus par Marie.

℣. J'ai été exaltée comme le cèdre du Liban,

℟. Et comme le cyprès sur la montagne de Sion.

ORAISON.

O Dieu qui avez donné au monde entier Jésus votre Fils d'une manière visible par Marie, donnez-nous aujourd'hui d'une manière invisible ce même Christ sauveur par Marie, sa divine Mère. Ainsi soit-il.

Christum tuum, per eamdem Matrem Filii tui. Amen.

Arbre de la Vierge. — FIG. : *Eccli.*, XXIV, 17. Marie comparée au cèdre du Liban. — *Luc.*, XIX. Le sycomore de Zachée, c'est Marie aidant le pécheur à voir Jésus. — PROPH. : *Cant.*, II, 13. *Ficus protulit grossos suos.* Le figuier a produit tous ses fruits.

Tombeau de Rachel, à Bethléem.

XXVIe VISITE.

AU TOMBEAU DE RACHEL
A LA GROTTE ET AU SÉPULCRE DES
SAINTS INNOCENTS.

A L'ENTRÉE de Bethléem, du côté du nord, se trouve un monument funèbre. C'est le tombeau de Rachel, la femme bien-aimée de Jacob, auquel nous fait penser l'évangéliste lorsqu'il dit : « *Rachel pleure ses enfants et ne veut pas se consoler parce qu'ils ne sont plus.* »

Pour la grotte des Innocents on la trouve à la suite de la grotte de l'apparition de l'Ange à saint Joseph, en descendant deux marches. On croit que réellement là furent martyrisées ces innocentes victimes, du moins un certain nombre. Ces enfants auraient été immolés entre les bras de leurs mères, qui se seraient réfugiées dans cette grotte. D'après une tradition locale assez certaine, la plupart des ossements de ces jeunes enfants furent jetés dans un caveau dont on voit l'ouverture au-dessous de l'autel de la grotte. (*Voir Visite* XX, *le plan et la légende.*)

La grotte des Saints Innocents n'est guère différente de celle de saint Joseph; elle a toutefois plus de profondeur, et la voûte s'élève un peu plus haut. La lumière du dehors n'y pénètre point.

Enfermons-nous ici avec les Saints Innocents, pour relire la page évangélique qui raconte leur massacre, puis méditons sur ce mystère aimable d'enfants sanctifiés et sauvés sans qu'ils aient eu conscience de leur sacrifice.

ÉVANGILE.

	Matth., ii.
16. Hérode, se voyant déçu par les Mages, entra dans une grande colère, et il envoya tuer tous les enfants qui étaient à Bethléem et aux environs, depuis l'âge de deux ans et au-dessous, selon le temps dont il s'était enquis des Mages.	16. *Tunc Herodes, videns quoniam illusus esset a Magis, iratus est valde: et mittens occidit omnes pueros, qui erant in Bethleem, et in omnibus finibus ejus, a bimatu et infra, secundum tempus quod exquisierat a Magis.*
17. Alors fut accompli ce qui avait été dit par le prophète Jérémie en ces termes:	17. *Tunc adimpletum est quod dictum est per Jeremiam prophetam, dicentem:*
18. Une voix a été enten-	18. *Vox in Rama audita*

est; *ploratus et ululatus multus : Rachel plorans filios suos, et noluit consolari, quia non sunt.* (JER., XXXI, 15.)

due dans Rama, des pleurs et beaucoup de sanglots : Rachel pleurant ses enfants; et elle ne veut pas être consolée, parce qu'ils ne sont plus.

RÉFLEXIONS.

1° Dans sa rage aveugle, Hérode, jaloux, croit pouvoir arrêter les desseins du Ciel. Et cependant le Sauveur ne vient pas chercher un sceptre périssable, lui qui donne l'immortelle couronne. Si nous étions tentés de céder, comme Hérode, à la jalousie, résistons de toutes nos forces, car cette passion insensée nous ferait échouer contre de nombreux écueils.

2° Que la bonté divine est admirable dans la gloire de ces petits innocents qui arrivent au ciel sans que leur volonté ait eu besoin de prêter son concours ! Dieu reçoit leur mort non pas seulement comme un sacrifice, mais comme un vrai martyre. La grâce divine supplée au défaut de cette volonté que ne comporte pas leur âge encore trop tendre. Le Seigneur fera tout pour nous, si nous sommes humbles, si nous prions, si nous nous sacrifions pour lui.

3° Ces mères sont en proie à une vive douleur, qui a sa source dans les affections les plus légitimes ; mais elles se soumettent à Dieu. C'est pourquoi le Seigneur leur accorde de grandes grâces, en particulier l'assurance de la béatitude de leurs enfants.

Dans nos souffrances, nous aussi, soumettons-nous à Celui sans l'ordre ou la permission duquel pas même un cheveu de notre tête ne peut tomber, et gardons la paix du cœur.

PRIÈRES.

Ant. Des enfants Innocents ont été mis à mort pour le Christ ; un roi inique a massacré ceux qui n'étaient encore qu'à la mamelle ; ils suivent l'Agneau sans tache et disent à jamais : Gloire à vous, Seigneur !

℣. Sous le trône de Dieu tous les Saints font entendre ce cri :

℟. Vengez notre sang, ô notre Dieu !

ORAISON.

O Dieu, dont les Innocents martyrs ont confessé en ce lieu la gloire, non par leurs paroles, mais par leur mort, mortifiez en nous les passions et les vices, afin que votre foi, que notre langue professe, soit aussi confessée par nos mœurs. Ainsi soit-il.

Ant. *Innocentes pro Christo infantes occisi sunt, ab iniquo rege lactantes interfecti sunt, ipsum sequuntur Agnum sine macula, et dicunt semper : Gloria tibi, Domine!*

℣. *Sub throno Dei omnes Sancti clamant :*

℟. *Vindica sanguinem nostrum, Deus !*

OREMUS.

Deus cujus in hoc loco præconium Innocentes martyres non loquendo, sed moriendo confessi sunt, omnia in nobis vitiorum mala mortifica, ut fidem tuam, quam lingua nostra loquitur, etiam moribus vita fateatur. Amen.

---

[1] *Massacre des Innocents.* — Fig. : *Ex.*, I, 15, 22. Pharaon fait tuer les enfants des Hébreux. — Proph. : Jér., XXXI, 15. *Vox in excelso audita est lamentationis, luctus et fletus, Rachel plorantis filios suos.* On a entendu en haut une voix de lamentation, de deuil et de larmes ; c'est Rachel pleurant ses enfants.

XXVIIe VISITE.

JÉSUS ENVOIE L'ANGE A JOSEPH POUR LUI DONNER ORDRE DE QUITTER L'ÉGYPTE.

Durant son séjour assez prolongé sur la terre d'exil, la sainte Famille changea peut-être plus d'une fois de résidence, et c'est ce qui fait qu'on rencontre des divergences dans les indications des lieux où elle a habité.

Nous avons déjà vu que Jésus, Marie et Joseph demeurèrent à Mattara, Matarée ou Amaterie. C'est pourquoi ce village est l'objet d'une grande vénération pour les Juifs, les Arabes et les Chrétiens.

Transportons-nous auprès de cette source dont nous avons déjà parlé : son eau, dit-on, a été rendue potable par la présence de la sainte Famille. Après nous être assis à l'ombre du Sycomore de la Vierge, endormons-nous mystiquement pour contempler la vision de l'Ange et pour entendre ses ordres.

ÉVANGILE.

Math., II.

19. *Defuncto autem Herode, ecce Angelus Domini apparuit in somnis Joseph in Ægypto,*

20. *Dicens: Surge, et accipe puerum et matrem ejus,*

19. Hérode étant mort, l'Ange du Seigneur apparut tout à coup à Joseph pendant son sommeil, en Égypte,

20. Disant : Levez-vous, prenez l'enfant et sa mère,

et allez dans la terre d'Israël, car ils sont morts ceux qui cherchaient à faire périr l'enfant.

21. Joseph, se levant, prit l'enfant et sa mère, et vint dans la terre d'Israël.

et vade in terram Israel: defuncti sunt enim, qui quærebant animam pueri.

21. *Qui, consurgens, accepit puerum et matrem ejus, et venit in terram Israel.*

RÉFLEXIONS.

1° Comme Hérode, les ennemis de Jésus disparaissent tour à tour. Il en sera toujours ainsi des ennemis du nom chrétien. Ils se convertiront, ou au moins un jour viendra où ils disparaîtront de la scène du monde. C'est une consolation pour les enfants de Dieu. « *Defuncti sunt qui quærebant animam pueri.* » Ils sont morts.

2° Les Anges s'occupent sans cesse de Jésus et des serviteurs de Jésus. A l'heure providentielle ne savent-ils pas dire : *Surge :* Levez-vous. *Vade :* Marchez dans l'ordre de la volonté de Dieu. Quelle grâce nous a été faite ! Le Seigneur a commandé à ses Anges de prendre soin de chacun de nous, comme ils prennent soin de Jésus-Christ. « *Angelis suis Deus mandavit de te.* »

3° Saint Joseph obéit. Remarquons qu'il ne néglige pas de prendre les moyens humains ; il s'enquiert des obstacles qu'il pourra rencontrer en Judée. — Il prie, et de nouveau il est averti de se retirer en Galilée.

L'Ange ne vient-il pas toujours au secours de l'âme qui prie ?

PRIÈRES.

ANT. L'Ange du Seigneur apparut à Joseph et lui dit :

ANT. *Angelus Domini apparuit Joseph, dicens : Surge, tolle puerum et matrem ejus, et vade in terram Israel.*

℣. *Ex Ægypto vocavi Filium meum.*

℞. *Defuncti sunt enim qui quærebant animam pueri.*

OREMUS.

Præsta, omnipotens Deus, cordibus nostris, ut jugiter ægyptiacæ servitutis et peccati jugum excutere et Majestati tuæ apparere in cœlesti patria valeamus. Amen.

Levez-vous, prenez l'enfant et sa mère, et allez dans la terre d'Israël.

℣. J'ai rappelé mon Fils de l'Égypte.

℞. Ils sont morts, ceux qui voulaient tuer l'enfant.

ORAISON.

O Dieu tout-puissant, accordez à nos cœurs la grâce de secouer le joug de la servitude de l'Égypte et du péché, afin que nous soyons dignes de paraître devant votre Majesté dans la céleste patrie. Ainsi soit-il.

Joseph quitte l'Égypte. — FIG. : *Ex.,* II, 5, 10. Moïse sauvé du milieu des eaux. — PROPH. : *Os.,* XI, 1. *Ex Ægypto vocavi filium meum.* J'ai rappelé mon fils d'Égypte.

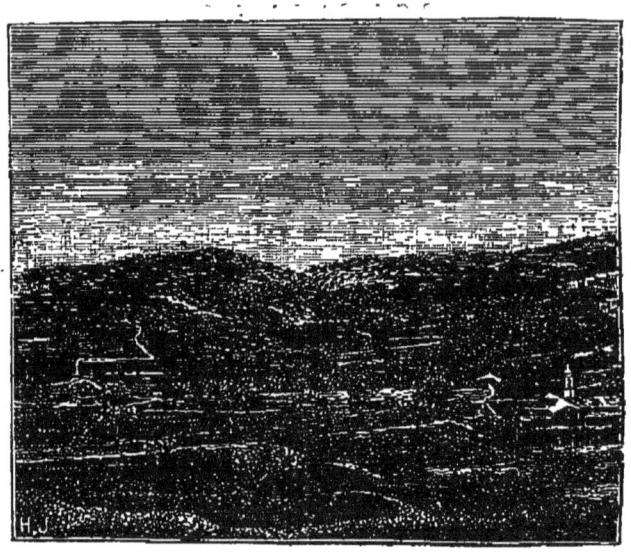

Nazareth vue du nord.

XXVIIIe VISITE.

LE VOYAGE DE NOTRE-SEIGNEUR D'ÉGYPTE EN GALILÉE.

CONSIDÉRONS de nouveau l'Ange qui est envoyé de Dieu à Joseph pour l'avertir de se rendre directement en Galilée, et accompagnons notre Sauveur dans ce voyage.

Les saints voyageurs passèrent-ils par le désert, la mer Morte et le Jourdain, ou par les rivages méditerranéens? C'est ce que l'Évangile ne nous dit pas. Nous pouvons nous arrêter à l'une de ces conjectures, car assurément ils ne passèrent ni par Jérusalem, ni par la Judée, où régnait Archélaüs, fils d'Hérode. Ce voyage fut sans contredit le plus long que la sainte Famille eût accompli jusqu'à ce jour.

ÉVANGILE.

Matth., ii.

22. *Audiens autem quod Archelaus regnaret in Judæa pro Herode patre suo, timuit illo ire : et admonitus in somnis, secessit in partes Galilææ.*

22. Joseph, apprenant qu'Archélaüs régnait en Judée à la place d'Hérode, son père, craignit d'y aller. Averti pendant son sommeil, il se retira dans la Galilée.

RÉFLEXIONS.

1º L'Ange, qui avait promis à Joseph de l'avertir lorsqu'il faudrait quitter l'Égypte, se souvient de son engagement, et, le temps arrivé, il va le trouver et lui donner ses ordres. Fidélité à remplir ses fonctions, ponctualité à accomplir ses promesses, voilà ce dont fait preuve ici le céleste messager. O mon Dieu ! faites que, comme votre Ange, nous soyons ainsi fidèles.

2º L'ordre est précis : il faut prendre l'enfant et le conduire en la terre d'Israël avec sa mère. Et la raison de cet ordre, c'est qu'ils n'ont plus rien à craindre.

Que de fois la grâce de Dieu ne nous a-t-elle pas dit : Ne craignez rien, et nous n'avons pas suivi ses inspirations! O Ange de Dieu, parlez souvent, parlez toujours à nos âmes.

3º Contemplons l'obéissance de saint Joseph. Il est allé dans la terre d'Israël. Et comme il a parfaitement obéi, il sera favorisé d'une vision de l'Ange, qui lui dira de se rendre en Galilée, parce que le fils d'Hérode, Archélaüs, règne en Judée. Non, ô divin Maître, nous ne redouterons aucun de nos ennemis, parce que vous serez avec nous. Ah ! soyez avec nous dans l'exil et au retour de l'exil, aux jours d'affliction sur la terre et de joie dans le ciel.

PRIÈRES.

Ant. Dieu a ordonné à ses Anges de prendre soin de vous en toutes vos voies.

℣. Joseph fut averti en songe.

℟. Il se retira en Galilée.

ORAISON.

O Dieu, qui avec une sagesse infinie, distribuez aux Anges et aux hommes leurs différentes fonctions, accordez-nous, dans votre bonté, pour protecteurs sur la terre, ces bienheureux esprits qui sans cesse, au ciel, vous entourent et vous servent. Ainsi soit-il.

Ant. *Angelis suis Deus mandavit de te ut custodiant te in omnibus viis tuis.*

℣. *Admonitus in somnis,*

℟. *Secessit in partes Galilææ.*

OREMUS.

Deus, qui miro ordine Angelorum ministeria hominumque dispensas, concede propitius ut a quibus tibi ministrantibus in cœlo semper assistitur, ab his in terra vita nostra muniatur. Amen.

Le divin voyageur et prédicateur. — Fig. : *Is.*, LII, 1, 10. La prophétie de la prédication du saint Évangile et du rétablissement de Jérusalem. — Proph. : *Is.*, LII, 11. *Recedite, recedite, exite inde...* Retirez-vous, retirez-vous, sortez de la terre d'exil.

Grotte de saint Jean au désert.

XXIXe VISITE.

A SAINT JEAN DANS LE DÉSERT.

QUAND vous avez fait cinq ou six lieues à l'occident de Jérusalem, vous vous trouvez au désert, qui n'est pas très éloigné d'Aïn-Kerim. Là, au milieu d'une solitude profonde, sur le flanc et presque au sommet d'une très âpre montagne, qui s'étend du levant au couchant et regarde le nord, vous apercevez la Grotte de saint Jean-Baptiste. Disons de suite que cette montagne domine une partie de l'antique vallée du Térébinthe, si connue dans les Saints Livres, et à laquelle se rattache le souvenir du combat de David contre Goliath.

La Grotte de saint Jean, ou sa chambre, comme on l'appelle, est taillée dans un rocher gris et blanchâtre. Elle a douze pieds de long sur six de large. On y trouve deux ouvertures : l'une en forme de porte, au levant ; l'autre en forme de fenêtre, au nord. Au fond de la grotte, à l'occident, vous remarquez une pierre plus élevée que le reste du sol, et qui a l'apparence d'une couchette : c'est le lit de saint Jean. A l'entrée, au pied de l'escalier, taillé aussi dans le roc, on peut se désaltérer à une source d'eau toujours abondante, qui porte le nom de Source de saint Jean.

Tout autour de cette grotte on voit quelques arbres sauvages et de rares oliviers. Là, sans doute, saint Jean allait chercher chaque jour sa nourriture. Et quelle nourriture ! puisqu'il ne buvait et ne mangeait presque rien, et que Notre-Seigneur a pu dire de lui : « Jean est venu sans manger et sans boire, et vous n'avez pas eu foi en son témoignage. »

ÉVANGILE.

Luc., I.

80. Jean-Baptiste enfant croissait, et son esprit se fortifiait ; et il vivait au désert jusqu'au jour de sa manifestation dans Israël.

80. *Puer autem, crescebat et confortabatur spiritu : et erat in desertis usque in diem ostensionis suæ ad Israel.*

RÉFLEXIONS.

Ame chrétienne, qu'êtes-vous venue voir au désert de Jean, au désert de l'enfant qui sera un jour le précurseur du Christ ? Vous avez voulu contempler un pénitent qui mènera jusqu'au dernier soupir la vie la plus austère.

1° Saint Jean sera pénitent dès l'âge le plus tendre : car, d'après la tradition commune, il s'est retiré dans sa grotte à l'âge de cinq ans, et il a passé près de vingt-cinq ans dans cette demeure sauvage. Quelle leçon salutaire pour nous, si nous savions en tirer profit! Ah! ne tardons plus à accepter le joug de la pénitence.

2° Saint Jean est pénitent dans la solitude. Il ne faut jamais oublier que les grandes âmes se forment dans la solitude et dans la prière. Tel est l'enseignement des Saints, tel est leur exemple.

3° Saint Jean est pénitent en son vêtement et en sa nourriture. Et à quel degré, mon Dieu! Imitons-le, au moins de loin, en usant du monde comme n'en usant pas, le considérant comme un lieu de passage, comme une hôtellerie. Nous y sommes pour une seule nuit, en attendant le jour de l'éternité.

PRIÈRES.

ANT. *Puer autem erat in desertis usque in diem ostensionis suæ ad Israel.*

℣. *Iste puer magnus coram Domino,*

℟. *Nam et manus ejus cum ipso est.*

OREMUS.

Deus qui nos per Joannem pœnitentiam agere docuisti, exaudi nos ut pœnitentiæ clypeo in tuo judicio muniamur. Amen.

ANT. Or l'enfant vivait dans le désert jusqu'au jour de sa manifestation dans Israël.

℣. Cet enfant sera grand devant Dieu,

℟. Car la main du Très-Haut est avec lui.

ORAISON.

O Dieu qui par saint Jean nous avez enseigné la pénitence, faites qu'au jour de votre jugement cette pénitence salutaire nous soit un bouclier protecteur. Ainsi soit-il.

Saint Jean-Baptiste. — FIG.: *Ezech.*, II, 3, 7. Mission donnée à Ézéchiel. — PROPH... *Mal.*, III, 1. *Mitto Angelum meum, et præparabit viam.* J'envoie mon Ange, et il me préparera les voies.

Vue du couvent franciscain à Nazareth.

XXXe VISITE.

VIE CACHÉE DE NOTRE-SEIGNEUR A NAZARETH.

Voici la description du sanctuaire de l'Annonciation, faite par un ancien auteur, religieux franciscain. On pourra la rapprocher de ce que nous avons déjà dit de la demeure de la sainte Famille à Nazareth. « On aperçoit d'assez loin le couvent des Franciscains qui renferme la source et l'origine de tous nos mystères, qui est le premier de tous les sanctuaires. Il est bâti comme un petit château, qu'il a fallu fortifier d'épaisses et hautes murailles, pour le défendre de l'incursion et des larcins que font continuellement les Arabes. L'on entre en ce couvent par une porte fort basse, et étroite, où l'on n'est pas plus tôt entré que les moins dévots ressentent je ne sais quoi de si doux et de si tendre pour Jésus-Christ notre Sauveur, qui a bien voulu s'y faire homme, choisissant la sainte Vierge pour mère : en un mot, c'est où l'ouvrage mystérieux de l'Incarnation s'est fait... C'est une petite chapelle sous terre, ou, pour mieux dire, une petite grotte piquée et taillée naturellement dans le rocher de dix-huit pieds de longueur de l'orient à l'occident. La nature a commencé cet ouvrage, et l'art l'a achevé. De tous côtés il y a des murs, excepté à l'orient, où l'on voit la roche vive, où est aussi le maître-autel de l'Annonciation de la très sainte Vierge. »

Aujourd'hui, pour pénétrer dans cette grotte, il faut descendre dix-sept marches.

O âme chrétienne, ne craignez pas de descendre bien bas, et de vivre au sein d'une profonde humilité, pour vous unir au Dieu de l'humilité qui a habité dans ce saint lieu.

ÉVANGILE.

MATTH., II.

23. *Et veniens habitavit in civitate quæ vocatur Nazareth : ut adimpleretur quod dictum est per Prophetas : Quoniam Nazaræus vocabitur.*

23. Jésus, avec Joseph et Marie, vint demeurer dans une ville appelée Nazareth, afin que s'accomplît ce qu'avaient dit les Prophètes : Il sera appelé Nazaréen.

RÉFLEXIONS.

1º Toute la vie de Jésus à Nazareth, depuis son retour

d'Égypte jusqu'au jour de son baptême, se résume en ces trois mots : *Erat subditus illis*. Jésus était soumis à Marie et à Joseph. Quel exemple pour nous qui éprouvons tant de répugnance à pratiquer l'obéissance !

2° Jésus fait plus, il travaille dans l'obéissance comme l'atteste ce que disaient de lui ceux qui l'avaient connu : « N'est-il pas ouvrier et fils d'ouvrier? » O Roi des siècles ! ô Jésus ! quelle humilité, quel exemple encore pour nous qui avons la crainte incessante de travailler dans l'oubli et l'humilité !

3° L'Évangile ne nous dit pas les autres œuvres de charité spirituelle et corporelle que Jésus a faites pendant ce temps ; mais nous pouvons et nous devons les supposer innombrables. Il prie sans cesse, il passe les nuits dans l'oraison, il pense à nous, il nous aime. O âme chrétienne, contemplez et admirez toutes ces actions de Jésus, et, comme lui, aimez à être inconnue et à être réputée pour rien.

PRIÈRES.

Ant. Or Joseph, se levant, prit l'enfant et sa mère, et vint dans la terre d'Israël, et il demeura dans une ville appelée Nazareth.

℣. J'ai invoqué le Seigneur père de mon Seigneur,

℟. Afin qu'il ne me délaisse pas au jour de la tribulation.

ORAISON.

O Dieu, qui, selon la pro-

Ant. *Consurgens Joseph, accepit puerum et matrem ejus ; et venit in terram Israel ; et habitavit in civitate quæ vocatur Nazareth.*

℣. *Invocavi Dominum patrem Domini mei,*

℟. *Ut non derelinquat me in die tribulationis.*

OREMUS.

Deus qui ex Ægypto vo-

casti Filium tuum juxta prophetiam, exaudi preces nostras, ut nos ex inferioribus ad cœlestia perducas. Amen.	phétie, avez appelé d'Égypte votre Fils, exaucez nos prières et conduisez-nous de ces basses régions terrestres là-haut, dans les célestes demeures. Ainsi soit-il.

Jésus habitant Nazareth. — FIG. : 1 *Reg.*, II, 26. Samuel grandissant dans le temple. PROPH. : *Is.*, XLV, 15. *Vere tu es Deus absconditus, Deus Israel.* O Dieu d'Israël, vous êtes vraiment un Dieu caché.

Vestiges de l'ancienne église d'El Bireh (Béthel).

XXXIe VISITE.

JÉSUS PERDU ET RETROUVÉ DANS LE TEMPLE.

Sur la route de Nazareth, vers le nord, à trois lieues environ de Jérusalem, le pèlerin rencontre, au sommet d'une colline qui domine plusieurs vallées, la petite ville de Béthel, l'ancienne Beeroth des Gabaonites. C'est le lieu où Marie et Joseph s'aperçurent que Jésus n'était plus avec eux, tandis qu'ils revenaient de la ville sainte. Les croisés avaient fait construire là, en souvenir de ce mystère, une église gothique dont il ne reste plus que des ruines.

Ici, les pèlerins font une pieuse halte, méditent ce grand mystère, considèrent la réponse de Jésus retrouvé dans le temple : *Ne faut-il pas que je m'occupe des affaires de mon Père ?*

ÉVANGILE.

Luc., II.

40. *Puer autem crescebat, et confortabatur, plenus sapientia : et gratia Dei erat in illo.*

41. *Et ibant parentes ejus per omnes annos in Jerusalem, in die solemni Paschæ.*

42. *Et cum factus esset annorum duodecim, ascendentibus illis Jerosolymam secundum consuetudinem diei festi,*

43. *Consummatisque diebus, cum redirent, remansit puer Jesus in Jerusalem, et non cognoverunt parentes ejus.*

44. *Existimantes autem illum esse in comitatu, venerunt iter diei, et requirebant eum inter cognatos et notos.*

45. *Et non invenientes, regressi sunt in Jerusalem, requirentes eum.*

46. *Et factum est, post*

40. Cependant l'enfant croissait et se fortifiait, plein de sagesse, et la grâce de Dieu était en lui.

41. Et ses parents allaient tous les ans à Jérusalem, à la fête de Pâques.

42. Lorsqu'il eut douze ans, étant montés à Jérusalem, suivant leur coutume, à l'époque de la fête,

43. Ils revinrent, après que les jours de la fête furent passés, et l'enfant Jésus demeura à Jérusalem, et ses parents ne s'en aperçurent pas.

44. Mais, pensant qu'il était avec ceux de leur compagnie, ils marchèrent tout un jour, et ils le cherchaient parmi leurs parents et leurs connaissances.

45. Et ne le trouvant pas, ils revinrent à Jérusalem pour le chercher.

46. Or, après trois jours,

ils le trouvèrent dans le temple, assis au milieu des docteurs, les écoutant et les interrogeant.

47. Et tous ceux qui l'entendaient étaient ravis de sa sagesse et de ses réponses.

48. Et, le voyant, ils furent étonnés; et sa mère lui dit : Mon fils, pourquoi avez-vous agi ainsi avec nous? Voilà que, tout affligés, votre père et moi nous vous cherchions.

49. Il leur dit : Pourquoi me cherchiez-vous? Ne saviez-vous pas qu'il faut que je sois aux choses du service de mon Père?

50. Mais ils ne comprirent point ce qu'il leur disait.

triduum invenerunt illum in templo, sedentem in medio doctorum, audientem illos, et interrogantem eos.

47. *Stupebant autem omnes, qui eum audiebant, super prudentia et responsis ejus.*

48. *Et videntes admirati sunt. Et dixit mater ejus ad illum : Fili, quid fecisti nobis sic? ecce pater tuus et ego dolentes quærebamus te.*

49. *Et ait ad illos : Quid est quod me quærebatis? nesciebatis quia in his quæ Patris mei sunt oportet me esse?*

50. *Et ipsi non intellexerunt verbum, quod locutus est ad eos.*

RÉFLEXIONS.

1° Contemplez l'Enfant Jésus, priant dans le temple où l'ont conduit Marie et Joseph. Quelle prière!... priez avec lui.

2° Considérez la douleur de Marie, la tristesse de saint Joseph, en s'apercevant, à Béthel, que leur cher enfant a disparu. Que de larmes et quelle épreuve! Était-ce ce glaive de douleur qui, selon la prophétie de Siméon, devait percer le cœur de Marie?

3° Admirez la joie de la sainte Famille en le retrouvant. Mais Jésus tempère cette joie si douce et si sainte, en disant : « Ne faut-il pas que je sois aux choses du service de mon Père? » Est-ce que nous aussi, la gloire de notre Père céleste nous occupe? Nous voyons que Marie conserve ces paroles dans son cœur. Faisons comme elle; ne perdons rien des leçons divines, gardons-les précieusement dans notre cœur, et que les bonnes œuvres en découlent comme d'une source intarissable.

PRIÈRES.

Ant. *Non invenientes Jesum, regressi sunt in Jerusalem, requirentes eum; et post triduum invenerunt illum in templo, sedentem in medio doctorum, audientem et interrogantem eos. Dixit mater Jesu ad illum : Fili, quid fecisti nobis sic ? Ecce pater tuus et ego dolentes quærebamus te.*

℣. *Quid est quod me quærebatis ?*

℟. *Nesciebatis quia in his quæ Patris mei sunt oportet me esse ?*

Orémus.

Deus, qui a parentibus noluisti inveniri in Bethel, sed

Ant. Ne trouvant pas Jésus, ils revinrent à Jérusalem pour le chercher. Or, après trois jours, ils le trouvèrent dans le temple, assis au milieu des docteurs, les écoutant et les interrogeant. La mère de Jésus lui dit : Mon fils, pourquoi avez-vous agi ainsi envers nous? Voilà que votre père et moi, fort affligés, nous vous cherchions.

℣. Pourquoi me cherchiez-vous ?

℟. Ignoriez-vous que je dois être aux choses du service de mon Père?

Oraison.

O Dieu, qui avez voulu être trouvé par vos parents

non à Béthel, mais dans le Temple, assis au milieu des docteurs, et seulement après qu'ils vous eurent cherché trois jours, faites qu'après les vicissitudes de cette vie, nous vous adorions sans cesse dans le temple de votre gloire. Ainsi soit-il.

post triduum tantum in Templo, in medio doctorum, fac nos, post mundi hujus varietates, teipsum indesinenter adorare in templo gloriæ tuæ. Amen.

Jésus retrouvé dans le Temple. — FIG. : *Tob.*, 1, 6. Tobie se rendant au Temple du Seigneur, à Jérusalem. — PROPH. : *Mal.*, III, 1. *Veniet ad templum dominator et angelus testamenti.* L'ange du testament, le dominateur, viendra dans son temple.

Atelier de saint Joseph à Nazareth.

XXXIIe VISITE.

A L'ATELIER DE NAZARETH.

La tradition locale place l'atelier de saint Joseph à une faible distance de l'habitation de la sainte Famille. En remontant les rues tortueuses de la ville, vers le nord-est, on arrive auprès d'un édifice de forme carrée.

En face de la porte, qui s'ouvre sur le milieu du côté ouest, se trouve un autel presque adossé au mur de l'orient. Cet autel repose sur un ancien pan de mur, seul vestige du véritable atelier de saint Joseph.

C'est donc ici que Joseph exerçait sa profession pour nourrir du fruit de ses fatigues Jésus et Marie? Dans ce sanctuaire, qui ne serait profondément touché? Allons à

Joseph ! Voyons-le travailler dans ce lieu béni. Pensons à la loi du travail imposée par Dieu à tous les hommes.

ÉVANGILE.

Luc., II.

51. Jésus descendit avec eux, et vint à Nazareth ; et il leur était soumis. Et sa mère conservait toutes ces choses en son cœur.

52. Et Jésus avançait en sagesse, et en âge, et en grâce devant Dieu et devant les hommes.

51. *Et descendit cum eis, et venit Nazareth, et erat subditus illis. Et mater ejus conservabat omnia verba hæc in corde suo.*

52. *Et Jesus proficiebat sapientia, et ætate, et gratia apud Deum et homines.*

RÉFLEXIONS.

1º Contemplez saint Joseph, ce bon patriarche, qui travaille humblement et avec tant de zèle pour nourrir la Vierge Marie, sa sainte épouse, et Jésus, le grand ouvrier de l'univers. Quelle paix dans cet atelier ! quelle union avec Dieu ! Avons-nous jamais bien compris ce que c'est que de travailler ainsi avec la pensée que nous faisons la très sainte volonté de Dieu ?

2º L'atelier de Joseph est pauvre ; il lui suffit. Joseph ne cherche pas à agrandir sa fortune, à s'enrichir, à embellir sa demeure et le lieu de son travail. Il n'a qu'un seul but, vivre au jour le jour, du labeur de ses mains pour suffire à ses besoins et à ceux de sa famille. Pères et mères, venez modérer votre ambition auprès de Marie et de Joseph.

3º Dans cet atelier de saint Joseph témoignez votre

compassion à Jésus, le nouvel Adam, qui se soumet à la loi portée contre l'ancien Adam : « Tu mangeras ton pain à la sueur de ton front. » Jésus n'a jamais péché; et nous, dont les offenses envers Dieu surpassent en nombre les cheveux de notre tête, nous ne voulons nous soumettre à aucune peine.

PRIÈRES.

Descendit Jesus cum eis, et venit Nazareth, et erat subditus illis.

℣. *Nonne hic est faber,*

℞. *Et fabri filius?*
ORemus.
Deus qui in hoc officino beati Joseph, quotidie proficiebas ætate, sapientia et gratia, nobis concede, ut semper oculis tuæ Majestatis placeamus opere et veritate. Amen.

Ant. Jésus descendit avec eux et vint à Nazareth, et il leur était soumis.

℣. Celui-ci n'est-il pas un artisan

℞. Et le fils d'un artisan?
Oraison.
O Dieu, qui, dans cet atelier du bienheureux Joseph, croissiez de jour en jour en âge, en sagesse et en grâce, faites que nous soyons toujours agréables aux yeux de votre Majesté par nos œuvres et nos vraies vertus. Ainsi soit-il.

Jésus dans l'atelier de Joseph. — Fig. : *Gen.*, vi, 15. Noé fabriquant l'arche du salut. — Proph. : *Marc.*, vi, 3. *Nonne hic est faber?* Jésus n'est-il pas ouvrier?

Fontaine de la Vierge à Nazareth.

XXXIIIe VISITE.

LA FONTAINE DE LA VIERGE

A NAZARETH.

AU-DESSUS de Nazareth, sur le penchant de la montagne, ombragée par un bois de grenadiers d'où elle sort, est une source. L'eau qu en découle va arroser les cactus plantés sur l'autre côté de la voie. C'est la fontaine où Marie allait puiser pour les besoins de sa maison. Aussi les habitants et les pieux pèlerins l'appellent-ils la *Fontaine de la Vierge*. Non loin d'elle se trouve l'église de Saint-Gabriel qui appartient aux Grecs schismatiques. Cette fontaine, dont l'eau est peu abondante, se trouve souvent encombrée d'hommes et de femmes qui viennent faire leurs provisions dans des cruches et dans des amphores.

Rendons-nous auprès de cette source, avec les sentiments de piété qu'inspire le souvenir de la sainte Vierge qui vint là tant de fois.

RÉFLEXIONS.

1° Marie est la source d'où a jailli l'Auteur de la grâce; et de cette source sacrée la grâce divine coule toujours avec l'abondance de ses dons. Saint Bernard l'a dit : « *Tous les biens, Dieu nous les donne par Marie.* »

2° Elle est donc la source mystérieuse qui donne sans cesse Jésus et sa divine grâce. O Vierge sainte, quel bonheur pour nous d'attendre tout de vous, d'attendre Jésus de vos mains ! Nous vous la demandons constamment, cette eau de la grâce, et nous vous demandons instamment Jésus.

3° Marie est une fontaine scellée : c'est sous ce nom que la désigne la Sainte Écriture. Scellée pour les âmes ingrates et insensibles à l'amour de Dieu, mais ouverte à ceux qui l'invoquent. O Marie, en ce lieu où vous venez puiser l'eau qui désaltère ici-bas, pensez que vous êtes la source de la grâce, et laissez couler à flots cette eau divine, en faveur de vos serviteurs qui viennent s'y abreuver pour la vie éternelle.

PRIÈRES.

ANT. *Quando librabat fontes aquarum, quando legem ponebat aquis ne transirent fines suos : quando appende-*

ANT. Lorsque le Très-Haut pesait, comme dans une balance, les eaux des fontaines; qu'il imposait une loi aux eaux, afin qu'elles ne franchissent pas leurs limites ; quand il donnait à la terre ses fondements, j'étais avec lui et je réglais toutes choses.

℣. Celui qui m'aura trouvé trouvera la vie,

℟. Et il puisera le salut dans le Seigneur.

ORAISON.

O Dieu, qui avez placé entre les mains de Marie, votre Mère, une source inépuisable de grâces, nous vous demandons de ressentir sans cesse les effets de la protection de cette Vierge immaculée. Ainsi soit-il.

bat fundamenta terræ, cum eo eram cuncta componens.

℣. *Qui me invenerit inveniet vitam,*

℟. *Et hauriet salutem a Domino.*

OREMUS.

Deus, qui nobis in Maria matre tua fontem uberrimum gratiæ collocasti, fac ut perpetuo patrocinium ejusdem Virginis sentiamus. Amen.

Marie, source de toutes grâces. — FIG. : Gen., II, 6. La source jaillissante. — PROPH. : Ps., XXXV, 10. *Apud te est fons vitæ.* En vous, ô Marie, est la source de vie.

8.

Souq-el-Ouady-Baradah
ou Vue d'Abila de Lysanias.

XXXIVᵉ VISITE.

SAINT JEAN-BAPTISTE
PRÊCHANT SUR LES BORDS DU JOURDAIN.

APRÈS être sorti du lac de Génésareth, le Jourdain, fort élevé au-dessus du niveau des autres mers, descend du nord au midi par une pente très rapide jusqu'à la mer Morte, qui se trouve à quatre cents mètres au-dessous de la Méditerranée et du golfe Arabique. Son cours, à partir du lac de Génésareth, est d'environ trente lieues. Le Jourdain est souvent ombragé par des saules qui croissent sur ses bords, par des arbustes et par des arbres nombreux. La vallée profonde où coule le fleuve biblique et mystérieux, s'appelle El-Ghor, en arabe. Elle va tantôt en s'élargissant, tantôt en se rétrécissant; et

PRÉDICATION DE JEAN-BAPTISTE.

enfin, aux environs de Jéricho et de la mer Morte, elle forme une vaste et large plaine.

C'est dans tout le pays situé sur les bords de ce fleuve que Jean-Baptiste fit entendre sa prédication, après avoir évangélisé tout d'abord la vallée du Térébinthe, où il avait reçu lui-même la révélation de la parole de Dieu.

Cette contrée, autrefois si belle et si riante, ne présente plus aujourd'hui, dans presque toute son étendue, qu'un aspect sauvage et dénudé, surtout aux environs de Jéricho.

Comme il est question dans le texte évangélique d'Abila, nous donnons ici la gravure des ruines de cette capitale de l'Abylène. Partout, autour de ce village, on voit des débris antiques de constructions romaines. « Tout le flanc de la montagne est criblé, dit M. de Saulcy, de caves sépulcrales..... J'ai passé en revue tous les monuments qu'il m'a été permis de voir dans les ruines d'Abila; nul doute qu'une localité aussi importante ne réserve bien d'autres découvertes au voyageur qui pourra consacrer plus de temps que moi à l'étude de ces ruines illustres. »

ÉVANGILE.

	Luc., III.
1. L'an quinzième du règne de César Tibère, Ponce Pilate étant gouverneur de Judée, Hérode, tétrarque de Galilée, Philippe son frère, tétrarque d'Iturée et du pays de Trachonite, et Lysanias, tétrarque d'Abilène,	1. *Anno autem quintodecimo imperii Tiberii Cæsaris, procurante Pontio Pilato Judæam, tetrarcha autem Galilææ Herode, Philippo autem fratre ejus tetrarcha Iturææ, et Trachonitidis regionis, et Lysania Abilinæ tetrarcha;*
2. Sous les grands prêtres	2. *Sub principibus sacer-*

dotum Anna et Caïpha, factum est verbum Domini super Joannem, Zachariæ filium, in deserto.

3. Et venit in omnem regionem Jordanis, prædicans baptismum pœnitentiæ in remissionem peccatorum,

4. Sicut scriptum est in libro sermonum Isaiæ prophetæ : Vox clamantis in deserto. Parate viam Domini: rectas facite semitas ejus. (Is., XL, 3.)

5. Omnis vallis implebitur : et omnis mons, et collis humiliabitur : et erunt prava in directa, et aspera in vias planas :

6. Et videbit omnis caro salutare Dei.

7. Dicebat ergo ad turbas quæ exibant ut baptizarentur ab ipso : Genimina viperarum, quis ostendit vobis fugere a ventura ira ?

8. Facite ergo fructus dignos pœnitentiæ, et ne cœperitis dicere : Patrem habemus Abraham. Dico enim vobis, quia potens est Deus de lapi-

Anne et Caïphe, le Seigneur fit entendre sa parole à Jean, fils de Zacharie, dans le désert.

3. Et il vint dans toute la région du Jourdain, prêchant le baptême de pénitence pour la rémission des péchés,

4. Ainsi qu'il est écrit au livre des paroles du prophète Isaïe : Voici la voix de celui qui crie dans le désert ; préparez la voie du Seigneur, rendez droits ses sentiers.

5. Toute vallée sera comblée, et toute montagne et toute colline seront abaissées ; les chemins tortueux seront redressés, et les raboteux unis.

6. Et toute chair verra le Sauveur envoyé de Dieu.

7. Il disait donc aux foules qui accouraient pour être baptisées par lui : Race de vipères, qui vous a montré à fuir la colère qui doit tomber sur vous ?

8. Faites donc de dignes fruits de pénitence, et n'allez pas dire : Nous avons pour père Abraham ; car je vous dis que de ces pierres

mêmes Dieu peut susciter des enfants d'Abraham.

9. Déjà la cognée a été mise à la racine de l'arbre. Tout arbre donc qui ne porte pas de bons fruits sera coupé et jeté au feu.

dibus istis suscitare filios Abrahæ.

9. *Jam enim securis ad radicem arborum posita est. Omnis ergo arbor non faciens fructum bonum excidetur, et in ignem mittetur.* (Vid. Marc., 1, 3, 6 ; Matth., iii, 7-10.)

RÉFLEXIONS.

1º Dieu appela Jean au ministère de la prédication, et le fit sortir de la solitude, pour nous apprendre que la perfection ne consiste pas seulement à nous sanctifier nous-mêmes, mais aussi, dans l'ordre de la volonté de Dieu, à sanctifier les autres.

2º A l'exemple de Jean-Baptiste, celui qui est chargé d'évangéliser le prochain ne doit pas avoir d'autre but que celui de porter les âmes à la componction du cœur, à la pénitence, à la prière, à la pratique des devoirs envers Dieu, et à tous les actes d'énergie et de courage par lesquels on gagne le ciel.

3º Saint Jean produit par sa prédication des fruits merveilleux : ses auditeurs se convertissent et avouent publiquement leurs péchés. Quant au Précurseur, ce qu'il prêche, il le pratique fidèlement chaque jour, et par là il avance dans la vertu. Quelle humilité lui fait dire : « *Je suis la voix de celui qui crie dans le désert.* » C'est ainsi qu'il parle de lui-même. Et de Notre-Seigneur il dit : « *Je ne suis pas digne de dénouer les cordons de sa chaussure.* »

O âmes de zèle, voilà votre modèle. Lorsque vous aurez fait tout ce que vous aurez dû, dites : « Nous sommes des serviteurs inutiles. »

PRIÈRES.

Ant. *Et venit Joannes in omnem regionem Jordanis, prædicans baptismum pœnitentiæ in remissionem peccatorum.*

℣. *Pœnitentiam agite.*
℟. *Appropinquavit enim regnum cœlorum.*

Oremus.

Præsta, quæsumus, omnipotens Deus, ut familia tua per viam salutis incedat, et beati Joannis hortamenta sectando ad Deum quem prædixit secura perveniat, Dominum nostrum Jesum Christum Filium tuum. Amen.

Ant. Et Jean vint dans toute la région du Jourdain, prêchant le baptême de pénitence pour la rémission des péchés.

℣. Faites pénitence.
℟. Car le royaume des cieux est proche.

Oraison.

Faites, nous vous en prions, ô Dieu tout-puissant, que votre famille marche dans la voie du salut; et, qu'en suivant les exhortations du bienheureux Jean, elle puisse arriver à Celui dont il a été le précurseur, à Notre-Seigneur Jésus-Christ, votre Fils. Ainsi soit-il.

I. *Vêtement et nourriture de saint Jean-Baptiste.* — Fig. : *Dan.*, I, 8, 17. Nourriture de Daniel et de ses compagnons. — Proph. : *Ezec.*, xviii, 30, 32. *Agite pœnitentiam... revertimini et vivite.* Faites pénitence, convertissez-vous et vivez.

II. *Jean exhorte à la pénitence.* — Fig. : *Is.*, lviii, 1, 14. Isaïe exhorte les Juifs à la pénitence. — Proph. : *Joel,* ii, 12, 17. *Convertimini in toto corde... scindite corda.* Convertissez-vous dans tout votre cœur, déchirez vos cœurs.

Une vue du Jourdain.

XXXVe VISITE.

SUR LES BORDS DU JOURDAIN.

E Jourdain peut être appelé à juste titre le fleuve des miracles. Josué l'a traversé à pied sec, Elisée a séparé ses eaux, Naaman le lépreux y a été guéri. Mais que sont ces miracles auprès de la prédication, du baptême de Jean, de toutes les merveilles de la grâce opérées par le saint Précurseur? Oui, un des grands prodiges accomplis sur ses bords, c'est l'affluence de ces foules qui viennent entendre Jean-Baptiste, et qui sont sanctifiées par lui.

Nous sommes donc sur ces rivages célèbres, pour admirer la prédication du Précurseur de Jésus.

ÉVANGILE.

Luc., III.

10. *Et interrogabant eum turbæ, dicentes : Quid ergo faciemus ?*

11. *Respondens autem dicebat illis : Qui habet duas tunicas, det non habenti ; et qui habet escas, similiter faciat.*

12. *Venerunt autem et publicani ut baptizarentur, et dixerunt ad illum : Magister, quid faciemus ?*

13. *At ille dixit ad eos : Nihil amplius, quam quod constitutum est vobis, faciatis.*

14. *Interrogabant autem eum et milites, dicentes : Quid faciemus et nos ? Et ait illis : Neminem concutiatis, neque calumniam faciatis, et contenti estote stipendiis vestris.*

10. Alors le peuple, l'interrogeant, lui disait : Que devons-nous donc faire ?

11. Il leur répondit : Que celui qui a deux vêtements en donne un à qui n'en a pas, et que celui qui a de quoi manger partage sa nourriture avec celui qui en manque.

12. Il y eut aussi des publicains qui vinrent à lui pour être baptisés, et qui lui dirent : Maître, que devons-nous faire ?

13. Il leur dit : N'exigez rien au delà de ce qui est dû.

14. Les soldats lui demandèrent aussi : Et nous autres, que devons-nous faire ? Il leur répondit : Ne violentez personne, ne faites point de fraude, et contentez-vous de votre solde.

RÉFLEXIONS.

Saint Jean vient de prêcher la pénitence, comme une condition nécessaire pour ne pas périr.

1° A l'interrogation de la foule : *Quid ergo faciemus ?* Que devons-nous donc faire ? saint Jean-Baptiste répond en prêchant l'aumône, et encore l'aumône, comme moyen de pénitence. N'est-ce pas, en effet, ce qui est le plus facile à pratiquer pour un grand nombre d'hommes ?

2° A l'interrogation des publicains qui demandent le baptême : *Magister, quid faciemus ?* Maître, que faut-il que nous fassions ? on comprend la réponse du Précurseur : Accomplissez tous les ordres que vous avez reçus. L'obéissance est un autre moyen de faire pénitence.

3° A la troisième interrogation : *Quid faciemus et nos ?* Et nous, que devons-nous faire ? C'est celle des soldats. Le Précurseur enseigne et prêche. Ne faites de mal à personne et soyez contents de votre sort. N'est-ce pas encore là un moyen admirable de faire pénitence ?

O saint Précurseur, nous vous adressons les mêmes questions, nous entendons vos réponses, et nous vous prions de nous aider à pratiquer sans cesse les vertus que vous nous prêchez.

PRIÈRES.

ANT. Et Jean vint, ainsi qu'il est écrit au livre des paroles du prophète Isaïe : Voici la voie de celui qui crie dans le désert : Préparez la voie du Seigneur, rendez droits ses sentiers : toute vallée sera comblée, et toute montagne et toute colline seront abaissées ; les chemins tortueux seront redressés, et les raboteux unis.	ANT. *Et venit Joannes sicut scriptum est in libro sermonum Isaïæ prophetæ : Vox clamantis in deserto : Parate viam Domini : rectas facite semitas ejus : omnis vallis implebitur, et omnis mons et collis humiliabitur, et erunt prava in directa et aspera in vias planas.*

I.

℣. Pœnitentiam agite,

℟. Appropinquavit enim regnum cœlorum.

OREMUS.

Præsta, quæsumus, omnipotens Deus, ut familia tua per viam salutis incedat, et beati Joannis hortamenta sectando ad eum quem prædixit secura perveniat, Dominum nostrum Jesum Christum Filium tuum.

Amen.

℣. Faites pénitence,

℟. Car le royaume des cieux est proche.

ORAISON.

Faites, nous vous en prions, ô Dieu tout-puissant, que votre famille marche dans la voie du salut, et qu'en suivant les exhortations du bienheureux Jean, elle puisse arriver à celui dont il a été le précurseur, à Notre-Seigneur Jésus-Christ votre Fils.

Ainsi soit-il.

Baptême et prédication de Jean. — FIG. : *Jer.*, III, 14, 22. Prédication du prophète Jérémie. — PROPH. : Is., XL, 3, 12. *Vox clamantis : Parate viam Domini.* La voix dira : Préparez la voie du Seigneur.

Le Jourdain à l'endroit du baptême de Jésus.

XXXVIe VISITE.

LIEU DU BAPTÊME DE JÉSUS.

C'est à deux ou trois lieues environ de la ville de Jéricho que se trouve, selon la tradition, l'endroit du Jourdain où Notre-Seigneur fut baptisé. On y arrive en traversant la vaste et longue plaine de Jéricho, remplie d'arbres de toutes sortes, dont quelques-uns portent en toute saison les pommes de Sodome, fruit qu'on n'a pas plus tôt entre les mains qu'il tombe en poussière, offrant ainsi une image saisissante des œuvres des pécheurs. On descend donc insensiblement de la plaine jusqu'au fleuve, et on touche enfin le rivage sacré. Les bords opposés sont très élevés et taillés perpendiculairement au-dessus des eaux; quelques affaissements de terrain permettent çà et là d'arriver par ce côté au fleuve dans toute l'étendue de son cours.

Il y a un de ces affaissements en face du lieu du baptême de Notre-Seigneur. On conçoit que, par suite de cette élévation continue de la rive, le fleuve, à l'époque des grandes crues, se verse de l'autre côté et inonde en partie la plaine de Jéricho. D'ailleurs, l'eau du Jourdain est ordinairement assez chaude, terreuse et trouble, et elle coule avec impétuosité.

C'est donc ici le lieu où Jésus, l'innocente victime, voulut être marqué pour le sacrifice de la croix, où il prit sur Lui le signe des pécheurs, en se faisant baptiser par saint Jean. C'est aussi le lieu où les cieux s'ouvrirent, où le Saint-Esprit descendit sous la forme d'une colombe sur le Sauveur, où enfin le Père éternel fit entendre ces paroles : « *Celui-ci est mon Fils bien-aimé.* »

Les premiers chrétiens avaient pour ce lieu une vénération singulière, et, il y a deux siècles, on voyait encore les traces d'une église qu'ils y bâtirent. Mais aujourd'hui on ne trouve plus rien que le fleuve et ses bords majestueux. Ordinairement, les prêtres célèbrent le saint sacrifice sur ces rives à jamais sanctifiées.

Les pèlerins de Terre-Sainte ne manquent pas de visiter ces lieux, et ils se plongent dans l'eau du Jourdain en souvenir du baptême de Jésus-Christ.

ÉVANGILE.

MATTH., III.

13. *Tunc venit Jesus a Galilæa in Jordanem ad Joannem, ut baptizaretur ab eo.*

13. Alors Jésus vint de Galilée au Jourdain trouver Jean pour être baptisé par lui.

14. *Joannes autem prohibebat eum, dicens : Ego a te*

14. Mais Jean s'en défendait en disant : C'est

BAPTÊME DE JÉSUS.

moi qui ai besoin d'être baptisé par vous, et vous venez à moi!

15. Et Jésus lui répondit : Laissez-moi faire pour cette heure ; car c'est ainsi qu'il convient de remplir toute justice. Alors Jean ne lui résista plus.

16. Aussitôt après avoir été baptisé, Jésus sortit de l'eau ; et voilà que les cieux s'ouvrirent, et il vit l'Esprit de Dieu qui descendait sous la figure d'une colombe, et venait se reposer sur lui.

17. Et en même temps une voix du ciel se fit entendre et prononça ces mots : Celui-ci est mon Fils bien-aimé, en qui j'ai mis toutes mes complaisances.

23. Jésus avait alors environ trente ans.

debeo baptizari, et tu venis ad me?

15. *Respondens autem Jesus, dixit ei : Sine modo : sic enim decet nos implere omnem justitiam. Tunc dimisit eum.*

16. *Baptizatus autem Jesus, confestim ascendit de aqua : et ecce aperti sunt ei cœli : et vidit Spiritum Dei descendentem sicut columbam, et venientem super se.*

17. *Et ecce vox de cœlis, dicens : Hic est Filius meus dilectus, in quo mihi complacui.*

Luc., III.

23. *Et ipse Jesus erat incipiens quasi annorum triginta.* (Vide Marc., I, 9, 11 ; Luc., III, 21-23.)

RÉFLEXIONS.

1. Le temps approchait où Jésus devait commencer sa mission évangélique. Il quitte Nazareth, se rend sur les bords du Jourdain pour y trouver Jean, qui doit le bapti-

ser, ce Jean qui baptise les pécheurs. Jésus se sépare donc de celle qui est sa mère et qui l'aime. Imitons ce bel exemple de détachement.

2. Il se présente comme pécheur pour être baptisé, car c'est pour nous et pour notre salut qu'il est venu sur la terre. Il veut recevoir ce baptême que Jean n'ose lui donner. « Mais », dit Jésus, « *toute justice doit être remplie.* » Imitons cet admirable exemple d'humilité.

3. Jésus est glorifié à l'instant même par le Père, par l'Esprit-Saint. Si Jésus, qui est le Saint par excellence, veut paraître pécheur, que deviendrons-nous, nous qui sommes pécheurs, si nous voulons paraître justes ? Craignons le jour des révélations, où tout sera mis à découvert. Nous ne pouvons compter être glorifiés que si nous avons grand soin d'expier dans l'humiliation volontairement acceptée nos offenses envers Dieu.

PRIÈRES.

Ant. *Baptizat miles regem, servus Dominum suum, Joannes Salvatorem. Aqua Jordanis stupuit, columba protestabatur, paterna vox audita est : Hic est Filius meus dilectus, in quo mihi bene complacui, ipsum audite.*

℣. *Vox Domini super aquas.*
℟. *Deus majestatis intonuit.*

Ant. Un soldat baptise son roi, un esclave son maître, Jean son Sauveur. L'eau du Jourdain en fut étonnée, une colombe rendit témoignage, et la voix du Père se fit entendre : Voici mon Fils bien-aimé en qui j'ai mis toutes mes complaisances, écoutez-le.

℣. La voix du Seigneur est au-dessus des eaux.
℟. Le Dieu de majesté fait entendre son tonnerre.

ORAISON.	OREMUS.
O Dieu, Créateur et Rédempteur de tous les fidèles, qui pour le salut du genre humain avez voulu être baptisé dans cette eau du Jourdain, faites-nous la grâce de vénérer ce mystère, et d'obtenir les mérites de ce baptême sacré. Ainsi soit-il.	Animarum Deus omnium Conditor et Redemptor, qui ad salutem humani generis in hac Jordanis aqua baptizari voluisti, concede benignus ipsius sacri baptismi tui et venerari mysterium, et consequi meritum. Amen.

I. *Baptême de Notre-Seigneur.* — Fig. : *Ex.*, xiv, 22. Israël traversant la mer Rouge. — Proph. : *Ps.*, lxvi, 13, 14. *Contribulasti capita draconum in aquis.* Vous avez broyé la tête des dragons dans les eaux.

II. *Manifestation de la très sainte Trinité.* — Fig. : *Gen.*, xviii, 1, 3. Le Seigneur se manifeste à Abraham sous la forme de trois voyageurs. — Proph. : *Ps.*, lxxiii, 7, 8. *Benedicat nos Deus, Deus noster, benedicat nos Deus.* Que le Seigneur Dieu, notre Dieu, nous bénisse, que Dieu nous comble de ses bénédictions.

Montagne et solitude de la Quarantaine.

XXXVIIe VISITE.

JEUNE DE JÉSUS.

LE désert où Notre-Seigneur se retira, et jeûna quarante jours et quarante nuits, est une montagne affreuse située à l'occident de Jéricho. La pente de cette montagne est souvent si rapide, qu'à peine s'y peut-on tenir, et l'ascension en est très difficile.

Quand vous êtes presque arrivés au sommet, vous rencontrez un étroit sentier qui se dirige du côté du midi. Après avoir monté encore un peu, vous trouvez un escalier de trente marches, en pierre, taillées dans la roche vive et ayant plus d'un mètre de largeur. On monte cet escalier, et c'est alors qu'il faut gravir un rocher presque à pic, ayant trois mètres d'élévation. On s'accroche pour cela aux pointes et aux fentes du rocher. Bientôt, à cinquante pas du sommet de cette même roche et après avoir escaladé, en grimpant, une nouvelle assise de pierres, on aperçoit une vaste grotte formée par la nature, puis, au fond de cette grotte, une autre plus resserrée, mais d'une plus grande longueur.

Là, un sentier très étroit et très dangereux, tout bordé de précipices, conduit enfin le pieux pèlerin dans une dernière grotte où l'on tient pour certain que Notre-Seigneur a demeuré presque constamment, pendant quarante jours et quarante nuits de jeûne.

En ce lieu, sainte Hélène fit construire une chapelle et ferma le côté du précipice par un gros mur. Sur l'autel élevé là par ses soins on dit encore quelquefois la Messe.

C'est donc là qu'habita le Sauveur pendant quarante jours, là qu'il jeûna, qu'il pria. C'est là que, en face de cette mer Morte, théâtre des vengeances divines contre les villes impies de Sodome et de Gomorrhe, il supplia Dieu, son père, de ne pas traiter les hommes selon la rigueur de sa justice. En vue de cette plaine de Jéricho, témoin de toutes les merveilles de Dieu en faveur de l'ancien peuple, lorsque les Hébreux traversèrent le Jourdain à pied sec, il supplia le Seigneur de se rappeler ses anciennes miséricordes et offrit, pour le salut du monde, les divins mérites qu'il allait acquérir par sa vie apostolique, ses souffrances et sa mort sur la croix.

Dans tout ce désert, au reste, il n'y a aucun arbre; çà et là on voit seulement quelques rares plantes dans les anfractuosités des rochers; et puis, de loin en loin, des cavernes profondes qui servent de repaire aux reptiles, aux bêtes fauves et aux oiseaux de proie. *Erat cum bestiis terræ*, dit saint Marc.

ÉVANGILE.

MATTH., IV.

1. Tunc Jesus ductus est in desertum a Spiritu, ut tentaretur a diabolo.

MARC., I.

13. ... Eratque cum bestiis,...

MATTH., IV.

2. Et cum jejunasset quadraginta diebus, et quadraginta noctibus, posteà esuriit.

3. Et accedens tentator dixit ei : Si Filius Dei es, dic ut lapides isti panes fiant.

4. Qui respondens dixit : Scriptum est : Non in solo pane vivit homo, sed in omni verbo, quod procedit de ore Dei. (DEUT., VIII, 3.)

5. Tunc assumpsit eum diabolus in sanctam civitatem, et statuit eum super pinnaculum Templi,

6. Et dixit ei : Si Filius Dei es, mitte te deorsum, scriptum est enim : Quia angelis suis mandavit de te, et in manibus tollent te, ne

1. Alors Jésus fut conduit par l'Esprit dans le désert, pour y être tenté du diable ;

13. Et il était parmi les bêtes sauvages.

2. Et, après avoir jeûné quarante jours et quarante nuits, il eut faim.

3. Et le tentateur, s'approchant, lui dit : Si tu es le Fils de Dieu, dis que ces pierres deviennent du pain.

4. Jésus répondit : Il est écrit : L'homme ne vit pas seulement de pain, mais de toute parole qui sort de la bouche de Dieu.

5. Alors le diable le transporta dans la ville sainte et le posa sur le haut du Temple,

6. Et lui dit : Si tu es le Fils de Dieu, jette-toi en bas. Car il est écrit : Il a commandé à ses Anges de prendre soin de toi ; ils te

prendront dans leurs mains, afin que ton pied ne heurte pas contre la pierre.

7. Mais Jésus lui dit : Il est écrit aussi : Tu ne tenteras point le Seigneur ton Dieu.

8. Le diable, de nouveau, le transporta sur une montagne très élevée, et, lui montrant tous les royaumes du monde et leur gloire,

6. Il lui dit : Je te donnerai toute la puissance et toute la gloire de ces royaumes ; car ils m'ont été livrés, et je les donne à qui je veux.

7. Si donc tu te prosternes devant moi et m'adores, ils seront tous à toi.

8. Jésus lui répondit : Il est écrit : Tu adoreras le Seigneur ton Dieu, et tu ne serviras que lui seul.

11. Alors le diable le laissa, et aussitôt les Anges s'approchèrent de lui, et le servirent.

forte offendas ad lapidem pedem tuum. (Ps., xc, 11.)

7. *Ait illi Jesus : Rursum scriptum est: Non tentabis Dominum Deum tuum.* (Deut., vi, 16.)

8. *Iterum assumpsit eum diabolus in montem excelsum valde : et ostendit ei omnia regna mundi, et gloriam eorum,*

Luc., iv.

6. *Et ait illi : Tibi dabo potestatem hanc universam et gloriam illorum : quia mihi tradita sunt, et cui volo do illa.*

7. *Tu ergo si adoraveris coram me, erunt tua omnia.*

8. *Et respondens Jesus, dixit illi : Scriptum est : Dominum Deum tuum adorabis, et illi soli servies.* (Deut., vi, 13, et x, 20.)

Matth., iv.

11. *Tunc reliquit eum diabolus : et ecce Angeli accesserunt, et ministrabant ei.*

(Vid. Marc., i, 12, 13. Luc., iv, 2 à 5, 9 à 12. Matth., iv, 9 et 10.)

RÉFLEXIONS.

1º Malgré l'éclatant témoignage que vient de lui rendre le Père éternel, en son baptême, où il a été reconnu pour être le Fils de Dieu, non par adoption, mais par nature, Jésus, portant la marque de la pénitence, veut remplir les fonctions d'un vrai pénitent. Contemplez, âme chrétienne, l'unique et vrai pénitent. Allez avec lui dans la solitude, jeûnez et priez avec lui.

2º Jésus, par humilité toujours, et pour notre instruction, permet qu'on le tente. Il accepte la triple suggestion de gourmandise, d'ambition et de présomption. Il va jusqu'à permettre au démon de le transporter sur le pinacle du Temple et sur le sommet d'une haute montagne. Mais toujours le Sauveur oppose la parole de Dieu au tentateur. C'est avec la parole de Dieu que nous devons, nous aussi, repousser les attaques du démon.

3º Le Sauveur ayant triomphé du tentateur, les Anges viennent pour l'adorer et lui obéir. Croyons-nous que les Anges ne viendront pas se réjouir avec nous et nous servir, lorsque nous aurons triomphé du monde et du démon?

PRIÈRES.

Ant. *Ductus est Jesus in desertum a Spiritu, ut tentaretur a diabolo, et cum jejunasset quadraginta diebus et quadraginta noctibus, postea esuriit.*

℣. *Et ecce Angeli accesserunt,*

℟. *Et ministrabant ei.*

Ant. Jésus fut conduit par l'Esprit dans le désert, pour y être tenté du diable, et, après avoir jeûné pendant quarante jours et quarante nuits, il eut faim.

℣. Et voici que les Anges s'approchèrent,

℟. Et ils le servaient.

Oraison.

O très doux Jésus, Dieu éternel, qui, en venant dans ce monde, avez voulu plutôt prêcher par votre exemple qu'enseigner par votre parole, et qui, après être entré dans cette aride solitude, y avez daigné jeûner, éprouver des tentations et souffrir la faim, pour nous pécheurs; faites-nous la grâce de suivre jusqu'à la fin l'exemple de la pénitence que vous nous avez laissé.

Ainsi soit-il.

Oremus.

O dulcissime Jesu Christe, æterne Deus, qui, in hunc mundum veniens, facere priusquam docere voluisti, quique, hanc arduam ingressus solitudinem, jejunare, tentari ι c esurire pro nobis peccatoribus dignatus fuisti, præsta ut quem admodum reliquisti exemplum pœnitentiæ, usque in finem et complere et imitari possimus.

Amen.

I. *Jeûne.* — Fig. : *Deut.*, ix, 9. Moïse jeûne pendant quarante jours et quarante nuits. — Proph. : *Ps.*, xxxiv, 13. *Humiliabam in jejunio animam meam.* J'humiliais mon âme dans le jeûne.

II. *Tentation.* — Fig. : III *Reg.*, xix, 3, 8. Tentation d'Elie pressé par la faim et la lassitude. — Proph. : *Eccl.*, ii, 1, 10. *Fili... præpara animam tuam ad tentationem.* Mon fils, préparez votre âme à la tentation.

III. *Tentations repoussées.* — Fig. : II *Mach.*, vii, 24. Le plus jeune des sept frères Machabées, repousse les promesses d'Antiochus. — Proph. : *Deut.*, vi, 13. *Dominum Deum tuum timebis, et illi soli servies.* Vous craindrez le Seigneur votre Dieu, et vous n'obéirez qu'à lui seul.

IV. *Id.* — Fig. : *Ps.*, cxxx. Le cœur de David ne s'est pas enflé d'orgueil. — Proph. : *Deut.*, vi, 16. *Non tentabis Dominum Deum tuum.* Vous ne tenterez pas le Seigneur votre Dieu.

V. *Victoire sur le démon.* — Fig. : *Ex.*, xvii, 8, 13. Victoire de Moïse sur Amalech. — Proph. : *Ps.*, xc, 13. *Super aspidem et basiliscum ambulabis... et conculcabis leonem et draconem.* Tu marcheras sur la tête de l'aspic et du basilic, et tu écraseras le lion et le dragon.

Vue de Jéricho et des montagnes occidentales.

XXXVIIIe VISITE.

BÉTHANIE AU DELA DU JOURDAIN.

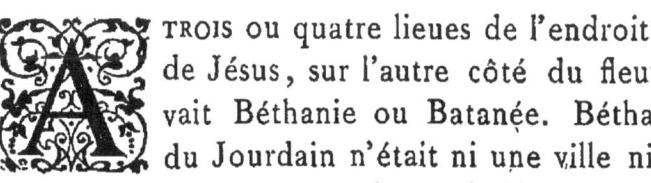TROIS ou quatre lieues de l'endroit du baptême de Jésus, sur l'autre côté du fleuve, se trouvait Béthanie ou Batanée. Béthanie au delà du Jourdain n'était ni une ville ni un village, et on n'y voyait que quelques habitations. C'était très probablement un lieu de passage du fleuve, ou Bethabara. C'est là que Jésus alla après quarante jours passés dans le désert. Saint Jean alors y baptisait.

Dans cet endroit, Jean lui rendit témoignage en trois jours différents. La première fois, il dit : « Celui qui vient « après moi est avant moi. Nous avons tous reçu de sa plé- « nitude. Il y en a un au milieu de vous que vous ne con- « naissez pas. » Le deuxième jour, Jean voit venir Jésus et s'écrie : « Voici l'Agneau de Dieu, voici celui qui efface « les péchés du monde. » Comme tous les regards de ce peuple assemblé auprès de saint Jean durent se tourner vers Jésus, et le bruit s'en répandre dans tout le pays jusqu'à Jérusalem ! Le troisième jour, Jean rend de nouveau ce témoignage. « Voici l'Agneau de Dieu », ce qu'il affirme ici en présence de deux de ses disciples dont l'un devait être un jour l'apôtre saint André.

C'est sur les bords du Jourdain, à Béthanie, que Jésus commence sa mission. Là il appelle André et Pierre ; un peu plus haut, sur les mêmes rives du fleuve, le surlendemain, il appelle Philippe. Là encore, Nathanaël lui-même le docteur de la loi, entend la parole divine de Jésus.

ÉVANGILE.

JOAN., I.

15. Jean rend témoignage de *Jésus*, et il crie, disant : C'était de celui-ci que j'ai dit : Celui qui doit venir après moi a été fait avant moi ; car il était au-dessus de moi.

16. Et nous avons tous reçu de sa plénitude, et grâce pour grâce.

17. Car la loi a été donnée par Moïse ; la grâce et la vérité sont venues par Jésus-Christ.

18. Personne n'a jamais vu Dieu ; le Fils unique,

15. *Joannes testimonium perhibet de ipso, et clamat dicens : Hic erat, quem dixi : Qui post me venturus est, ante me factus est : quia prior me erat.*

16. *Et de plenitudine ejus nos omnes accepimus, et gratiam pro gratia.*

17. *Quia lex per Moysen data est, gratia et veritas per Jesum Christum facta est.*

18. *Deum nemo vidit unquam : unigenitus Filius, qui*

est in sinu Patris, ipse enarravit.

19. *Et hoc est testimonium Joannis, quando miserunt Judæi ab Jerosolymis sacerdotes et Levitas ad eum, ut interrogarent eum : Tu quis es ?*

20. *Et confessus est, et non negavit : et confessus est : Quia non sum ego Christus.*

21. *Et interrogaverunt eum : Quid ergo ? Elias es tu ? Et dixit : Non sum. Propheta es tu ? Et respondit : Non.*

22. *Dixerunt ergo ei : Quis es, ut responsum demus his, qui miserunt nos ? quid dicis de teipso ?*

23. *Ait : Ego vox clamantis in deserto : Dirigite viam Domini, sicut dixit Isaias propheta.* (Is., XL, 3.)

24. *Et qui missi fuerant, erant ex Pharisæis.*

25. *Et interrogaverunt eum, et dixerunt ei : Quid ergo baptizas. si tu non es Chri-*

celui qui est dans le sein du Père, c'est lui qui l'a révélé.

19. Or, voici le témoignage de Jean lorsque les Juifs lui envoyèrent de Jérusalem des prêtres et des Lévites pour lui demander : Qui êtes-vous ?

20. Et il confessa, et ne nia point ; et il confessa : Je ne suis point le Christ.

21. Et ils lui demandèrent : Quoi donc ? Êtes-vous Élie ? Et il leur dit : Non. Êtes-vous un prophète ? Et il répondit : Non.

22. Ils lui dirent : Qui êtes-vous donc ? afin que nous rendions une réponse à ceux qui nous ont envoyés. Que dites-vous de vous-même ?

23. Il dit : Je suis la voix de celui qui crie dans le désert : Rendez droite la voie du Seigneur, comme l'a dit le prophète Isaïe.

24. Or ceux qui avaient été envoyés étaient du nombre des Pharisiens.

25. Et ils l'interrogèrent, et lui dirent : Pourquoi donc baptisez-vous, si vous

n'êtes ni le Christ, ni Élie, ni un prophète ?

26. Jean leur répondit : Moi, je baptise dans l'eau ; mais, au milieu de vous, il y a quelqu'un que vous ne connaissez pas ;

27. C'est lui qui doit venir après moi, qui a été fait avant moi, et je ne suis pas digne de dénouer la courroie de sa chaussure.

28. Ceci se passa en Béthanie, au delà du Jourdain, où Jean baptisait.

stus, neque Elias, neque propheta ?

26. Respondit eis Joannes, dicens : Ego baptizo in aqua. medius autem vestrûm stetit, quem vos nescitis.

27. Ipse est qui post me venturus est, qui ante me factus est, cujus ego non sum dignus ut solvam ejus corrigiam calceamenti.

28. Hæc in Bethania facta sunt trans Jordanem, ubi erat Joannes baptizans.

(Vide. MATTH., III, 11, 12 ; MARC., I, 6, 8 ; LUC., III, 15-18.)

RÉFLEXIONS.

1° Jésus est venu à Béthanie, sur les bords du Jourdain, pour rendre Jean témoin de sa divinité proclamée par Dieu lui-même du haut du ciel : il y reviendra pour honorer son Précurseur et pour choisir ses premiers disciples parmi les disciples de Jean. Admirons avec quels termes magnifiques ce saint prophète parle du Sauveur : Celui qui doit venir après moi a été fait avant moi, car il était au-dessus de moi, et nous avons tous reçu de sa plénitude.

2° Être venu au monde uniquement pour Jésus, y être venu pour le montrer à tous, c'est le propre de Jean, fils de Zacharie. Mais n'est-ce pas aussi la vocation de tout chrétien ? L'homme, en tant qu'homme, n'est au monde que pour Dieu. *Homo creatus est ad hunc finem ut Deum suum laudet, revereatur, eique serviat et tandem salvus fiat.* « L'homme a été créé pour cette fin de louer Dieu, de l'honorer, de le servir, et par là sauver son âme. » Or, ce Dieu pour lequel uniquement je suis sur la terre, ma mission est de le faire connaître autour de moi. Anges du ciel, créatures de la terre, je vous entends me demander : *Tu quis es?* Je ne puis vous répondre que comme saint Jean, et vous dire : Je suis un être né pour Dieu, et chargé de le faire connaître, de le faire régner. Est-ce que je m'acquitte comme il faut de cette mission ?

3º Que les Pharisiens interrogent plusieurs fois et bien souvent Jean-Baptiste, ils n'en tireront pas d'autre réponse : *Ego vox clamantis.* Je suis une voix, un souffle, un rien. Quelle merveille d'anéantissement de la part de l'incomparable Précurseur de Jésus ! et quel contraste entre son humilité et notre orgueil?

PRIÈRES.

ANT. *Joannes testimonium perhibet de ipso, et clamat dicens: Quia vidi Spiritum descendentem quasi columbam de cœlo, et mansit super eum: Et ego vidi, et testimonium perhibui quia hic est Filius Dei.*

℣. *Ecce Agnus Dei.*
℟. *Ecce qui tollit peccata mundi.*

OREMUS.

Excita, Domine, corda nostra ad præparandas Uni-

ANT. Jean rend témoignage de Jésus, et s'écrie en disant : J'ai vu l'Esprit descendre du ciel sous la forme d'une colombe et reposer sur lui. Je l'ai vu, et j'ai rendu témoignage : il est le Fils de Dieu.

℣. Voici l'Agneau de Dieu.
℟. Voici celui qui efface les péchés du monde.

ORAISON.

O mon Dieu, excitez nos cœurs à préparer les voies

de votre Fils unique, afin que, purifiés par la prédication et l'avénement de saint Jean, nous puissions saintement vous servir.
Ainsi soit-il.

geniti tui vias, ut per prædicationem Joannis et ejus adventum purificatis tibi mentibus servire mereamur.
Amen.

Humilité et témoignage de Jean. — Fig. : II Reg., vi, 21, 22. David s'humilie devant Dieu. — Proph. : Ps., cxxx, 1. *Domine, non est exaltatum cor meum.* Seigneur, mon cœur ne s'est pas enflé d'orgueil.

Aqueduc près de Jéricho.

XXXIXe VISITE.

BÉTHANIE SUR LES BORDS DU JOURDAIN.

BETHABARA, ou Béthanie au delà du Jourdain, signifie Maison du passage, *Domus transitus.* Cet endroit, sans doute, était considéré comme le lieu le plus propice pour le passage du Jourdain. C'était peut-être là que les Israélites avaient traversé le fleuve à pied sec.

Jean avait donc choisi, pour prêcher, Béthanie, ce lieu de passage où sa moisson spirituelle devait être abondante, où il pouvait montrer Jésus à un grand nombre d'hommes et leur dire : Voici l'Agneau de Dieu.

Par là on comprend comment, même au temps de saint Jérôme, tant de personnes désiraient recevoir le baptême en cet endroit rempli du souvenir de Jésus et de Jean le Précurseur.

ÉVANGILE.

JOAN., I.

29. Le jour d'après, Jean vit Jésus venir à lui, et il dit : Voici l'Agneau de Dieu, voici celui qui ôte les péchés du monde.

30. C'est celui de qui j'ai dit : Un homme vient après moi, qui a été fait avant moi, parce qu'il était au-dessus de moi.

31. Et moi, je ne le connaissais pas ; mais afin qu'il soit manifesté en Israël, à cause de cela, je suis venu baptisant dans l'eau.

32. Et Jean rendit témoignage, disant : J'ai vu l'Esprit descendant du ciel comme une colombe, et il s'est reposé sur lui.

33. Et moi, je ne le connaissais pas ; mais celui qui m'a envoyé pour baptiser dans l'eau m'a dit : Celui sur qui tu verras l'Esprit descendre et se reposer, est celui qui baptise dans l'Esprit-Saint.

34. Et j'ai vu, et j'ai rendu témoignage qu'il est le Fils de Dieu.

29. *Altera die, vidit Joannes Jesum venientem ad se, et ait: Ecce Agnus Dei, ecce qui tollit peccatum mundi.*

30. *Hic est, de quo dixi: Post me venit vir, qui ante me factus est: quia prior me erat.*

31. *Et ego nesciebam eum, sed ut manifestetur in Israël, propterea veni ego in aqua baptizans.*

32. *Et testimonium perhibuit Joannes, dicens: Quia vidi Spiritum descendentem quasi columbam de cœlo, et mansit super eum.*

33. *Et ego nesciebam eum; sed qui misit me baptizare in aqua, ille mihi dixit: Super quem videris Spiritum descendentem, et manentem super eum, hic est qui baptizat in Spiritu Sancto.*

34. *Et ego vidi: et testimonium perhibui quia hic est Filius Dei.*

RÉFLEXIONS.

1º Jean-Baptiste rend un nouveau témoignage à Jésus. *Altera die.* C'est un autre jour, comme parle le saint Évangile : ce qui nous apprend que chaque jour nous avons un nouveau témoignage à rendre à notre Dieu.

2º Saint Jean regarde Jésus, et dit de lui : « Voici l'Agneau de Dieu ! » Ainsi devons-nous faire : regarder Jésus et lui rendre témoignage par nos paroles et par nos œuvres. Jean lui envoie ses disciples. Ainsi devons-nous envoyer à Jésus ceux sur lesquels nous exerçons de l'influence.

3º L'Esprit de Dieu est descendu sur le Sauveur sous la forme d'une colombe, au moment de son baptême, afin que Jean le reconnût et lui rendît un vrai témoignage. Et c'est pourquoi Jean dira : *Ego vidi :* J'ai vu. N'avons-nous pas vu, nous aussi, et touché en quelque sorte les motifs de crédibilité qui rendent irrésistible l'assentiment de la raison aux choses révélées ? Et rendons-nous, comme Jean, témoignage à Jésus ?

PRIÈRES.

Ant. *Joannes testimonium perhibet de ipso, et clamat dicens: Quia vidi Spiritum descendentem quasi columbam de cœlo, et mansit super eum. Et ego vidi et testimonium perhibui quia hic est Filius Dei.*

℣. *Ecce Agnus Dei.*

℟. *Ecce qui tollit peccatum mundi.*

Ant. Jean rend témoignage de Jésus, et s'écrie : J'ai vu l'Esprit descendant du ciel comme une colombe, et il s'est reposé sur Jésus. J'ai vu et j'ai rendu témoignage qu'il est le Fils de Dieu.

℣. Voici l'Agneau de Dieu.

℟. Voici celui qui efface les péchés du monde.

ORAISON.	OREMUS.
O Dieu, excitez nos cœurs à préparer les voies à votre Fils unique, afin que, purifiés par la prédication et l'avènement de saint Jean, nous puissions saintement vous servir. Ainsi soit-il.	Excita, Domine, corda nostra ad præparandas Unigeniti tui vias, ut per prædicationem Joannis et ejus adventum purificatis tibi mentibus servire mereamur. Amen.

Nouveau témoignage de Jean. — FIG. : *Ex.*, XII, 3, 14. L'agneau pascal des Hébreux. — PROPH. : *Is.*, XVI, 1. *Emitte Agnum, Domine, dominatorem terræ.* Seigneur, envoyez votre Agneau pour dominer la terre.

XLe VISITE.

PREMIÈRE VOCATION DE PIERRE ET D'ANDRÉ, SON FRÈRE.

A vocation de Pierre et d'André, son frère, nous fait penser à Bethsaïda, qui est leur patrie. Saint Jérôme, dans son livre des *Noms hébreux*, traduit ainsi le mot Bethsaïda : *Domus frugum, domus venatorum*. Les apôtres ne donnèrent-ils pas les aliments spirituels à l'humanité tout entière : *Domus frugum ?* Ne furent-ils pas les plus hardis et les plus intrépides chasseurs : *Domus venatorum ?* Ne détruisirent-ils pas le règne de la *Bête*, de l'immonde et infernal dragon ? Simon et André, qui nous viennent de Bethsaïda, reçoivent donc sur les bords du Jourdain le premier appel à l'apostolat. Qui pourrait quitter sans regrets les rives de ce fleuve béni ?

ÉVANGILE.

JOAN., I.

35. *Altera die, iterum stabat Joannes, et ex discipulis ejus duo.*

36. *Et respiciens Jesum ambulantem, dicit : Ecce Agnus Dei.*

37. *Et audierunt eum duo*

35. Un autre jour, Jean était encore là avec deux de ses disciples.

36. Et voyant Jésus qui passait, il dit : Voici l'Agneau de Dieu.

37. Les deux disciples,

VOCATION DE PIERRE ET D'ANDRÉ.

l'ayant entendu, suivirent Jésus.

38. Jésus se retourna, et, voyant qu'ils le suivaient, il leur dit : Que cherchez-vous ? Ceux-ci lui répondirent : Rabbi (c'est-à-dire maître), où est votre demeure ?

39. Il leur dit : Venez, et voyez. Ils allèrent, et ils virent où *Jésus* demeurait, et ils restèrent chez lui ce jour-là. Il était alors environ la dixième heure du jour.

40. Or André, frère de Simon-Pierre, était l'un des deux qui, après avoir entendu Jean, avaient suivi Jésus.

41. Le premier qu'André vint à rencontrer, ce fut Simon. Il lui dit : Nous avons trouvé le Messie, c'est-à-dire le Christ.

42. Et il l'amena à Jésus. Alors Jésus, l'ayant regardé, lui dit: Vous êtes Simon, fils de Jona. Désormais vous serez appelé Céphas ; ce qui veut dire Pierre.

discipuli loquentem, et secuti sunt Jesum.

38. Conversus autem Jesus, et videns eos sequentes se, dicit eis : Quid quæritis ? Qui dixerunt ei : Rabbi (quod dicitur interpretatum Magister), ubi habitas ?

39. Dicit eis : Venite, et videte. Venerunt, et viderunt ubi maneret, et apud eum manserunt die illo : hora autem erat quasi decima.

40. Erat autem Andreas, frater Simonis Petri, unus ex duobus qui audierant a Joanne, et secuti fuerant eum.

41. Invenit hic primum fratrem suum Simonem, et dicit ei : Invenimus Messiam (quod est interpretatum Christus).

42. Et adduxit eum ad Jesum. Intuitus autem eum Jesus, dixit : Tu es Simon filius Jona : tu vocaberis Cephas (quod interpretatur Petrus).

I.

RÉFLEXIONS.

1° Jésus vient sur les bords du Jourdain, pour donner à Jean l'occasion de lui rendre témoignage et afin de faire entendre à deux hommes son appel divin. Ainsi la grâce nous sollicite et ne nous fait jamais défaut. Lui obéissons-nous ?

2° Précieux fruit de la conversation avec Jésus ! Jésus convertit l'âme avec laquelle il converse, et se découvre à elle. Comme André puissions-nous dire : *Invenimus Messiam!* Nous avons trouvé le Messie. Mais pour le trouver il faut savoir, avant tout, renoncer au péché et, dans ce but, tout sacrifier, s'il le faut.

3° André, qui amène son frère à Jésus, est bientôt récompensé de son zèle. Il voit Jésus appeler, comme lui, Simon à sa suite. Attendons dans la paix le fruit de nos paroles, de nos prédications, de notre zèle.

4° Jésus attire à lui les deux disciples, André et Simon ; ce dernier, qui sera le fondement de l'Église, est appelé ici du nom de Pierre. L'un et l'autre le suivent sans hésiter. Ainsi, il faut répondre à toute heure à la vocation divine.

PRIÈRES.

Altera die, iterum stabat Joannes et ex discipulis ejus duo qui, audientes Joannem dicentem de Christo : Ecce Agnus Dei, secuti sunt Jesum. Andreas unus erat ex duobus. Simoni fratri suo dixit : In-

ANT. Le jour suivant Jean se trouvait encore là avec deux de ses disciples qui, en entendant le Précurseur dire de Jésus : Voici l'Agneau de Dieu, suivirent le Christ. André était un des deux disciples, et il dit à son frère Simon : Nous avons trouvé le Messie. Or Jésus, après avoir regardé Simon, lui dit :

℣. Vous êtes Simon le fils de Jona.

℟. Vous serez appelé Céphas, ce qui signifie Pierre.

ORAISON.

O Dieu qui êtes glorifié dans l'assemblée de vos saints Apôtres, jetez un œil favorable sur nos humbles supplications, afin que nous soyons secourus par les prières de ceux dont nous vénérons la vocation. Ainsi soit-il.

venimus Messiam. Intuitus autem Simonem, Jesus ait :

℣. Tu es Simon filius Jona.

℟. Tu vocaberis Cephas, quod interpretatur Petrus.

OREMUS.

Deus qui glorificaris in concilio sanctorum Apostolorum tuorum, respice ad preces humilitatis nostræ, ut quorum vocationem veneramur, eorum precibus adjuvemur. Amen.

I. *L'Agneau de Dieu.* — FIG. : *Ex.*, XXIX, 38, 43. L'agneau est immolé le matin et le soir. — PROPH. : *Ezech.*, XLVI, 13, 15. *Agnum ejusdem anni immaculatum faciet holocaustum.* Un agneau d'un an, sans tache, sera offert en holocauste.

II. *Vocation des apôtres.* — FIG. : *Ex.*, IV, 27, 29. Vocation de Moïse et d'Aaron. — PROPH. : *Is.*, XLI, 8, 9. *Vocavi te, et dixi tibi : Servus meus es tu, elegi te.* Je t'ai appelé et je t'ai dit : Tu es mon serviteur, je t'ai choisi.

XLIe VISITE.

LES BORDS DU JOURDAIN. VOCATION DE PHILIPPE DE BETHSAIDA.

BETHSAÏDA était comptée parmi les dix principales villes de la Décapole. On la rencontrait, au dire d'Adrichomius, sur le chemin qui conduisait de l'Assyrie en Égypte, à un angle occidental de la mer de Galilée, à l'endroit où la mer s'incline vers le nord-ouest.

Il est assez difficile de découvrir aujourd'hui la situation précise de cette cité célèbre de la Galilée, à laquelle une source abondante, venant du nord, c'est-à-dire du côté de Capharnaüm, apportait la vie et la fraîcheur. Enfin, un lieu sauvage se trouvait sans doute dans les environs, appelé le Désert de Bethsaïda.

Vénérons ici la patrie des trois apôtres Pierre, André et Philippe, sans oublier les bords du Jourdain où Jésus appelle Philippe à l'apostolat.

ÉVANGILE.

Joan., I.

43. *In crastinum voluit exire in Galilæam, et invenit Philippum. Et dicit ei Jesus : Sequere me.*

44. *Erat autem Philippus a Bethsaida, civitate Andreæ et Petri.*

43. Le lendemain Jésus, voulant s'en aller en Galilée, trouva Philippe. Et il lui dit : Suivez-moi.

44. Or, Philippe était de Bethsaïda, de la même ville qu'André et Pierre.

45. Philippe trouva Nathanaël et lui dit : Celui de qui Moïse a écrit dans la loi et qu'ont annoncé les Prophètes, nous l'avons trouvé, Jésus fils de Joseph de Nazareth.

46. Et Nathanaël leur dit : Peut-il sortir de Nazareth quelque chose de bon? Philippe lui dit : Venez, et voyez.

47. Jésus vit venir à lui Nathanaël, et dit de lui : Voilà un vrai Israélite, en qui n'est aucun artifice.

48. Nathanaël lui dit : D'où me connaissez-vous ? Jésus, répondant, lui dit : Avant que Philippe vous appelât, lorsque vous étiez sous le figuier, je vous ai vu.

49. Nathanaël lui dit : Maître, vous êtes le Fils de Dieu, vous êtes le roi d'Israël.

50. Jésus lui répondit : Parce que je vous ai dit : Je vous ai vu sous le figuier, vous croyez ; vous verrez de plus grandes choses.

51. Et il lui dit : En vérité, en vérité je vous le dis, vous verrez le ciel ou-

45. Invenit Philippus Nathanael, et dicit ei : Quem scripsit Moyses in lege, et Prophetæ, invenimus Jesum filium Joseph a Nazareth. (Gen., xlix, 10. Is., xl, 10.)

46. Et dixit ei Nathanael : A Nazareth potest aliquid boni esse ? Dicit ei Philippus : Veni, et vide.

47. Vidit Jesus Nathanael venientem ad se, et dicit de eo : Ecce vere Israelita, in quo dolus non est.

48. Dicit ei Nathanael : Unde me nosti ? Respondit Jesus, et dixit ei : Priusquam te Philippus vocaret, cum esses sub ficu, vidi te.

49. Respondit ei Nathanael, et ait : Rabbi, tu es Filius Dei, tu es rex Israel.

50. Respondit Jesus, et dixit ei : Quia dixi tibi : Vidi te sub ficu, credis : majus his videbis.

51. Et dixit ei : Amen, amen dico vobis, videbitis cœlum apertum, et Angelos

| *Dei ascendentes et descendentes supra Filium hominis.* | vert, et les Anges de Dieu montant et descendant sur le Fils de l'homme. |

RÉFLEXIONS.

1º Philippe entend Jésus lui dire : Venez, suivez-moi ; formule ordinaire du Sauveur appelant à l'apostolat. Il obéit aussitôt. Quelle mystérieuse attraction dans le divin Maître ! Et aussi combien était grande la puissance de la grâce qui produisait une telle docilité !

2º Philippe exerce son zèle sans le moindre retard. Il parle à Nathanaël et le prépare à la foi en Jésus. Ce savant docteur de la loi est un homme droit, un vrai Israélite : il croira.

3º Jésus voit Nathanaël qui le vient trouver ; il le loue de sa simplicité et de sa droiture. Un jour Jésus dira : « Soyez simples comme des colombes. » Nathanaël a été vu sous le figuier. Il croit, et il confesse sa foi : Vous êtes le Seigneur, le Fils de Dieu, le roi d'Israël. Et cependant le divin Maître ne fera pas de Nathanaël un apôtre. La science de l'homme, pas plus que sa puissance, ne pouvait être mise dans les fondations d'une Église qui devait, à perpétuité, reposer sur la vertu seule de Dieu. Et Nathanaël représentait la science. La science et la puissance humaines ne devaient être appelées qu'à rendre hommage à cette vertu de Dieu, d'autant plus visible qu'elle n'avait à son service que des instruments faibles et de peu de valeur.

4º Jésus, notre Sauveur, prend occasion de la foi de Nathanaël pour annoncer son second avènement et le jugement qui attend tous les hommes. Il affirme aussi son pouvoir sur toutes les puissances célestes.

Croyons que le premier avènement du Sauveur n'a été que la préparation au second... Ce second avènement, l'attendons-nous avec joie ?

PRIÈRES.

Ant. Jésus trouva Philippe le lendemain, et il lui dit : Suivez-moi. Philippe, ayant rencontré Nathanaël, lui dit : Venez et voyez. Jésus vit Nathanaël qui venait à lui en disant : Maître, vous êtes le Fils de Dieu, vous êtes le roi d'Israël.

℣. Vous croyez, parce que je vous ai dit : Je vous ai vu sous le figuier.

℟. Vous verrez encore de plus grandes choses.

ORAISON.

O Dieu qui avez couronné d'une manière admirable la fidélité de vos disciples, faites qu'en croyant ici-bas à vos mystères de tout notre cœur, nous vous voyions face à face dans le ciel. Ainsi soit-il.

Ant. Jesus invenit Philippum altera die, et dicit ei : Sequere me. Invenit Philippus Nathanael, et dixit ei : Veni et vide. Vidit Jesus Nathanael venientem ad se et dicentem : Rabbi, tu es Filius Dei, tu es rex Israel.

℣. Quia dixi tibi, Vidi te sub ficu, credis :

℟. Majus his videbis.

OREMUS.

Deus qui fidem discipulorum tuorum mirabiliter coronasti, nobis concede ut hic toto corde credentes tuam celsitudinem te facie ad faciem in cœlis videamus. Amen.

Philippe montre le Messie à Nathanaël. — Fig. : *Deut.,* xviii, 15, 19. Moïse prédit le Messie. — Proph. : *Is.,* xlviii, 15. *Vocavi... adduxi eum, et directa est via ejus.* Je l'ai appelé, je l'ai conduit, et sa voie est droite.

Vue de la fontaine de Cana en Galilée.

XLIIe VISITE.

LE PREMIER MIRACLE DE CANA EN GALILÉE.

SITUÉE à deux ou trois lieues de Nazareth, vers le nord-est, Cana est assise en amphithéâtre sur une pente douce, dans une petite vallée qui va déboucher sur la haute plaine septentrionale de Zabulon. Ce n'est plus qu'un village de trois à cinq cents habitants. Autrefois, sur le lieu même où Notre-Seigneur opéra son premier miracle, on voyait une église qui plus tard fut changée en mosquée. Il n'y a plus maintenant que des ruines. Tout près de là est une autre église, appartenant aux Grecs schismatiques, où l'on conserve deux urnes ou vases dans lesquels l'eau fut changée en vin. On s'accorde communément pour reconnaître à ces objets précieux un caractère véritablement authentique.

EAU CHANGÉE EN VIN

Nous donnons la gravure de la source de Cana, la seule source qui existe en ce pays, et par conséquent celle où l'on puisa l'eau qui servit au saint miracle de Jésus-Christ. On voyait là autrefois, auprès de cette fontaine, une chapelle que les Turcs profanèrent, et dont il ne reste même de ruines.

La source jaillit au milieu des arbres, et son eau coule dans trois bassins : un supérieur, deux inférieurs qui sont au-dessous du niveau du sol. Là, un antique sarcophage sert d'auge aux troupeaux qui viennent s'y désaltérer.

La campagne, au moins près de la source de Cana, est extrêmement fertile et plantée de beaux oliviers.

Simon le Cananéen était originaire de Cana, en Galilée, et probablement aussi Nathanaël.

ÉVANGILE.

JOAN., II.

1. Trois jours après, il se fit des noces à Cana, en Galilée, et la mère de Jésus y était.

2. Jésus fut aussi convié aux noces avec ses disciples.

3. Or, le vin étant venu à manquer, la mère de Jésus lui dit : Ils n'ont plus de vin.

4. Jésus lui répondit : Femme, qu'est-ce que cela fait à vous et à moi ? Mon heure n'est pas encore venue.

1. *Et die tertia, nuptiæ factæ sunt in Cana Galilææ: et erat mater Jesu ibi.*

2. *Vocatus est autem et Jesus, et discipuli ejus ad nuptias.*

3. *Et deficiente vino, dicit mater Jesu ad eum : Vinum non habent.*

4. *Et dicit ei Jesus : Quid mihi et tibi est, mulier ? nondum venit hora mea.*

5. *Dicit mater ejus ministris: Quodcumque dixerit vobis, facite.*

6. *Erant autem ibi lapideæ hydriæ sex positæ secundum purificationem Judæorum, capientes singulæ metretas binas vel ternas.*

7. *Dicit eis Jesus : Implete hydrias aqua. Et impleverunt eas usque ad summum.*

8. *Et dicit eis Jesus : Haurite nunc, et ferte architriclino. Et tulerunt.*

9. *Ut autem gustavit architriclinus aquam vinum factam, et non sciebat unde esset, ministri autem sciebant qui hauserant aquam, vocat sponsum architriclinus,*

10. *Et dicit ei : Omnis homo primum bonum vinum ponit; et cum inebriati fuerint, tunc id, quod deterius est : tu autem servasti bonum vinum usque adhuc.*

11. *Hoc fecit initium signorum Jesus in Canâ Gali-*

5. Sa mère dit cependant à ceux qui servaient : Faites tout ce qu'il vous dira.

6. Or, il y avait là six grandes urnes de pierre pour servir aux purifications en usage chez les Juifs; et chacune tenait deux ou trois mesures.

7. Jésus dit aux serviteurs : Remplissez d'eau les urnes, et ils les remplirent jusqu'aux bords.

8. Alors Jésus leur dit : Puisez maintenant, et portez-en au maître d'hôtel. Et ils lui en portèrent.

9. Mais aussitôt que le maître d'hôtel eut goûté cette eau changée en vin, ne sachant d'où venait ce vin, bien que les serviteurs qui avaient puisé l'eau le sussent parfaitement, il appela l'époux,

10. Et lui dit : Tout homme sert le bon vin d'abord, et après que les convives ont tous bien bu, on en sert de moins bon; mais vous, vous avez réservé le bon vin jusqu'à cette heure.

11. Ce fut là le premier des miracles de Jésus, et il fut fait

à Cana en Galilée ; et Jésus par là manifesta sa gloire, et ses disciples crurent en lui.	*læx : et manifestavit gloriam suam, et crediderunt in eum discipuli ejus.*

RÉFLEXIONS.

1. Ame pieuse, en ce lieu de Cana, contemplez la bonté miséricordieuse de Marie, qui se laisse attendrir par l'embarras de ces jeunes époux. Elle est attentive, on le voit, même à leurs besoins temporels. Prenez la résolution d'avoir toujours confiance en elle.

2. Entendez ce que Marie exige de vous pour vous obtenir les plus grands prodiges de la grâce : elle vous commande de *faire tout ce que Jésus vous dira.* En effet, Dieu nous soumet ici-bas à une seule épreuve : faire sa volonté toujours.

3. C'est ainsi que Jésus changera l'eau en vin, c'est-à-dire la faiblesse en force, la tentation en mérite et en vertu, enfin le mal en bien.

O mon Sauveur, changez nos cœurs si faibles et si lâches dans votre service, et rendez-les bons, fermes et généreux pour toujours en vous et avec vous ; nous vous le demandons par Marie.

PRIÈRES.

ANT. Des noces se firent à Cana, en Galilée, et Jésus s'y trouvait avec Marie, sa mère. Or, le vin étant venu à manquer, Jésus ordonna de remplir d'eau les urnes, et cette eau fut changée en vin.	ANT. *Nuptiæ factæ sunt in Cana Galilææ, et erat ibi Jesus cum Maria matre sua. Deficiente vino, jussit Jesus impleri hydrias aqua quæ in vinum conversa est.*

℣. Vinum non habent.

℟. Quodcumque dixerit vobis, facite.

OREMUS.

Deus qui humanæ substantiæ dignitatem mirabiliter condidisti et mirabilius reformasti, da nobis per hujus aquæ et vini mysterium ejus divinitatis esse consortes, qui humanitatis nostræ fieri dignatus est particeps, Jesus Christus Filius tuus, Dominus noster. Amen.

℣. Ils n'ont pas de vin.

℟. Faites tout ce qu'il vous dira.

ORAISON.

O Dieu qui avez fondé d'une manière admirable la dignité humaine, et qui, d'une manière plus admirable encore, l'avez restaurée, accordez-nous, par le mystère de cette eau et de ce vin, la grâce de participer à la divinité de celui qui a daigné participer à notre humanité, Jésus-Christ Notre-Seigneur. Ainsi soit-il.

L'eau changée en vin. — FIG. : *Ex*., VII, 20. Moïse change le fleuve en sang. — PROPH. : Zach., x, 7. *Lætabitur cor eorum quasi a vino*. Ils seront tous ivres de joie dans leur cœur.

XLIIIe VISITE.

CAPHARNAUM.

Il est très difficile de retrouver aujourd'hui le véritable emplacement de l'antique Capharnaüm. Cette ville si ingrate envers le Sauveur a été totalement détruite. D'elle aussi on peut dire : Il n'en reste pas pierre sur pierre.

Néanmoins la tradition locale et les écrits des anciens Pères nous apprennent qu'elle était bâtie sur les bords de la mer de Galilée, à une faible distance du lieu où le Jourdain mêle ses eaux à celles du lac de Tibériade pour le traverser. Des rivages de ce lac, Capharnaüm s'étendait dans la campagne et couvrait un terrain à pente douce. Sur cet emplacement on voit çà et là des fragments de colonnes renversées, des chapiteaux, des frises d'un assez beau travail. Le voyageur peut même se rendre compte du plan d'une église, dont le circuit est assez bien marqué. Vous apercevez aussi une voûte conservée, avec un bâtiment carré qui est encore dans son entier.

Capharnaüm a eu le grand honneur de posséder dans son sein Jésus, le Fils de Dieu, plus souvent qu'aucune autre ville de la Terre sainte. Plusieurs interprètes pensent que Notre-Seigneur y avait une maison pour lui, sa divine Mère et ses disciples.

Dans le cours de ces méditations évangéliques nous devrons nous transporter souvent à Capharnaüm.

ÉVANGILE.

JOAN., II.

12. *Post hoc descendit Capharnaüm ipse, et mater ejus, et fratres ejus, et discipuli ejus: et ibi manserunt non multis diebus.*

12. Après cela *Jésus* descendit à Capharnaüm avec sa mère et ses frères et ses disciples; et ils n'y demeurèrent que peu de jours.

RÉFLEXIONS.

1° Capharnaüm, selon quelques interprètes, signifie *champ de joie* et de plaisirs, ou lieu de beauté. Il faut se réjouir de pouvoir contempler dans la vérité de la foi les grands mystères et les miracles que le Sauveur y a multipliés.

2° Capharnaüm, selon d'autres, signifie *lieu de pénitence*. Avec tous les pieux pèlerins excitons-nous à la componction du cœur et au repentir sincère de nos péchés, ce qui est la base de la vraie pénitence. Oh! non! Ne méritons jamais la redoutable menace que le Sauveur fit à cette ville, lorsqu'il lui dit qu'après avoir été élevée jusqu'au ciel, elle serait confondue et abaissée jusqu'à l'enfer.

3° L'évangéliste appelle la ville de Capharnaüm la cité propre de Jésus. Et voici que les siens ne l'y ont point reçu. Il avait choisi cette cité renommée par son commerce et ses richesses pour procurer à un grand nombre d'âmes le bien du salut. Mais, hélas! ils n'ont pas entendu sa voix, parce qu'ils n'étaient pas de Dieu. Soyons à Dieu, et nous entendrons Jésus, et nous serons sur le chemin de l'éternelle félicité!

PRIÈRES.

Ant. Après son premier miracle de Cana, Jésus vint avec sa mère et ses disciples à Capharnaüm, qui était sa ville.

℣. Et ils y demeurèrent
℟. Pendant quelques jours.

ORAISON.

O Dieu qui nous avez fait la grâce de visiter cette cité, qui était la vôtre, exaucez nos prières et faites que tous ceux qui viennent en réalité ou seulement en esprit à Capharnaüm, obtiennent l'heureux effet de leurs demandes.

Ainsi soit-il.

Ant. *Post initium signorum in Cana Galilææ venit Jesus, cum discipulis suis et matre sua, Capharnaüm in civitatem suam.*

℣. *Et ibi manserunt*
℟. *Non multis diebus.*

OREMUS.

Deus qui nobis hujus civitatis tuæ præparasti visitationem, exaudi preces nostras, et præsta ut omnes qui hìc mente aut corpore conveniunt, effectum felicem orationis suæ consequantur.

Amen.

Jésus enseignant. — Fig. : *Eccli.*, xxxix, 4, 11. La parole du sage est une douce pluie et rosée. — Proph. : *Eccli.*, xxxiii, 19. *Audite me, magnates et omnes, populi.* Peuples, écoutez-moi, grands et petits.

Vue de Jérusalem du côté de l'orient.

XLIVe VISITE.

JÉSUS CHASSE LES VENDEURS DU TEMPLE.

APRÈS le premier miracle de Cana, Notre-Seigneur vint passer quelques jours à Capharnaüm, et de là se rendit à Jérusalem. Nous le voyons au Temple, chassant des hommes qui y vendaient, et prédisant en même temps sa mort et sa résurrection.

C'est dans ce temple que nous pouvons dire au vrai Salomon avec plus de vérité que la reine de Saba : « J'ai vu de mes yeux et j'ai constaté qu'on ne m'avait dit qu'une partie de la vérité ; votre sagesse et vos actes dépassent la renommée de votre nom. Heureux ceux qui sont à vous ! » (III *Reg.*, x.)

Durant ce séjour de Jésus à Jérusalem, plusieurs crurent

en Lui, voyant les miracles qu'il faisait. Mais Jésus, qui les connaissait tous, ne se fiait point à eux.

ÉVANGILE.

JOAN., II.

13. La Pâque des Juifs était proche, et Jésus monta à Jérusalem.

14. Il trouva dans le temple des vendeurs de bœufs, de brebis et de colombes, et des changeurs assis.

15. Ayant fait comme un fouet avec des cordes, il les chassa tous du temple, et aussi les brebis et les bœufs, et répandit l'argent des changeurs, et renversa leurs tables.

16. Et à ceux qui vendaient des colombes, il dit : Emportez tout cela d'ici, et ne faites pas de la maison de mon Père une maison de trafic.

17. Or, ses disciples se rappelèrent qu'il est écrit : Le zèle de votre maison me dévore.

18. Les Juifs alors, prenant la parole, lui dirent : Quel signe donnez-vous pour montrer que vous avez le droit de faire ces choses?

13. *Et prope erat Pascha Judæorum, et ascendit Jesus Jerosolymam :*

14. *Et invenit in templo vendentes boves, et oves, et columbas, et numularios sedentes.*

15. *Et cum fecisset quasi flagellum de funiculis, omnes ejecit de templo, oves quoque, et boves, et numulariorum effudit æs, et mensas subvertit.*

16. *Et his, qui columbas vendebant, dixit : Auferte ista hinc, et nolite facere domum Patris mei, domum negotiationis.*

17. *Recordati sunt vero discipuli ejus quia scriptum est : Zelus domus tuæ comedit me.* (Ps. LXVIII, 10.)

18. *Responderunt ergo Judæi, et dixerunt ei : Quod signum ostendis nobis quia hæc facis ?*

19. *Respondit Jesus, et dixit eis : Solvite templum hoc, et in tribus diebus excitabo illud.*

20. *Dixerunt ergo Judæi : Quadraginta et sex annis ædificatum est templum hoc, et tu in tribus diebus excitabis illud ?*

21. *Ille autem dicebat de templo corporis sui.*

22. *Cum ergo resurrexisset a mortuis, recordati sunt discipuli ejus, quia hoc dicebat, et crediderunt Scripturæ, et sermoni quem dixit Jesus.*

19. Jésus leur répondit : Détruisez ce temple, et je le rétablirai en trois jours.

20. Les Juifs lui dirent : Il a fallu quarante-six ans pour bâtir ce temple, et vous le relèverez en trois jours ?

21. Mais lui parlait du temple de son corps.

22. Lors donc qu'il fut ressuscité d'entre les morts, ses disciples se rappelèrent qu'il avait dit cela, et ils crurent à l'Ecriture et à la parole qu'avait dite Jésus.

RÉFLEXIONS.

1° Le Temple est un lieu saint qui mérite tous nos respects. Il est consacré à la prière, et on ne peut l'employer à un usage profane. Cette vénération profonde pour la demeure de Dieu était soigneusement recommandée aux Juifs. Les chrétiens n'y sont-ils pas plus obligés qu'eux encore ? Et cependant comme nous traitons légèrement, sans respect, le temple de Dieu, sa maison ! Quoi ! Le Seigneur a daigné se fixer près de nous, et nous nous conduirions avec irrévérence dans sa demeure ! Croyons vivement à la présence réelle de Jésus dans nos temples. Cette présence réelle est le motif que nous avons de les respecter.

2° Jésus annonce sa résurrection future pour montrer qu'il avait bien le droit de redresser les abus énormes et criants que l'on commettait chaque jour, en faisant de la maison de Dieu une maison de trafic et de vente d'animaux. Maintenant qu'il est ressuscité, craignons ses vengeances quand il viendra juger le monde.

3° Tout cela avait converti quelques-uns des auditeurs, et en avait irrité d'autres. Il ne faut pas s'en étonner : Jésus est un signe de contradiction. Pour nous, laissons-nous toucher par la divine parole du Sauveur. Oh ! puisse-t-il nous connaître pour nous sauver, lui qui connaît tout !

PRIÈRES.

Ant. Jésus, étant monté à Jérusalem aux environs de la Pâque, trouva dans le Temple des vendeurs et des acheteurs qu'il chassa avec un fouet.

℣. Ses disciples se rappelèrent qu'il est écrit :

℟. Le zèle de votre maison m'a dévoré.

Oraison.

Nous vous en prions, ô Seigneur notre Dieu, faites descendre votre Esprit-Saint sur nous, comme sur le Christ à la vue des vendeurs dans le Temple, afin que nous ayons toujours le zèle de votre maison. Ainsi.

Ant. *Ascendens Jesus Jerosolymam circa Pascham invenit in Templo vendentes et numularios, quos cum flagello ejecit.*

℣. *Recordati sunt discipuli ejus quia scriptum :*

℟. *Zelus domus tuæ comedit me.*

Oremus.

Descendat, quæsumus, Domine Deus noster, Spiritus tuus Sanctus super nos, sicut in Christo quum vidisset vendentes in Templo, ut semper habeamus zelum domus tuæ.

Amen.

I. *Vendeurs chassés.* — Fig. : II *Mach.*, III, 24, 27. Héliodore chassé du temple. — Proph. : *Ps.*, LXVIII, 10. *Zelus domus tuæ comedit me.* Le zèle de votre maison me dévore.

II. *Prédiction de la résurrection.* — Jean, II, 18, 35. — Fig. : *Jer.*, XXXVIII, 11, 14. Ordre de rendre la liberté à Jérémie. — Proph. : *Ps.*, CXXXVIII, 1. *Tu cognovisti sessionem meam et resurrectionem.* Vous avez connu, Seigneur, ma sépulture et ma résurrection.

XLVe VISITE.

JÉRUSALEM.

JÉRUSALEM est une des plus anciennes et des principales villes du monde. Déjà elle existait du temps d'Abraham, et sa fondation remonte bien à trois siècles avant ce patriarche. Jébus, fils de Chanaan, lui donna son nom et la fortifia. Elle fut primitivement la capitale des Jébuséens, sur lesquels les Hébreux la conquirent.

Aujourd'hui Jésus voudrait la reconquérir spirituellement.

C'est dans cette cité que nous allons contempler le divin Sauveur. « Ah ! qu'elle était belle au temps de la venue du Rédempteur, cette cité, cette sainte des saintes, comme s'exprime le cardinal Jacques de Vitry. A cause de Jésus, Jérusalem est la reine des provinces et elle est appelée, par une prérogative spéciale, la cité du grand Roi. »

En effet, cette cité était assurément prédestinée de Dieu pour de grandes merveilles : son temple devient la chaire d'où le Verbe de Dieu fait entendre la parole de vie. Le tombeau du Christ sera désormais le point de départ de toute vie surnaturelle dans le monde. Et néanmoins, au milieu de tant de grandeurs présentes et futures, nous y trouvons en ce jour des âmes bien perverses auxquelles Jésus ne peut se confier.

ÉVANGILE.

Joan., ii.

23. Lorsque Jésus était à Jérusalem, pendant la Pâque, au jour de la fête, plusieurs crurent en son nom, voyant les miracles qu'il faisait.

24. Mais il ne se fiait point à eux, parce qu'il les connaissait tous,

25. Et qu'il n'avait pas besoin que personne lui rendît témoignage d'aucun homme ; car il savait lui-même ce qu'il y avait dans l'homme.

23. *Cum autem esset Jerosolymis in pascha in die festo, multi crediderunt in nomine ejus, videntes signa ejus, quæ faciebat.*

24. *Ipse autem Jesus non credebat semetipsum eis, eo quod ipse nosset omnes,*

25. *Et quia opus ei non erat ut quis testimonium perhiberet de homine : ipse enim sciebat quid esset in homine.*

RÉFLEXIONS.

1º Les jours de fête, Jésus est toujours à Jérusalem ; il obéit le premier à la loi qu'il a faite, afin de nous apprendre à être dociles comme Lui.

2º En la sainte cité, Jésus opère des prodiges ; beaucoup croient en sa puissance et en la vertu de son nom. Cependant le divin Rédempteur de nos âmes ne se confie pas en eux. Il les connaît tous. Il est le scrutateur et le juge des consciences.

3º Jésus n'a pas besoin de leur témoignage ; d'un autre côté, il connaît la volonté perverse d'un trop grand nombre de ceux qui l'entourent. Hélas ! Qu'est-ce que l'homme sans la grâce de Jésus, son Sauveur ? Il est blessé jusqu'au fond des facultés constitutives de son être.

Croyons au péché originel, et prions le Sauveur de nous aider à vaincre la triple concupiscence, suite funeste de ce péché.

PRIÈRES.

Ant. *Erat Jerosolymis in die festo Paschæ Jesus, et signa multa faciebat, et tamen non credebat semetipsum Judæis.*

℣. *Abraham et semen ejus usque in æternum,*
℞. *Magnificate Dominum.*
Oremus.
Fac nos, Domine Jesu, imagini bonitatis tuæ conformes, ut tuæ redemptiónis mereamur esse participes.
Amen.

Ant. Au jour de la fête de Pâques Jésus était à Jérusalem, et il y opérait beaucoup de prodiges devant les Juifs. Et cependant il ne se fiait pas à eux.

℣. Abraham et toute sa race à jamais,
℞. Louez le Seigneur.
Oraison.
O Seigneur Jésus, faites-nous la grâce d'imiter votre bonté, afin que nous méritions d'être un jour les cohéritiers de votre gloire.
Ainsi soit-il.

Jésus se défiant de certains Juifs. — Fig. : I *Reg.*, xix, 20. David se défiant de Saül qui veut le faire mourir. — Proph. : *Eccli.*, xii, 10. *Non credas inimico tuo in æternum.* Ne vous fiez jamais entièrement à votre ennemi.

Chambre et chapelle de Saint-Nicodème à Ramley.

XLVIe VISITE.

ENTREVUE DE NICODÈME AVEC NOTRE-SEIGNEUR A JÉRUSALEM.

Un docteur de la loi, célèbre à Jérusalem, apprenant les choses merveilleuses que le Sauveur opérait, voulut le voir en secret. Il lui fit donc demander une audience. Mais ce devait être pendant la nuit. Jésus accéda à ses désirs. L'entrevue, racontée tout au long par saint Jean, eut lieu à Jérusalem. La tradition locale ne nous dit pas en quel endroit de la ville.

A Ramley, les Franciscains ont un couvent sur l'emplacement de la maison natale de Nicodème. Une chambre qui paraît remonter au temps même de ce docteur de la loi a été convertie en chapelle. Les pieux pèlerins, en passant à Ramley ou Arimathie, ont coutume d'y célébrer ou d'y entendre la messe, en souvenir de celui qui ensevelit Jésus.

La gravure que nous donnons ici représente cette vénérable chapelle.

ÉVANGILE.

JOAN., III.

1. *Erat autem homo ex Pharisæis, Nicodemus nomine, princeps Judæorum.*

2. *Hic venit ad Jesum nocte, et dixit ei : Rabbi, scimus quia a Deo venisti magister: nemo enim potest hæc signa facere, quæ tu facis, nisi fuerit Deus cum eo.*

3. *Respondit Jesus, et dixit ei: Amen, amen dico tibi, nisi quis renatus fuerit denuo, non potest videre regnum Dei.*

4. *Dicit ad eum Nicodemus: Quomodo potest homo nasci, cum sit senex? numquid potest in ventrem matris suæ iterato introire, et renasci?*

5. *Respondit Jesus: Amen, amen dico tibi, nisi quis renatus fuerit ex aqua et Spiritu*

1. Il y avait un homme d'entre les Pharisiens, nommé Nicodème, sénateur des Juifs.

2. La nuit il alla trouver Jésus, et lui dit : Maître, nous savons que vous êtes venu de Dieu pour enseigner; car nul ne pourrait faire les miracles que vous faites, si Dieu n'était avec lui.

3. Jésus lui répondit : En vérité, en vérité, je vous le dis, personne, s'il ne naît de nouveau, ne peut voir le royaume de Dieu.

4. Nicodème lui dit : Comment peut-il naître, l'homme qui est déjà vieux! Peut-il rentrer dans le sein de sa mère, et naître de nouveau?

5. Jésus répondit : En vérité, en vérité, je vous le dis : nul, s'il ne renaît de

l'eau et de l'Esprit-Saint, ne peut entrer dans le royaume de Dieu.

6. Ce qui est né de la chair est chair; et ce qui est né de l'esprit est esprit.

7. Ne vous étonnez point que je vous aie dit : Il faut que vous naissiez de nouveau.

8. L'esprit souffle où il veut : vous entendez sa voix; mais vous ne savez pas d'où il vient ni où il va; ainsi en est-il de tout homme qui est né de l'esprit.

9. Nicodème, répondant, lui dit : Comment cela se peut-il faire?

10. Jésus lui répondit : Vous êtes maître en Israël, et vous ignorez ces choses!

11. En vérité, en vérité, je vous le déclare, nous disons ce que nous savons, nous attestons ce que nous avons vu, et vous ne recevez point notre témoignage.

12. Si je vous parle des choses de la terre, et que vous ne me croyiez point, comment me croirez-vous si je vous parle des choses du ciel?

Sancto, non potest introire in regnum Dei.

6. *Quod natum est ex carne, caro est : et quod natum est ex spiritu, spiritus est.*

7. *Non mireris quia dixi tibi : Oportet vos nasci denuo.*

8. *Spiritus ubi vult spirat: et vocem ejus audis, sed nescis unde veniat, aut quo vadat : sic est omnis, qui natus est ex spiritu.*

9. *Respondit Nicodemus, et dixit ei : Quomodo possunt hæc fieri?*

10. *Respondit Jesus, et dixit ei : Tu es magister in Israel, et hæc ignoras ?*

11. *Amen, amen dico tibi, quia quod scimus loquimur, et quod vidimus testamur, et testimonium nostrum non accipitis.*

12. *Si terrena dixi vobis, et non creditis : quomodo, si dixero vobis cœlestia, credetis?*

13. *Et nemo ascendit in cœlum, nisi qui descendit de cœlo, Filius hominis, qui est in cœlo.*

14. *Et sicut Moyses exaltavit serpentem in deserto : ita exaltari oportet Filium hominis :* (Num. XXI, 9.)

15. *Ut omnis, qui credit in ipsum, non pereat, sed habeat vitam æternam.*

16. *Sic enim Deus dilexit mundum, ut Filium suum unigenitum daret : ut omnis, qui credit in eum, non pereat, sed habeat vitam æternam.*

17. *Non enim misit Deus Filium suum in mundum, ut judicet mundum, sed ut salvetur mundus per ipsum.*

18. *Qui credit in eum, non judicatur : qui autem non credit, jam judicatus est : quia non credit in nomine unigeniti Filii Dei.*

19. *Hoc est autem judicium : quia lux venit in mundum, et dilexerunt homines magis tenebras quam lucem :*

13. Nul n'est monté au ciel que celui qui est descendu du ciel, le Fils de l'homme, qui est dans le ciel.

14. Et comme Moïse a élevé le serpent dans le désert, il faut qu'ainsi le Fils de l'homme soit élevé ;

15. Afin que quiconque croit en lui ne périsse point, mais qu'il ait la vie éternelle.

16. Car Dieu a aimé le monde jusqu'à donner son Fils unique, afin que quiconque croit en lui ne périsse point, mais qu'il ait la vie éternelle.

17. Car Dieu n'a point envoyé son Fils dans le monde pour juger le monde, mais pour que le monde soit sauvé par lui.

18. Celui qui croit en lui n'est pas jugé : mais celui qui ne croit point est déjà jugé, parce qu'il ne croit point dans le nom du Fils unique de Dieu.

19. Et ceci est le jugement : parce que la lumière est venue dans le monde, et que les hommes ont mieux

aimé les ténèbres que la lumière, parce que leurs œuvres étaient mauvaises.

20. Car quiconque fait le mal hait la lumière, et ne vient point à la lumière, de peur que ses œuvres ne soient condamnées.

21. Mais celui qui fait la vérité vient à la lumière, afin que ses œuvres soient manifestées, parce qu'elles sont faites en Dieu.

erant enim eorum mala opera.

20. Omnis enim, qui male agit, odit lucem, et non venit ad lucem, ut non arguantur opera ejus:

21. Qui autem facit veritatem, venit ad lucem, ut manifestentur opera ejus, quia in Deo sunt facta.

RÉFLEXIONS.

1° Notre-Seigneur est plein de condescendance pour Nicodème. Comme lui, nous devons être remplis de charité et de zèle pour le bien spirituel du prochain. Le sommes-nous véritablement?

2° Cependant le divin Maître ne craint pas de lui parler de la nouvelle vie qu'il apporte au monde, vie céleste que Dieu seul peut donner. Cette vie surnaturelle, absolument nécessaire, nous avons peut-être oublié de la demander à Dieu pour nous et pour les autres. N'avons-nous pas omis de la faire suffisamment connaître par respect humain?

3° Notre-Seigneur va jusqu'à révéler à Nicodème son futur sacrifice du Calvaire, afin que ce docteur n'ignore pas que c'est par la folie de la croix, et par un amour poussé jusqu'à l'excès que Dieu a sauvé le monde.

Aussi Nicodème se montrera avec courage au jour de la sépulture, et de ses mains il aidera à l'ensevelissement du Maître. Dans cet acte, il est pour nous un modèle; et c'est ainsi que nous devons croire, aimer et nous dévouer.

PRIÈRES.

Ant. *Nicodemus ex Pharisæis, princeps Judæorum, venit ad Jesum nocte, dicens: Rabbi, scimus quia a Deo venisti magister. Hunc docuit Jesus circa secundam nativitatem necessariam ex aqua et Spiritu Sancto.*

℣. *Sic Deus dilexit mundum,*

℟. *Ut Filium suum unigenitum daret!*

Oremus.

Deus cujus Spiritus ubi vult spirat, suppliciter te rogamus ut nocte et die nos doceas terrena despicere et amare cœlestia. Amen.

Ant. Un homme d'entre les Pharisiens nommé Nicodème, sénateur des Juifs, la nuit alla trouver Jésus et lui dit : Maître, nous savons que vous êtes venu de Dieu. Jésus l'instruisit sur la nécessité d'une seconde naissance par l'eau et par l'Esprit.

℣. Dieu a tant aimé le monde,

℟. Qu'il a donné son Fils unique !

Oraison.

O Dieu, dont l'Esprit souffle où il veut, enseignez-nous sans cesse, la nuit, le jour, à mépriser les biens de la terre et à aimer ceux du ciel. Ainsi soit-il.

I. *L'eau et l'Esprit-Saint.* — Fig. : *Lev.,* xiv, xv. Diverses purifications des Juifs. — Proph. : *Ezech.,* xxxvi, 25, 28. *Effundam super vos aquam mundam, et mundabimini.* Je répandrai de l'eau pure sur vous, et vous serez purifiés.

II. *Jésus-Christ élevé en croix.* — Fig. : *Num.,* xxi, 6, 9. Moïse élève le serpent d'airain. — Proph. : *Is.,* xi, 10, 12. *Radix Jesse qui stat in signum populorum.* Le rejeton de Jessé sera exposé comme un étendard aux regards de tous les peuples.

Descente à la fontaine de Siloé.

XLVIIe VISITE.

JÉSUS INSTITUANT LE SACREMENT DE BAPTÊME EN JUDÉE

L'ÉPOQUE où Notre-Seigneur institua le baptême et l'administra pour la première fois ne nous est pas marquée par le saint Évangile; mais, selon l'opinion commune, il faut placer l'institution de ce sacrement de la nouvelle loi aussitôt après que le Sauveur en eut fait connaître la nécessité à Nicodème. Quant à l'endroit, est-ce sur les bords du Jourdain, est-ce auprès de la fontaine de Siloé, ou de la fontaine des Apôtres, sur le chemin de Jérusalem à Jéricho? c'est ce que nous ignorons complètement. Nous savons seulement, par l'Évangile, que Jésus en quittant Jérusalem, au lieu de repartir pour la Galilée, se mit à parcourir la Judée.

Nous donnons ici en gravure l'entrée de la fontaine de Siloé.

ÉVANGILE.

JOAN., III.

22. Post hæc venit Jesus, et discipuli ejus, in terram Judæam : et illic demorabatur cum eis, et baptizabat.

22. Après cela Jésus vint avec ses disciples dans la terre de Judée, et il demeurait avec eux, et y baptisait.

RÉFLEXIONS.

1° Jésus vient de dire à Nicodème que l'homme doit naître une seconde fois, s'il veut entrer dans le royaume du ciel. Quoi de plus clair? Il faut entrer dans une vie nouvelle, qui n'est plus celle de la nature et du péché. Il faut conserver la grâce surnaturelle qui nous a été accordée. C'est là vivre saintement. Croyons-nous à cette vérité? Vivons-nous surnaturellement? Avons-nous une vive horreur pour le péché mortel, qui suspend cette vie surnaturelle, qui en est la mort?

2° C'est en Judée que Jésus commence à baptiser avec ses disciples. Ce baptême est un sacrement, une source de grâce très réelle; bien plus, il est la porte de la vie chrétienne, et par conséquent de la vie du ciel.

3° Il faut remarquer que c'est avec ses disciples que le Sauveur baptise, ce qu'il a continué et continuera toujours de faire avec eux et par eux seuls. Les ministres du Seigneur ne sont que les purs instruments de la grâce; Jésus en est l'auteur et la source à perpétuité.

PRIÈRES.

ANT. *Sic Deus dilexit mundum ut Filium suum unigenitum daret.*

ANT. Dieu a tant aimé le monde qu'il a donné son Fils unique.

℣. Dieu est amour.
℟. Dieu est amour.
ORAISON.
O Jésus! nous vous en supplions, faites que, comblés par vous de tant de bienfaits, nous recevions ces dons pour notre salut, et que nous ne cessions de vous louer.
Ainsi soit-il.

℣. *Deus charitas est.*
℟. *Deus charitas est.*
OREMUS.
Tantis, Domine, repleti muneribus, præsta, quæsumus, ut et salutaria dona capiamus et a tua nunquam laude cessemus.
Amen.

Baptême. — FIG. : *Joël,* III, 18. Les eaux vives coulent dans tous les torrents de Juda. — PROPH. : *Zach.,* XIII, 1. *Erit fons patens... in ablutionem peccatoris.* Une source jaillira pour purifier les pécheurs.

Une vue de Naplouse.

XLVIIIe VISITE.

SAINT JEAN-BAPTISTE A ÆNNON.

Nous lisons dans l'évangéliste saint Jean que le Précurseur baptisait à Ænnon, près de Salim, parce qu'il y avait là beaucoup d'eau.

Saint Jérôme place Ænnon à quatre lieues de Bethsan (ou Scythopolis), au sud-est, près du Jourdain. D'autres auteurs prétendent qu'Ænnon était situé là où se trouve le village moderne de Aymin, non loin de Selim, à deux lieues à l'est de Naplouse, près de l'antique Sichem ou Sichar. Mais, soit au bord du Jourdain, soit dans l'intérieur de la Samarie, auprès d'une source abondante, nous pouvons toujours contempler le Précurseur accomplissant la mission qu'il a reçue de Dieu, et rendant témoignage à Jésus-Christ ; nous pouvons nous associer à Jean-Baptiste dans ce témoignage.

On remarque ici une gravure de Naplouse, ville aujourd'hui la plus importante de la Samarie.

ÉVANGILE.

JOAN., III.

23. Jean baptisait aussi à Ænnon, près de Salim, car il y avait là des eaux abondantes ; et plusieurs y venaient et recevaient le baptême.

23. *Erat autem et Joannes baptizans in Ænnon, juxta Salim, quia aquæ multæ erant illic ; et veniebant, et baptizabantur.*

24. Car Jean n'avait pas encore été mis en prison.

24. *Nondum enim missus fuerat Joannes in carcerem.*

25. Or, il s'éleva une discussion entre les disciples de Jean et les Juifs, sur le baptême.

25. *Facta est autem quæstio ex discipulis Joannis cum Judæis de purificatione.*

26. Et les disciples de Jean le vinrent trouver, et lui dirent : Maître, celui qui était avec vous au delà du Jourdain, et auquel vous avez rendu témoignage, baptise maintenant, et tous vont à lui.

26. *Et venerunt ad Joannem, et dixerunt ei : Rabbi, qui erat tecum trans Jordanem, cui tu testimonium perhibuisti, ecce hic baptizat, et omnes veniunt ad eum.*

27. Jean leur répondit : L'homme ne peut rien avoir qui ne lui ait été donné du ciel.

27. *Respondit Joannes, et dixit : Non potest homo accipere quidquam, nisi fuerit ei datum de cœlo.*

28. Vous m'êtes témoins vous-mêmes que j'ai dit : Je ne suis point le Christ, mais j'ai été envoyé devant lui.

28. *Ipsi vos mihi testimonium perhibetis, quod dixerim : Non sum ego Christus : sed quia missus sum ante illum.*

29. *Qui habet sponsam, sponsus est : amicus autem sponsi, qui stat, et audit eum, gaudio gaudet propter vocem sponsi. Hoc ergo gaudium meum impletum est.*

30. *Illum oportet crescere, me autem minui.*

31. *Qui desursum venit, super omnes est. Qui est de terra, de terra est, et de terra loquitur. Qui de cœlo venit, super omnes est.*

32. *Et quod vidit, et audivit, hoc testatur : et testimonium ejus nemo accipit.*

33. *Qui accepit ejus testimonium, signavit quia Deus verax est.*

34. *Quem enim misit Deus, verba Dei loquitur : non enim ad mensuram dat Deus Spiritum.*

35. *Pater diligit Filium : et omnia dedit in manu ejus.*

36. *Qui credit in Filium, habet vitam æternam : qui autem incredulus est Filio,*

29. L'époux est celui à qui appartient l'épouse; mais l'ami de l'époux qui se tient près de lui et qui l'écoute, est ravi de joie parce qu'il entend la voix de l'époux. C'est là ma joie en ce moment.

30. Il faut qu'il croisse et que je diminue.

31. Celui qui est venu d'en haut est au-dessus de tous. Celui qui vient de la terre est de la terre, et ses paroles tiennent de la terre. Celui qui est venu du Ciel est au-dessus de tous.

32. Et il rend témoignage de ce qu'il a vu et entendu; mais personne ne reçoit son témoignage.

33. Celui qui reçoit son témoignage atteste que Dieu est véritable.

34. Car celui que Dieu a envoyé fait entendre les paroles de Dieu même, parce que Dieu lui donne son Esprit sans mesure.

35. Le Père aime le Fils, et lui a remis tout entre les mains.

36. Celui qui croit au Fils a la vie éternelle; et celui qui ne croit pas au Fils ne

verra point la vie, mais la colère de Dieu demeure sur lui.	*non videbit vitam, sed ira Dei manet super eum.*

RÉFLEXIONS.

1° Jean-Baptiste rend à Notre-Seigneur un témoignage négatif d'abord. Il ne veut pas qu'on l'assimile au Christ : *Non sum ego Christus* : Je ne suis pas le Christ, je suis son précurseur. Est-ce que nous ne voudrions pas souvent prendre la place de Dieu, de Jésus-Christ dans l'âme de nos frères ? Imitons alors saint Jean-Baptiste, et disons : Je ne suis pas le Christ, je ne suis que le serviteur de Dieu.

2° Jean-Baptiste donne en second lieu un témoignage affirmatif : *Illum oportet crescere, me autem minui.* Jésus doit grandir dans la connaissance, l'estime et l'affection de tous ; mais à Jean, ce qu'il lui faut, c'est l'oubli. Là est la véritable sagesse, faire connaître Jésus, se faire oublier soi-même. O mon Dieu ! ai-je agi ainsi jusqu'à ce jour ? Je prends la résolution d'imiter ici saint Jean-Baptiste.

3° Le Précurseur confirme son témoignage. Il dit bien haut : Celui qui croit en Jésus Fils de Dieu, jouit déjà de la vie éternelle. En effet, la foi est la base de la sanctification sur la terre, et la vie de foi est le gage du salut. Vivons donc de la foi, et pratiquons-en les œuvres si nous voulons jouir au ciel d'un bonheur sans fin.

PRIÈRES.

ANT. Jean, baptisant à Ænnon, près de Salim, disait à ses disciples : Vous m'êtes témoins vous-mêmes	ANT. *Joannes ad discipulos suos in Ænnon juxta Salim baptizans aiebat : Ipsi vos mihi testimonium perhibetis*

quod dixerim : Non sum ego Christus, sed quia missus sum ante illum.

℣. *Illum oportet crescere,*
℟. *Me autem minui.*

ORemus.

Deus, qui beatum Joannem Baptistam tua providentia destinasti ut plebem perfectam Christo Domino præpararet, da, quæsumus, ut familia tua hujus intercessione præconis, et a peccatis omnibus exuatur, et eum quem prophetavit inveniat.

Amen.

que j'ai dit : Je ne suis pas le Christ, mais seulement son précurseur.

℣. Il faut qu'il croisse,
℟. Et que je diminue.

Oraison.

O Dieu, qui par votre providence, avez choisi le bienheureux Jean-Baptiste pour vous préparer un peuple parfait ; par l'intercession de ce prédicateur de la parole sainte, nous vous en supplions, accordez à votre famille le pardon de ses péchés, et la grâce de trouver celui qu'il a prêché.

Ainsi soit-il.

Le Christ. — FIG. : *Is.*, XL, 12, 13. Gloire, puissance du Messie, etc. — PROPH. : *Ps.*, CXII, 1, 5. *Excelsus super omnes Dominus et super cœlos gloria ejus.* Le Seigneur est au-dessus de tous, et sa gloire surpasse les cieux.

Oliviers près de Naplouse.

XLIXᵉ VISITE.

PRÉDICATIONS DE SAINT JEAN-BAPTISTE EN SAMARIE.

JEAN-BAPTISTE prêche non seulement au désert, mais encore dans les bourgades, et jusqu'à la cour des rois. En s'acquittant de cette mission, c'est à la prison qu'il va et à la mort.

Il en coûte de défendre la vérité sur la terre. L'apôtre doit souffrir.

La tradition n'ayant rien de précis, nous l'avons dit, sur le lieu de la prédication actuelle du saint Précurseur, nous pouvons toujours nous transporter en Samarie, où, selon quelques auteurs, alla Jean-Baptiste, et parcourir les montagnes et les vallées fertiles de ce pays, entrer dans ses villes et ses bourgs si animés.

I.

ÉVANGILE.

Luc., III.

15. *Existimante autem populo, et cogitantibus omnibus in cordibus suis de Joanne, ne fortè ipse esset Christus,*

16. *Respondit Joannes, dicens omnibus : Ego quidem aqua baptizo vos : veniet autem fortior me, cujus non sum dignus solvere corrigiam calceamentorum ejus : ipse vos baptizabit in Spiritu Sancto, et igni.*

17. *Cujus ventilabrum in manu ejus, et purgabit aream suam, et congregabit triticum in horreum suum, paleas autem comburet igni inextinguibili.*

18. *Multa quidem et alia exhortans evangelizabat populo.*

19. *Herodes autem tetrarcha, cum corriperetur ab illo de Herodiade uxore fratris sui, et de omnibus malis quæ fecit Herodes,*

20. *Adjecit et hoc super omnia et inclusit Joannem in carcere.*

15. Cependant le peuple était en suspens et tous se demandaient en leurs cœurs, à l'égard de Jean, s'il n'était point peut-être le Christ.

16. Jean leur dit à tous : Pour moi, je vous baptise dans l'eau; mais viendra un plus puissant que moi, et je ne suis pas digne de dénouer les cordons de ses souliers : lui vous baptisera dans l'Esprit-Saint et le feu.

17. Il a en main son van, et il purifiera son aire; il ramassera le blé dans son grenier, et brûlera la paille dans un feu qui ne s'éteint point.

18. Il exhortait le peuple de plusieurs autres façons et l'évangélisait.

19. Et comme il reprenait Hérode, le tétrarque, au sujet d'Hérodiade, femme de son frère, et de tous les maux qu'Hérode avait faits,

20. Cet homme ajouta à tous ses crimes celui de faire mettre Jean en prison.

(Vid. Matth., III.)

RÉFLEXIONS.

1º Jean-Baptiste déclare qu'il n'est pas le Christ, et qu'il n'est rien devant lui. Ainsi doivent parler les ministres et les disciples du Seigneur. Il faut que Jésus seul vive et soit glorifié en tous.

2º Jean-Baptiste annonce que le Christ viendra bientôt pour juger le monde et que déjà il est prêt à placer le bon grain au ciel, et à brûler dans un feu inextinguible les pailles inutiles. Quel enseignement digne de notre attention !

3º Le Précurseur veut reprocher à Hérode ses crimes. Il a reçu cette mission, et voici que, pour la remplir dignement, il devra s'exposer à d'indignes traitements, et plus tard à la mort.

Jean-Baptiste ne recule pas. Aurions-nous le courage de cet homme admirable pour remplir, au besoin, toute notre mission de ministres et de disciples du Très-Haut? Invoquons ce grand saint, et prions-le de nous obtenir cette grâce.

PRIÈRES.

Ant. Hérode ajouta ce crime à tant d'autres, il fit enfermer Jean dans la prison.

℣. Dieu nettoiera son aire.

℟. Il amassera le blé dans son grenier.

Oraison.

Faites, nous vous en supplions, Seigneur, que le

Ant. *Adjecit Herodes et hoc super omnia, et inclusit Joannem in carcere.*

℣. *Purgabit aream suam Deus.*

℟. *Congregabit triticum in horreum suum.*

Oremus.

Sancti Joannis Baptistæ Præcursoris et martyris tui

quæsumus, Domine, veneranda memoria salutaris auxilii nobis præstet effectum. *Amen.*	souvenir vénérable de Jean-Baptiste, Précurseur et martyr, nous apporte le secours et le salut. Ainsi soit-il.

Emprisonnement de Jean. — Fig. : *Jer.*, xxxii, 2, 3. Incarcérations de Jérémie. — Proph. : III *Reg.*, xxii, 27. *Mittite virum istum in carcerem.* Envoyez cet homme en prison.

Lᵉ VISITE.

LE PUITS DE JACOB PRÈS SICHEM OU NAPLOUSE.

Au pied du mont Garizim, en face du mont Hébal, célèbre par le culte hérétique des Samaritains, dans une vallée assez spacieuse, qui s'étend du nord au midi, on voit, élégamment assise sur un roc très ferme, la ville de Naplouse.

La Samarie, pays fertile et d'un aspect vraiment enchanteur, n'a pas de ville aussi importante que cette cité. Les alentours de Naplouse, si riante et si belle, sont parfaitement cultivés et plantés de féconds oliviers. A vingt minutes est le Puits de Jacob, où l'on arrive en descendant la vallée jusqu'au Champ de Jacob. Le puits est creusé sur un petit tertre qui se rattache au mont Garizim, à l'endroit où la vallée prend la direction du levant au couchant. Au milieu de ruines répandues çà et là, vous voyez un énorme trou en forme de citerne, et au fond, le puits de Jacob, qui a plus de cent pieds de profondeur. *Puteus altus est* : « Le puits est profond », dit saint Jean.

C'est à ce lieu que se rattache un des plus beaux récits évangéliques, l'histoire de la conversion de cette femme de Samarie qui s'entretint avec le Sauveur et éprouva d'une manière si admirable la vérité de sa divine parole.

Le vénérable Bède parle d'une église en forme de croix bâtie au-dessus du puits de la Samaritaine, à l'époque où la Terre-Sainte appartenait aux Chrétiens.

Saint Jérôme, avant lui, nous apprend qu'il y avait là un monastère habité par plus de cent religieuses.

Sur la gravure que nous donnons ici, l'on voit, non pas le puits, mais les ruines de l'église bâtie au-dessus. On peut cependant remarquer une excavation au milieu de ces ruines : c'est l'ouverture du puits.

Aujourd'hui, il est impossible de puiser de l'eau à cette source. Plus d'une tentative a été faite sans résultat. Des voyageurs anglais l'ont essayé récemment encore.

Le pieux lecteur s'agenouillera sans doute devant cette station, au souvenir de Notre-Seigneur parlant à la Samaritaine, et lui donnant l'eau vive qui rejaillit jusqu'à la vie éternelle. Il aimera à lire attentivement le chapitre IV de saint Jean, où cette entrevue est racontée avec un charme ineffable, et il en nourrira son âme.

ÉVANGILE.

JOAN., IV.

1. *Ut ergo cognovit Jesus quia audierunt Pharisæi quod*

1. Jésus donc, ayant su que les Pharisiens avaient

appris qu'il faisait plus de disciples, et baptisait plus que Jean,

2. (Quoique Jésus ne baptisât point, mais ses disciples),

3. Il quitta la Judée et s'en alla de nouveau en Galilée.

4. Or, il lui fallait passer par le pays de Samarie.

5. Il vint donc dans la ville du pays de Samarie, nommée Sichar, près de l'héritage que Jacob donna à son fils Joseph.

6. Or, il y avait là le puits de Jacob. Jésus fatigué de la route s'assit sur le bord du puits. Il était environ la sixième heure (midi).

7. Une femme de Samarie vint puiser de l'eau. Jésus lui dit : Donnez-moi à boire.

8. (Car ses disciples étaient allés à la ville acheter de quoi manger.)

9. Cette femme Samaritaine lui dit : Comment, vous qui êtes Juif vous me demandez à boire, à moi qui suis une femme samaritaine ? Car les Juifs n'ont point de

Jesus plures discipulos facit, et baptizat, quam Joannes,

2. (Quamquam Jesus non baptizaret, sed discipuli ejus)

3. Reliquit Judæam, et abiit iterum in Galilæam.

4. Oportebat autem eum transire per Samariam.

5. Venit ergo in civitatem Samariæ, quæ dicitur Sichar, juxta prædium, quod dedit Jacob Joseph filio suo. (GEN., XXXIII, 19; XLVIII, 22. JOSUE, XXIV, 32.)

6. Erat autem ibi fons Jacob. Jesus ergo fatigatus ex itinere, sedebat sic supra fontem. Hora erat quasi sexta.

7. Venit mulier de Samaria haurire aquam. Dicit ei Jesus : Da mihi bibere.

8. (Discipuli enim ejus abierant in civitatem ut cibos emerent.)

9. Dicit ergo ei mulier illa Samaritana : Quomodo tu, Judæus cum sis, bibere a me poscis, quæ sum mulier Samaritana ? non enim coutuntur Judæi Samaritanis.

10. *Respondit Jesus, et dixit ei : Si scires donum Dei, et quis est qui dicit tibi : Da mihi bibere, tu forsitan petîsses ab eo, et dedisset tibi aquam vivam.*

11. *Dicit ei mulier : Domine, neque in quo haurias habes, et puteus altus est : unde ergo habes aquam vivam ?*

12. *Numquid tu major es patre nostro Jacob, qui dedit nobis puteum, et ipse ex eo bibit, et filii ejus, et pecora ejus ?*

13. *Respondit Jesus, et dixit ei : Omnis, qui bibit ex aqua hac, sitiet iterum : qui autem biberit ex aquâ, quam ego dabo ei, non sitiet in æternum :*

14. *Sed aqua, quam ego dabo ei, fiet in eo fons aquæ salientis in vitam æternam.*

15. *Dicit ad eum mulier : Domine, da mihi hanc aquam, ut non sitiam, neque veniam huc haurire.*

commerce avec les Samaritains.

10. Jésus lui répondit : Si vous connaissiez le don de Dieu et qui est celui qui vous dit : Donnez-moi à boire, peut-être lui en eussiez-vous demandé vous-même ; et il vous aurait donné de l'eau vive.

11. La femme lui dit : Seigneur, vous n'avez pas avec quoi puiser, et le puits est profond : d'où auriez-vous donc de l'eau vive ?

12. Êtes-vous plus grand que notre père Jacob qui nous a donné ce puits et en a bu lui-même, et ses enfants, et ses troupeaux ?

13. Jésus lui répondit : Quiconque boit de cette eau aura soif encore, mais celui qui boira de l'eau que je lui donnerai n'aura jamais soif.

14. Et l'eau que je lui donnerai deviendra en lui une fontaine d'eau jaillissante dans la vie éternelle.

15. La femme lui dit : Seigneur, donnez-moi de cette eau, afin que je n'aie plus soif, et que je ne vienne plus en puiser ici.

LA SAMARITAINE.

16. Jésus lui dit : Allez, appelez votre mari, et venez ici.

17. La femme lui dit : Je n'ai point de mari. Jésus lui répondit : Vous avez bien dit que vous n'avez point de mari.

18. Car vous avez eu cinq hommes, et celui que vous avez maintenant n'est pas votre mari; vous avez dit vrai en cela.

19. La femme lui dit : Seigneur, je vois que vous êtes un prophète.

20. Nos pères ont adoré sur cette montagne; et vous autres vous dites que Jérusalem est le lieu où il faut adorer.

21. Jésus lui dit : Femme, croyez-moi; l'heure vient où vous n'adorerez plus le Père, ni sur cette montagne, ni dans Jérusalem.

22. Vous adorez, vous, ce que vous ne connaissez point; nous, nous adorons ce que nous connaissons, parce que le salut vient des Juifs.

23. Mais vient l'heure, et elle est déjà venue, où les vrais adorateurs adoreront le Père en esprit et en vé-

16. *Dicit ei Jesus : Vade, voca virum tuum, et veni huc.*

17. *Respondit mulier, et dixit : Non habeo virum. Dicit ei Jesus : Bene dixisti, quia non habeo virum :*

18. *Quinque enim viros habuisti : et nunc quem habes, non est tuus vir : hoc verè dixisti.*

19. *Dicit ei mulier : Domine, video quia propheta es tu.*

20. *Patres nostri in monte hoc adoraverunt : et vos dicitis, quia Jerosolymis est locus ubi adorare oportet.* (DEUT., XII, 5.)

21. *Dicit ei Jesus : Mulier, crede mihi, quia venit hora, quando neque in monte hoc, neque in Jerosolymis adorabitis Patrem.*

22. *Vos adoratis quod nescitis : nos adoramus quod scimus, quia salus ex Judæis est.* (IV REG., XVII, 41.)

23. *Sed venit hora, et nunc est, quando veri adoratores adorabunt Patrem in spiritu et veritate : nam et*

Pater tales quærit, qui adorent eum.

24. *Spiritus est Deus : et eos qui adorant eum, in spiritu et veritate oportet adorare.*

25. *Dicit ei mulier : Scio quia Messias venit (qui dicitur Christus) : cum ergo venerit ille, nobis annuntiabit omnia.*

26. *Dicit ei Jesus : Ego sum qui loquor tecum.*

27. *Et continuo venerunt discipuli ejus : et mirabantur quia cum muliere loquebatur. Nemo tamen dixit : Quid quæris, aut quid loqueris cum ea ?*

28. *Reliquit ergo hydriam suam mulier, et abiit in civitatem, et dicit illis hominibus :*

29. *Venite et videte hominem qui dixit mihi omnia quæcumque feci : numquid ipse est Christus ?*

30. *Exierunt ergo de civitate, et veniebant ad eum.*

31. *Interea rogabant eum discipuli, dicentes : Rabbi, manduca.*

rité ; car ce sont là les adorateurs que cherche le Père.

24. Dieu est esprit, et ceux qui l'adorent le doivent adorer en esprit et en vérité.

25. La femme lui dit : Je sais que le Messie (qu'on appelle le Christ) doit venir; lors donc qu'il viendra, il nous annoncera toutes choses.

26. Jésus lui dit : Je le suis, moi qui parle avec toi.

27. Et, en même temps, ses disciples arrivèrent, et ils s'étonnaient de ce qu'il parlait avec une femme. Cependant aucun ne lui dit : Que lui demandez-vous, et d'où vient que vous parlez avec elle?

28. La femme cependant laissa là sa cruche, et s'en alla dans la ville, et elle dit aux habitants :

29. Venez voir un homme qui m'a dit tout ce que j'ai fait : ne serait-ce pas le Christ?

30. Ils sortirent donc de la ville, et vinrent à lui.

31. Pendant ce temps-là ses disciples le pressaient, disant : Maître, mangez.

32. Mais il leur dit : J'ai à manger une nourriture que vous ne connaissez point.

33. Et les disciples disaient entre eux : Quelqu'un lui aurait-il apporté à manger ?

34. Jésus leur dit : Ma nourriture est de faire la volonté de celui qui m'a envoyé, et d'accomplir son œuvre.

35. Ne dites-vous pas : Encore quatre mois, et la moisson viendra ? Moi, je vous dis : Levez les yeux, et voyez les champs qui déjà blanchissent pour la moisson.

36. Et celui qui moissonne reçoit sa récompense, et amasse les fruits pour la vie éternelle ; afin que celui qui sème se réjouisse avec celui qui moissonne.

37. Car ce que l'on dit d'ordinaire est vrai en cette rencontre : autre est celui qui sème, et autre celui qui moissonne.

38. Je vous ai envoyés moissonner où vous n'avez pas travaillé ; d'autres ont travaillé, et vous, vous êtes entrés dans leurs travaux.

32. Ille autem dixit eis : Ego cibum habeo manducare, quem vos nescitis.

33. Dicebant ergo discipuli ad invicem : Nunquid aliquis attulit ei manducare ?

34. Dicit eis Jesus : Meus cibus est ut faciam voluntatem ejus qui misit me, ut perficiam opus ejus.

35. Nonne vos dicitis, quod adhuc quatuor menses sunt, et messis venit ? Ecce dico vobis : Levate oculos vestros, et videte regiones, quia albæ sunt jam ad messem.

36. Et qui metit, mercedem accipit, et congregat fructum in vitam æternam : ut, et qui seminat, simul gaudeat, et qui metit.

37. In hoc enim est verbum verum : quia alius est qui seminat, et alius est qui metit.

38. Ego misi vos metere quod vos non laborastis : alii laboraverunt, et vos in labores eorum introistis.

RÉFLEXIONS.

1º Jésus, notre bon Sauveur, va à la recherche de la brebis égarée, se fatigue dans ses courses, s'assied au bord du puits, demande à boire l'eau de Jacob, et donne en échange l'eau de la vie éternelle.

2º La femme de Samarie vient là, sans se douter de ce qui va arriver, mais Dieu pense à elle dans sa miséricorde. Elle veut bien donner l'eau du puits à Jésus. Le Sauveur lui parle, elle l'écoute, elle le comprend, elle demande et reçoit l'eau vive de la grâce. Elle devient l'apôtre de son peuple.

3º Les Samaritains hérétiques entendent en grand nombre la parole de cette femme, ils voient Jésus de leurs yeux, ils croient bientôt. Que de grâces! O mon Sauveur, vous avez maudit les pharisiens, les Juifs prévaricateurs, vous avez annoncé les plus grands maux aux villes infidèles de Galilée, mais vous n'avez eu jamais que de la pitié pour les Samaritains. Vous avez loué leur charité, vous les avez convertis. Oh! je vous le demande, convertissez-moi! Comme ces pauvres Samaritains, tout en moi appelle votre pitié; ma foi est si languissante; et où sont, hélas! mes vertus!

PRIÈRES.

Ant. *Mulier, si scires donum Dei, et quis est qui dicit tibi, Da mihi bibere, tu forsitan petîsses ab eo, et dedisset tibi aquam vivam; quicumque biberit ex aqua quam ego dabo ei, non sitiet in æternum.*

Ant. Femme, si vous connaissiez le don de Dieu, et quel est celui qui vous dit : Donnez-moi à boire, peut-être lui en eussiez-vous demandé vous-même, et il vous aurait donné de l'eau vive. Quiconque boira de l'eau que je lui donnerai n'aura jamais soif.

℣. Seigneur, donnez-moi l'eau vive,

℟. Afin que je n'aie jamais soif.

ORAISON.

Rédempteur du monde, vous qui êtes si plein de bonté, Seigneur Jésus, votre divine Majesté ne peut ni avoir soif ni être fatiguée : pour notre salut vous étant fait homme, las et altéré après un pénible chemin, vous vous êtes assis sur les bords de ce puits, afin de convertir la Samaritaine qui venait puiser l'eau à cette source, et avec elle toute sa nation. Accordez à votre peuple de garder dans son cœur et de confesser de sa bouche la doctrine de la foi que vous lui avez enseignée. Ainsi soit-il.

℣. *Domine, da mihi aquam vivam,*

℟. *Ut non sitiam in æternum.*

OREMUS.

Benigne mundi Redemptor, Domine Jesu Christe, cujus Majestas nec sitire, nec fatigari potest, pro salute nostra factus homo, super hunc fontem ex laborioso itinere lassus et sitibundus insedisti, qui mulierem Samaritanam ad hanc hauriendam aquam accedentem convertisti, populumque Samaritanorum tua prædicatione convertisti, præsta familiæ tuæ, ut quam sibi reliquisti doctrinam fidei, corde retineat, et confiteatur ore. Amen.

PRIÈRES A SAINTE PHOTINE

La Samaritaine, appelée Photine, convertie près du Puits de Jacob, est morte martyre de Jésus-Christ à Carthage, vers l'année 60 de l'ère chrétienne. Son chef est vénéré à Rome, dans la basilique de Saint-Paul *hors les murs*, et on célèbre sa mémoire le 20 mars.

ANT. Vous m'avez arrachée à la perdition, vous m'avez délivrée des jours mauvais; c'est pourquoi, ô Seigneur Dieu et Sauveur,

ANT. *Liberasti me de perditione et eripuisti de tempore iniquo : propterea confitebor et laudem dicam nomini tuo, Domine Deus Salvator noster.*

℣. Sancta Photina, mulier samaritana, martyr Christi,

℟. Deprecare pro nobis Filium Dei!

Oremus.

Deus, qui, ut humanum genus ad confessionem tui nominis provocares, etiam in Photina Samaritana olim peccatrice, perfecisti conditionem martyrii, præsta, quæsumus, ut hoc exemplo nos omnes commoniti, nec pati pro te metuamus, nec mori tecum. Amen.

je confesserai et louerai votre saint nom.

℣. Sainte Photine, femme samaritaine, martyre du Christ,

℟. Priez pour nous le Fils de Dieu!

Oraison.

O Dieu, qui pour porter le genre humain à confesser votre nom, avez couronné de la gloire du martyre votre servante Photine, Samaritaine autrefois pécheresse, accordez-nous à son exemple, nous vous le demandons instamment, de ne craindre aucune souffrance pour votre amour, et de ne pas même redouter la mort avec vous et pour vous. Ainsi soit-il.

I. *Jésus parlant à la Samaritaine.* — Fig. : *Gen.*, xxiv, 15, 20. Éliézer et Rébecca près de la fontaine. — Proph. : *Prov.*, iii, 32. *Cum simplicibus sermocinatio ejus.* Il conversera avec les simples.

II. *Le Christ eau vive.* — Fig. : *Gen.*, ii, 6. L'eau vive qui jaillit de la terre. — Proph. : *Ps.*, xxxv, 10. *Apud te est fons vitæ.* La source de la vie est en vous.

III. *La Samaritaine annonce le Christ.* — Fig. : *Cant.*, v, 8, 16. L'épouse annonçant l'époux. — Proph. : *Ps.*, l, 15, 17. *Docebo iniquos vias tuas, et impii ad te convertentur.* J'annoncerai vos voies aux impies, et ils se convertiront à vous.

IV. *La nourriture du Christ.* — Fig. : I *Reg*, iii, 4, 10. Samuel obéissant à la voix du Seigneur. — Proph. : *Ps.*, xxxix, 7, 9. *Scriptum est de me ut facerem voluntatem tuam.* Il est écrit de moi que je ferai votre volonté.

V. *Jésus est appelé Sauveur.* — Fig. : *Gen.*, xli, 45. Joseph est appelé le Sauveur du monde. — Proph. : *Jer.*, iii, 22, 23. *Vere in Domino Deo nostro salus Israel.* Le salut d'Israël est véritablement dans le Seigneur notre Dieu.

Vue de Naplouse prise du côté du nord.

LIe VISITE.

SICHEM.

CONVERSION DE NOMBREUX SAMARITAINS.

Nous sommes à Naplouse, l'antique Sichem ou Sichar, le cœur de la Terre-Sainte. Sichem, fils d'Hémor, donna son nom à cette ville qui devint la capitale de la tribu d'Ephraïm.

C'est dans ce lieu qu'Abraham fit sa première halte, et qu'il fixa sa demeure, après avoir quitté la ville d'Ur en Chaldée. C'est là encore que, après avoir offert à Dieu un holocauste, il reçut de nouveau la promesse de bénédiction pour lui et pour sa race. Jacob y demeura avant de mourir; Josué y rassembla les tribus d'Israël pour leur faire ses dernières recommandations.

Naplouse, une des villes les plus anciennes et les plus

remarquables de la Palestine, a vu naître le saint apologiste Justin, philosophe et martyr. Elle s'appelait alors *Flavia Neapolis*, à cause de l'empereur romain Vespasien, et l'on en a fait aujourd'hui Naplouse.

Fêtons ici la Samaritaine et les habitants de Sichar, convertis par le Sauveur. Qui pourrait oublier toutes ces merveilles de la grâce?

ÉVANGILE.

JOAN., IV.

39. *Ex civitate autem illa multi crediderunt in eum Samaritanorum, propter verbum mulieris testimonium perhibentis: Quia dixit mihi omnia quæcumque feci.*

40. *Cum venissent ergo ad illum Samaritani, rogaverunt eum ut ibi maneret. Et mansit ibi duos dies.*

41. *Et multo plures crediderunt in eum propter sermonem ejus.*

42. *Et mulieri dicebant: Quia jam non propter tuam loquelam credimus: ipsi enim audivimus, et scimus quia hic est vere Salvator mundi.*

39. Or, de cette ville-là, un grand nombre de Samaritains crurent en lui, sur la parole de cette femme rendant ce témoignage : Il m'a dit tout ce que j'ai fait.

40. Les Samaritains étant donc venus le trouver, le prièrent de demeurer chez eux; et il s'y arrêta deux jours.

41. Et parmi eux un plus grand nombre encore crurent en lui après l'avoir entendu parler.

42. Et ils disaient à cette femme : Ce n'est plus sur ce que vous nous en avez dit que nous croyons en lui; car nous l'avons entendu nous-mêmes, et nous savons qu'il est vraiment le Sauveur du monde.

RÉFLEXIONS.

1° Comme la femme chrétienne et même la pécheresse convertie sont puissantes pour le bien! Il suffit de remarquer ici ce que fait la Samaritaine changée tout à coup par la grâce, et à qui Notre-Seigneur vient d'accorder le pardon. O âmes pénitentes, que craignez-vous? Vous pourrez un jour peut-être devenir des apôtres de la bonne nouvelle.

2° Cette femme a vu que le regard de Jésus pénétrait jusqu'au fond des cœurs, et elle a fait connaître Jésus à ses parents, à ses amis, à ses concitoyens. Bientôt tous ceux-ci croient, non plus seulement à cause du témoignage de cette pécheresse, mais ils croient à cause de l'expérience personnelle qu'ils ont faite de la puissance de Jésus. Avons-nous jamais compris combien le Seigneur est bon, indulgent et puissant?

3° Aussi le Sauveur reste deux jours entiers dans cette ville qui était pour les Juifs une ville maudite. Et, s'il se retire ensuite, il y demeure par son esprit. C'est ainsi que souvent nous sommes privés de la vue sensible du divin Consolateur; mais, ne l'oublions jamais, il est là présent en nous et avec nous.

PRIÈRES.

Ant. O femme, si vous connaissiez le don de Dieu, et quel est celui qui vous dit: Donnez-moi à boire, vous lui auriez peut-être demandé vous-même à boire,

Ant. *Mulier, si scires donum Dei, et quis est qui dicit tibi: Da mihi bibere, tu forsitan petiisses ab eo, et dedisset tibi aquam vivam; quicumque biberit ex aqua quam ego dabo ei, non sitiet in æternum.*

℣. *Domine, da mihi aquam vivam,*

℟. *Ut non sitiam in æternum.*

OREMUS.

Benigne mundi Redemptor, Domine Jesu Christe, cujus Majestas nec sitire nec fatigari potest, pro salute nostra factus homo, super hunc fontem ex laborioso itinere lassus et sitibundus insedisti, qui mulierem samaritanam ad hanc hauriendam aquam accedentem populumque Samaritanorum tua prædicatione convertisti, præsta familiæ tuæ, ut quam sibi reliquisti doctrinam fidei, corde retineat et confiteatur ore. Amen.

et il vous eût donné de l'eau vive; car quiconque boira de l'eau que je lui donnerai, n'aura jamais soif.

℣. Seigneur, donnez-moi l'eau vive,

℟. Afin que je n'aie jamais soif.

ORAISON.

Seigneur Jésus, très doux Rédempteur du monde, votre divine Majesté est au-dessus des tourments de la soif et de la fatigue; mais votre sainte humanité a voulu, pour notre propre salut, subir cette double souffrance. O vous qui vous êtes assis au bord de ce puits, afin de convertir la Samaritaine qui venait y puiser l'eau, et avec elle toute sa nation, accordez à votre peuple la grâce de garder dans le cœur et de confesser de bouche la doctrine de la foi que vous lui avez enseignée. Ainsi-soit-il.

Prédication en Samarie. — FIG. : IV *Reg.,* VII. Élisée prédit l'abondance du froment pour le lendemain, en Samarie. — PROPH. : Gen., XLI, 45. *Vertitque nomen ejus, et vocavit eum lingua ægyptiaca Salvatorem mundi.* Son nom fut changé, et on appela Joseph, en langue égyptienne, le Sauveur du monde.

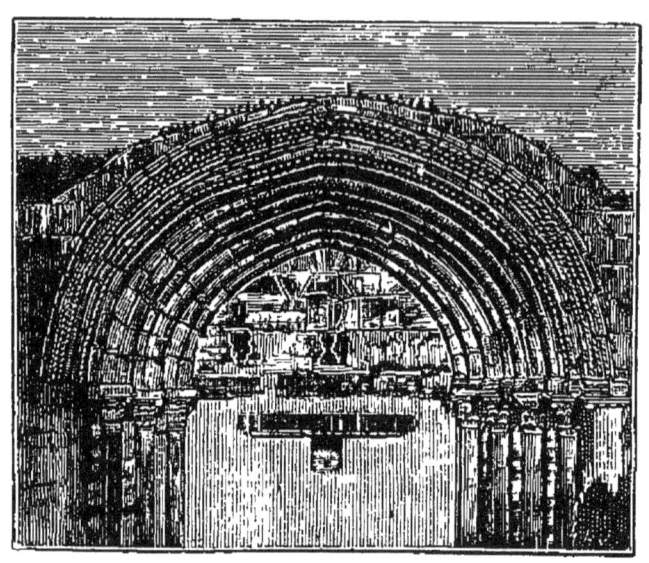

Sichem, porte de mosquée.

LIIe VISITE.

JÉSUS ALLANT DE SICHEM EN GALILÉE.

Les habitants de Sichar ayant prié Jésus de demeurer avec eux, le Sauveur passa deux jours dans leur ville, et un grand nombre se convertit. Jésus les quitta ensuite pour continuer son voyage à travers les montagnes de la Samarie, au milieu des tribus d'Éphraïm, de Manassé, d'Issachar; et il arriva enfin dans celle de Zabulon. Suivons-le, pour notre instruction, dans ses courses évangéliques. Il marche, il se fatigue, il se repose, il parle, il se tait, selon que la gloire de Dieu le demande. Il prêche, il enseigne toute vérité, et il est écouté par les âmes de bonne volonté. Que ce spectacle est doux et beau à contempler!

ÉVANGILE.

Joan., iv.

43. Post duos autem dies exiit inde, et abiit in Galilæam.

44. Ipse enim Jesus testimonium perhibuit, quia propheta in sua patria honorem non habet.

Marc., i.

14. Postquam autem traditus est Joannes, venit Jesus in Galilæam, prædicans Evangelium regni Dei,

15. Et dicens : Quoniam impletum est tempus, et appropinquavit regnum Dei : pœnitemini, et credite Evangelio.

Joan., iv.

45. Cum ergo venisset in Galilæam, exceperunt eum Galilæi, cum omnia vidissent quæ fecerat Jerosolymis in die festo : et ipsi enim venerant ad diem festum.

Luc., iv.

14... Et fama exiit per universam regionem de illo.

15. Et ipse docebat in synagogis eorum, et magnificabatur ab omnibus.

43. Deux jours après il quitta ce lieu, et s'en alla en Galilée.

44. Car Jésus rendit lui-même ce témoignage qu'un prophète n'est point honoré dans son pays.

14. Or, après que Jean eut été mis en prison, Jésus vint en Galilée, prêchant l'Évangile du royaume de Dieu,

15. Et disant : Le temps est accompli, le royaume de Dieu est proche ; faites pénitence, et croyez à l'Évangile.

45. Jésus étant donc venu en Galilée, les Galiléens le reçurent (avec joie), parce qu'ils avaient vu ce qu'il avait fait à Jérusalem au jour de la fête ; car eux-mêmes étaient aussi allés à cette fête.

14. Et sa réputation se répandit dans toute cette contrée.

15. Et il enseignait dans leurs synagogues, et on disait de lui de grandes choses.

(Vid. Matth., i, 12.)

RÉFLEXIONS.

1º Jésus vient de quitter la Samarie, et c'est dans la Galilée qu'il arrive. Le Sauveur ne recevra pas, dans son pays, à Nazareth, la gloire qui lui est due, parce que l'orgueil et la jalousie ferment les yeux de ses compatriotes. D'ailleurs, *propheta in patria sua honorem non habet.* « Un prophète n'est pas honoré dans son pays. » O missionnaires de la vérité, ne craignez pas de vous expatrier pour faire le bien ; au loin, et en vertu de votre sacrifice, vous serez tout-puissants !

2º Jésus prêche cependant en Galilée. Ne doit-il pas dire que les temps sont accomplis, que le royaume de Dieu est proche, et qu'il faut faire pénitence ? Dans les autres synagogues de Galilée, on l'écoute, et *on dit de lui de grandes choses.* Un certain nombre de Galiléens croient en lui. Avons-nous cru à l'Évangile, comme ces heureux témoins des miracles de Jésus ?

3º Nous voudrions, ô Sauveur de nos âmes, entendre vos prédications comme eux, croire comme eux, et vous glorifier avec eux. Faites-nous cette grâce, et nous serons sauvés.

PRIÈRES.

Ant. Jésus disait que les temps étaient accomplis, et que le royaume de Dieu approchait.

℣. Repentez-vous,

℟. Et croyez à l'Évangile.

ORAISON.

Prêtez attention, Seigneur, à nos prières, et montrez votre lumière et votre

Ant. *Jesus dicebat : Quoniam impletum est tempus, et appropinquavit regnum Dei.*

℣. *Pœnitemini,*

℟. *Et credite Evangelio.*

OREMUS.

Adesto, Domine, supplicationibus nostris : et populo tuo, quem tibi ex omnibus

gentibus elegisti, veritatis tuæ lumen ostende. *Amen.*	vérité à ce peuple que vous vous êtes choisi au milieu de toutes les nations. Ainsi soit-il.

Prédications en Galilée. — Fig. : II *Mach.*, viii. 7. La renommée des Machabées de Judée est répandue en tout lieu. — Proph. : *Ps.*, cxii, 3. *A solis ortu usque ad occasum, laudabile nomen Domini.* Le nom du Seigneur est digne de louanges, depuis le lever du soleil jusqu'à son coucher.

Église arménienne de Nazareth.

LIIIe VISITE.

JESUS DANS LA SYNAGOGUE DE NAZARETH.

LA synagogue de Nazareth, où Jésus parla, est située un peu plus haut que l'atelier de saint Joseph, du côté de l'occident.

Autrefois les chrétiens, selon que le rapportent des historiens dignes de foi, avaient bâti sur l'emplacement de cette synagogue sanctifiée par Notre-Seigneur une assez belle église dédiée aux quarante martyrs, pour lesquels les Orientaux ont toujours eu une dévotion particulière. Une église arménienne, dont on remarque ci-dessus la gravure, remplace aujourd'hui ce temple antique.

En ce lieu le Seigneur, ayant expliqué sa mission divine,

d'après une prophétie d'Isaïe, fut d'abord l'objet de l'admiration de ses concitoyens, puis bientôt de leur jalousie et de leur sauvage fureur.

ÉVANGILE.

Luc., iv.

16. *Et venit de Nazareth, ubi erat nutritus, et intravit secundum consuetudinem suam die sabbati in synagogam, et surrexit legere.*

17. *Et traditus est illi liber Isaiæ prophetæ. Et ut revolvit librum, invenit locum ubi scriptum erat:*

18. *Spiritus Domini super me: propter quod unxit me, evangelizare pauperibus misit me, sanare contritos corde,* (Isa., lxi, 1.)

19. *Prædicare captivis remissionem, et cæcis visum, dimittere confractos in remissionem, prædicare annum Domini acceptum, et diem retributionis.*

20. *Et cum plicuisset li-*

16. Jésus vint à Nazareth, où il avait été élevé, et il entra, selon sa coutume, dans la synagogue le jour du sabbat, et il se leva pour faire la lecture.

17. On lui présenta le livre du prophète Isaïe. Et, en ouvrant le livre, il trouva le passage où il est écrit:

18. L'Esprit du Seigneur s'est reposé sur moi; c'est pourquoi il m'a consacré par son onction; il m'a envoyé prêcher l'Évangile aux pauvres, guérir ceux qui ont le cœur brisé,

19. Annoncer aux captifs leur délivrance, aux aveugles qu'ils recouvreront la vue, rendre la liberté à ceux qui gémissent dans les fers, publier l'année des miséricordes du Seigneur, et le jour auquel il rendra à chacun selon ses œuvres.

20 Jésus plia le livre, le

JÉSUS DANS LA SYNAGOGUE.

rendit au ministre de la synagogue, et s'assit. Tout le monde dans la synagogue avait les yeux fixés sur lui.

21. Il se mit alors à les enseigner, et leur dit : C'est aujourd'hui que s'accomplissent les paroles que vos oreilles viennent d'entendre.

22. Et tous lui rendaient témoignage, remplis d'admiration pour les paroles de grâce qui sortaient de sa bouche, et ils disaient : N'est-ce pas là le fils de Joseph ?

23. Jésus leur dit : Vous m'appliquerez sans doute le proverbe : Médecin, guérissez-vous vous-même. Ces grands miracles que vous avez faits à Capharnaüm et qui nous ont été racontés, faites-les donc ici, dans votre patrie.

24. Il leur dit : Je vous assure que nul prophète n'est bien reçu dans son pays.

25. Je vous le dis en vérité, il y avait plusieurs veuves en Israël au temps d'Élie, lorsque le ciel demeura fermé durant trois

brum, reddidit ministro, et sedit. Et omnium in synagoga oculi erant intendentes in eum.

21. Cœpit autem dicere ad illos : Quia hodie impleta est hæc scriptura in auribus vestris.

22. Et omnes testimonium illi dabant : et mirabantur in verbis gratiæ, quæ procedebant de ore ipsius, et dicebant : Nonne hic est filius Joseph ?

23. Et ait illis : Utique dicetis mihi hanc similitudinem : Medice, cura teipsum : quanta audivimus facta in Capharnaum, fac et hic in patria tua.

24. Ait autem : Amen dico vobis, quia nemo propheta acceptus est in patria sua.

25. In veritate dico vobis, multæ viduæ erant in diebus Eliæ in Israel, quando clausum est cœlum annis tribus et mensibus sex, cum facta

esset fames magna in omni terra.	années et demie, et qu'il y eut une grande famine par toute la terre.
26. *Et ad nullam illarum missus est Elias, nisi in Sarepta Sidoniæ, ad mulierem viduam.* (III Reg., XVII, 9.)	26. Et néanmoins Élie ne fut envoyé chez aucune d'elles, mais chez une femme veuve de Sarepta, dans le pays des Sidoniens.
27. *Et multi leprosi erant in Israel sub Elisæo propheta: et nemo eorum mundatus est, nisi Naaman Syrus.* (IV Reg., V, 14.)	27. Il y avait de même plusieurs lépreux en Israël au temps du prophète Élisée; et néanmoins nul d'entre eux ne fut guéri, mais seulement Naaman, qui était Syrien.

(Vid. MATTH., XIII, 54; MARC., VI, 1; JOAN., IV, 45.)

RÉFLEXIONS.

1º C'est pour lire les prophéties qui le concernent que Jésus entre dans la synagogue de Nazareth. C'est pour faire briller une lumière éclatante aux yeux de ses concitoyens qu'il vient là. Nous trouvons ici un admirable témoignage en faveur du Verbe fait chair.

2º Tous les yeux sont fixés sur Jésus. Oh! puissent les nôtres être aussi uniquement appliqués à la contemplation du Sauveur! Puissent nos oreilles entendre cette parole : C'est aujourd'hui que ces prophéties se sont accomplies au milieu de vous !

3º Les grâces accordées par le Sauveur aux habitants de Nazareth ne retourneront pas infructueuses à leur source divine. Elles produiront des fruits, mais ce sera dans des âmes autres que celles à qui ces mêmes grâces avaient été destinées tout d'abord. Oh! que cette substitution de personnes n'ait jamais lieu pour nous! Puissions-nous entendre toujours la parole de l'Esprit-Saint ! Ce divin Esprit, qui donna le langage aux muets, nous fera chanter les vraies louanges de Dieu.

PRIÈRES.

ANT. Il y avait une grande famine par toute la terre ; Jésus vint, et la famine cessa.

℣. Est-ce que Jésus n'est pas le fils de Joseph ?

℞. Et tous lui rendaient témoignage.

ORAISON.

Seigneur, daignez exaucer avec votre céleste bonté les vœux de votre peuple ; afin que, connaissant notre devoir, nous l'accomplissions entièrement.

Ainsi soit-il.

ANT. *Quum facta esset fames in universa terra, venit Jesus, et cessavit fames.*

℣. *Nonne hic est filius Joseph.*

℞. *Et omnes testimonium illi dabant.*

OREMUS.

Vota, quæsumus, Domine, supplicantis populi cœlesti pietate prosequere : ut et quæ agenda sunt videant, et ad implenda quæ viderint convalescant.

Amen.

Notre-Seigneur évangélisant et guérissant. — FIG. : III *Reg.*, XVII. Élie envoyé à la veuve de Sarepta ; IV *Reg.*, V. Élisée guérit Naaman. — PROPH. : *Is.*, LXI, 1. *Spiritus Domini super me, eo quod unxerit Dominus me : ad annuntiandum mansuetis misit me, ut mederer contritis corde, et prædicarem captivis indulgentiam, et clausis apertionem.* L'Esprit du Seigneur s'est reposé sur moi ; c'est pourquoi il m'a consacré par son onction : il m'a envoyé prêcher ceux qui sont doux, et m'a donné mission de guérir ceux qui ont le cœur brisé, de prêcher la liberté aux captifs, et la délivrance à ceux qui sont dans les chaînes.

Montagne du Précipice, près Nazareth.

LIVe VISITE.

JÉSUS POURSUIVI A NAZARETH.

Où est cette montagne, du haut de laquelle les Juifs de Nazareth, jaloux de la science et de la sagesse de Jésus, voulurent le précipiter?

Vous l'apercevez au midi de Nazareth, du côté de la grande plaine d'Esdrelon. Elle est médiocrement élevée, mais fort escarpée. En quittant la ville, après avoir traversé, pendant l'espace d'une demi-lieue, des terrains très accidentés, vous arrivez au sommet de cette montagne ; et là, vous avez sous les yeux un spectacle effrayant : ce ne sont que rochers, que précipices.

Le précipice dans lequel les habitants de Nazareth voulaient jeter Jésus aboutit à une étroite vallée, toute remplie de grosses pierres. Au-dessous de la montagne, on montre une grotte peu profonde, large d'environ quatre ou cinq pieds. Vous y voyez les restes d'un vieil autel, des constructions anciennes avec des peintures murales, et enfin deux citernes.

C'était un lieu de pèlerinage cher à nos ancêtres dans la foi.

ÉVANGILE.

Luc., IV.

28. Tous ceux qui étaient dans la synagogue, l'entendant parler de la sorte, furent remplis de colère ;

28. *Et repleti sunt omnes in synagoga ira, hæc audientes.*

29. Et, se levant, ils le chassèrent de leur ville, et le menèrent jusqu'au sommet le plus escarpé de la montagne, où Nazareth était bâtie, pour le précipiter.

29. *Et surrexerunt, et ejecerunt illum extra civitatem : et duxerunt illum usque ad supercilium montis, super quem civitas illorum erat ædificata, ut præcipitarent eum.*

30. Mais lui, passant au milieu d'eux, s'éloigna.

30. *Ipse autem transiens per medium illorum, ibat.*

RÉFLEXIONS.

1° Il n'y a rien de surprenant à ce que des cœurs plus ou moins endurcis n'entendent pas la parole de Dieu, et soient remplis de colère en face de la vérité qui les condamne. Évitons ce grand malheur, qui est à redouter entre tous les autres.

2° La colère va les conduire à la fureur, et la fureur à la persécution. Les Nazaréens cherchent à faire périr Jésus, et ils veulent, pour cela, le précipiter du haut d'une montagne. Que de fois l'impie n'a-t-il pas désiré monter au ciel et en détrôner le Tout-Puissant!

3º Le Tout-Puissant se rit des impies et de leurs projets insensés. Jésus fait de même pour ses compatriotes; et ce miracle qui les endurcit davantage aurait pourtant dû les porter à réfléchir. Le Sauveur passe majestueusement au milieu d'eux, sans qu'ils puissent lui faire aucun mal. Son heure n'était pas venue. Est-ce que, avec la grâce de Jésus, nous ne passerons pas au milieu de nos ennemis, sans recevoir d'eux la moindre blessure?

PRIÈRES.

Ant. *Quum esset Nazareth, Jesus intravit in synagogam, et surrexit legere, prædicans annum Domini acceptum, diem retributionis et Pharisæorum infidelitatem increpans: sed surrexerunt, et ejecerunt illum extra civitatem, et duxerunt illum usque ad supercilium montis, ut præcipitarent eum.*

℣. *Ipse autem transiens,*

℟. *Per medium illorum ibat.*

Oremus.

Deus, qui per medium inimicorum tuorum, illæsum in-

Ant. Jésus, étant à Nazareth, entra dans la synagogue, et se leva pour faire la lecture, publiant l'année des miséricordes du Seigneur et le jour auquel il rendra à chacun sa récompense, et reprochant aux Pharisiens leur infidélité. Or ceux-ci se levèrent, le chassèrent de leur cité, et le conduisirent sur le sommet de la montagne pour l'en précipiter.

℣. Mais Notre-Seigneur, passant,

℟. Marchait au milieu d'eux.

Oraison.

O Dieu, qui avez voulu passer, sans éprouver aucun

mal, au milieu de vos enne-mis, faites que nous marchions toujours en paix parmi les tentations de cette vie. Ainsi soit-il.

cedere voluisti, da nobis ut inter tentationes hujus vitæ semper procedamus in pace. Amen.

Jésus échappe aux pierres des Nazaréens. — Fig. : IV Reg., xi. Joas échappe aux poursuites d'Athalie. — Proph. : Is., xxxviii, 19. *Vivens, vivens ipse confibebitur tibi; sicut et ego hodie.* Celui qui est vivant confessera votre nom comme je le fais aujourd'hui.

Vue de Nazareth, prise du côté de l'ouest.

LVe VISITE.

NOTRE-DAME DE L'EFFROI A NAZARETH.

Au midi de Nazareth, sur une colline peu élevée, on trouve les ruines d'une église très ancienne, appelée *Santa Maria del Timore*, Sainte-Marie de la Crainte, ou mieux, Notre-Dame de l'Effroi.

D'après une tradition locale, la sainte Vierge apprenant que les Juifs voulaient faire périr son divin Fils, et le précipiter du haut de la montagne, accourut en toute hâte jusqu'au lieu où cette chapelle a été construite. Là, elle apprit que Jésus s'était échappé miraculeusement de leurs mains. Notre-Dame de l'Effroi fut grandement consolée. Alors, rapporte toujours la tradition, elle se prosterna sur le rocher, et y laissa l'empreinte de ses genoux. Il y avait autrefois en cet endroit un monastère de religieuses, nommé Notre-Dame de la Crainte. Ses ruines sont confondues avec celles de la chapelle.

RÉFLEXIONS.

1° Ici la prédiction de Siméon continue de s'accomplir : O Mère, un glaive de douleur transpercera votre âme. Marie est mère de Jésus, elle l'aime tendrement. Comment son cœur maternel ne serait-il pas brisé de douleur en voyant qu'on veut faire mourir un fils si cher? Souffrons-nous, avec Marie, de toutes les souffrances de Jésus? Marie est appelée ici Notre-Dame de l'Effroi, parce qu'elle craignit de voir mourir Jésus. Ah! au milieu de nos tentations n'oublions pas d'invoquer celle qui a tant redouté la mort de son divin Fils. Elle viendra à notre aide, et conservera en nous Jésus que le péché ferait mourir. Craignons, avec Marie, de voir mourir Jésus en nos âmes.

2° C'est aussi une consolation pour les enfants de Dieu de contempler Marie en ce mystère, et de prier Jésus avec elle.

Aimons souvent à nous transporter à Nazareth auprès de Notre-Dame de l'Effroi afin qu'elle nous donne consolation et espérance dans toutes nos peines.

Notre-Dame de l'Effroi, priez pour nous!

PRIÈRES.

Ant. Siméon avait dit à Marie : Un glaive de douleur transpercera votre âme.	Ant. *Tuam ipsius animam, ait ad Mariam Simeon, pertransibit gladius.*
℣. Mon visage a été gonflé par les larmes,	℣. *Facies mea intumuit a fletu,*

℞. *Et palpebræ meæ caligaverunt.*

OREMUS.

Interveniat pro nobis, quæsumus, Domine Jesu Christe, nunc et in hora mortis nostræ apud tuam clementiam beata Virgo Maria Mater tua, cujus sacratissimam animam in hora tuæ Passionis doloris gladius pertransivit.

Amen.

℞. Et mes paupières se sont obscurcies.

ORAISON.

O Seigneur Jésus, que votre très sainte Mère intervienne auprès de votre miséricordieuse clémence, maintenant et à l'heure de notre mort; elle, dont la sainte âme a été percée d'un glaive de douleur en votre adorable Passion.

Ainsi soit-il.

Douleurs de Marie. — FIG. : II *Mach.*, VII. Martyre de la mère des Machabées et de ses sept enfants. — PROPH. : *Luc.*, II, 35. *Tuam ipsius animam pertransibit gladius.* Un glaive de douleur transpercera votre **âme**.

Sommet du mont Hermon.

LVIe VISITE.

LA HAUTE GALILÉE ET CAPHARNAUM.

LA haute Galilée, ou la Galilée des Gentils, n'était autre chose que le pays de Zabulon et de Nephthali. Dans cette contrée, en général peu connue, se trouvent des montagnes qui partent de l'Hermon, et descendent jusqu'au lac de Génésareth. A l'est, la pente des montagnes de Nephthali est assez rapide vers le Jourdain; mais à l'ouest, du côté de la Méditerranée, il en est tout autrement. Les pentes sont légères et insensibles. C'est un pays de collines fertiles, boisées, que des sources d'eau assez nombreuses arrosent. Autrefois une population considérable l'habitait. Il est presque désert aujourd'hui.

Des montagnes de Nephthali on peut facilement découvrir tout le haut pays galiléen, et, à plus forte raison, la ville de Capharnaüm où le Sauveur va maintenant exercer son ministère.

ÉVANGILE.

MATTH., IV.

13. *Et, relicta civitate Nazareth, venit, et habitavit in Capharnaum maritima, in finibus Zabulon et Nephthalim,*

14. *Ut adimpleretur quod dictum est per Isaiam prophetam :*

15. *Terra Zabulon, et terra Nephthalim, via maris trans Jordanem, Galilæa gentium,*

16. *Populus qui sedebat in tenebris, vidit lucem magnam, et sedentibus in regione umbræ mortis, lux orta est eis.* (ISAI., IX, 1 et 2.)

17. *Exinde cœpit Jesus prædicare, et dicere : Pœnitentiam agite : appropinquavit enim regnum cœlorum.*

13. Au sortir de Nazareth, Jésus vint demeurer à Capharnaüm, ville maritime sur les confins de Zabulon et de Nephthali,

14. Afin que fût accomplie cette parole du prophète Isaïe :

15. Le pays de Zabulon, le pays de Nephthali, le chemin qui conduit à la mer, le pays qui est au delà du Jourdain, la Galilée des nations,

16. Tout ce peuple qui était assis dans les ténèbres a vu une grande lumière, et la lumière s'est levée sur ceux qui étaient assis dans la région de l'ombre de la mort.

17. Depuis ce temps-là Jésus commença à prêcher et à dire : Faites pénitence, car le royaume des cieux approche.

(Vid. MARC., I, 15.)

RÉFLEXIONS.

1º Jésus laisse Nazareth, qui a mérité d'être abandonnée, et se rend à Capharnaüm. C'est une ville commerçante qu'il a choisie pour un négoce plus grand que celui de la terre. Il vient y racheter les âmes de l'enfer; il vient y proposer l'acquisition de la pierre précieuse de l'Évangile, le royaume du ciel.

Transportons-nous avec lui sur les bords de cette mer de Galilée.

2º Il entre dans la terre de Zabulon et de Nephthali, afin d'accomplir les prophéties. C'est un peuple assis à l'ombre de la mort. Jésus veut dissiper ses ténèbres, lui rendre la lumière avec la vie. Admirons sa bonté. Il a un ardent désir de nous sauver.

3º Pressé par ce désir, il prêche la pénitence, comme le Précurseur, et l'avènement du règne de Dieu. Rien n'est plus nécessaire que la pénitence, on le voit; elle est véritablement la planche du salut au milieu du naufrage du péché.

PRIÈRES.

Ant. Faites pénitence, car le royaume de Dieu est proche.

℣. Le peuple a vu la lumière.

℟. Elle s'est levée pour tous.

ORAISON.

O Dieu que les péchés offensent, et que la pénitence apaise, recevez avec

Ant. *Pœnitentiam agite, appropinquavit enim regnum cœlorum.*

℣. *Populus vidit lucem.*

℟. *Lux orta est eis.*

OREMUS.

Deus qui culpa offenderis, pœnitentia placaris, preces populi tui supplicantis, pro-

I.

pitius respice, et flagella tuæ iracundiæ, quæ pro peccatis nostris meremur, averte. Amen.	bonté les humbles prières de votre peuple, et détournez loin de nous les coups de votre colère, que nous méritons par nos péchés. Ainsi soit-il.

Le Christ prêche. — Fig. : *Dan.,* x, 5, 6. Vision d'un homme dont les yeux sont lumière. — Proph. : *Is.,* ix, 1, 2. *Alleviata est terra Zabulon et Nephthali... vidit lucem magnam.* La terre de Zabulon et de Nephthali est allégée... elle a vu une grande lumière.

Village de Cana en Galilée.

LVIIe VISITE.

SECOND MIRACLE DE CANA EN GALILÉE.

Deux villes de la Palestine portent le nom de Cana : l'une située dans la tribu d'Aser, l'autre dans la province de Galilée. Pour les distinguer entre elles, on a désigné cette dernière par le nom de Cana en Galilée.

Cana en Galilée n'est plus qu'un petit village habité par de pauvres Arabes. Les ruines considérables qu'on y rencontre font conjecturer que ce fut jadis une assez grande ville; mais, ici comme en toute la Terre-Sainte, les ravages et l'incurie des musulmans ont fait le désert et la solitude.

Cana était assise sur le penchant d'une colline peu élevée, et descendant jusqu'au fond de la vallée. De hautes montagnes la bornaient au couchant, et une vaste plaine au nord.

C'est ici le lieu d'un second prodige du Sauveur. Jésus guérit le fils de cet officier qu'il convertit, lui et toute sa famille.

ÉVANGILE.

JOAN., IV.

46. *Venit ergo iterum in Cana Galilææ, ubi fecit aquam vinum. Et erat quidam regulus, cujus filius infirmabatur Capharnaum.*

47. *Hic cum audisset quia Jesus adveniret a Judæa in Galilæam, abiit ad eum, et rogabat eum ut descenderet, et sanaret filium ejus: incipiebat enim mori.*

48. *Dixit ergo Jesus ad eum : Nisi signa et prodigia videritis, non creditis.*

49. *Dixit ad eum regutus: Domine, descende priusquam moriatur filius meus.*

50. *Dicit ei Jesus : Vade, filius tuus vivit. Credidit homo sermoni, quem dixit ei Jesus, et ibat.*

51. *Jam autem eo descendente, servi occurrerunt ei, et*

46. Jésus vint une seconde fois à Cana en Galilée, où il avait changé l'eau en vin. Or il y avait là un officier dont le fils était malade à Capharnaüm.

47. Ayant appris que Jésus s'était rendu de Judée en Galilée, cet officier alla le trouver, et il le pria de descendre jusque chez lui pour guérir son fils qui se mourait.

48. Jésus lui dit : Il vous faut voir des prodiges et des miracles; autrement vous ne croyez point.

49. Seigneur, lui répondit cet officier, venez avant que mon fils meure.

50. Jésus lui dit : Allez, votre fils est guéri. Cet homme crut à la parole que Jésus lui avait dite, et s'en alla.

51. Et comme il descendait vers Capharnaüm, ses

serviteurs vinrent à sa rencontre, lui apportant la nouvelle que son fils était plein de vie.

52. Il leur demanda à quelle heure son fils s'était trouvé mieux. Ils lui dirent : Hier, vers la septième heure du jour, la fièvre l'a quitté.

53. Le père reconnut que c'était à cette heure-là que Jésus lui avait dit : Votre fils est guéri. Et il crut, lui et toute sa famille.

54. Ce fut là le second miracle que Jésus fit à son retour de Judée en Galilée.

nuntiaverunt dicentes, quia filius ejus viveret.

52. *Interrogabat ergo horam ab eis in qua melius habuerit. Et dixerunt ei: Quia heri hora septima reliquit eum febris.*

53. *Cognovit ergo pater quia illa hora erat in qua dixit ei Jesus: Filius tuus vivit: et credidit ipse, et domus ejus tota.*

54. *Hoc iterum secundum signum fecit Jesus, cum venisset a Judæa in Galilæam.*

RÉFLEXIONS.

1º D'après le saint Évangile, Jésus n'est venu que deux fois à Cana. Dans chacune de ses visites, il y a opéré un prodige. O Jésus ! accomplissez en nous des miracles de grâce toutes les fois que vous venez nous visiter !

2º Pour voir des miracles et de surprenants prodiges, il faut réellement croire en Jésus, et, avec ce personnage considérable de Cana, avoir foi en la parole et en la promesse du Sauveur : « Allez, votre fils est guéri. » Quelle grâce ! Jésus lui dit : « Vous êtes exaucé. » Il le croit. C'est pourquoi son fils est guéri à l'heure même. Pour nous, notre foi est faible, si nous ne voyons point de prodiges.

3º L'officier apprend de la bouche des siens que tout

est arrivé comme Jésus le lui a dit ; il fait aussitôt partager sa foi à toute sa maison. Nous avons la foi, communiquons-la aux autres, et ne craignons pas de montrer que nous agissons d'après nos croyances. O Cana, terre des miracles, combien je voudrais trouver en ce jour, dans ton sein, la vie miraculeuse de la foi!

PRIÈRES.

ANT. *In civitate Cana, ubi primum Jesus fecerat miraculum, infirmabatur filius reguli, cui dixit Jesus : Vade, filius tuus vivit.*

℣. *Et regulus credidit ipse,*

℟. *Et domus ejus tota.*

OREMUS.

Deus, qui sanitatem ægris infundis corporibus, da animabus nostris sanitatem mentis, et accipe benignus orationem nostram. Amen.

ANT. Dans la ville de Cana, où Jésus avait fait son premier miracle, le fils d'un officier était malade. Or Jésus lui dit : Allez, votre fils est guéri.

℣. Et l'officier lui-même crut en Jésus,

℟. Et toute sa maison avec lui.

ORAISON.

O Dieu, qui rendez aux malades la santé du corps, nous vous demandons humblement la santé de nos âmes. Écoutez, dans votre bonté, notre prière. Ainsi soit-il.

Le fils de l'officier guéri. — FIG. : IV *Reg.*, XX, 1, 11. Ezéchias guéri par le Seigneur. — PROPH. : *Is.*, LVII, 18. *Sanavi eum... et reddidi consolationes... lugentibus.* Je l'ai guéri, et j'ai consolé ceux qui le pleuraient.

Lac de Génésareth.

LVIIIe VISITE.

DEUXIÈME APPEL D'ANDRÉ ET DE PIERRE.

L E lac de Génésareth, que Moïse désigne par le mot Cénéreth, à cause d'une vallée de ce nom située sur ses bords, s'appelait lac ou mer de Galilée, parce que cette province était voisine de ses rives. On le désignait aussi sous le nom de mer de Tibériade, cette ville étant baignée de ses eaux.

Le fleuve du Jourdain mêle ses eaux à ce lac enchanteur, et le traverse du nord au midi, sur une étendue de dix lieues environ. On y trouvait du temps du Sauveur, et on y rencontre encore, des poissons qui ne se voient point ailleurs.

Sur ses rives, aujourd'hui presque inhabitées, qu'il ferait bon de vivre ! Le climat y est doux, les plantes les plus rares y pourraient croître, et on y récolterait les fruits les plus beaux. L'historien Josèphe le disait. Mais, hélas! de nos jours quelle dévastation !

En face de ces lieux autrefois bénis, par lesquels le divin Sauveur a passé, on se demande si un jour ne viendra pas où des colons chrétiens, apportant là, avec la liberté, les principes de civilisation, feront de nouveau fleurir ces terres abandonnées.

ÉVANGILE.

MATTH., IV.

18. *Ambulans autem Jesus juxta mare Galilææ, vidit duos fratres, Simonem, qui vocatur Petrus, et Andream, fratrem ejus, mittentes rete in mare (erant enim piscatores),*

19. *Et ait illis: Venite post me, et faciam vos fieri piscatores hominum.*

20. *At illi, continuo relictis retibus, secuti sunt eum.*

18. Jésus, marchant le long de la mer de Galilée, aperçut deux frères, Simon, surnommé Pierre, et André, son frère, qui jetaient leurs filets dans la mer, car ils étaient pêcheurs ;

19. Et il leur dit : Suivez-moi, et je vous ferai pêcheurs d'hommes.

20. Aussitôt ils quittèrent leurs filets, et le suivirent.

(Vid. MARC., I, 16-18.)

RÉFLEXIONS.

1º Pour la seconde fois Jésus appelle les deux frères Simon et André à l'apostolat. Pourquoi une seconde vocation, sinon parce que Notre-Seigneur veut leur marquer la grandeur de la mission à laquelle il les destine. Que de fois le Maître nous a appelés à de sérieux changements de vie et à quelques sacrifices ! Avons-nous répondu à l'appel divin ?

2º « Suivez-moi, et je vous ferai pêcheurs d'hommes. »

C'est là, en effet, toute la vocation des Apôtres et des vrais fidèles : 1º marcher à la suite de Jésus, dans la pratique de toutes ses vertus ; 2º marcher à sa suite toujours, et travailler au salut des âmes qu'il est venu sauver.

3º Cet ordre à peine reçu, les deux frères obéissent. Ils quittent leurs filets, leur travail, pour entreprendre la grande œuvre, objet de leur nouvelle vocation, et surtout pour aller à la suite de Jésus. N'avons-nous jamais hésité à suivre notre Roi et notre Sauveur, à tout sacrifier pour sa gloire et son amour ? Ah ! n'hésitons plus, seul il a les paroles de la vie éternelle.

PRIÈRES.

ANT. Jésus dit aux deux frères, Simon et André : Suivez-moi, et je vous ferai pêcheurs d'hommes.

℣. Le Seigneur est ma lumière ;

℟. Il est mon salut.

ORAISON.

Seigneur tout-puissant, accordez à votre Église de jouir toujours de la protection des Apôtres, et d'être perpétuellement consolée par une fécondité toujours nouvelle. Ainsi soit-il.

ANT. *Dixit Jesus ad fratres duos, Simonem et Andream : Venite post me, et faciam vos fieri piscatores hominum.*

℣. *Dominus illuminatio mea,*

℟. *Et salus mea.*

OREMUS.

Da, quæsumus, omnipotens Deus, ut Ecclesia tua et suorum protectione Apostolorum et nova semper fecunditate lætetur. Amen.

Pêche miraculeuse et vocation des pêcheurs. — FIG. : Ps., CVI, 23, 24. Les merveilles du Seigneur dans les abîmes. — PROPH. : Jer., XVI, 16. *Mittam piscatores, et piscabuntur eos.* J'enverrai les pêcheurs, et ils les pêcheront.

LIXe VISITE.

LES BORDS DU LAC DE GÉNÉSARETH. VOCATION DE JACQUES ET DE JEAN.

Au temps de Notre-Seigneur, il y avait, sur les bords de ce lac, une majesté sauvage jointe aux beautés d'une nature douce et souriante. Oublions un instant l'aspect désolé que le lac nous offre aujourd'hui, et les arbrisseaux sans grâce qui croissent sur les montagnes environnantes. Faisons revivre par la pensée l'animation de ces rives couvertes de villes et de villages dont nous n'avons même pas les noms, et voyons ses mille pêcheurs et leurs trois cents barques dont nous parle l'historien Josèphe. Nous sommes près du lieu où saint Pierre et saint André viennent d'être appelés, non loin de Capharnaüm. Jésus s'avance un peu et appelle à lui Jacques et Jean, fils de Zébédée.

ÉVANGILE.

MARC., I.

19. *Et progressus inde pusillum, vidit Jacobum Zebedæi, et Joannem fratrem ejus, et ipsos componentes retia in navi :*

20. *Et statim vocavit illos. Et relicto patre suo Zebedæo in navi cum mercenariis, secuti sunt eum.*

19. Et s'étant de là un peu avancé, Jésus vit Jacques, fils de Zébédée, et Jean, son frère, arrangeant leurs filets dans une barque.

20. Il les appela aussitôt. Ceux-ci, ayant laissé dans la barque Zébédée, leur père, avec ceux qui travaillaient pour lui, suivirent Jésus.

(Vid. MATTH., IV, 21, 22.)

RÉFLEXIONS.

1º Recueillons-nous un instant. C'est ici la première vocation de Jean et de Jacques : de Jean, l'apôtre vierge et pur par excellence, le disciple bien-aimé de Jésus, et de Jacques, son frère aîné, celui qui, le premier des apôtres, versera son sang pour le divin Maître. Jésus les voit. Admirons ce regard de Jésus.

2º Jésus les appelle aussitôt après les avoir vus, si l'on s'en tient à la lettre du texte. Il ne met donc aucun retard à nous communiquer ses grâces, ce doux Sauveur. Ah! puissions-nous ne mettre aucun retard à lui répondre!

3º C'est ce que font les deux nouveaux apôtres. Ils quittent leurs filets, ils quittent leur père ; ce grand sacrifice ne les arrête pas, et ils suivent Jésus, qui devient leur seul maître et sauveur. Ah! s'il le faut, pour l'amour de Jésus, quittons nos biens, nos serviteurs, nos parents ; sacrifions tout pour le suivre, et nous serons ses bien-aimés.

PRIÈRES.

ANT. *Obliviscere populum tuum et domum patris tui, hìc ait Jesus ad animam Apostolorum.*

℣. *Relicto patre suo,*
℟. *Secuti sunt eum.*

OREMUS.

Deus conditor totius creaturæ, famulos tuos quos ad gratiam apostolatus vocare dignaris, fac in eorum nu-

ANT. Jésus s'adresse ici au cœur des Apôtres, et leur dit : Oubliez votre peuple et la maison de votre père.

℣. Ils laissent leur père.
℟. Ils suivent Jésus.

ORAISON.

O Dieu, créateur de tous les êtres, faites qu'ils se rendent dignes d'être inscrits au nombre des apôtres,

mero dignanter adscribi. Amen.	ceux de vos serviteurs que vous daignez appeler à la grâce de l'apostolat. ·Ainsi soit-il.

Vocation de Jean et de Jacques. — Fig. : II *Paralip.*, xvii. Le pieux roi Josaphat choisit des docteurs de la loi divine, et il envoie prêcher dans toute la Judée pour l'instruction du peuple. — Proph. : Prov., ix, 6. *Relinquite infantiam, et vivite, et ambulate per vias prudentiæ.* Laissez l'enfance, vivez et marchez dans les voies de la prudence.

Ruines de Capharnaüm.

LXe VISITE.

CAPHARNAUM.

C'EST dans la synagogue de Capharnaüm que fut délivré le possédé dont parlent saint Luc, chapitre IV, et saint Marc, chapitre 1er.

On se rappellera ici ce qui est rapporté plus haut de Capharnaüm (*Voir visite XLIIIe*), afin d'y adorer en esprit Notre-Seigneur dans cette nouvelle manifestation de sa bonté et de sa puissance.

ÉVANGILE.

	MARC., I.
21. Ils vinrent ensuite à Capharnaüm. Or, Jésus en-	21. *Et ingrediuntur Capharnaum: et statim sabba-*

tis ingressus in synagogam, docebat eos.

22. *Et stupebant super doctrina ejus: erat enim docens eos, quasi potestatem habens, et non sicut Scribæ.*

LUC., IV.
33. *Et in synagoga erat homo habens dæmonium immundum, et exclamavit voce magnâ,*

34. *Dicens : Sine, quid nobis et tibi, Jesu Nazarene? Venisti perdere nos? Scio te quis sis: Sanctus Dei.*

35. *Et increpavit illum Jesus, dicens : Obmutesce, et exi ab eo. Et cum projecisset illum dæmonium in medium, exiit ab illo, nihilque illum nocuit.*

36. *Et factus est pavor in omnibus, et colloquebantur ad invicem, dicentes: Quod est hoc verbum, quia in potestate et virtute imperat immundis spiritibus, et exeunt?*

trant d'abord, au jour du sabbat, dans la synagogue, les instruisait.

22. Ceux-ci étaient étonnés de sa doctrine; car il les instruisait comme ayant autorité, et non pas comme les Scribes.

33. Et il y avait dans la synagogue un homme possédé d'un démon impur, qui, jetant un grand cri,

34. Se mit à dire: Laissez-nous; qu'y-a-t-il de commun entre vous et nous, Jésus de Nazareth? Êtes-vous venu pour nous perdre? Je sais qui vous êtes : vous êtes le Saint de Dieu.

35. Et Jésus le menaça, et lui dit : Tais-toi, et sors de cet homme. Le démon, ayant jeté à terre le *possédé*, au milieu de l'assemblée, sortit de lui, et ne lui fit aucun mal.

36. Et l'épouvante saisit tout le monde; et ils se parlaient l'un à l'autre et se demandaient : Que veut dire cela? Voilà qu'il commande avec autorité et avec puissance aux esprits impurs, et ceux-ci sortent aussitôt?

37. Et sa renommée se répandit dans tout le pays d'alentour.	37. *Et divulgabatur fama de illo in omnem locum regionis.*

(Luc., iv, 31, 32 ; Marc., i, 23-28.)

RÉFLEXIONS.

1° Contemplons Jésus enseignant le peuple dans la synagogue de Capharnaüm. Comme toujours, il parle avec une autorité souveraine, et tous sont émerveillés de sa doctrine. Il a puissance pour cela. Cette autorité doctrinale est restée dans la parole évangélique, et, sur les lèvres de l'Église, cette auguste parole reprend vie, et Jésus-Christ parle encore.

2° Le démon va lui-même prédire, comme l'ont déjà fait les sibylles, le règne de Notre-Seigneur Jésus-Christ. Satan le déclare le *Saint de Dieu*. O Sauveur de nos âmes, nous sommes heureux de savoir que votre puissance a lié le démon. Toutefois, pour le mérite de vos élus, vous lui laissez un certain pouvoir. Sachant que vous êtes venu pour le perdre et qu'au jour du jugement toute sa puissance s'évanouira, il ne cesse de vous poursuivre, et vos apôtres avec vous.

3° Jésus commande à Satan de se taire, et celui-ci obéit. Jésus chasse le démon, et le démon se retire. Quelle aurait dû être la joie des témoins de cette action divine ! Ils sont effrayés ; mais ils reconnaissent et publient la gloire de Jésus. Proclamons nous-mêmes, au besoin, la joie et la paix que Jésus a rendues à nos consciences par l'expulsion de Satan.

PRIÈRES.

Ant. *Homo habens dæmonium immundum in Capharnaum, in synagoga exclamavit: Scio te quis sis, Sanctus Dei. Venisti perdere nos? Illum increpavit Jesus, dicens: Obmutesce, et exi ab eo.*

℣. *Et stupebant in doctrina ejus,*

℟. *Quia in potestate erat sermo ipsius.*

Oremus.

Excita potentiam tuam, Deus, et veni: ut hi qui in tua pietate confidunt ab omni inimici adversitate liberentur. Amen.

Ant. Un homme de Capharnaüm possédé de l'esprit immonde, s'écria dans la synagogue : Je sais qui vous êtes : vous êtes le Saint de Dieu. Êtes-vous venu pour nous perdre? Jésus le menaça, et lui dit : Tais-toi, et sors de cet homme.

℣. Et tous étaient étonnés de sa doctrine,

℟. A cause de l'autorité qui éclatait dans sa parole.

Oraison.

Déployez votre puissance, ô Seigneur Dieu, et daignez venir; afin que ceux qui ont confiance en votre bonté soient délivrés de tous les maux dont ils peuvent être affligés par leurs ennemis. Ainsi soit-il.

L'esprit immonde en fuite. — Fig. : *Zach.*, III, 1, 2. Le Seigneur gourmande et menace Satan. — Proph. : *Gen.*, III, 15. *Inimicitias ponam inter te et mulierem..., ipsa conteret caput tuum.* Je mettrai l'inimitié entre toi et la femme, et elle t'écrasera la tête.

LXIe VISITE

CAPHARNAUM.

SUR l'emplacement de la maison de saint Pierre, à Capharnaüm, une basilique fut construite. Un ancien auteur, Antonin le Martyr, au VIe siècle, parle de cette église : *Deinde venimus*, dit-il, *in civitatem Capharnaüm, in domum Petri, quæ modo est basilica.*

« Nous venons ensuite à Capharnaüm, et nous nous rendons dans la maison de Pierre, qui est maintenant une basilique. »

L'église est aujourd'hui en ruines, comme la cité. Mais c'est vraiment là que s'opéra le miracle de la guérison de la belle-mère de Pierre.

ÉVANGILE.

MARC., I.

29. Sitôt qu'ils furent sortis de la synagogue, ils vinrent avec Jacques et Jean dans la maison de Simon Pierre et d'André.

30. Or, la belle-mère de Simon était au lit, malade de la fièvre. Ils parlèrent aussitôt d'elle à Jésus.

31. Et lui, s'étant approché, la prit par la main, et

29. *Et protinus egredientes de synagoga, venerunt in domum Simonis et Andreæ, cum Jacobo et Joanne.*

30. *Decumbebat autem socrus Simonis febricitans; et statim dicunt ei de illa.*

31. *Et accedens elevavit eam, apprehensa manu ejus;*

et continuo dimisit eam febris; et ministrabat eis.

LUC., IV.

40. *Cum autem sol occidisset, omnes qui habebant infirmos variis languoribus, ducebant illos ad eum. At ille singulis manus imponens, curabat eos.*

41. *Exibant autem dæmonio a multis, clamantia et dicentia: Quia tu es Filius Dei: et increpans non sinebat ea loqui, quia sciebant ipsum esse Christum.*

MATTH., VIII.

17. *Ut adimpleretur quod dictum est per Isaiam prophetam, dicentem: Ipse infirmitates nostras accepit, et ægrotationes nostras portavit.* (ISAI., LIII, 4.)

la fit lever. Et cette femme les servait.

40. Après le coucher du soleil, on lui amenait tous ceux qui étaient affligés de diverses infirmités; et, imposant les mains sur chacun d'eux, il les guérissait.

41. Les démons sortaient du corps de plusieurs, en jetant des cris, et disant: Vous êtes le Fils de Dieu. Et Jésus, les menaçant, ne leur permettait pas de parler ainsi et de dire qu'il était le Christ.

17. Et c'est ainsi que s'accomplissait cette parole du prophète Isaïe : Il a pris sur lui-même nos infirmités, et il s'est chargé de nos langueurs.

(MATTH., VIII, 14-16; LUC., IV, 38, 39; MARC., I, 32-34.)

RÉFLEXIONS.

1º Voyez, ô âme chrétienne, votre divin Sauveur qui entre avec ses quatre disciples, Simon et André, Jacques et Jean, dans la maison de la belle-mère de Simon.

On l'en a prié, on lui a dit que cette femme était malade : il se rend près d'elle. Ne faut-il pas que le Sauveur se charge de toutes nos infirmités et de toutes nos misères?

2º Jésus prend la malade par la main, lui dit de s'asseoir, et voici que la fièvre la quitte. La malade est si bien guérie, qu'elle se met aussitôt à servir le Sauveur et ses disciples. C'est le salut qui est entré dans cette maison.

3º Après le coucher du soleil, on amène des possédés et des malades à Jésus. Le démon, expulsé du corps des possédés, proclame sa divinité. Le Sauveur s'y oppose ; ce n'est pas l'heure. Cependant les malades sont guéris à la seule imposition de ses divines mains.

O mon Sauveur ! guérissez mon âme par la bénédiction de votre main si puissante. Guérissez tant d'âmes qui ont besoin de vous.

PRIÈRES.

Ant. On parle de la belle-mère de Simon à Jésus. Il vient, et la guérit aussitôt.

℣. La fièvre quitta cette femme,

℟. Et elle les servait.

ORAISON.

Seigneur Jésus, par cette guérison, nous vous en conjurons, daignez accorder à ceux qui sont accablés sous le poids de leurs péchés d'être délivrés de tous les maux qui les menacent.

Ainsi soit-il.

Ant. *Dicunt ei de socru Simonis discipuli, et accedens sanavit eam.*

℣. *Dimisit mulierem febris,*

℟. *Et ministrabat eis.*

OREMUS.

Concede nobis, Domine Jesu, ut qui peccatorum nostrorum pondere premimur, a cunctis malis imminentibus per hanc curationem liberemur.

Amen.

Malades guéris. — Fig. : *Num.*, XXI, 8, 9. Le serpent d'airain qui guérit ceux qui le regardent. — Proph. : *Is.*, LIII, 4. *Vere languores nostros ipse tulit et dolores nostros.* Notre-Seigneur a supporté lui-même nos maux et nos douleurs.

LXIIe VISITE.

GALILÉE.

LE CHRIST VA DANS UNE SOLITUDE POUR PRIER

L'HISTORIEN Josèphe nous décrit ainsi la Galilée : « Il y a deux Galilées, l'une supérieure, l'autre inférieure. La Galilée est bornée au nord par la Phénicie et la Syrie ; au couchant, elle a pour limites le territoire de Ptolémaïs et du Carmel, qui autrefois était aux Syriens, et maintenant est de la Galilée. Au Carmel est jointe Gaba (Caïpha), la ville des cavaliers. Au midi elle a pour frontière la Samarie et Scythopolis jusqu'au fleuve du Jourdain... »

Ainsi est comprise sous le nom de Galilée toute la partie septentrionale de la Terre-Sainte, occupée par les quatre tribus d'Aser, de Nephthali, de Zabulon et d'Issachar.

Ce pays est très accidenté et renferme une foule de montagnes et de vallées. Josèphe parle de la richesse de son sol, des villes nombreuses et très peuplées qu'il renfermait. « Le pays, dit encore l'historien, n'a jamais eu à redouter la pénurie d'hommes, ni leur manque de courage. » Avec M. de Saulcy il faut ajouter que de cette Galilée est sorti le Christ, le Messie, le Sauveur du monde ainsi que ses apôtres, qui ont porté l'Évangile jusqu'aux extrémités de la terre. Le Christ, pour cela, a été appelé Galiléen, et les chrétiens ont partagé ce nom glorieux.

Suivons donc le Sauveur dans ses courses évangéliques à travers la Galilée.

ÉVANGILE.

Marc., I.

35. S'étant levé de fort grand matin, Jésus sortit, se retira dans une solitude, et là il priait.

36. Simon et ceux qui étaient avec lui allèrent à sa suite.

37. Et, l'ayant trouvé, ils lui dirent : Tout le monde vous cherche.

43. Jésus leur dit : Il faut que je prêche aux autres villes le royaume de Dieu, car c'est pour cela que j'ai été envoyé.

23. Et Jésus allait par toute la Galilée, enseignant dans leurs synagogues, prêchant l'Évangile du royaume, et guérissant toute langueur et toute infirmité parmi le peuple.

24. Sa renommée s'étant répandue dans toute la Syrie, on lui amenait les malades, tous ceux qui étaient affligés de maux et de douleurs, les possédés, les lunatiques, les paralytiques, et il les guérissait ;

35. *Et diluculo valde surgens, egressus abiit in desertum locum, ibique orabat.*

36. *Et prosecutus est eum Simon, et qui cum illo erant.*

37. *Et cum invenissent eum, dixerunt ei : Quia omnes quærunt te.*

Luc., IV.

43. *Quibus ille ait : Quia et aliis civitatibus oportet me evangelizare regnum Dei, quia ideo missus sum.*

Matth., IV.

23. *Et circuibat Jesus totam Galilæam, docens in synagogis eorum, et prædicans evangelium regni : et sanans omnem languorem, et omnem infirmitatem in populo.*

24. *Et abiit opinio ejus in totam Syriam, et obtulerunt ei omnes male habentes, variis languoribus et tormentis comprehensos, et qui dæmonia habebant, et lunaticos, et paralyticos, et curavit eos.*

25. *Et secutæ sunt eum turbæ multæ de Galilæa, et Decapoli, et de Jerosolymis, et de Judæa, et de trans Jordanem.*

25. Et les peuples le suivaient en foule, de la Galilée, de la Décapole, de Jérusalem, de la Judée, et de delà le Jourdain.

(Vid. Luc., iv, 42 ; Marc., i, 38, 39.)

RÉFLEXIONS.

1° De grand matin Jésus s'est retiré à l'écart, dans un lieu solitaire, et il prie.

Ne nous donne-t-il pas ici une précieuse leçon sur la nécessité et la méthode de l'oraison journalière ? Faire oraison le matin et à l'écart dans la solitude, c'est ce à quoi nous nous appliquerons désormais avec la plus grande fidélité.

2° *Quia omnes quærunt te.* C'est la parole des quatre premiers apôtres à Jésus : *Tout le monde vous cherche.* En effet, depuis de bien longs siècles l'humanité demande Jésus. Il est là ; sa divine lumière est plus brillante que le soleil, et cependant l'humanité cherche encore Jésus, et elle le cherchera sans cesse. Car il faut toujours, et de plus en plus, scruter ce grand mystère d'amour du Fils de Dieu fait homme. Est-ce bien là notre désir, lorsque nous étudions les mystères du Christ ?

3° Jésus évangélise la Galilée en ce moment, mais on vient à lui de toutes parts, et on lui amène les malades, ceux qui sont atteints de diverses langueurs, qui souffrent de différentes manières. *Et curavit eos.* Et il les guérit tous. O Dieu Sauveur, nous avons les mêmes infirmités, peut-être de plus grandes encore, nous avons besoin de votre grâce. Venez, et nous serons guéris, surtout si vous nous rendez amis de la prière.

PRIÈRES.

Ant. Le Seigneur Jésus se levait dès le matin; il allait au désert, et là il priait.

℣. Pendant le jour Jésus guérit toute langueur

℟. Et toute infirmité.

Oraison.

Seigneur Jésus, souvenez-vous de vos miséricordes, et sanctifiez-nous par votre éternelle prière.

Ainsi soit-il.

Ant. *Mane surgebat Dominus Jesus, et egressus abibat in desertum, ibique orabat.*

℣. *Sanat Jesus per diem omnem languorem*

℟. *Et omnem infirmitatem.*

Oremus.

Reminiscere miserationum tuarum, Domine Jesu, et famulos tuos æterna oratione tua sanctifica.

Amen.

I. *Le Christ va au désert pour prier.* — Fig. : Gen., xxiv, 62, 63. Isaac se retirant dans un champ pour méditer. — Proph. : *Ps.*, v, 1; 5. *Ad te orabo, Domine, mane exaudies vocem meam.* Je vous prierai dès le matin, Seigneur, et vous entendrez ma voix.

II. *Jésus évangélise et guérit les malades.* — Fig. : *Prov.*, viii, 1, 4. La sagesse apparaît en tout lieu aux fils des hommes. — Proph. : Is., lxi, 1, 3. *Ad annuntiandum misit me... ut consolarer lugentes.* Il m'a envoyé pour prêcher, et pour consoler ceux qui pleurent.

Mer de Galilée.

LXIIIe VISITE.

LA BARQUE DE PIERRE

ET LA PÊCHE MIRACULEUSE SUR LA MER DE GALILÉE.

A PRÈS une course de dix à douze lieues environ, le Jourdain se verse dans un bassin profond formé par les montagnes et les collines des deux plateaux supérieurs. C'est le lac de Génésareth. D'une forme à peu près ovale, le lac a environ huit ou dix lieues de long sur trois ou quatre de large. Autrefois, la contrée environnante était d'une ravissante beauté.

Aucun monument ne rappelle, sur les bords de ce lac, la place exacte où se sont accomplis les événements évangéliques qui s'y rattachent. En embrassant d'un regard ce lieu où Jésus nous a fait entendre ses enseignements et a accompli d'admirables prodiges, on peut, sur les données évangéliques, reconstruire à souhait ces incomparables scènes.

C'est sur ce lac et, selon un grand nombre d'auteurs, aux environs de Tibériade qu'eut lieu la pêche miraculeuse ; les filets se rompaient sous le poids des poissons. Et cependant toute la nuit les pêcheurs n'avaient rien pu prendre.

ÉVANGILE.

Luc., v.

1. Un jour que Jésus était sur le bord du lac de Génésareth, se trouvant accablé par la foule du peuple qui se pressait autour de lui pour entendre la parole de Dieu,

2. Il vit deux barques qui étaient près du rivage : les pêcheurs étaient descendus, et lavaient leurs filets.

3. Jésus monta dans celle de ces barques qui appartenait à Simon, et pria celui-ci de s'éloigner un peu de la terre. Et, s'étant assis, de la barque il enseignait le peuple.

4. Lorsqu'il eut cessé de parler, Jésus dit à Simon : Gagnez la haute mer, et jetez vos filets pour pêcher.

5. Simon lui répondit :

1. *Factum est autem, cum turbæ irruerent in eum, ut audirent verbum Dei, et ipse stabat secus stagnum Genesareth,*

2. *Et vidit duas naves stantes secus stagnum : piscatores autem descenderant, et lavabant retia.* (Matth., iv, 18 ; Marc., i, 16.)

3. *Ascendens autem in unam navim quæ erat Simonis, rogavit eum a terra reducere pusillum. Et sedens, docebat de navicula turbas.*

4. *Ut cessavit autem loqui, dixit ad Simonem : Duc in altum, et laxate retia vestra in capturam.*

5. *Et respondens Simon,*

dixit illi: Præceptor, per totam noctem laborantes, nihil cepimus; in verbo autem tuo laxabo rete.

6. *Et cum hoc fecissent, concluserunt piscium multitudinem copiosam; rumpebatur autem rete eorum.*

7. *Et annuerunt sociis, qui erant in alia navi, ut venirent et adjuvarent eos. Et venerunt, et impleverunt ambas naviculas, ita ut pene mergerentur.*

8. *Quod cum videret Simon Petrus, procidit ad genua Jesu, dicens: Exi a me, quia homo peccator sum, Domine.*

9. *Stupor enim circumderat eum, et omnes qui cum illo erant, in captura piscium quam ceperant:*

10. *Similiter autem Jacobum et Joannem filios Zebedæi, qui erant socii Simonis. Et ait ad Simonem Jesus: Noli timere: ex hoc jam homines eris capiens;*

11. *Et subductis ad terram*

Maître, nous avons travaillé toute la nuit sans rien prendre; néanmoins, sur votre parole, je jetterai le filet.

6. Et, l'ayant fait, ils prirent une si grande quantité de poissons que leur filet se rompait.

7. Ils firent signe à leurs compagnons, qui étaient dans l'autre barque, de venir les aider. Ceux-ci vinrent, et ils remplirent tellement les deux barques, qu'elles étaient au moment de couler bas.

8. Ce que voyant Simon Pierre, il se jeta aux pieds de Jésus, et lui dit: Seigneur, retirez-vous de moi, parce que je suis un pécheur.

9. Car la pêche qu'ils venaient de faire l'avait saisi de frayeur, lui et tous ceux qui étaient avec lui;

10. Aussi bien que Jacques et Jean, fils de Zébédée, qui étaient les compagnons de Simon. Mais Jésus dit à Simon: Ne craignez point; désormais votre emploi sera de prendre des hommes,

11. Et ayant ramené leurs

barques à bord, ils quittèrent tout et suivirent Jésus.

navibus, relictis omnibus, secuti sunt eum.

RÉFLEXIONS.

1º Contemplons Notre-Seigneur Jésus-Christ enseignant tout ce peuple du haut du navire qu'il a choisi, nous voulons dire de dessus la barque de Pierre. N'est-ce pas la figure la plus parfaite de l'Église qui est la demeure de Dieu en ce monde?

2º Les Apôtres se plaignent de n'avoir pas réussi dans leur pêche. Jésus-Christ n'était pas là. Ils ont raison, car celui qui travaille sans Jésus-Christ se fatigue inutilement. Notre-Seigneur n'a-t-il pas dit : *Sans moi vous ne pouvez rien?*

3º Enfin avec le Sauveur, les Apôtres recueillent le fruit de leur travail. Ils ont une abondante pêche qui les réjouit. Ici se trouve une prophétie, car il est dit à Pierre : *Désormais tu seras pêcheur d'hommes.*

PRIÈRES.

ANT. Comme Jésus se tenait auprès du lac de Génésareth, il vit deux barques et monta dans celle de Simon; c'est de là qu'il enseignait la foule, et c'est là que les filets se rompirent à cause de la multitude de poissons.

℣. Jésus dit à Simon : Ne craignez point :

℞. Désormais vous serez pêcheur d'hommes.

ANT. *Jesus, stans secus stagnum Genesareth, vidit duas naves, et ascendit in navim Simonis, unde docebat turbas, et ibi rumpebatur rete propter piscium multitudinem.*

℣. *Ait ad Simonem Jesus: Noli timere :*

℞. *Ex hoc jam homines eris capiens.*

Oremus.	Oraison.
Deus, qui docens ex navi Petri, ostendisti semper Petrum docere tecum, da Ecclesiæ tuæ, hujus in omnibus sequi præceptum per quem religio sumpsit exordium et firmata est in ævum. Amen.	O Dieu qui, en instruisant de dessus la barque de Pierre, avez montré que Pierre enseignerait toujours avec vous : accordez à votre Église de suivre en toutes choses les préceptes de celui qui a été le premier ministre et la base de la religion qu'elle professe. Ainsi soit-il.

Pêche miraculeuse de Pierre (*Luc.*, v, 1, 18). — Fig. : *Exod.*, iv. Moïse recevant les signes de sa mission. — Proph. : *Joel*, ii. *Et erit in novissimis diebus, effundam de spiritu meo.* Dans les derniers temps, j'enverrai l'abondance de mon esprit.

Habitation de lépreux à Naplouse.

LXIVe VISITE.

LA MONTAGNE DITE DU CHRIST

ENTRE BETHSAIDA ET CAPHARNAUM.

ELON Adrichomius, c'est dans une bourgade de Galilée appartenant à la tribu de Nephtali, que s'accomplit la guérison du lépreux dont il va être question.

Cette bourgade était au pied d'une montagne située entre Bethsaïda et Capharnaüm, et connue sous le nom de Montagne du Christ. Après avoir guéri en ce lieu le lépreux, Jésus le renvoya aux prêtres.

Quant à la lèpre, on sait que c'était une affreuse maladie. Voici le texte du Lévitique (XIII, 44-46). « Quiconque aura la lèpre sera séparé de la compagnie des autres hommes, d'après la décision du prêtre. Il aura ses vêtements décousus, la tête nue, le visage couvert de son vêtement. Il devra crier qu'il est souillé et impur. Tout le temps de sa maladie il habitera hors du camp. »

Jésus qui devait être mis au ban de la société comme un lépreux : *putavimus eum quasi leprosum,* en s'occupant du salut de tous, ne devait pas oublier les lépreux. Aussi il en guérit un grand nombre. Cette maladie n'est-elle pas la figure du péché ? Ayons pitié de la lèpre du corps, mais que la lèpre de l'âme excite au plus haut point notre compassion.

ÉVANGILE.

Luc., v.

12. *Et factum est, cum esset in una civitatum, et ecce vir plenus leprâ ; et videns Jesum, et procidens in faciem, rogavit eum, dicens: Domine, si vis, potes me mundare.* (Matth., viii, 2 ; Marc., i, 20.)

13. *Et extendens manum, tetigit eum, dicens: Volo, mundare. Et confestim lepra discessit ab illo.*

14. *Et ipse præcepit illi ut nemini diceret : sed, Vade, ostende te sacerdoti, et offer pro emundatione tua, sicut præcepit Moyses, in testimonium illis.* (Lev., xiv, 4.)

12. Jésus étant entré dans une des villes du pays, voici qu'un homme couvert de lèpre, le voyant passer, se mit à genoux, et se prosternant le visage contre terre, il le priait et lui disait : Seigneur, si vous voulez, vous pouvez me guérir.

13. Jésus étendit la main, et, le touchant, lui dit : Je le veux, soyez guéri. Et au même instant la lèpre disparut.

14. Jésus lui commanda de n'en rien dire à personne. Mais allez, lui dit-il, vous montrer au prêtre, et offrez pour votre guérison ce que Moïse a ordonné, afin que cela leur serve de témoignage.

LÉPREUX GUÉRI.

45. Mais lui, s'en étant allé, se mit à proclamer sa guérison, et à en répandre la nouvelle, de sorte que Jésus ne pouvait plus se montrer dans les villes.	Marc., 1 (40-44). 45. At ille egressus cœpit prædicare, et diffamare sermonem, ita ut jam non posset manifeste introire in civitatem.
15. Cependant sa renommée se répandait de plus en plus, et les peuples venaient en foule pour l'entendre, et pour être guéris de leurs infirmités.	Luc., v. 15. Perambulabat autem magis sermo de illo: et conveniebant turbæ multæ, ut audirent, et curarentur ab infirmitatibus suis.
16. Mais Jésus se retirait dans le désert, et il y priait.	16. Ipse autem secedebat in desertum, et orabat.

(Marc., i, 45.)

RÉFLEXIONS.

1° Quelle humble prière dans la bouche de ce lépreux, qui comprend son état lamentable ! *Seigneur, si vous le voulez, vous pouvez me guérir.* Ah ! la prière humble et confiante pénètre les cieux, et en attire de grandes grâces.

2° *Je le veux, soyez guéri.* C'est ainsi que Jésus guérit cet homme en étendant ses mains sur lui et en le touchant. *Volo, mundare* : « Je le veux, soyez guéri », ces deux mots suffisent, comme suffiront plus tard à la guérison de tous les péchés ces paroles prononcées par le prêtre: *Ego te absolvo.* « Je vous absous. » N'est-ce pas pour nous indiquer tout cela que Jésus envoie le lépreux au prêtre ?

3° Le lépreux, reconnaissant, publie le miracle, et les foules sentent leur confiance en Jésus s'accroître. Quant au Sauveur, il s'en va dans la solitude pour prier.

C'est l'admirable et incomparable modèle des âmes apostoliques. Après le travail la prière, ou mieux, avec le travail toujours la prière.

PRIÈRES.

Ant. *Leprosos diligebat et sanabat Jesus, quia ipse quasi leprosus pro nobis factus est.*

℣. *Domine, si vis,*

℟. *Potes me mundare.*

Oremus.
Desiderium pauperum et leprosorum exaudi, Domine, ut oratio populi tui intret in conspectu gloriæ tuæ. Amen.

Ant. Jésus aimait et guérissait les lépreux, parce qu'il s'est fait comme lépreux pour nous.

℣. Seigneur, si vous le voulez,

℟. Vous pouvez me guérir.

Oraison.
O Dieu, exaucez les supplications des pauvres et des lépreux, afin que la prière de votre peuple arrive jusqu'à vous dans le séjour de votre gloire. Ainsi soit-il.

Le lépreux guéri. — Fig. : *Num.*, xii, 10, 15. La lèpre de Marie, sœur de Moïse, guérie à la suite des prières de son frère. — Proph. : *Lev.*, xiv, 2, 32. *Hic est ritus leprosi quando mundandus est : adducetur ad sacerdotem.* Voici la cérémonie à observer pour la purification du lépreux : on doit d'abord l'amener au prêtre, etc...

LXVe VISITE.

CAPHARNAUM.

GUÉRISON DU PARALYTIQUE

Le Sauveur appelait Carpharnaüm sa ville. C'est qu'il avait là de véritables amis, et il y opéra plus d'un miracle.

A Capharnaüm eut lieu la guérison du paralytique qui nous occupe en ce moment.

On peut se reporter à la description qui est donnée plus haut de cette cité.

Voici donc une maison envahie par la foule qui environne Jésus. Personne n'y pouvant plus pénétrer, des hommes pleins de foi y descendent par la terrasse ou le toit un paralytique, et le mettent au milieu de la cour, en face du Sauveur. Le divin Maître guérit à la fois son corps et son âme. Il lui remet les péchés, qui sont le seul vrai mal de l'homme.

ÉVANGILE.

	MATTH., IX.
1. Jésus, étant monté sur une barque, repassa le lac, et vint à sa ville.	1. *Et ascendens in naviculam, transfretavit, et venit in civitatem suam.*
	MARC., II.
1. Quelques jours après, il revint à Capharnaüm.	1. *Et iterum intravit Capharnaum post dies.*
2. Aussitôt qu'on eut entendu dire qu'il était en la maison, il y vint tant de	2. *Et auditum est quod in domo esset, et convenerunt multi, ita ut non caperet*

neque ad januam, et loquebatur eis verbum.

Luc., v.

17. ...*Et erant Pharisæi sedentes, et legis doctores qui venerant ex omni castello Galilææ, et Judææ, et Jerusalem: et virtus Domini erat ad sanandum eos.*

18. *Et ecce viri portantes in lecto hominem, qui erat paralyticus : et quærebant eum inferre, et ponere ante eum.* (Matth., ix, 2 ; Marc., ii, 3.)

19. *Et non invenientes qua parte illum inferrent præ turba, ascenderunt supra tectum, et per tegulas summiserunt eum cum lecto in medium ante Jesum.*

20. *Quorum fidem ut vidit, dixit : Homo, remittuntur tibi peccata tua.*

monde, que ni l'intérieur de la maison ni la place devant la porte ne les pouvaient contenir. Et il leur prêchait la parole de Dieu.

17. Des pharisiens et des docteurs de la loi, qui étaient venus de tous les villages de la Galilée, du pays de Judée, et de la ville de Jérusalem, avaient pris place auprès de lui et l'écoutaient. Et la vertu du Seigneur agissait pour la guérison des malades.

18. C'est alors que des gens vinrent portant un paralytique couché dans son lit. Ils cherchaient le moyen de l'introduire et de le présenter devant lui.

19. Mais ne trouvant aucun moyen de le faire entrer, à cause de la foule du peuple, ils montèrent sur le haut de la maison et, ayant pratiqué au toit une ouverture, ils descendirent le paralytique dans son lit, et le placèrent devant Jésus.

20. Jésus, voyant leur foi, dit à ce paralytique : Mon ami, vos péchés vous sont remis.

21. Sur cela les Scribes et les Pharisiens se mirent à penser et se dirent en eux-mêmes : Quel est cet homme qui profère de tels blasphèmes ? Qui peut remettre les péchés, sinon Dieu seul ?

22. Mais Jésus, voyant aussitôt ce qu'ils pensaient, leur dit : A quoi pensez-vous dans vos cœurs ?

23. Lequel est le plus aisé de dire à ce paralytique : Vos péchés vous sont remis, ou de lui dire : Levez-vous, et marchez ?

24. Or, afin que vous sachiez que le Fils de l'homme a le pouvoir de remettre les péchés : Levez-vous, dit-il au paralytique, je vous le commande ; emportez votre lit, et allez-vous-en dans votre maison.

25. Et au même instant le paralytique se leva en leur présence, emporta le lit où il était gisant, et s'en alla dans sa maison, rendant gloire à Dieu.

26. Et tout le peuple fut saisi d'un extrême étonnement, et tous ils rendaient

21. *Et cœperunt cogitare Scribæ et Pharisæi, dicentes: Quis est hic, qui loquitur blasphemias? Quis potest dimittere peccata, nisi solus Deus?*

22. *Ut cognovit autem Jesus cogitationes eorum, respondens, dixit ad illos: Quid cogitatis in cordibus vestris?*

23. *Quid est facilius dicere: Dimittuntur tibi peccata, an dicere: Surge et ambula?*

24. *Ut autem sciatis quia Filius hominis habet potestatem in terra dimittendi peccata (ait paralytico): Tibi dico, surge, tolle lectum tuum, et vade in domum tuam.*

25. *Et confestim consurgens coram illis, tulit lectum in quo jacebat, et abiit in domum suam, magnificans Deum.*

26. *Et stupor apprehendit omnes, et magnificabant Deum. Et repleti sunt timore,*

dicentes : *Quia vidimus mirabilia hodie.*	gloire à Dieu. Dans la stupeur où ils étaient, ils disaient : Nous avons vu aujourd'hui de grandes merveilles.

(Vide MATTH., IX, 1 à 8.)

REFLEXIONS.

1º Des gens apportent un paralytique à Jésus, dans la maison où il est venu prêcher. Ces hommes charitables veulent entrer. Ne le pouvant pas, ils songent à descendre leur infirme par le toit. Quelle est la foi de ce peuple que rien n'arrête ! En est-il ainsi de nous ?

2º Jésus les récompense en leur faisant connaître sa puissance de remettre les péchés. Peu importe ce qu'en penseront les Pharisiens et les Scribes. Jésus guérit l'âme d'abord. Portons-nous aussi toute notre attention du côté de nos âmes, sur lesquelles il faut veiller pour qu'aucun péché ne les souille ?

3º Le Sauveur guérit ensuite le corps qui est malade. Et le paralytique se lève, il marche, il prend son lit, il s'en va dans sa maison. Vous êtes en même temps, ô Jésus, le sauveur de nos âmes et le médecin de nos corps que vous guérissez. Protégez et nos âmes et nos corps.

PRIÈRES.

ANT. *In civitate sua, dixit Jesus paralytico: Homo, remittuntur tibi peccata tua, et surge, tolle lectum tuum, et vade in domum tuam.*	ANT. Jésus, étant dans sa ville, dit à un paralytique : Mon ami, vos péchés vous sont remis ; levez-vous, prenez votre lit et allez en votre maison.

℣. Qui peut remettre les péchés,

℟. Si ce n'est Dieu seul?

ORAISON.

O Dieu, que les péchés offensent et que la pénitence apaise, recevez avec bonté les humbles prières de votre peuple, et détournez de nous les coups de votre colère, que nous méritons par nos crimes. Ainsi soit-il.

℣. *Quis potest dimittere peccata,*

℟. *Nisi solus Deus?*

OREMUS.

Deus, qui culpa offenderis, pœnitentia placaris, preces populi tui hìc *supplicantis propitius respice, et flagella tuæ iracundiæ quæ pro peccatis nostris meremur averte. Amen.*

Rémission des péchés et guérison du paralytique. — FIG. : Sap., XI, 22, 27. La puissance et la miséricorde de la Sagesse divine. — PROPH. : *Prov.*, XXVIII, 25. *Qui sperat in Domino sanabitur.* Celui qui espère dans le Seigneur sera guéri.

LXVIe VISITE.

VOCATION DE SAINT MATTHIEU.

MER DE GALILÉE

En quittant Capharnaüm pour se rendre sur les bords de la mer, Jésus aperçoit Lévi, percepteur des deniers publics. Le Sauveur a dessein sur lui. Il l'appelle, et cet homme n'hésite pas. Lévi s'appellera, par humilité, Matthieu le publicain; mais Jésus-Christ en fera son apôtre. Le receveur des impôts offre un festin magnifique au Sauveur, qui trouve là une occasion de révéler le fond de son cœur pour les pécheurs.

ÉVANGILE.

Marc., II.

13. *Et egressus est rursus ad mare : omnisque turba, veniebat ad eum, et docebat eos.*

14. *Et cum præteriret, vidit Levi Alphæi sedentem ad telonium, et ait illi : Sequere me...* (Matth., IX ; Luc., V, 27.)

Luc., V.

28. *Et relictis omnibus, surgens secutus est eum.*

29. *Et fecit ei convivium magnum Levi in domo sua : et erat turba multa publicanorum, et aliorum, qui cum illis erant discumbentes.*

13. Jésus, étant sorti, s'en alla encore du côté de la mer, et tout le peuple venait à lui, et il les enseignait.

14. En passant, il vit Lévi, fils d'Alphée, qui était assis au bureau des impôts, et il lui dit : Suivez-moi.

28. Et lui, quittant tout, se leva et le suivit.

29. *Lévi* fit *à Jésus* un grand festin dans sa maison, et il y vint beaucoup de publicains et d'autres encore, qui se mirent à table avec Jésus.

VOCATION DE SAINT MATTHIEU.

30. Et les Pharisiens et les Scribes murmuraient, et disaient aux disciples de Jésus : Pourquoi mangez-vous et buvez-vous avec des publicains et des pécheurs ?

31. Jésus, prenant la parole, leur dit : Ce ne sont pas ceux qui se portent bien, qui ont besoin du médecin, mais les malades.

13. Allez donc et apprenez ce que veut dire : J'aime mieux la miséricorde que le sacrifice. Car je ne suis pas venu appeler les justes, mais les pécheurs.

30. *Et murmurabant Pharisæi et Scribæ eorum, dicentes ad discipulos ejus : Quare cum publicanis et peccatoribus manducatis et bibitis?* (MARC., II, 16).

31. *Et respondens Jesus, dixit ad illos : Non egent qui sani sunt medico, sed qui male habent.*

(MATTH., IX 9-12.)
13. *Euntes autem discite quid est : Misericordiam volo, et non sacrificium. Non enim veni vocare justos, sed peccatores.* (Os., VI, 6 ; MARC., II, 17.)

RÉFLEXIONS.

1° Adorons les desseins de la miséricorde infinie de Dieu sur tous les hommes. Nous avons ici un exemple frappant de cette incomparable bonté de Jésus envers les pécheurs. Lévi est un publicain, et Jésus l'appelle, malgré cela, à l'honneur d'être son apôtre.

2° Lévi, qui bientôt, par humilité, ne voudra plus porter d'autre nom que celui de Matthieu, répond à la grâce de cette vocation apostolique. Il quitte tout, sa fortune, sa position, son rang, son argent, son bien-être.

3° Lévi, ou Matthieu, reçoit Jésus à sa table ; et c'est là que le Sauveur fait connaître d'une manière admirable ce que les pécheurs sont pour son cœur, et la grande place qu'ils occupaient dans sa pensée quand il s'est décidé à descendre sur la terre. Il montre à tous qu'il est venu pour sauver les pécheurs. Jésus connaît les secrètes pensées des Pharisiens, et il ne dédaigne pas pour cela de leur faire entendre ses divines leçons, et de leur découvrir quelle est sa mission. Ah! puissions-nous comprendre l'infinie miséricorde de Jésus!

PRIÈRES.

Ant. *Matthæus qui et Levi, apostolus et evangelista, Capharnaum cum ad telonium sederet, a Christo vocatus statim secutus est ipsum, quem etiam cum reliquis Discipulis convivio excepit.*

℣. *Non enim veni vocare justos,*

℞. *Sed peccatores, ait Dominus.*

Oremus.

Beati apostoli et evangelistæ Matthæi, Domine, precibus adjuvemur: ut quod possibilitas nostra non obtinet ejus nobis intercessione donetur. Amen.

Ant. Matthieu, qui est aussi nommé Lévi, apôtre et évangéliste, fut appelé par le Christ quand il était assis, à Capharnaüm, au bureau des impôts; il suivit aussitôt celui qu'il reçut à sa table avec les autres Disciples.

℣. Je ne suis pas venu appeler les justes,

℞. Mais les pécheurs, dit le Seigneur.

Oraison.

Seigneur, secourez-nous par les prières du bienheureux apôtre et évangéliste Matthieu, afin que ce que nous ne pouvons obtenir par nous-mêmes, nous soit accordé par son intercession. Ainsi soit-il.

Vocation de saint Matthieu. — Fig. : III *Reg.*, xix, 19, 21. Vocation d'Elisée et repas qui l'a suivie. — Proph. : *Os.*, vi, 6. *Misericordiam volui, et non sacrificium.* J'ai voulu la miséricorde, et non le sacrifice.

LXVIIe VISITE.

CAPHARNAUM.

Comme le passage du saint Évangile exposé ici renferme des paroles que Notre-Seigneur a prononcées à Capharnaüm, nous lui donnerons pour cadre quelques traits ajoutés à la description qui a déjà été faite de cette ville.

Au XVIIe siècle, un voyageur de Galilée raconte qu'étant venu rechercher l'emplacement de Capharnaüm, près de Khan Minieh, il déboucha sur le lac et s'aperçut qu'il était descendu trop bas. Il remonta alors un chemin taillé dans le roc vif, et dut bientôt traverser des terres fortes et argileuses, au milieu desquelles il eut bien de la peine à reconnaître cette malheureuse ville. Ce n'étaient que ruines amoncelées. Capharnaüm, dit-il, se nomme aujourd'hui Tel-Houm, et se trouve à environ une bonne lieue de l'embouchure du Jourdain dans le lac de Génésareth.

Admirons ici de nouveau le Sauveur qui veut bien condescendre à répondre aux Pharisiens orgueilleux, et lisons cette belle page de nos saints livres.

ÉVANGILE.

	Marc., II.
18. Les disciples de Jean et ceux des Pharisiens jeûnaient souvent. Étant venus trouver Jésus, ils lui dirent :	18. *Et erant discipuli Joannis et Pharisæi jejunantes : et veniunt, et dicunt illi : Quare discipuli Joannis et Pharisæo-*

rum jejunant, tui autem discipuli non jejunant?

19. *Et ait illis Jesus : Numquid possunt filii nuptiarum, quamdiu sponsus cum illis est, jejunare? Quanto tempore habent secum sponsum, non possunt jejunare.*
20. *Venient autem dies cum auferetur ab eis sponsus : et tunc jejunabunt in illis diebus.*
21. *Nemo assumentum panni rudis assuit vestimento veteri : alioquin aufert supplementum novum a veteri, et major scissura fit.*

22. *Et nemo mittit vinum novum in utres veteres : alioquin dirumpet vinum utres, et vinum effundetur, et utres peribunt.....* (MATTH., IX, 14-17; LUC., V, 33-37.)

LUC., V.
38. *Sed vinum novum in utres novos mittendum est, et utraque conservantur.*
39. *Et nemo bibens vetus, statim vult novum, dicit enim : Vetus melius est.*

Pourquoi les disciples de Jean et des Pharisiens jeûnent-ils, tandis que vos disciples ne jeûnent pas?

19. Jésus leur répondit : Les amis de l'époux peuvent-ils jeûner, pendant que l'Époux est avec eux? Tant qu'ils ont l'époux avec eux, ils ne peuvent jeûner.
20. Mais il viendra un temps où l'époux leur sera ôté, et c'est alors qu'ils jeûneront.
21. Personne ne met une pièce de drap neuf à un vieux vêtement ; car la pièce neuve emporte une partie du vieux vêtement, qui se déchire encore davantage.

22. L'on ne met point non plus le vin nouveau dans de vieux vaisseaux ; parce que, si on le fait, le vin nouveau rompt les vieux vaisseaux, le vin se répand, et les vaisseaux se perdent.

38. Mais il faut mettre le vin dans des vaisseaux neufs, et ainsi tout se conserve.
39. Et il n'y a personne qui, buvant du vin vieux, en veuille aussitôt du nouveau, car il dit : Le vieux est meilleur.

RÉFLEXIONS.

1º Les interrogations des Pharisiens ne respirent pas l'humilité et l'obéissance. Quant aux disciples de Jean, s'ils font ces questions, c'est pour être instruits. Leur conduite est louable, et appelle la divine condescendance de Jésus. Le Sauveur répondra à ces âmes droites.

Oui, ô Sauveur de nos âmes, nous savons que vous êtes bon et compatissant. Nous savons que vous avez voulu prendre toutes nos infirmités.

2º Jésus est l'époux des âmes, et il est présent visiblement à l'humanité ; c'est pourquoi il ne veut pas imposer le jeûne durant le temps de son passage sur la terre. Ses disciples n'auront-ils pas le temps de jeûner après son départ, quand ils auront appris de l'Esprit-Saint, au Cénacle, toute vérité, et reçu de lui la force d'en haut. Quelle leçon pour nous, au dire de plusieurs Pères de l'Église, de ne pas imposer des fardeaux trop lourds aux néophytes dans la foi !

3º Les jours de pénitence sont venus : Jésus n'est plus visible, il faut le chercher et le trouver par la pénitence, par une conduite toute différente de celle que nous tenions autrefois. Il ne faut plus joindre des morceaux d'étoffe neufs à des vêtements usés, ni mettre le vin nouveau dans de vieux vases. C'est une vie nouvelle qui va commencer pour le monde en Jésus-Christ et par lui.

PRIÈRES.

Ant. Les âmes des fidèles sont des vierges que le Christ, leur époux, aime tendrement. Elles l'aiment aussi

Ant. *Animæ fidelium sunt virgines quas sponsus Christus diligit. Etiam ipsum animæ semper amant Jesum et* ingemiscunt dicentes : *Veni, Domine Jesu, veni.*

℣. *Auferetur ab eis Jesus,*

℟. *Tunc jejunabunt.*

ORemus.

Præsta, quæsumus, omnipotens Deus, ut observationes sacras jejunii continuâ devotione recolentes et corpore tibi placeamus et mente. Amen.

et disent en gémissant : Venez, Seigneur Jésus, venez.

℣. Jésus disparaîtra de leurs regards ;

℟. Alors les disciples jeûneront.

Oraison.

Dieu tout-puissant, nous vous en supplions, accordez-nous la grâce de célébrer les saintes observances des jeûnes avec une persévérante dévotion, afin que nous puissions vous plaire, et par le corps et par l'âme. Ainsi soit-il.

Le Christ époux de l'Église. — Fig. : *Cant.,* v, 2. L'époux invite ses amis au repas de noce. — Proph. : *Ps.,* xviii, 6. *Ipse tanquam sponsus procedens.* Il s'avance beau comme un époux.

Prudence dans les actes. — Fig. : *Sap.,* xi, 21. Dieu dispose toute chose avec mesure, avec nombre et avec poids. — Proph. : *Sap.,* viii, 1. *Attingit a fine ad finem fortiter, disponit omnia suaviter.* La sagesse atteint avec force depuis une extrémité jusqu'à l'autre, et elle dispose tout avec douceur.

Piscine probatique.

LXVIIIe VISITE.

L'HOMME INFIRME DEPUIS TRENTE-HUIT ANS.

Sur le côté septentrional de l'emplacement de l'ancien temple, vous trouvez la Piscine probatique, ouvrage de Salomon. Ce monument, auquel tant de souvenirs se rattachent, est tout près de la porte qui conduit au lieu du martyre de saint Étienne ; et entre cette piscine et les murailles de la ville, il n'y a qu'un étroit chemin allant à la place de la mosquée ou du temple.

La Piscine probatique est ainsi appelée, ou bien parce que près de là se tenait le marché aux animaux pour les sacrifices, ou bien parce que l'on puisait en cet endroit l'eau qui servait à laver les victimes. On l'a nommée encore Piscine de Bethsaïda, maison de pêche, ou Bethseda, maison d'effusion, soit pour signifier que l'on pêchait de beaux poissons dans ce vaste étang, soit pour rappeler la vertu de Dieu répandue sur ces eaux.

Voici dans quel état se trouvait la Piscine probatique du temps de saint Jérôme : « L'on y voit deux réservoirs, dont l'un, pendant l'hiver, se remplit de l'eau de la pluie, l'autre est de couleur fort rouge, et il porte les marques de ce qu'on y faisait autrefois, car on dit que les victimes y étaient lavées par les prêtres. Lorsque, placé à l'orient, on la considère, on a auprès de soi un petit rebord de deux ou trois pieds de hauteur, puis, en face, à l'occident, on aperçoit deux grandes arcades qui forment deux voûtes assez enfoncées. » Saint Jérôme ajoute que « anciennement il y avait cinq porches ».

La piscine, qui est très profonde, a au moins cent trente mètres de longueur sur quarante de largeur.

Lorsque l'on restaurait, il y a quelques années, l'église de Sainte-Anne, qui est près de là, on y jeta beaucoup de décombres. Ce lieu aujourd'hui sert de décharge au quartier environnant. Desséchée au reste et demi-comblée, la piscine renferme çà et là quelques tamarins, des nopals et des grenadiers sauvages.

C'est donc là que l'Ange du Seigneur autrefois descendait à différentes époques, agitait l'eau et lui communiquait la vertu de guérir le malade qui, le premier, viendrait s'y plonger.

Près de cette piscine, Notre-Seigneur vint un jour. Il aperçoit un pauvre paralytique que son infirmité empêchait toujours d'arriver le premier à la fontaine, après que l'ange l'avait remuée. Pauvre, il n'avait personne pour l'y porter rapidement et pour le plonger dans ses eaux. Il raconte cela à Notre-Seigneur, qui le guérit par un seul mot tombé de ses lèvres. Le miracle, opéré le jour du sabbat, excite la jalousie des Juifs hypocrites, qui cherchent à faire mourir le Sauveur. C'est ce fait évangélique que nous avons à contempler ici.

Jésus, rencontrant plus tard ce paralytique dans le temple, lui dit : « Vous voilà guéri. Allez ! et ne péchez plus, de peur qu'il ne vous arrive quelque chose de pire. »

Le divin Maître nous faisait connaître par là que la racine de tout mal est dans le péché.

ÉVANGILE.

JOAN., V.

1. Après cela, arriva la fête des Juifs, et Jésus monta à Jérusalem.

1. *Post hæc erat dies festus Judæorum, et ascendit Jesus Jerosolymam.* (LEV., XXIII, 5; NUM., XXVIII, 16; DEUT., XVI, 1.)

2. Or il y a à Jérusalem la piscine des brebis, appelée en hébreu Bethsaïda, et qui est entourée de cinq portiques.

2. *Est autem Jerosolymis probatica piscina, quæ cognominatur hebraice Bethsaida, quinque porticus habens.*

3. Là gisaient à terre, le long de ces portiques, un grand nombre d'infirmes, des aveugles, des boiteux, des paralytiques, dont les membres étaient tout desséchés; et tous attendaient que l'eau de la piscine fût agitée.

3. *In his jacebat multitudo magna languentium, cæcorum, claudorum, aridorum, expectantium aquæ motum.*

4. Car l'Ange du Seigneur, à certains moments, descendait dans cette piscine et en remuait l'eau; et le premier

4. *Angelus autem Domini descendebat secundum tempus in piscinam: et movebatur aqua. Et qui prior descen-*

disset in piscinam post motionem aquæ, sanus fiebat a quacumque detinebatur infirmitate.

5. *Erat autem quidam homo ibi, triginta et octo annos habens in infirmitate sua.*

6. *Hunc cum vidisset Jesus jacentem, et cognovisset quia jam multum tempus haberet, dicit ei : Vis sanus fieri?*

7. *Respondit ei languidus: Domine, hominem non habeo, ut, cum turbata fuerit aqua, mittat me in piscinam: dum venio enim ego, alius ante me descendit.*

8. *Dicit ei Jesus: Surge, tolle grabatum tuum, et ambula.*

9. *Et statim sanus factus est homo ille: et sustulit grabatum suum, et ambulabat. Erat autem Sabbatum in die illo.*

10. *Dicebant ergo Judæi illi qui sanatus fuerat: Sabbatum est, non licet tibi tollere grabatum tuum.* (Exod., XX, 11. Jerem., XVII, 24.)

11. *Respondit eis: Qui me sanum fecit, ille mihi dixit:*

qui descendait dans la piscine après l'agitation de l'eau était guéri, quelque maladie qu'il eût.

5. Or il y avait là un homme qui était malade depuis trente-huit ans.

6. Jésus, le voyant couché par terre et connaissant qu'il était malade depuis fort longtemps, lui dit : « Voulez-vous être guéri? »

7. Le malade lui répondit : « Seigneur, je n'ai personne pour me jeter dans la piscine, après que l'eau a été remuée; et pendant que j'y vais, un autre y descend avant moi.

8. Jésus lui dit : Levez-vous, prenez votre lit, et marchez.

9. Et à l'instant cet homme fut guéri; et prenant son grabat sur ses épaules, il marchait. Or ce jour-là était un jour de Sabbat.

10. Les Juifs dirent donc à celui qui avait été guéri : C'est aujourd'hui le jour du Sabbat, il ne vous est pas permis de porter votre lit.

11. Il leur répondit : Celui qui m'a guéri m'a

MALADE GUÉRI, JÉSUS FILS DE DIEU.

dit : Emportez votre lit et marchez.

12. Ils lui demandèrent : Et qui est donc cet homme-là qui vous a dit : Emportez votre lit, et marchez?

13. Mais le paralytique guéri ne savait qui c'était : car Jésus s'était retiré de la foule du peuple qui était là ramassée.

14. Cependant Jésus rencontra après cet homme dans le Temple, et il lui dit : Vous voilà guéri ; ne péchez plus à l'avenir, de peur qu'il ne vous arrive quelque chose de pire.

15. Cet homme s'en alla trouver les Juifs, et leur annonça que c'était Jésus qui l'avait guéri.

16. Pour ce motif, les Juifs persécutaient Jésus, lui reprochant de faire ces œuvres le jour du Sabbat.

17. Jésus leur répondit : Mon Père, jusqu'à cette heure, ne cesse point d'agir, et moi sans cesse aussi j'agis.

18. Les Juifs cherchaient donc avec plus d'ardeur à le

Tolle grabatum tuum, et ambula.

12. *Interrogaverunt ergo eum : Quis est ille homo, qui dixit tibi : Tolle grabatum tuum, et ambula?*

13. *Is autem qui sanus fuerat effectus, nesciebat quis esset. Jesus enim declinavit a turba constituta in loco.*

II.

14. *Postea invenit eum Jesus in Templo, et dixit illi : Ecce sanus factus es : jam noli peccare, ne deterius tibi aliquid contingat.*

III.

15. *Abiit ille homo, et nuntiavit Judæis, quia Jesus esset, qui fecit eum sanum.*

16. *Propterea persequebantur Judæi Jesum, quia hæc faciebat in Sabbato.*

17. *Jesus autem respondit eis : Pater meus usque modo operatur, et ego operor.*

18. *Propterea ergo magis quærebant eum Judæi inter-*

ficere, quia non solum solvebat Sabbatum, sed et patrem suum dicebat Deum, æqualem se faciens Deo. Respondit itaque Jesus, et dixit eis :

19. *Amen, amen dico vobis: non potest Filius a se facere quidquam, nisi quod viderit Patrem facientem: quæcumque enim ille fecerit, hæc et Filius similiter facit.*

20. *Pater enim diligit Filium, et omnia demonstrat ei, quæ ipse facit : et majora his demonstrabit ei opera, ut vos miremini.*

21. *Sicut enim Pater suscitat mortuos, et vivificat: sic et Filius, quos vult, vivificat.*

22. *Neque enim Pater judicat quemquam: sed omne judicium dedit Filio,*

23. *Ut omnes honorificent Filium, sicut honorificant Patrem: qui non honorificat Filium, non honorificat Patrem, qui misit illum.*

faire mourir, parce que non seulement il ne gardait pas le Sabbat, mais de plus il disait que Dieu était son père et se faisait ainsi égal à Dieu. Aussi Jésus leur dit :

19. En vérité, en vérité je vous le déclare, le Fils ne peut agir de lui-même, et ne fait que ce qu'il voit faire au Père : car tout ce que fait le Père, le Fils aussi le fait comme lui,

20. Parce que le Père aime le Fils, et lui communique tout ce qu'il fait ; et il lui montrera des œuvres encore plus grandes que celles-ci, de sorte que vous en serez vous-mêmes remplis d'admiration.

21. Comme le Père ressuscite les morts, et leur rend la vie ; de même le Fils donne la vie à qui il lui plaît.

22. Car le Père ne juge personne, mais il a donné tout pouvoir de juger au Fils,

23. Afin que tous honorent le Fils comme ils honorent le Père. Celui qui n'honore point le Fils, n'honore point le Père qui l'a envoyé.

24. En vérité, en vérité je vous le dis : celui qui entend ma parole et croit à celui qui m'a envoyé, a la vie éternelle, et il ne vient point en jugement ; mais il est déjà passé de la mort à la vie.

25. En vérité, en vérité je vous le déclare : l'heure vient, et elle est déjà venue, que les morts entendront la voix du Fils de Dieu, et ceux qui l'auront entendue vivront.

26. Car, comme le Père a la vie en lui-même, il a aussi donné au Fils d'avoir en lui-même la vie ;

27. Et il lui a donné le pouvoir de juger, parce qu'il est le Fils de l'homme.

28. Ne vous étonnez pas de ceci ; car l'heure vient en laquelle tous ceux qui sont dans les sépulcres entendront la voix du Fils de Dieu :

29. Et ceux qui auront fait le bien sortiront du tombeau pour ressusciter à la vie, et ceux qui auront fait le mal ressusciteront pour être condamnés.

30. Pour moi, je ne puis

24. *Amen, amen dico vobis, quia qui verbum meum audit, et credit ei qui misit me, habet vitam æternam, et in judicium non venit, sed transiit a morte in vitam.*

25. *Amen, amen dico vobis, quia venit hora, et nunc est, quando mortui audient vocem Filii Dei : et qui audierint, vivent.*

IV.

26. *Sicut enim Pater habet vitam in semetipso : sic dedit et Filio habere vitam in semetipso :*

27. *Et potestatem dedit ei judicium facere, quia Filius hominis est.*

28. *Nolite mirari hoc, quia venit hora in qua omnes, qui in monumentis sunt, audient vocem Filii Dei.*

29. *Et procedent qui bona fecerunt, in resurrectionem vitæ : qui vero mala egerunt, in resurrectionem judicii.* (MATTH., XXV, 46.)

30. *Non possum ego a*

meipso facere quidquam. Sicut audio, judico: et judicium meum justum est, quia non quæro voluntatem meam, sed voluntatem ejus qui misit me.

31. *Si ego testimonium perhibeo de meipso, testimonium meum non est verum.*

32. *Alius est qui testimonium perhibet de me: et scio quia verum est testimonium quod perhibet de me.*(MATTH., III, 17; JOANN., I, 15.)

33. *Vos misistis ad Joannem: et testimonium perhibuit veritati.*

34. *Ego autem non ab homine testimonium accipio: sed hæc dico ut vos salvi sitis.*

35. *Ille erat lucerna ardens et lucens : vos autem voluistis ad horam exultare in luce ejus.*

V.

36. *Ego autem habeo testimonium majus Joanne: opera enim quæ dedit mihi Pater, ut perficiam ea; ipsa opera quæ ego facio, testimo-*

rien faire de moi-même. Je juge selon ce que j'entends: et mon jugement est juste, parce que je ne cherche pas ma volonté, mais la volonté de celui qui m'a envoyé.

31. Si je rends témoignage de moi-même, mon témoignage ne suffit pas.

32. Il y en a un autre qui rend témoignage de moi; et je sais que ce qu'il témoigne de moi est véritable.

33. Vous avez envoyé à Jean, et il a rendu témoignage à la vérité.

34. Pour moi, ce n'est pas d'un homme que je reçois témoignage. Mais si je dis ceci, c'est afin que vous soyez sauvés.

35. Jean-Baptiste était une lumière ardente et luisante, et vous avez voulu vous réjouir un moment à sa lumière.

36. Pour moi, j'ai un témoignage plus grand que celui de Jean-Baptiste; car les œuvres que mon Père m'a donné le pouvoir de

faire, et que je fais, ces œuvres-là mêmes rendent témoignage de moi et proclament assez que c'est mon Père qui m'a envoyé.

37. Et le Père, qui m'a envoyé, lui-même rend témoignage de moi. Vous n'avez jamais entendu sa voix, ni vu rien qui le représentât.

38. Et sa parole ne demeure point en vous, parce que vous ne croyez pas à celui qu'il a envoyé.

39. Lisez avec soin les Écritures, puisque vous croyez y trouver la vie éternelle : ce sont elles qui rendent témoignage de moi ;

40. Mais vous ne voulez pas venir à moi pour trouver la vie.

41. Je ne reçois point ma gloire des hommes.

42. Mais je vous connais, et je sais que vous n'avez point l'amour de Dieu en vous.

43. Je suis venu au nom de mon Père, et vous ne me recevez pas : et si un autre vient en son propre nom, vous le recevrez.

44. Comment pouvez-vous croire, vous qui vous de-

nium perhibent de me, quia Pater misit me.

37. *Et qui misit me Pater, ipse testimonium perhibuit de me : neque vocem ejus unquam audistis, neque speciem ejus vidistis.* (Deut., IV, 12 ; Matth., III, 17.)

38. *Et verbum ejus non habetis in vobis manens : quia quem misit ille, huic vos non creditis.*

39. *Scrutamini Scripturas, quia vos putatis in ipsis vitam æternam habere : et illæ sunt quæ testimonium perhibent de me ;*

40. *Et non vultis venire ad me, ut vitam habeatis.*

41. *Claritatem ab hominibus non accipio.*

42. *Sed cognovi vos, quia dilectionem Dei non habetis in vobis.*

43. *Ego veni in nomine Patris mei, et non accipitis me : si alius venerit in nomine suo, illum accipietis.*

44. *Quomodo vos potestis credere, qui gloriam ab invi-*

cem accipitis, et gloriam quæ a solo Deo est, non quæritis?	mandez la gloire les uns aux autres, et qui ne cherchez point la gloire qui vient de Dieu seul?
45. *Nolite putare quia ego accusaturus sim vos apud Patrem : est qui accusat vos Moyses, in quo vos speratis.*	45. Ne pensez pas que ce soit moi qui doive vous accuser devant le Père : vous avez un accusateur, c'est Moïse auquel vous espérez.
46. *Si enim crederetis Moysi, crederetis forsitan et mihi : de me enim ille scripsit.* (Gen., III, 15; XXII, 18; XLIX, 10 ; Deut., XVIII, 15.)	46. Car si vous croyiez à Moïse, vous croiriez aussi en moi, parce que c'est de moi qu'il a écrit.
47. *Si autem illius litteris non creditis, quomodo verbis meis credetis?*	47. Que si vous ne croyez pas à ses écrits, comment croirez-vous à mes paroles?

RÉFLEXIONS I (DU ℣. 1 AU 14).

1° Ces aveugles, ces boiteux, ces paralytiques, tous ces malades sont la figure des paralytiques, des boiteux, des aveugles, de tous les malades dans l'ordre spirituel.

Puissions-nous, si nous sommes du nombre de ces pauvres infirmes, avoir le même zèle qu'eux pour notre guérison !

2° La piscine est le bain salutaire de la pénitence. Celui-là seul était guéri qui, le premier, descendait dans la piscine antique, aussitôt après que l'ange en avait remué l'eau. Dans la piscine du sacrement de pénitence, tout le monde trouve tous les jours la guérison.

Avons-nous suivi les inspirations de notre conscience

et de notre ange gardien, qui nous pressaient de nous approcher du sacrement de pénitence?

3º Les pécheurs les plus endurcis n'ont rien à craindre. Jésus veut aussi leur guérison, comme il a voulu celle du paralytique malade depuis trente-huit ans. Il leur demande : *Vis sanus fieri?* Voulez-vous guérir? Et Jésus sait leur répondre : « Levez-vous, prenez votre lit et marchez. » O pécheurs, si vous le voulez, vous pouvez guérir! Suivez les douces inspirations du Sauveur.

RÉFLEXIONS II (ỳ. 14).

1º Il est dit que Jésus, trouvant le paralytique dans le Temple, lui rappelle d'abord le bienfait insigne qu'il a reçu. *Ecce sanus factus es.* C'était assurément une grande grâce que le pauvre malade attendait depuis longtemps. Aussi devait-il la bien considérer, et tâcher de s'en faire une idée vraie pour se montrer reconnaissant.

2º Jésus l'exhorte à ne plus pécher. Sa maladie était-elle une conséquence de ses péchés personnels, ou bien venait-elle du péché originel qui est la source générale de tous les maux en ce monde? Peu importe. Ici Notre-Seigneur nous insinue, ce semble, qu'il fallait l'attribuer au péché, après la recommandation expresse qu'il lui fait : *Jam noli peccare.* Ne péchez plus.

3º Après l'avoir exhorté à ne plus transgresser la loi de Dieu et lui avoir rappelé le miracle dont il a été l'objet, Jésus lui fait une menace : *Ne deterius aliquid tibi contingat.* Ne péchez plus, de peur qu'il ne vous arrive quelque chose de pire.

En effet celui qui abandonne Jésus après avoir tout reçu de lui, et qui se jette dans une voie mauvaise, perd son temps et sa vie, et il s'expose à la ruine spirituelle la plus entière; enfin, s'il persévère dans le mal, il n'échappera pas au supplice éternel. Ce sont de graves et redoutables alternatives.

RÉFLEXIONS III (DU ℣. 15 AU 26).

1º Jésus affirme ici d'une manière éclatante sa nature divine, et il se montre en tout égal à son Père. Le Père ne fait rien sans lui; il n'agit qu'avec Jésus et par Jésus. Avons-nous toujours cru fermement à l'enseignement de Jésus appuyé sur ses œuvres divines?

2º Jésus renouvelle son affirmation, et il y ajoute même le serment. Le Fils ne peut rien, lui aussi, sans le Père; leur union est indissoluble. Ils sont unis dans leur amour, dans leur puissance. Le Père crée, et le Fils aussi; le Père ressuscite les morts, et le Fils aussi.

3º Il y a un point spécial affirmé dans ce passage du saint Évangile, c'est le pouvoir judiciaire de Jésus. Il est le juge de tous. Cela est certain. Et cependant il ne jugera pas, c'est-à-dire ne condamnera pas ceux qui croiront en lui et vivront pour lui. Ils passeront de la vie présente, qui est une mort, à la vie éternelle. Qu'il en soit ainsi de nous!

RÉFLEXIONS IV (DU ℣. 26 AU 36).

1º C'est un serment que prononce le divin Maître. Les hommes ressusciteront tous à l'appel de sa voix, car le Père lui a donné tout pouvoir. Oh! que ce jour sera redoutable pour les pécheurs, consolant pour les justes et grand pour tous.

2º Les bons ressusciteront pour la vie, c'est-à-dire pour la gloire éternelle. Vivre, c'est le besoin inné de nos âmes. Vivre toujours, c'est le bien suprême auquel nous aspirons.

Or la vie éternelle est toute en Jésus. Il l'a reçue du Père pour nous la communiquer un jour.

3° Les méchants ressusciteront pour la mort, et la mort éternelle. Si déjà la mort est si redoutable pour nous sur la terre, où elle est l'expiation du péché, que sera-ce quand elle en sera le châtiment éternel ? Y avons-nous jamais pensé sérieusement ?

RÉFLEXIONS V (DU ℣. 36 A LA FIN).

1° Le grand et irréfragable témoin de Jésus-Christ, ce sont ses œuvres. Ses œuvres nous rendent témoignage de ce qu'il est. A ce témoignage, tous, nous sommes obligés de nous rendre. Jésus a accompli des œuvres divines que nul autre n'a faites ni ne fera jamais.

2° Les divines Écritures lui rendent aussi un témoignage certain. Il faut donc les scruter toutes pour y découvrir le Messie promis au monde, pour en reconnaître toutes les marques sacrées. Sa vie n'a-t-elle pas été prédite dans le plus grand détail ?

3° Ce qui condamnera encore les incrédules, c'est qu'ils auront cru à tous les autres prophètes, à ceux qui viennent de leur propre autorité, à ceux qui ne cherchent que leur propre gloire, et ils n'auront pas voulu croire à celui qui n'a cherché que la gloire de Dieu, son Père et le nôtre. Quel sujet de graves réflexions et de retour sincère à Jésus !...

PRIÈRES.

ANT. Or il y avait là un homme, qui était malade depuis trente-huit ans, et Jésus lui dit : Voulez-vous être guéri ?	ANT. *Erat autem quidam homo ibi, triginta et octo annos habens in infirmitate sua, cui dixit Jesus : Vis sanus fieri ?*

℣. Surge, tolle grabatum tuum, et ambula.

℟. Et statim sanus factus est homo ille.

OREMUS.

Infirmitates nostras respice, Domine Jesu Christe, et gratia tuæ pietatis animarum sana languores, qui tot annis ægrotantem virum, et apud hanc probaticam Piscinam aquæ motum, ut sanaretur, expectantem respexisti, eumque tua indicibili pietate motus, solo verbo curasti. Amen.

℣. Levez-vous, prenez votre lit, et marchez.

℟. Et aussitôt cet homme fut guéri.

ORAISON.

Seigneur Jésus, donnez un regard de compassion à nos infirmités, et, par un effet tout gratuit de votre miséricorde, daignez guérir les maladies de nos âmes, vous qui avez jeté les yeux sur un homme malade depuis tant d'années, assis auprès de la Piscine probatique, dans l'attente de sa guérison, et qui, cédant aux sentiments d'une indicible bonté, lui avez rendu la santé en prononçant un seul mot. Ainsi soit-il.

I. *Guérison du malade depuis trente-huit années.* — FIG. : *Tob.*, VI, 9, 12. L'archange Raphaël envoyé pour sauver Tobie. — PROPH. : *Is.*, XXXV, 6. *Tunc saliet sicut cervus claudus.* Les boiteux deviendront aussi agiles que les cerfs.

II. *Puissance et jugement du Christ.* — FIG. : *Ex.*, III, 4. Mission et puissance que Dieu donna à Moïse. — PROPH. : *Ps.*, XCV, 13. *Judicabit orbem terræ in æquitate.* Dieu jugera la terre avec justice.

III. *Témoignage du Christ, ses œuvres.* — FIG. : *Ex.*, VII, 19. Témoignage de Moïse, ses prodiges. — PROPH. : *Ps.*, XVIII, 1, 4. *Cœli enarrant gloriam Dei, et opera manuum annuntiat firmamentum.* Les cieux racontent la gloire de Dieu, et le firmament annonce les œuvres de ses mains.

IV. *L'incrédulité des Juifs vient de leur orgueil.* — FIG. : *Ex.*, VII ad XII. L'incrédulité des Égyptiens vient de leur orgueil. — PROPH. : *Deut.*, XVIII, 15. *Prophetam de gente tua... suscitabit tibi Dominus.* Le Seigneur vous suscitera un prophète de votre nation.

Champ des épis.

LXIXe VISITE.

LE CHAMP DES ÉPIS, PRÈS DE CANA

EN GALILÉE.

Le champ des Épis n'est autre, selon la tradition locale, que l'endroit même où le Sauveur, qui passait par là le jour du Sabbat, permit à ses Apôtres d'arracher quelques épis de blé pour en manger le grain.

C'est à deux lieues environ, au nord de la montagne des Béatitudes, et à trois kilomètres de Cana, que le pèlerin a la consolation de traverser ce champ. Le terrain, en pente douce, vers le nord, est rocailleux. On voit, non loin, un térébinthe très ancien, qui marque, dit-on, le lieu où Notre-Seigneur eut à défendre ses Apôtres contre les Pharisiens, qui les accusaient de violer le Sabbat en froissant quelques épis.

ÉVANGILE.

Luc., vi.

1. *Factum est autem in Sabbato secundo primo, cum transiret per sata, vellebant Discipuli ejus spicas, et manducabant confricantes manibus.* (Matth., xii, 1.)

Marc., ii (23).
24. *Pharisæi autem dicebant ei : Ecce, quid faciunt Sabbatis quod non licet ?*

25. *Et ait illis : Numquam legistis quid fecerit David, quando necessitatem habuit, et esuriit ipse, et qui cum eo erant?* (I Reg., xxi, 6.)

26. *Quomodo introivit in domum Dei sub Abiathar principe sacerdotum, et panes propositionis manducavit, quos non licebat manducare, nisi sacerdotibus, et dedit eis qui cum eo erant?* (Lev., xxiv, 9.)

27. *Et dicebat eis : Sabbatum propter hominem factum*

1. Un jour de Sabbat, appelé le second premier, Jésus passait le long des blés. Ses Disciples se mirent à arracher des épis et à en manger, après les avoir froissés dans leurs mains.

24. Les Pharisiens lui dirent : Voilà vos disciples qui font ce qu'il n'est point permis de faire le jour du Sabbat.

25. Il leur répondit : N'avez-vous jamais lu ce que fit David dans le besoin où il se trouva, lorsque lui et ceux qui l'accompagnaient furent pressés par la faim ?

26. Ignorez-vous, comment il entra dans la maison de Dieu, du temps du grand prêtre Abiathar, et mangea les pains de proposition, quoiqu'il ne lui fût pas permis d'en manger, mais aux prêtres seulement ; et ne savez-vous pas aussi qu'il en donna à ceux qui étaient avec lui ?

27. Et il leur disait : Le Sabbat a été fait pour

l'homme, et non l'homme pour le Sabbat.

5. N'avez-vous pas lu encore dans la loi, que les prêtres, aux jours du Sabbat, dans le temple, violent le Sabbat, et ne sont cependant pas coupables?

6. Or, je vous le déclare, il y a ici quelqu'un plus grand que le temple.

7. Si vous saviez bien ce que veut dire cette parole : J'aime mieux la miséricorde que le sacrifice, vous n'auriez jamais condamné des innocents.

8. Car le Fils de l'homme est maître du Sabbat même.

est, et non homo propter Sabbatum.

MATTH., XII.

5. *Aut non legistis in lege, quia Sabbatis sacerdotes in templo Sabbatum violant, et sine crimine sunt?* (Num., XXVIII, 9.)

6. *Dico autem vobis, quia templo major est hic.*

7. *Si autem scieretis, quid est : Misericordiam volo et non sacrificium, nunquam condemnassetis innocentes.* (I Reg., XV, 22; Eccl., IV, 17; Osee, VI, 6.)

8. *Dominus enim est Filius hominis etiam Sabbati.*

RÉFLEXIONS.

1º En voyant les Disciples arracher les épis, les broyer et manger les grains, saint Chrysostome s'écrie : « *Admirez donc comment les disciples de Jésus s'inquiètent peu de leur corps; leur nourriture est celle des pauvres, et cela ne les fait pas s'éloigner de lui.* » Ah! c'est que la présence de Jésus, ses enseignements, ses miracles les nourrissent, et ils mettent en pratique la doctrine du Maître : L'homme ne vit pas seulement de pain, mais de toute parole qui sort de la bouche de Dieu.

2º Les Pharisiens sont scandalisés de voir les disciples de Jésus prendre du blé et le manger un jour de Sabbat. Hélas! leur intelligence est si peu ouverte aux choses de Dieu, et leur charité si restreinte pour le prochain, qu'ils auraient, sans aucun doute, préféré voir mourir les autres, plutôt que de les voir faire ce qui, après tout, était permis dans le cas d'une entière nécessité. Faisons en sorte, que notre justice soit plus pleine et plus parfaite que la leur.

3° Le Sauveur répond par l'Écriture, c'est-à-dire, par la parole de Dieu. C'est dans les saints Livres que nous trouverons notre force en face de nos oppresseurs. Comptons toujours sur Dieu, sur sa parole, et nous serons sauvés.

PRIÈRES.

ANT. *Quum Dominus Sabbatis ambularet per sata, et Discipuli ejus cœperunt progredi, et vellere spicas, quos Pharisæi condemnabant.*

℣. *Sabbatum propter hominem factum est,*
℟. *Et non homo propter Sabbatum.*

OREMUS.

Præsta, quæsumus, omnipotens Deus, ut quos obligat dominicale præceptum ipsa quoque devotio sancta lætificet. Amen.

ANT. Comme le Seigneur passait, un jour de Sabbat, à travers des champs de blé, ses Disciples s'avancèrent et arrachèrent des épis. Et les Pharisiens les condamnèrent.

℣. Le Sabbat a été fait pour l'homme,
℟. Et non l'homme pour le Sabbat.

ORAISON.

Dieu tout-puissant, qui nous avez imposé la sainte loi du Dimanche, faites, nous vous en supplions, qu'en l'observant fidèlement, nous y trouvions une douce consolation. Ainsi soit-il.

Les Apôtres broient des épis le jour du Sabbat. — FIG. : I Reg., XXI, 6. David mange le pain sanctifié. — PROPH. : Os., VI, 6. *Misericordiam volo, et non sacrificium.* Je veux la miséricorde, et non le sacrifice.

Ruines de synagogue à Capharnaüm.

LXXᵉ VISITE.

SYNAGOGUE D'UNE VILLE DE GALILÉE.

Quelques auteurs ont pensé que la synagogue de Capharnaüm était celle où Jésus guérit instantanément une main desséchée. Rien à cela de surprenant, car cette cité était par excellence la ville de Notre-Seigneur. Il est dit d'elle dans le saint Évangile : *Sa ville*.

« La ville de Bethléem, écrit saint Chrysostome, a eu la joie de voir naître Jésus ; à Nazareth il a été conçu et il a grandi ; mais Capharnaüm a été sa demeure habituelle, dans le cours de ses prédications et alors qu'il faisait ses miracles. »

Néanmoins, le lieu où Jésus opéra ce miracle peut être une autre synagogue, située dans quelque village entre Cana et Capharnaüm.

Nous verrons les Pharisiens chercher dans ce nouvel

acte de la miséricorde du Sauveur l'occasion de le perdre ; mais ils n'y réussiront point, car son heure n'est pas encore venue.

ÉVANGILE.

Luc., vi.

6. *Factum est autem et in alio Sabbato, ut intraret in synagogam, et doceret. Et erat ibi homo, et manus ejus dextra erat arida.*

7. *Observabant autem Scribæ et Pharisæi, si in Sabbato curaret, ut invenirent unde accusarent eum.*

8. *Ipse vero sciebat cogitationes eorum.*

Matth., xii.

11. *Ipse autem dixit illis : Quis erit ex vobis homo, qui habeat ovem unam, et si ceciderit hæc Sabbatis in foveam, nonne tenebit et levabit eam?* (Deut., xxii, 4.)

12. *Quanto magis melior est homo ove? Itaque licet Sabbatis benefacere.*

Marc., iii.

3. *Et ait homini habenti manum aridam : Surge in medium.*

6. Un autre jour de Sabbat, Jésus était entré dans une synagogue et y enseignait. Un homme dont la main droite était desséchée se trouvait là.

7. Les Scribes et les Pharisiens observaient Jésus, pour voir s'il guérirait cet homme le jour du Sabbat, afin d'avoir un sujet de l'accuser.

8. Mais Jésus connaissait leurs pensées.

11. Il leur dit donc : Quel est celui d'entre vous qui ayant une brebis, si elle vient à tomber dans une fosse le jour du Sabbat, ne la relève et ne la retire ?

12. Combien un homme ne vaut-il pas mieux qu'une brebis ? Il est donc permis de bien faire le jour du Sabbat.

3. Et il dit à l'homme dont la main était desséchée : Tenez-vous là au milieu.

GUÉRISON D'UNE MAIN DESSÉCHÉE.

4. Puis il leur dit : Est-il permis, les jours de Sabbat, de bien faire ou de mal faire? de sauver la vie d'un homme, ou de le laisser périr? Et tous demeuraient dans le silence.

5. Et, les ayant regardés avec indignation, affligé qu'il était de l'aveuglement de leurs cœurs, il dit à cet homme : Étendez votre main. Et lui, l'ayant étendue, elle devint saine.

6. Les Pharisiens étant sortis, tinrent aussitôt conseil avec les Hérodiens pour le perdre.

4. *Et dicit eis: Licet Sabbatis benefacere, an male? animam salvam facere, an perdere? At illi tacebant.*

5. *Et circumspiciens eos cum ira, contristatus super cæcitate cordis eorum, dicit homini: Extende manum tuam. Et extendit, et restituta est manus illi.*

6. *Exeuntes autem Pharisæi, statim cum Herodianis consilium faciebant adversus eum, quomodo eum perderent.*

(Vide MATTH., XII, 9-14; MARC., III, 1, 2; LUC., VI, 9-11.)

RÉFLEXIONS.

1º Saint Matthieu rapporte l'interrogation de ces Pharisiens ennemis de Jésus. *Si licet Sabbatis curare an non?* Est-il permis de guérir le jour du Sabbat? S'il répond affirmativement, on accusera Jésus auprès des Princes du peuple comme violateur de la loi. Si sa réponse est négative, on le traitera comme un homme sans charité. Perfides Pharisiens, ne savez-vous pas que vous serez déjoués dans vos astucieuses pensées? Ne savez-vous pas que Jésus est Dieu?

2º Jésus fait venir au milieu de ses ennemis le malade. Sa main desséchée ne va pas tarder à être guérie. Car le bien est permis le jour du Sabbat. Ce que nous voulons toujours, ô notre Sauveur, c'est faire le bien pour votre gloire et votre honneur, et compter uniquement sur vous pour la récompense.

3º Les Pharisiens jaloux et mal intentionnés vont être témoins du miracle. Tout à l'heure, cette main reprendra vie. Mais ils ne croiront point et s'endurciront dans leurs pensées. O mon Dieu, faites qu'il n'en soit pas ainsi de moi, et que je cherche uniquement votre amour. Rendez mes mains aptes au bien et à toutes les bonnes œuvres.

PRIÈRES.

ANT. *Licet Sabbatis benefacere an non? ait Jesus; at illi tacebant.*

℣. *Extende manum tuam, ait Jesus.*
℟. *Restituta est illi manus.*
OREMUS.

Dexteram tuæ majestatis, Domine, super nos extende, ut ad omne bonum dirigantur nostræ voces et opera.
Amen.

ANT. Est-il permis, les jours de Sabbat, de bien faire ou de mal faire? demandait Jésus. Mais ils demeuraient dans le silence.

℣. Étends la main, dit Jésus.
℟. Sa main lui fut rendue.
ORAISON.

Dieu de majesté, étendez sur nous votre main droite, afin que toutes nos paroles et nos œuvres soient dirigées vers une bonne fin.
Ainsi soit-il.

Guérison de la main desséchée. — FIG. : III *Reg.*, XIII, 6. Le prophète guérit la main desséchée du roi Jéroboam. — PROPH. : *Num.*, XVIII, 3. *Excubabunt Levitæ... ad... cuncta opera tabernaculi.* Les Lévites seront occupés tous les jours à des ouvrages dans le tabernacle.

LXXIe VISITE.

JÉSUS DANS UNE BARQUE SUR LA MER

DE GALILÉE.

ÉSUS se retire devant la violence haineuse des Pharisiens, et quitte la synagogue où il vient de rendre miraculeusement à un homme l'usage de sa main. C'est auprès de la mer de Galilée qu'il porte ses pas divins.

Là, il voit une barque. Ses disciples la demandent au batelier, parce que le Sauveur va adresser la parole à un peuple nombreux venu de Tyr, de Sidon, de l'Idumée et du pays au delà du Jourdain. Jésus a besoin de mettre entre lui et cet auditoire immense quelque espace.

C'est de dessus ce bateau qu'il va enseigner la multitude, guérir les âmes et les corps. Y eut-il jamais un spectacle plus ravissant sur cette mer de Galilée?

Ainsi jusqu'à la fin des siècles, Jésus, dans la barque de la sainte Église, nourrira les âmes du pain de la vérité éternelle.

ÉVANGILE.

MARC., III.

7. Or Jésus se retira avec ses Disciples vers la mer; et une grande foule de peuple le suivait de la Galilée, de la Judée,

8. De Jérusalem, de l'Idumée, des pays au delà du

7. Jesus autem cum Discipulis suis secessit ad mare : et multa turba a Galilæa et Judæa secuta est eum,

8. Et ab Jerosolymis, et ab Idumæa, et trans Jordanem :

et qui circa Tyrum et Sidonem, multitudo magna, audientes quæ faciebat, venerunt ad eum.

9. *Et dixit Discipulis suis ut navicula sibi deserviret propter turbam, ne comprimerent eum.*

10. *Multos enim sanabat, ita ut irruerent in eum, ut illum tangerent quotquot habebant plagas.*

11. *Et spiritus immundi, cum illum videbant, procidebant ei, et clamabant dicentes :*

12. *Tu es Filius Dei. Et vehementer comminabatur eis ne manifestarent illum,*

MATTH., XII.

17. *Ut adimpleretur quod dictum est per Isaiam prophetam, dicentem :*

18. *Ecce puer meus, quem elegi, dilectus meus, in quo bene complacuit animæ meæ. Ponam spiritum meum super eum, et judicium gentibus nuntiabit.* (Isai. XLII, 1.)

Jourdain ; et ceux des alentours de Tyr et de Sidon, ayant entendu parler de ce qu'il faisait, vinrent le trouver.

9. Et il dit à ses Disciples de lui tenir là une barque, afin qu'elle lui servît pour n'être pas accablé par la foule du peuple.

10. Comme il en guérissait beaucoup, tous ceux qui étaient affligés de quelque mal, se jetaient sur lui pour le toucher.

11. Et lorsque les esprits impurs le voyaient, ils se prosternaient devant lui en criant :

12. Vous êtes le Fils de Dieu. Mais il leur défendait avec menace de le manifester,

17. Afin que cette parole du prophète Isaïe fût accomplie :

18. Voici mon serviteur que j'ai élu, mon bien-aimé dans lequel j'ai mis toute l'affection de mon âme. Je ferai reposer sur lui mon esprit, et il annoncera la justice aux nations.

19. Il ne disputera point, il ne criera point, et personne n'entendra sa voix dans les places publiques.	19. *Non contendet, neque clamabit, neque audiet aliquis in plateis vocem ejus :*
20. Il ne brisera pas le roseau cassé, et il n'éteindra point la mèche qui fume encore, jusqu'à ce qu'il fasse triompher la justice de sa cause :	20. *Arundinem quassatam non confringet, et linum fumigans non extinguet, donec ejiciat ad victoriam judicium:*
21. Et les nations espéreront en son nom.	21. *Et in nomine ejus gentes sperabunt.*

RÉFLEXIONS.

1° Jésus est le Fils bien-aimé du Père, il a en lui l'Esprit-Saint. Il est le grand prédicateur de la vérité dans le monde. Ne l'oublions jamais. C'est le Verbe de Dieu, et, par conséquent, l'objet de toutes les prédilections du Père céleste.

2° En venant sur la terre, il n'a voulu que s'humilier et prêcher toutes les vertus : le silence au milieu des injures, la paix dans les persécutions. Sa voix est toujours suave et douce. O mon Sauveur! vous n'arracherez pas le faible roseau agité par le vent des tribulations. Ce roseau, c'est mon âme si fragile, qui, malgré ses infidélités, veut vous aimer. C'est une petite flamme que vous ne voudrez pas éteindre.

3° N'êtes-vous pas, ô mon Sauveur, l'espoir de toutes les nations? Oui, tous les peuples attendent votre divin jugement. Le jour de ce jugement viendra, et alors nous aurons l'abondance et l'éternité de la paix.

PRIÈRES.

Ant. *Ecce puer meus, quem elegi, in quo bene complacui. Ponam spiritum meum super eum, et judicium gentibus nuntiabit.*

℣. *Tunc Jesus secessit ad mare ;*
℟. *Et de navicula docebat turbas.*

Oremus.
Perfice, Domine, benignus in nobis sermonum tuorum divina commercia, ut a terrenis affectibus liberati ad cœleste desiderium transferamur. Amen.

Ant. Voici mon serviteur, que j'ai choisi, mon bien-aimé dans lequel j'ai mis toutes mes complaisances. Je ferai reposer mon esprit sur lui, et il annoncera la justice aux nations.

℣. Alors Jésus se retira vers la mer ;
℟. Et du haut de la barque il enseignait les foules.

Oraison.
Rendez de plus en plus étroits, ô Seigneur, les liens par lesquels vos saints discours nous ont attachés à vous ; et délivrez-nous des affections de la terre en nous remplissant de désirs tout célestes : nous implorons cette grâce de votre bonté infinie. Ainsi soit-il.

I. *Possédés du démon.* — Fig. : *Judic.*, III à XVI Juges suscités pour délivrer Israël. — Proph. : *Zach.*, III, 1, 2... *Ad Satan : increpet Dominus in te.* L'Ange dit à Satan : Que le Seigneur te réprime !

II. *Haine des Juifs pour Jésus.* — Fig. : *Gen.*, XXXVII, 4, 5. Haine des fils de Jacob contre Joseph. Proph. : *Ps.*, CVIII, 1, 5. *Sermonibus odii circumdederunt me.* Ils m'ont environné de paroles de haine.

III. *Le Christ, sa douceur.* — *Il est l'espoir des nations.* — Fig. : I *Reg.*, XXVI, 7, 25. Mansuétude et bonté de David. — Proph. : *Is.*, XLII, 1, 7. *Ecce servus meus... Judicium gentibus proferet.* Voici mon serviteur... Il rendra la justice aux nations.

Première vue de la montagne des Béatitudes.

LXXIIe VISITE.

LA MONTAGNE DE JÉSUS-CHRIST

ET DES APOTRES.

A L'OCCIDENT de Capharnaüm et à l'orient de Sephet, lorsque l'on gravit le rocher noir semé de pierres qui borde le lac de Galilée au couchant, non loin de Bethsaïda, on arrive bientôt à une vaste plaine élevée, appelée plaine d'Hittin.

La plaine d'Hittin présente çà et là des ondulations de terrain plus ou moins accentuées.

A partir du lieu de la multiplication des pains, qu'on trouve là, il y a environ une lieue jusqu'à la montagne au-dessous de laquelle est la montagne des Béatitudes. C'est sur ce sommet élevé que le Sauveur passa la nuit en prières. C'est là aussi, qu'à la suite de cette longue oraison, il appela ses disciples, et en choisit douze pour être ses apôtres, les messagers et les témoins de la bonne nouvelle. Pour ce motif, ce sommet est appelé la montagne de Jésus-Christ et des Apôtres. *Mons Christi.* Cette cime, qui comprend quelques rochers, forme un espace de trois cents pas de circonférence, au milieu duquel se trouve un enfoncement. Tout l'ensemble de ce petit plateau est plus long que large, affecte une figure ovale, et se termine par deux pointes que l'on appelle aussi les Cornes d'Hittin. La corne la plus élevée est le lieu de l'élection des Apôtres.

ÉVANGILE.

Luc., vi.

12. *Factum est autem in illis diebus, exiit in montem orare, et erat pernoctans in oratione Dei.*

13. *Et cum dies factus esset, vocavit discipulos suos : et elegit duodecim ex ipsis (quos et Apostolos nominavit)*; (Matth., x, 1.)

Marc., iii (13).

14. *Et fecit ut essent duodecim cum illo, et ut mitteret eos prædicare.*

15. *Et dedit illis potesta-*

12. En ces jours-là Jésus s'en alla sur la montagne pour y prier; et il y passa toute la nuit en s'entretenant avec Dieu.

13. Le jour étant venu, il appela à lui ses disciples, et il en choisit douze parmi eux, qu'il nomma Apôtres;

14. Et il en établit douze pour être toujours avec lui, et dans le dessein de les envoyer prêcher.

15. Et il leur donna le

ÉLECTION DES APOTRES.

pouvoir de guérir toutes sortes de maladies, et de chasser les démons.

16. Le premier fut Simon, à qui il donna le nom de Pierre ;

17. Puis Jacques, fils de Zébédée, et Jean, frère de Jacques, que Jésus nomma Boanergès, c'est-à-dire Enfants du tonnerre ;

18. Puis André, Philippe, Barthélemi, Matthieu, Thomas, Jacques, fils d'Alphée, Thaddée, Simon le Cananéen,

19. Et Judas Iscariote, qui trahit Jésus.

tem curandi infirmitates, et ejiciendi dæmonia.

16. *Et imposuit Simoni nomen Petrus;*

17. *Et Jacobum Zebedæi, et Joannem fratrem Jacobi, et imposuit eis nomina Boanerges, quod est, Filii tonitrui;*

18. *Et Andream, et Philippum, et Bartholomæum, et Matthæum, et Thomam, et Jacobum Alphæi, et Thaddæum, et Simonem Cananæum,*

19. *Et Judam Iscariotem, qui et tradidit illum.*

(Vide Luc., VI, 14-16.)

RÉFLEXIONS.

1° Notre-Seigneur se retire à l'écart pour prier ; il monte sur une montagne, s'élevant ainsi, selon l'explication de saint Bonaventure, au-dessus des choses terrestres.

2° Il prie pendant toute la nuit. La nuit, c'est le temps du repos, le temps calme, où l'on peut se livrer plus à son aise à la prière. Les vrais chrétiens imitent Notre-Seigneur en priant chaque soir. Nous voyons les Saints passer les nuits en prière ; et plus d'un ordre religieux chante, à l'heure du repos, les louanges de Dieu.

3° Quand il a fini sa longue oraison, Notre-Seigneur

procède à l'élection de ses Apôtres. Il les appelle individuellement, et en fait les colonnes et les fondements de l'Église.

Remercions le Sauveur de ses prières, et de l'élection des Apôtres, qui ont versé leur sang pour remplir le mandat qui leur était confié.

PRIÈRES.

A̶nt. *Exiit Jesus in montem orare, et erat pernoctans; et quum dies factus esset, elegit duodecim in discipulos, quos et Apostolos nomivavit quibus postea dixit : Non vos me elegistis, sed ego elegi vos ut eatis et fructum afferatis, et fructus vester maneat. Estote ergo prudentes sicut serpentes et simplices sicut columbæ.*

℣. *Rogate ergo dominum messis,*

℟. *Ut mittat operarios in messem suam.*

Oremus.

Deus, qui infirma mundi eligis ut fortia quæque confundas, deprecationem nostram, quæsumus, exaudi, ut per Apostolos tuos continua

Ant. Jésus s'en alla sur la montagne pour y prier, et il y passa la nuit. Le jour étant venu, il choisit douze de ses disciples, qu'il appela Apôtres. Il leur dit ensuite: Ce n'est pas vous qui m'avez choisi, mais moi ; je vous ai choisis afin que vous alliez et que vous apportiez du fruit, et que votre fruit demeure. Soyez donc prudents comme les serpents, et simples comme les colombes.

℣. Priez donc le maître de la moisson,

℟. Pour qu'il envoie des ouvriers la recueillir.

Oraison.

O Dieu, qui choisissez la faiblesse même pour confondre la force, exaucez la prière que nous vous faisons humblement de nous garder toujours, par l'intercession de vos Apôtres, dans la connaissance des choses de la foi. Ainsi soit-il.

nos protectione et eruditione custodias. Amen.

I. *Élection des douze Apôtres.* — Fig. : *Num.*, I, 4, 19. Les premiers parmi les douze tribus sont choisis pour le dénombrement d'Israël. — Proph. : *Num.*, XVI, 5, 10. *Quos elegerit (Dominus) appropinquabunt ei.* Ceux que le Seigneur aura choisis s'approcheront de lui.

II. *Noms des douze Apôtres.* — Fig. : *Ex.*, XXXIX, 8, 19. Le nom des douze tribus sur le rational d'Aaron. — Proph. : *Is.*, LXI, 6. *Vos autem sacerdotes Domini vocabimini ministri Dei.* O prêtres du Seigneur, vous serez vraiment appelés ses ministres.

Vue de la montagne des Béatitudes.

LXXIIIe VISITE.

LA MONTAGNE DES BÉATITUDES.

Au-dessous de la montagne de Jésus-Christ et des Apôtres, dont il a été question dans la visite précédente, se trouve un second tertre, une deuxième colline ou montagne d'Hittin. Le plateau, assez grand, est presque entièrement entouré de pierres qui ressemblent aux ruines d'un édifice.

C'est là que, d'après la tradition, Notre-Seigneur prononça l'admirable discours connu sous le nom de *Sermon de Jésus-Christ sur la Montagne*, et fit connaître au monde la divine doctrine touchant la vie et la perfection chrétiennes. Le Sauveur était sur le second tertre avec ses disciples; le premier tertre était derrière eux et au-dessus d'eux; la foule se tenait au bas, tout près, dans la plaine. En parlant,

Jésus pouvait voir ou montrer Corozaïm, Capharnaüm, Bethsaïda, le lac de Génésareth, le Thabor, l'Hermon, les montagnes de Galaad.

Ainsi, dans le plan supérieur, se trouvait le lieu de la prière de Jésus; dans le plan moyen, l'endroit d'où il parlait; dans le plan inférieur, la place occupée par la multitude.

Quel souvenir! Ici Jésus a changé tous les malheurs de la terre en félicité, pour les âmes de bonne volonté. Ici il a enseigné une doctrine si belle qu'un Dieu seul peut en être l'auteur. Ici il nous a appris à dire à Dieu : *Notre Père qui êtes aux cieux!* Plusieurs auteurs croient qu'en ce lieu il existait autrefois une église consacrée au divin prédicateur sur la montagne sainte. Il est certain qu'on voyait là, il y a deux siècles, les restes d'une citerne. Les ruines qu'on y retrouve encore sont du côté méridional du plateau appuyé au nord sur le premier tertre.

ÉVANGILE.

Luc., VI.

17. Descendant avec ses Apôtres, Jésus prit place *sur l'un des plateaux de la montagne*, dans un lieu champêtre, au milieu de tous ses Disciples et d'une grande multitude de peuples de toute la Judée, de Jérusalem, et du pays maritime de Tyr et de Sidon,

18. Qui étaient venus pour l'entendre, et pour être guéris de leurs maux.

17. *Et descendens cum illis, stetit in loco campestri, et turba Discipulorum ejus, et multitudo copiosa plebis ab omni Judæa, et Jerusalem, et maritima et Tyri et Sidonis,*

18. *Qui venerant ut audirent eum, et sanarentur a languoribus suis. Et qui vexa-*

bantur a spiritibus immundis, curabantur.	Et ceux d'entre eux qui étaient tourmentés par les esprits impurs étaient guéris.
19. *Et omnis turba quærebat eum tangere : quia virtus de illo exibat, et sanabat omnes.*	19. Et tout le peuple cherchait à le toucher, parce qu'il sortait de lui une vertu qui les guérissait tous.
20. *Et ipse, elevatis oculis in discipulos suos, dicebat...*	20. Levant les yeux vers ses disciples, Jésus disait :
MATTH., V.	
3. *Beati pauperes spiritu : quoniam ipsorum est regnum cælorum.* (LUC., VI, 20.)	3. Bienheureux les pauvres d'esprit, parce que le royaume des cieux est à eux.
4. *Beati mites : quoniam ipsi possidebunt terram.* (Ps., XXXVI, 11.)	4. Bienheureux ceux qui sont doux, parce qu'ils posséderont la terre.
5. *Beati qui lugent : quoniam ipsi consolabuntur.* (Is., LXI, 2.)	5. Bienheureux ceux qui pleurent, parce qu'ils seront consolés.
6. *Beati qui esuriunt, et sitiunt justitiam : quoniam ipsi saturabuntur.*	6. Bienheureux ceux qui ont faim et soif de la justice, parce qu'ils seront rassasiés.
7. *Beati misericordes: quoniam ipsi misericordiam consequentur.*	7. Bienheureux les miséricordieux, parce qu'ils obtiendront miséricorde.
8. *Beati mundo corde: quoniam ipsi Deum videbunt.* (Ps., XXIII, 4.)	8. Bienheureux ceux qui ont le cœur pur, parce qu'ils verront Dieu.
9. *Beati pacifici : quoniam filii Dei vocabuntur.*	9. Bienheureux les pacifiques, parce qu'ils seront appelés les enfants de Dieu.
10. *Beati qui persecutionem patiuntur propter justi-*	10. Bienheureux ceux qui souffrent persécution pour la

justice, parce que le royaume des cieux est à eux.

11. Vous serez bienheureux lorsque les hommes, à cause de moi, vous maudiront, vous persécuteront, et diront contre vous toute sorte de mal, en mentant.

12. Réjouissez-vous, et tressaillez d'allégresse, parce qu'une grande récompense vous est réservée dans les cieux : c'est ainsi qu'ils ont persécuté les prophètes, qui ont été avant vous.

24. Mais malheur à vous, riches, parce que vous avez votre consolation en ce monde.

25. Malheur à vous, qui êtes rassasiés, parce que vous aurez faim. Malheur à vous qui riez maintenant, parce que vous gémirez et vous pleurerez.

26. Malheur à vous, lorsque les hommes diront du bien de vous ; car c'est ainsi que leurs pères traitaient les faux prophètes.

tiam : quoniam ipsorum est regnum cœlorum. (I Pet., II, 20 ; III, 14 ; IV, 14.)

11. Beati estis cum maledixerint vobis, et persecuti vos fuerint, et dixerint omne malum adversum vos mentientes, propter me.

12. Gaudete et exultate, quoniam merces vestra copiosa est in cœlis : sic enim persecuti sunt prophetas, qui fuerunt ante vos.

Luc., VI.

24. Verumtamen væ vobis divitibus, quia habetis consolationem vestram. (Amos, VI, 1 ; Eccli., XXXI, 8.)

25. Væ vobis, qui saturati estis, quia esurietis. Væ vobis, qui ridetis nunc, quia lugebitis et flebitis. (Is., LXV, 13.)

26. Væ cum benedixerint vobis homines : secundum hæc enim faciebant pseudoprophetis patres eorum.

RÉFLEXIONS.

1º Quelle foule se presse autour de Jésus! Je la vois, environnant la montagne sainte, d'où le Sauveur va faire entendre les paroles de véritable paix et de vrai bonheur. Ces malades demandent à être guéris. Ils le seront, et leur âme reviendra à la santé comme leur corps.

2º Heureux les pauvres, les doux, les malheureux de ce monde, les affamés de la justice, les miséricordieux, les purs, les pacifiques et les persécutés! A tous le royaume des cieux est promis, avec la paix sur cette terre. Quelle consolation!

3º Malheur aux riches, aux grands et aux heureux de ce monde, à ceux qui abusent de tous ces biens! Les pleurs, et les pleurs pour l'éternité, seront leur partage. N'est-ce pas tout l'opposé de la doctrine du monde? Écoutons donc Jésus, notre vrai docteur, et nous aurons la paix et tout le bonheur que nous pouvons désirer.

PRIÈRES.

Ant. *De jugo montis ubi elegerat Apostolos, descendit Jesus cum illis, et sedens in loco campestri et alto, docebat eos dicens: Beati pauperes spiritu, beati mites, beati mundo corde, beati pacifici, beati qui lugent!*.....

Ant. Jésus descendit avec ses Apôtres du sommet de la montagne où il les avait choisis, et, s'asseyant dans un lieu champêtre et élevé, il les enseignait en disant : Bienheureux les pauvres d'esprit, bienheureux les doux, bienheureux ceux qui ont le cœur pur, bienheureux les pacifiques, bienheureux ceux qui pleurent!

LES HUIT BÉATITUDES.

℣. Réjouissez-vous et tressaillez d'allégresse,

℟. Parce que votre récompense est grande dans les cieux.

ORAISON.

O Dieu, dont le Fils unique a paru sur la terre revêtu de notre humanité, faites que nous méritions d'être réformés intérieurement par celui qui s'est rendu extérieurement semblable à nous. Ainsi soit-il.

℣. *Gaudete et exultate,*

℟. *Quoniam merces vestra copiosa est in cœlis.*

OREMUS.

Deus, cujus Unigenitus in substantia nostræ carnis apparuit, præsta, quæsumus, ut per eum quem similem nobis foris agnovimus, intus reformari mereamur. Amen.

I. *Miracles du Christ, sermon sur la montagne.* — FIG. : *Ex.,* XX. Le Seigneur promulgue la loi au Sinaï. — PROPH. : *Ps.,* II, 6. *Constitutus sum rex ab eo super montem Sion, prædicans præceptum ejus.* J'ai été établi roi par Dieu, sur la montagne de Sion, pour prêcher ses préceptes.

II. *Les huit béatitudes.* — FIG. : *Deut.,* XXVIII, 1, 14. Bénédictions promises à ceux qui observent la loi. — PROPH. : *Is.,* XXX, 18, 23. *Panis frugum terræ erit uberrimus et pinguis.* Les fruits de la terre seront beaux et abondants.

III. *Malédictions aux riches.* — FIG. : *Deut.,* XXVIII, 15, 68. Malédictions à ceux qui violent la loi. — PROPH. : *Is.,* V, 8-25. *Væ qui conjungitis domum ad domum... væ qui...!* Malheur à vous, riches, qui ajoutez une maison à une autre... oui, malheur!...

LXXIVe VISITE.

LA MONTAGNE DES BÉATITUDES.

NE nous lassons point de contempler cette montagne tapissée de verdure et de fleurs pendant quelques mois de l'année. C'est un endroit favorable à la prédication de Jésus ; c'est un lieu attrayant pour les âmes éprises de l'amour de la sagesse éternelle, qui n'est autre que le Verbe incarné. Notre Sauveur aimait cette solitude et cette montagne. Il en a fait le théâtre de ses enseignements divins, et le lieu par excellence de ses entretiens avec le ciel. On n'en doit pas être étonné. Les sites élevés et solitaires aident l'âme à monter aux régions supérieures, où l'on trouve Dieu, et avec lui le calme et la sagesse.

C'est pourquoi nous voyons les Chartreux sur le sommet des Alpes, les Bénédictins au mont Cassin, etc.

Nous, qui n'habitons pas ces sommets de la nature, nous pouvons, du moins en esprit, nous tenir élevés dans la sphère divine et surnaturelle, là où l'on cesse d'être à l'étroit, là où l'on respire l'amour divin et la charité envers les hommes.

ÉVANGILE.

MATTH., v.

13. *Vos estis sal terræ. Quod si sal evanuerit, in quo salietur ? Ad nihilum valet*

13. Vous êtes le sel de la terre. Mais si le sel s'affadit, avec quoi pourra-t-on

LES APOTRES, SEL ET LUMIÈRE DU MONDE.

lui rendre sa force? Il n'est plus bon à rien qu'à être jeté dehors et à être foulé aux pieds.

14. Vous êtes la lumière du monde. Une ville située au sommet d'une montagne ne peut être cachée;

15. Et on n'allume pas une lampe pour la mettre sous le boisseau; mais on la place sur le candélabre, afin qu'elle éclaire tous ceux qui sont dans la maison.

16. Qu'ainsi votre lumière brille devant les hommes, afin que, voyant vos bonnes œuvres, ils glorifient votre Père qui est dans les cieux.

17. Ne pensez pas que je sois venu pour abolir la loi ou les prophètes; je ne suis pas venu pour les abolir, mais pour les accomplir.

18. Car, je vous le dis en vérité, le ciel et la terre passeront, plutôt que ce qui est dans la loi ne s'accomplisse jusqu'à un seul *iota*, un seul point.

19. Celui donc qui violera le moindre de ces préceptes, et donnera un tel enseignement aux hommes, il sera le dernier dans le

ultra, nisi ut mittatur foras, et conculcetur ab hominibus. (MARC., IX, 49; LUC., VIII, 16.)

14. *Vos estis lux mundi. Non potest civitas abscondi supra montem posita,*

15. *Neque accendunt lucernam, et ponunt eam sub modio, sed super candelabrum, ut luceat omnibus qui in domo sunt.* (MARC., IV, 21; LUC., VIII, 16; XI, 33.)

16. *Sic luceat lux vestra coram hominibus, ut videant opera vestra bona, et glorificent Patrem vestrum, qui in cœlis est.* (I Petr., II, 12.)

17. *Nolite putare quoniam veni solvere legem, aut prophetas : non veni solvere, sed adimplere.*

18. *Amen quippe dico vobis, donec transeat cœlum et terra, iota unum, aut unus apex non præteribit a lege, donec omnia fiant.* (LUC., XVI, 17.)

19. *Qui ergo solverit unum de mandatis istis minimis, et docuerit sic homines, minimus vocabitur in regno cœlorum : qui autem fecerit et docuerit,*

hic magnus vocabitur in regno cœlorum. (JAC., II, 10.)	royaume des cieux ; mais celui qui les pratiquera et les enseignera, sera grand dans le royaume des cieux.
20. *Dico enim vobis, quia nisi abundaverit justitia vestra plus quam Scribarum et Pharisæorum, non intrabitis in regnum cœlorum.* (LUC., XI, 39.)	20. Car je vous dis que, si votre justice n'est plus abondante que celle des Scribes et des Pharisiens, vous n'entrerez point dans le royaume des cieux.

RÉFLEXIONS I.

1º Le chrétien, mais surtout l'homme apostolique, doit être le sel de la terre et conserver dans les âmes la bonne odeur de Jésus-Christ. Il doit être la lumière du monde, afin d'éclairer tous les hommes de bonne volonté. C'est pour cela qu'il ne peut se cacher ni mettre sa lumière sous le boisseau.

2º Il faut que chacun cherche à édifier son prochain, ayant en vue Dieu seul et sa gloire. Examinons donc nos actes, nos paroles, nos pensées elles-mêmes, et voyons si tout est bien selon Dieu, et pour la gloire de son nom. Disons avec le prophète (Michée, VII) : *Ego autem ad Dominum adspiciam.* « Pour moi, je regarderai sans cesse le Seigneur. »

3º Les Pharisiens n'ont qu'une justice extérieure et d'emprunt. Il n'en peut être ainsi du vrai chrétien, dont la vertu est essentiellement dans le cœur, et qui, en sanctifiant les autres, travaille énergiquement à se sanctifier lui-même. C'est ce travail intime de l'âme sur elle-même, joint au zèle pour le salut du prochain, que Dieu récompense dans le ciel.

RÉFLEXIONS II.

1º Les Apôtres et les disciples de Jésus sont le sel de la terre et la lumière du monde. Dès lors, ils doivent veiller à leur propre sanctification et à celle des autres.

2º En s'occupant de leur sanctification, ils remplissent une partie de leur mission, ils se conservent eux-mêmes dans la saveur spirituelle de l'Esprit-Saint, et ils sont les reflets vivants de sa divine lumière. C'est le premier pas à faire.

3º Il y en a un second. Leur justice, c'est-à-dire leurs bonnes œuvres, doivent apparaître aux yeux des hommes, afin de les édifier et de les porter à glorifier le Père céleste.

4º S'ils pratiquent le bien et s'ils l'enseignent par leurs exemples et par leurs paroles, ils seront appelés grands dans le royaume des cieux.

PRIÈRES.

Ant. O mes Apôtres et mes disciples, que votre lumière brille devant les hommes, afin que tous glorifient votre Père et le mien, votre Dieu et le mien.

℣. Vous êtes le sel de la terre.

℟. Vous êtes la lumière du monde.

ORAISON.

Dieu éternel et tout-puissant, qui, en considération

Ant. *O Apostoli et discipuli mei, luceat lux vestra coram hominibus, ut glorificent Patrem meum et vestrum Deum meum et vestrum.*

℣. *Vos estis sal terræ.*

℟. *Vos estis lux mundi.*

OREMUS.

Omnipotens sempiterne Deus, qui fragilitati nostræ

consulens, assidua nos omnium Apostolorum communione solaris: da nobis sub patronis talibus constitutis et continua securitate muniri, et salutari gaudere profectu. Amen.

de notre fragilité, nous consolez par une union étroite avec les saints Apôtres, faites que, ayant de tels protecteurs, nous vivions au sein d'une paix constante et que nous progressions sans cesse dans la voie du salut. Ainsi soit-il.

I. *Les Apôtres, sel, lumière du monde.* — Fig. : IV *Reg.,* II, 19, 22. Le sel envoyé par Elisée purifie les eaux. — Proph. : *Sap.,* VI, 22, 24. *Diligite lumen sapientiæ, omnes qui præestis populis.* O vous tous qui gouvernez les peuples, aimez la lumière de la sagesse.

II. *L'œil simple, lumière du corps.* — Fig. : *Ex.,* XXVII, 20, 21. Il faut une huile très pure pour entretenir la lumière. — Proph. : *Prov.,* IV, 18. *Justorum semita quasi lux splendens procedit.* Le sentier des justes est plein de lumineuses clartés.

III. *Obligation d'accomplir la loi.* — Fig. : II *Mach.,* VI, 7. Eléazar et les Machabées observent la loi. — Proph. : *Ps.,* CXVIII. *Non obliviscar justificationes tuas, quia in ipsis vivificasti me.* Je n'oublierai jamais votre loi qui m'a donné la vie.

LXXVe VISITE.

LA MONTAGNE DES BÉATITUDES.

DE quelque côté qu'on la regarde, cette montagne des Béatitudes réjouit la vue. On ne peut se lasser de goûter le calme que son aspect fait naître dans l'âme. Et, quand, tout entier aux souvenirs vivants qu'elle rappelle, on se représente là, dans sa douce majesté, le Sauveur faisant entendre au monde ses paroles de charité, de pardon et de paix, comment ne pas être vivement ému ?

ÉVANGILE.

MATTH., v.

21. Vous savez qu'il a été dit aux anciens : Vous ne tuerez point, et quiconque aura tué méritera d'être condamné par le jugement.

22. Et moi, je vous dis que quiconque se mettra en colère contre son frère, méritera d'être condamné par le jugement. Quiconque dira à son frère : Raca, méritera d'être condamné par le conseil. Et celui qui lui dira : Vous êtes un fou, méritera d'être condamné à la géhenne du feu.

21. *Audistis quia dictum est antiquis : Non occides : qui autem occiderit, reus erit judicio.* (Ex., xx, 13 ; Deut., v, 1.)

22. *Ego autem dico vobis: quia omnis qui irascitur fratri suo reus erit judicio. Qui autem dixerit fratri suo, raca, reus erit concilio. Qui autem dixerit, fatue, reus erit gehennæ ignis.*

23. *Si ergo offers munus tuum ad altare, et ibi recordatus fueris quia frater tuus habet aliquid adversum te :*

24. *Relinque ibi munus tuum ante altare, et vade prius reconciliari fratri tuo : et tunc veniens offeres munus tuum.*

25. *Esto consentiens adversario tuo cito dum es in via cum èo : ne forte tradat te adversarius judici, et judex tradat te ministro, et in carcerem mittaris.*

26. *Amen dico tibi, non exies inde, donec reddas novissimum quadrantem.*

23. Si donc, lorsque vous présentez votre offrande à l'autel, vous vous souvenez que votre frère a quelque chose contre vous,

24. Laissez là votre don devant l'autel, et allez auparavant vous réconcilier avec votre frère, et après cela vous viendrez offrir votre présent.

25. *Lorsque vous allez devant le tribunal avec votre adversaire,* accordez-vous au plus tôt avec lui, pendant que vous êtes en chemin ; de peur que votre adversaire ne vous livre au juge, et que le juge ne vous livre au ministre de la *justice*, et que vous ne soyez mis en prison.

26. Je vous le dis en vérité, vous n'en sortirez pas que vous n'ayez payé jusqu'à la dernière obole.

RÉFLEXIONS I.

1° Qui n'est frappé de la supériorité de la loi nouvelle sur la loi ancienne? La loi ancienne n'empêchait que les fautes les plus grossières ; elle s'attachait à l'extérieur des objets, à l'écorce de l'arbre, et elle ne promettait, le plus souvent, que des récompenses temporelles. Il en est tout autrement de la loi nouvelle.

2º Injurier gravement son frère, lui souhaiter du mal avec une intention mauvaise, c'est commettre le péché et s'exposer à l'enfer. C'est rejeter la qualité d'enfant de Dieu, et rendre inutile le sacrifice qu'on voudrait offrir au Seigneur.

3º Si l'injure n'est pas grave, on s'expose au moins à la condamnation passagère du souverain juge, c'est-à-dire au supplice du purgatoire.

RÉFLEXIONS II.

1º L'ancien commandement ordonne de ne pas faire de mal au prochain ; le nouveau va plus loin, et demande de ne pas même lui en souhaiter. Voilà ce qu'il ne faut jamais oublier.

2º Avant d'offrir son présent à Dieu, dans la prière et dans le sacrifice, il faut se réconcilier avec son frère. Par cette réconciliation, on ajoute à la prière qu'on fait, au sacrifice qu'on offre, quelque chose de bien agréable au Seigneur.

3º La vie n'est pas longue, le chemin à parcourir est court, nos années que sont-elles, comparées à l'éternité? Gardons la paix. Quand même la miséricordieuse bonté de Dieu nous remettrait nos péchés, nous savons bien qu'il faut les expier dans le purgatoire, où les peines qu'on endure sont grandes. Ah ! comme la justice de Dieu s'y exerce avec rigueur ! Là, il faut tout payer, jusqu'à la dernière obole.

PRIÈRES.

ANT. Dieu est charité pour tous ; nous devons donc tous ici-bas être d'accord avec nos frères.	ANT. *Deus charitas est ; omnes ergo simus consentientes fratribus nostris in via.*

℣. Hoc est præceptum meum,

℞. Ut diligatis invicem.

OREMUS.

Exaudi nos, misericors Deus, et mentibus nostris charitatis tuæ lumen ostende. Amen.

℣. Ceci est mon précepte :

℞. Aimez-vous les uns les autres.

ORAISON.

Dieu de miséricorde, exaucez-nous, et montrez à nos âmes la lumière de votre divine charité.

Ainsi soit-il.

Douceur, réconciliation, concorde. — Fig. : I *Reg.*, xxiv. David épargne Saül. — Proph. : *Is.*, ix, 6. *Vocabitur... consiliarius... princeps pacis.* Le Messie sera appelé le divin conseiller, le prince de la paix.

LXXVIe VISITE.

LA MONTAGNE DES BÉATITUDES.

LA plupart des grands actes du Verbe incarné ont été accomplis sur des montagnes. On sait ce qu'a fait le Sauveur au Thabor, au mont des Oliviers, au mont de la Quarantaine, au mont du Calvaire. Sur la montagne des Béatitudes, il fait entendre ses plus admirables oracles; il y enseigne la pureté. Écoutons et aimons Celui qui habite maintenant à jamais les hauteurs des cieux.

ÉVANGILE.

Matth., v.

27. Vous savez qu'il a été dit aux anciens : Vous ne commettrez pas l'adultère.

28. Et moi, je vous dis que quiconque regarde une femme avec un mauvais désir a déjà commis l'adultère dans son cœur.

29. Que si votre œil droit vous est une occasion de scandale, arrachez-le, et jetez-le loin de vous; car il vaut bien mieux pour vous

27. *Audistis quia dictum est antiquis : Non mœchaberis.* (Exod., xx, 14.)

28. *Ego autem dico vobis : Quia omnis, qui viderit mulierem ad concupiscendum eam, jam mœchatus est eam in corde suo.*

29. *Quod si oculus tuus dexter scandalizat te, erue eum, et projice abs te : expedit enim tibi ut pereat unum membrorum tuorum, quam*

totum corpus tuum mittatur in gehennam. (Marc., ix, 46; Matth., xviii, 9.)

3'o. *Et si dextra manus tua scandalizat te, abscide eam, et projice abs te : expedit enim tibi ut pereat unum membrorum tuorum, quam totum corpus tuum eat in gehennam.*

31. *Dictum est autem : Quicumque dimiserit uxorem suam, det ei libellum repudii.* (Deut., xxiv, 1; Matth., xix, 7.)

32. *Ego autem dico vobis: Quia omnis, qui dimiserit uxorem suam, excepta fornicationis causa, facit eam mœchari : et qui dimissam duxerit, adulterat.* (Marc., x, 11; Luc., xvi, 18; I Cor., vii, 10.)

qu'un de vos membres périsse, et que tout votre corps ne soit point jeté dans la géhenne.

30. Et si votre main droite vous est une occasion de chute, coupez-la et jetez-la loin de vous : car il vaut bien mieux pour vous qu'un de vos membres périsse, et que tout votre corps ne soit pas jeté dans la géhenne.

31. Il a été dit encore: Quiconque aura renvoyé sa femme, qu'il lui donne l'acte par lequel il déclare la répudier.

32. Et moi je vous dis que quiconque quitte sa femme, si ce n'est en cas d'adultère, la fait devenir adultère ; et quiconque épouse celle que son mari aura renvoyée, commet un adultère.

RÉFLEXIONS I.

1° *Non mœchaberis.* Vous ne commettrez point l'adultère. Les actes étaient défendus dans l'ancienne loi; ici les désirs mêmes sont interdits. La loi nouvelle prescrit la pureté la plus grande, et elle ne veut que des cœurs purs. *Beati mundo corde.* O Jésus, ô Marie, sauvez nos âmes, sauvez nos corps de la corruption universelle.

2º Le Sauveur recommande aussi d'éviter les occasions du péché. — On ne tombe que parce qu'on se livre aux occasions du péché. Il est certain que quand même telle ou telle occasion serait pour nous aussi précieuse que notre œil, ou notre main, ou notre pied, il vaudrait mieux s'en séparer que de périr en ne la quittant pas.

3º Le mariage chrétien est proclamé indissoluble par le Sauveur. C'est en ce point que la loi nouvelle est plus parfaite que l'ancienne. Quel bien pour la famille, pour la société et pour les bonnes mœurs de tous ! Plaignons ceux qui semblent ne pas comprendre cet avantage incomparable, et prions pour le bonheur des mariages chrétiens.

RÉFLEXIONS II.

1º La loi nouvelle est une loi d'amour envers Dieu et de sainte charité envers le prochain. Ce que permettait la loi de Moïse, la loi de Jésus ne le permet plus.

2º Non seulement le mal impur est défendu au vrai chrétien, mais aussi la seule pensée du mal. C'est pourquoi il faut rejeter loin de soi tout ce qui peut entraîner l'âme au péché. La fuite des occasions est le premier moyen à prendre.

3º Un autre moyen indispensable aussi, c'est la prière, et surtout la prière à la Vierge très pure. *Virgo immaculata, ora pro nobis.* « O Vierge immaculée, priez pour nous. » — Non, jamais vous n'avez été invoquée en vain lorsqu'on vous a priée pour obtenir la pureté.

PRIÈRES.

ANT. Celui qui aime l'innocence du cœur, aura le roi pour ami.	ANT. *Qui diligit cordis munditiam habebit amicum regem.*

℣. *Ave, lilium candidum.*

℟. *Ave, lilium convallium.*
OREMUS.
Ure igne Sancti Spiritus renes nostros et cor nostrum, Domine; ut tibi semper casto corpore serviamus, et mundo corde placeamus. Amen.

℣. Salut, ô lis éclatant de blancheur.

℟. Salut, ô lis des vallées.
ORAISON.
O mon Dieu, brûlez nos reins et nos cœurs, par le feu de votre Esprit-Saint, afin que nous vous servions toujours avec un corps chaste, et que nous vous soyons agréables par la pureté de nos âmes. Ainsi soit-il.

Continence, fidélité conjugale. — FIG. : *Tob.*, IV, 13. Tobie recommande à son fils la fidélité conjugale. — PROPH. : *Ps.*, XI, 7. *Eloquia Domini, eloquia casta.* Les paroles du Seigneur sont des paroles chastes.

LXXVIIe VISITE.

LA MONTAGNE DES BÉATITUDES.

VOICI, dit Salomon, la voix de mon bien-aimé. Le voici bondissant sur les montagnes. *Ecce venit saliens in montibus* (Cant., II, 8). Et saint Grégoire, pape, continue ainsi : « *Jésus, pour accomplir notre salut, a fait des bonds de géant. Du ciel, il est venu dans le sein d'une Vierge; du sein d'une Vierge sur la Croix, et de la Croix dans le Sépulcre.* » Quelle consolation de le contempler encore sur ce mont où il enseigne aux hommes la voie du parfait bonheur! Laissons-le nous conduire doucement, à travers cette terre de mort, à la céleste patrie, par la pratique de ses adorables préceptes.

ÉVANGILE.

MATTH., V.

33. Vous savez encore qu'il a été dit aux anciens : Vous ne vous parjurerez point; mais vous remplirez les serments que vous aurez faits au Seigneur.

34. Et moi, je vous dis de ne point jurer du tout : ni par le ciel, parce que c'est le trône de Dieu;

33. *Iterum audistis quia dictum est antiquis : Non perjurabis; reddes autem Domino juramenta tua.* (Exod., XX, 7; Lev., XIX, 12; Deut., V, 11; JAC., V, 12.)

34. *Ego autem dico vobis, non jurare omnino, neque per cœlum, quia thronus Dei est:*

35. *Neque per terram, quia scabellum est pedum ejus : neque per Jerosolymam, quia civitas est magni Regis :*	35. Ni par la terre, parce que c'est son marchepied; ni par Jérusalem, parce que c'est la cité du grand Roi.
36. *Neque per caput tuum juraveris, quia non potes unum capillum album facere, aut nigrum.*	36. Ne jurez pas non plus par votre tête, parce que vous ne pouvez en rendre un seul cheveu blanc ou noir.
37. *Sit autem sermo vester, est, est: non, non: quod autem his abundantius est, a malo est.* (JAC., V, 12.)	37. Contentez-vous de dire : Oui, cela est; non, cela n'est pas. Car ce qu'on dit de plus vient d'un mauvais principe.

RÉFLEXIONS I.

1º Jurer, c'est prendre Dieu à témoin de ce qu'on affirme : chose grave, on le comprend, et qui ne doit jamais être faite sans réflexion: Jurer d'une manière inconsidérée est un acte condamné par le saint Évangile. O mon Dieu, que de fois j'ai inutilement employé votre nom trois fois saint! Que désormais ce nom auguste ne sorte de mes lèvres qu'avec des bénédictions.

2º Le plus souvent, il faut répondre oui ou non : *Est, est ; non, non,* aux questions qu'on nous adresse. Évitons, autant que possible, d'ajouter autre chose, et ne prenons jamais à témoin, pour des riens, le ciel et la terre. Tel est l'ordre du Sauveur. — Prions pour les blasphémateurs et les parjures.

3º En certaines circonstances le serment est permis, et alors on doit suivre fidèlement l'enseignement de l'Église sur ce sujet. Nous sommes-nous toujours comportés ainsi? puis, avons-nous aimé et béni le nom du Seigneur?

RÉFLEXIONS II.

1º Ne pas faire de serments et d'imprécations est la marque d'une âme qui se possède pleinement. On ne peut se posséder ainsi que par la grâce de Notre-Seigneur.

2º C'est d'ailleurs son précepte : *Je vous le dis, ne jurez point*. Quelle parole, et quel ordre ! Et combien de chrétiens sont portés à l'enfreindre ! Mais ne savent-ils pas qu'ils s'exposent à une juste condamnation ?

3º Que notre parole soit toujours véridique, disons : « Cela est, cela n'est pas. » *Est, est : non, non*. Voilà le précepte du Maître. O mon Sauveur, faites-moi la grâce d'être toujours vrai, toujours simple dans mes paroles, sans fard, sans affectation, sans serments inutiles et coupables.

PRIÈRES.

ANT. Je vous dis de ne pas jurer du tout : ni par le ciel, ni par la terre, ni par votre propre tête.	ANT. *Dico vobis non jurare omnino, neque per cœlum, neque per terram, neque per caput vestrum.*
℣. Contentez-vous de dire : Oui, cela est.	℣. *Sit sermo vester: Est, est.*
℟. Contentez-vous de dire : Non, cela n'est pas.	℟. *Sit sermo vester : Non, non.*
ORAISON.	OREMUS.
Que votre vérité nous illumine toujours, ô Seigneur, et qu'elle nous défende de tout mal. Ainsi soit-il.	*Tua nos, Domine, veritas semper illuminet, et ab omni pravitate defendat. Amen.*

Du serment ; des imprécations. — FIG. : *Ex.*, xx, 5. Tu ne prendras pas en vain le nom de Dieu. — PROPH. : *Ps.*, XXIII, 4, 5. *Qui nec juravit in dolo... hic accipiet benedictionem a Domino*. Heureux celui qui n'a pas juré faussement ; il recevra les bénédictions du Seigneur.

LXXVIIIe VISITE.

LA MONTAGNE DES BÉATITUDES.

O vous tous qui cherchez Jésus, dit la sainte Église, dans sa liturgie sacrée, *oculos in altum tollite* : élevez vos yeux en haut, c'est-à-dire, regardez les hauteurs des cieux, où règne une béatitude sans fin. Mais contemplez aussi la montagne des Béatitudes, où notre divin Sauveur nous montre le chemin royal du salut. C'est toujours la même montagne que nous avons à gravir en ce moment, et la suite du même enseignement qu'il nous faut entendre.

ÉVANGILE.

MATTH., V.

38. *Audistis quia dictum est : Oculum pro oculo, et dentem pro dente.* (Ex., XXI, 24.)

39. *Ego autem dico vobis, non resistere malo : sed si quis te percusserit in dexteram maxillam tuam, præbe illi et alteram* (Luc., VI, 29) :

40. *Et ei, qui vult tecum judicio contendere, et tunicam tuam tollere, dimitte ei et pallium* (I Cor., VI, 7) :

41. *Et quicumque te anga-*

38. Vous savez qu'il a été dit : Œil pour œil, et dent pour dent.

39. Et moi, je vous dis de ne point résister au mal que l'on veut vous faire ; mais si quelqu'un vous donne un soufflet sur la joue droite, tendez-lui l'autre joue.

40. Et à celui qui veut plaider contre vous pour vous prendre votre tunique, donnez-lui de plus votre manteau.

41. Et si quelqu'un veut

vous contraindre de faire mille pas avec lui, faites-en deux mille en plus.

42. Donnez à celui qui vous demande; et celui qui veut vous faire un emprunt, ne le repoussez pas.

43. Vous savez qu'il a été dit : Vous aimerez votre prochain comme vous-même, et vous haïrez votre ennemi.

44. Et moi, je vous dis : Aimez vos ennemis, faites du bien à ceux qui vous haïssent, et priez pour ceux qui vous persécutent et qui vous calomnient;

45. Afin que vous soyez les enfants de votre Père qui est dans les cieux, qui fait lever son soleil sur les bons et sur les méchants, et qui répand sa pluie sur les justes et sur les injustes.

31. Et ce que vous voulez que les hommes vous fassent, faites-le également pour eux.

32. Si vous n'aimez que ceux qui vous aiment, quel gré peut-on vous en avoir, puisque les pécheurs aiment aussi ceux qui les aiment ?

riaverit mille passus, vade cum illo et alia duo.

42. *Qui petit a te, da ei: et volenti mutuari a te, ne avertaris.* (Deut., xv, 8.)

43. *Audistis quia dictum est : Diliges proximum tuum, et odio habebis inimicum tuum.* (Lev., xix, 18.)

44. *Ego autem dico vobis: Diligite inimicos vestros, benefacite his qui oderunt vos; et orate pro persequentibus et calumniantibus vos* (Luc., xxiii, 34 ; Rom., xii, 20 ; Act., vii, 59) :

45. *Ut sitis filii Patris vestri, qui in cœlis est, qui solem suum oriri facit super bonos et malos, et pluit super justos et injustos.*

Luc., vi.

31. *Et prout vultis ut faciant vobis homines, et vos facite illis similiter.* (Tob., iv, 16; Matth., vii, 17.)

32. *Et si diligitis eos qui vos diligunt, quæ vobis est gratia? nam et peccatores diligentes se diligunt.*

33. *Et si benefeceritis his qui vobis benefaciunt; quæ vobis est gratia, siquidem et peccatores hoc faciunt?*	33. Et si vous faites du bien à ceux qui vous en font, quel gré vous en saura-t-on, puisque les pécheurs font la même chose?
34. *Et si mutuum dederitis his a quibus speratis recipere; quæ gratia est vobis? nam et peccatores peccatoribus fœnerantur, ut recipiant æqualia.* (Deut., xv, 8; Matth., v, 42.)	34. Et si vous ne prêtez qu'à ceux de qui vous espérez le même service, quel gré vous en pourra-t-on avoir? car les pécheurs se prêtent ainsi mutuellement, pour recevoir le même avantage.
35. *Verumtamen diligite inimicos vestros: benefacite, et mutuum date, nihil inde sperantes: et erit merces vestra multa, et eritis filii Altissimi, quia ipse benignus est super ingratos et malos.*	35. Pour vous, aimez vos ennemis, faites du bien, et prêtez sans rien espérer en retour; et votre récompense sera très grande, et vous serez les fils du Très-Haut, qui est bon pour les ingrats et pour les méchants.
36. *Estote ergo misericordes, sicut et Pater vester misericors est.*	36. Soyez donc miséricordieux, comme votre Père céleste est miséricordieux.

(Vide Luc., vi, 27-30.)

RÉFLEXIONS I.

1º Le divin Sauveur nous enseigne ici, qu'en général nous ne devons pas résister à la violence par la violence, et qu'il convient plutôt de céder à la force, qui n'aura d'ailleurs qu'un temps. Le mal qu'on peut nous faire ici-bas, passe bien vite, et ceux qui en sont les auteurs recevront leur châtiment.

Contemplons l'innocente victime du Calvaire. Quel doux agneau, et quel silence en face de ses persécuteurs!

2° Autrefois, il pouvait être permis de haïr ses ennemis, aujourd'hui, cela ne se peut plus; il faut les aimer : c'est le précepte du Maître. Il faut leur faire du bien, et c'est un devoir de prier pour eux. Quel examen redoutable nous aurions à faire sur ce seul point de la morale évangélique!

3° Il y a, d'autre part, un gain véritable à aimer ainsi ses ennemis. Par là, on est l'enfant de Dieu, l'enfant du Père qui est au ciel. *Diligite inimicos vestros.* Aimez même vos ennemis. Les païens aiment leurs amis, mais les chrétiens doivent, de plus, aimer leurs ennemis. Soyons par là semblables à Dieu, qui fait luire son soleil sur les bons et sur les méchants.

RÉFLEXIONS II.

1° Aimer ses amis est dans l'ordre; mais cela, la nature le demande, et y trouve sa propre satisfaction. C'était aussi le précepte de l'ancienne loi.

2° Mais aimer ses ennemis, c'est le précepte de la loi nouvelle. Il faut les aimer, il faut prier pour eux. Ainsi ont fait les Étienne, les Laurent, les Vincent, martyrs. Ils ont imité l'Agneau de Dieu, qui mourut en priant pour ses bourreaux.

3° Oh! quelle suave paix l'on goûterait, si l'on savait ainsi aimer ses ennemis et prier pour eux! Ame chrétienne, ne le comprenez-vous pas? Essayez donc d'entrer dans cette voie de charité; vous serez semblable au Fils unique du Père et au Père céleste, qui accorde son soleil, sa pluie, tous ses biens naturels, et ses grâces aux justes et aux injustes, aux cœurs reconnaissants et aux ingrats.

PRIÈRES.

Ant. *Diligite inimicos vestros, et benefacite his qui oderunt vos; et orate pro persequentibus et calumniantibus vos.*

℣. *Estote ergo misericordes,*

℟. *Sicut et Pater vester misericors est.*

Oremus.

Deus vita fidelium, gloria humilium, beatitudo justorum, propitius aspice supplicum preces: ut animæ quæ promissiones tuas sitiunt, de tua semper charitatis abundantia repleantur. Amen.

Ant. Aimez vos ennemis, faites du bien à ceux qui vous haïssent, et priez pour ceux qui vous persécutent et vous calomnient.

℣. Soyez donc miséricordieux,

℟. Comme votre Père céleste est miséricordieux.

Oraison.

O Dieu, vie des fidèles, gloire des humbles, bonheur des justes, regardez avec bonté vos serviteurs qui vous implorent; et faites que les âmes qui soupirent ardemment après l'effet de vos promesses, soient toujours remplies de l'abondance de votre charité. Ainsi soit-il.

I. *Patience et charité.* — Fig. : *Tob.*, IV, 16. Tobie recommande à son fils la patience et la charité. — Proph. : *Bar.*, IV, 25. *Filii, patienter sustinete iram, quæ supervenit.* O mes fils ! supportez patiemment la colère, lorsqu'elle va fondre sur vous !

II. *Amour de nos ennemis.* — Fig. : *Gen.*, XLV, 1, 15. Joseph nourrit ses frères et leur parle avec bonté. — Proph. : *Prov.*, XXV, 21, 22. *Si esurierit inimicus tuus, ciba illum; si sitit, potum da ei.* Si ton ennemi a faim, donne-lui à manger; donne-lui à boire, s'il a soif.

LXXIXe VISITE.

LA MONTAGNE DES BÉATITUDES.

Nous avons dit avec un ancien auteur[1] qu'au sommet de la montagne des Béatitudes on voit les ruines de divers édifices, parmi lesquelles probablement se trouvent celles d'une ancienne église dédiée à Jésus, divin docteur de tous les hommes. C'est cet emplacement qu'il faut de nouveau visiter; c'est là qu'il faut entendre l'enseignement de notre adorable Maître, et le méditer avec amour.

ÉVANGILE.

MATTH., VI.

1. Prenez garde à ne pas faire vos bonnes œuvres devant les hommes, pour en être vus; autrement vous n'en recevrez pas la récompense de votre Père qui est dans le ciel.

2. Lors donc que vous faites l'aumône, ne sonnez pas de la trompette devant vous, comme font les hypocrites dans les synagogues,

1. *Attendite ne justitiam vestram faciatis coram hominibus, ut videamini ab eis : alioquin mercedem non habebitis apud Patrem vestrum, qui in cœlis est.*

2. *Cum ergo facis eleemosynam, noli tuba canere ante te, sicut hypocritæ faciunt in synagogis, et in vicis, ut honorificentur ab homini-*

---

1. Quaresmius.

bus : amen dico vobis, receperunt mercedem suam.

3. *Te autem faciente elcemosynam, nesciat sinistra tua quid faciat dextera tua :*

4. *Ut sit eleemosyna tua in abscondito, et Pater tuus, qui videt in abscondito, reddet tibi.*

5. *Et cum oratis, non eritis sicut hypocritæ, qui amant in synagogis et in angulis platearum stantes orare, ut videantur ab hominibus : amen dico vobis, receperunt mercedem suam.*

6. *Tu autem cum oraveris, intra in cubiculum tuum, et clauso ostio, ora Patrem tuum in abscondito : et Pater tuus qui videt in abscondito, reddet tibi.*

7. *Orantes autem, nolite multum loqui, sicut Ethnici : putant enim quod in multiloquio suo exaudiantur.*

et sur les places publiques, pour être honorés des hommes : en vérité, je vous le dis, ils ont reçu leur récompense.

3. Mais lorsque vous donnez l'aumône, que votre main gauche ne sache pas ce que fait votre main droite;

4. Afin que votre aumône soit dans le secret; et votre Père, qui voit ce qui se passe dans le secret, vous en récompensera.

5. De même, quand vous priez, ne soyez pas comme les hypocrites qui affectent de prier debout dans les synagogues, et au coin des rues, afin d'être vus des hommes. Je vous le dis en vérité, ils ont reçu leur récompense.

6. Pour vous, lorsque vous priez, entrez dans votre chambre, et, fermant la porte, priez votre Père dans le secret, et votre Père, qui voit dans le secret, vous en récompensera.

7. Dans vos prières ne parlez pas beaucoup, comme font les païens, qui s'imaginent que c'est par la mul-

FUIR L'HYPOCRISIE.

titude des paroles qu'ils méritent d'être exaucés.	
8. Ne les imitez pas, car votre Père sait de quoi vous avez besoin, avant que vous le lui demandiez.	8. *Nolite ergo assimilari eis : scit enim Pater vester quid opus sit vobis, antequam petatis eum.*

RÉFLEXIONS.

1º Faire la charité, la faire uniquement afin d'être loué des hommes, c'est agir par un motif bien frivole et peu digne d'une âme immortelle. Que de fois nous avons ainsi perdu la rémunération qui nous attend au ciel!

2º Ne cherchons pas d'autre témoin de nos bonnes œuvres que Dieu. Soit que nous priions, soit que nous accomplissions des actes de bienfaisance envers le prochain, ne faisons jamais sonner la trompette devant nous; mais agissons en toute simplicité et humilité. Et le Père céleste, qui voit dans le secret, nous le rendra.

3º Pour bien prier, il faut ordinairement nous retirer loin du mouvement et du bruit, afin de procurer à notre âme, et à nos sens qui dissipent si facilement notre âme, plus de tranquillité. Que de fois le Christ ne s'est-il pas retiré sur les montagnes afin de prier! C'est ainsi qu'il nous apprenait à nous éloigner du tumulte et à entrer dans la solitude de l'âme et du corps.

O Seigneur, enseignez-nous à prier comme il convient!

PRIÈRES.

ANT. Faites vos aumônes en secret, et livrez-vous à la prière dans votre chambre, la porte fermée.	ANT. *Sit eleemosyna tua in abscondito, et oratio tua fiat intra cubiculum tuum.*

℣. Misit in os meum canticum novum,

℟. Hymnum Deo nostro.

OREMUS.

Fac, Deus, potentiam in brachio tuo, et disperde superbos, exaltans humiles et misericordes.
Amen.

℣. Jésus a mis sur mes lèvres un cantique nouveau,

℟. Une hymne à notre Dieu.

ORAISON.

Montrez, Seigneur Dieu, la puissance de votre bras, et confondez les superbes, en même temps que vous exalterez les humbles, et les miséricordieux.
Ainsi soit-il.

I. *Aumône.* — FIG. : *Tob.*, IV, 7, 12. Tobie recommande à son fils de faire l'aumône. — PROPH. : *Ps.*, XL. *Beatus qui intelligit super egenum et pauperem.* Heureux celui qui sait soulager le pauvre et le nécessiteux.

II. *Lieu de la prière.* — FIG. : *Dan.*, VI, 10, 13. Dans sa maison, trois fois le jour Daniel prie, le visage tourné vers Jérusalem. — PROPH. : *Eccli.*, XXXV, 17, 21. *Oratio humiliantis se nubes penetrabit.* La prière de celui qui s'humilie pénétrera les nues.

LXXXe VISITE.

LA MONTAGNE DES BÉATITUDES.

NOTRE-Seigneur est venu sur la terre afin de prier pour nous Dieu, son Père. Il est le grand intercesseur auprès de la majesté divine, en faveur de l'humanité.

Par sa prière humble, confiante et perpétuelle, l'Homme-Dieu rend au Seigneur infiniment plus de gloire que tous les esprits célestes, avec tous les saints et les hommes unis ensemble. Rappelons-nous que ce grand acte de la prière, le divin Jésus aimait à l'accomplir sur la montagne. Si, en ce moment, dans ce lieu sacré, tout nous porte à nous unir à lui pour prier le Père céleste, souvenons-nous aussi que, durant tout le cours de notre vie, nous ne devons cesser de prier avec Jésus et par Jésus.

ÉVANGILE.

	Matth., vi.
9. Vous prierez donc ainsi : Notre Père qui êtes aux cieux, que votre nom soit sanctifié.	9. *Sic ergo vos orabitis : Pater noster, qui es in cœlis, sanctificetur nomen tuum.* (Luc., xi, 2.)
10. Que votre règne arrive, que votre volonté soit faite sur la terre comme dans le ciel.	10. *Adveniat regnum tuum. Fiat voluntas tua, sicut in cœlo et in terra.*
11. Donnez-nous aujourd'hui notre pain de chaque jour ;	11. *Panem nostrum supersubstantialem da nobis hodie;*

12. *Et dimitte nobis debita nostra, sicut et nos dimittimus debitoribus nostris.*	12. Et pardonnez-nous nos offenses, comme nous pardonnons à ceux qui nous ont offensés.
13. *Et ne nos inducas in tentationem; sed libera nos a malo. Amen.*	13. Et ne nous laissez pas succomber à la tentation; mais délivrez-nous du mal. Ainsi soit-il.
14. *Si enim dimiseritis hominibus peccata eorum, dimittet et vobis Pater vester cœlestis delicta vestra.* (Eccli., XXVIII, 3-5; MATTH., XVIII, 35; MARC., XI, 25.)	14. Car si vous pardonnez aux hommes les offenses qu'ils font contre vous, votre Père céleste vous pardonnera aussi vos péchés.
15. *Si autem non dimiseritis hominibus : nec Pater vester dimittet vobis peccata vestra.*	15. Mais si vous ne pardonnez point aux hommes, votre Père céleste ne vous pardonnera pas non plus.

RÉFLEXIONS I [1].

Sainte Thérèse nous donne de bien précieux avis sur la manière de réciter le *Pater*. Il est à craindre, nous dit-elle, que la répétition fréquente de cette sainte prière n'engendre la tiédeur dans notre volonté; et il m'a paru raisonnable de chercher quelque moyen pour faire en sorte, qu'en la répétant chaque jour elle fournisse à notre entendement de nouveaux motifs de ferveur, et qu'en même temps elle fomente le feu et la chaleur de notre volonté. C'est à quoi l'on parviendra facilement en distribuant les sept demandes du *Pater* entre les sept jours de la semaine,

---

1. Empruntées à *Sainte Thérèse.*

de manière que chaque jour ait sa demande particulière, et en donnant à Dieu chaque jour un titre ou un nom différent, qui convienne à la demande du jour, et qui réunisse, sous un point de vue, tout ce que nous désirons obtenir par cette demande.

Les sept demandes sont suffisamment connues. Quant aux noms différents à donner à Dieu, ce sont ceux de père, de roi, d'époux, de pasteur, de rédempteur, de médecin, de juge.

Nous tâcherons donc de réveiller notre attention, en disant à Dieu, le lundi : *Notre Père qui êtes aux cieux, que votre nom soit sanctifié;* le mardi : *Notre Roi, que votre royaume arrive.* Le mercredi : *Époux de nos âmes, que votre volonté soit faite;* le jeudi : *Notre Pasteur, donnez-nous aujourd'hui notre pain de chaque jour;* le vendredi : *Notre Rédempteur, pardonnez-nous nos offenses, comme nous pardonnons à ceux qui nous ont offensés;* le samedi : *Notre Médecin, ne nous laissez pas succomber à la tentation;* et le dimanche : *Notre Juge, délivrez-nous du mal.*

RÉFLEXIONS II.

O Dieu Sauveur! quelle prière vous nous mettez sur les lèvres! Oui, nous la dirons, nous suivrons votre divin enseignement; nous ne vous objecterons pas qu'elle est trop belle pour nous ; mais nous réciterons avec simplicité tous ces mots sublimes dont elle est composée. Vous le voulez : de nous-mêmes nous ne le ferions pas. Comment oser vous tenir un pareil langage ?

Pater noster qui es in cœlis. C'est à un père, à un père aimable et bon pour tous ; et ce père est le nôtre ; c'est à un père que nous nous adressons, et il est dans la gloire du ciel. Confiance ! nous sommes sûrs d'être bien accueillis et d'être exaucés, car ni le cœur ni la puissance ne lui manquent à notre égard.

Sanctificetur nomen tuum. C'est le premier désir de l'homme, parce que là est toute sa fin : voir Dieu connu, aimé, adoré.

Adveniat regnum tuum. Que Dieu règne en nous, en tous sur la terre, et enfin au ciel, dans ce règne qui n'aura pas de fin. Est-ce que nous sentons tout cela, ô mon Dieu, lorsque nous récitons notre *Pater?*

Fiat voluntas tua sicut in cœlo et in terra. Y a-t-il rien de plus juste et de plus raisonnable, puisque la volonté de Dieu est tout le bien de la vie présente et de la vie future. O divine volonté ! puissiez-vous être faite avec amour, sur la terre, par tous les hommes, comme vous êtes accomplie au ciel par les esprits bienheureux !

Panem nostrum supersubstantialem da nobis hodie. C'est la demande de la nourriture de l'âme et du corps. Nous savons où est le pain de l'âme. Allons souvent au tabernacle. Allons-y avec une foi vive.

Et dimitte nobis debita nostra, sicut et nos dimittimus debitoribus nostris. C'est la condition de notre pardon. Il faut pardonner aux autres, quel que soit le mal qu'ils nous aient fait.

Et ne nos inducas in tentationem. Ces tentations sont nombreuses, et surgissent de toutes parts.

Sed libera nos a malo. Ne pas être vaincu, voilà l'objet de cette demande. On ne prétend pas ne pas être tenté. La tentation est nécessaire. Mais il faut avoir assez de courage pour ne pas se laisser vaincre. O Sauveur, donnez-nous ce courage, cette fermeté, cette vaillance dans les tentations !

PRIÈRES.

A la place de l'antienne, du verset et de l'oraison, dire trois fois *Pater noster* ou *Notre Père*...

I. *Oraison dominicale.* — Fig. : *Is.*, LXIII, 15, 19. Isaïe invoque Dieu, le Père céleste. — Proph. : *Ps.*, LXXXVIII, 27. *Ipse invocabit me : Pater meus es tu.* Il m'invoquera lui-même, en disant : Vous êtes mon Père.

II. *Persévérance dans la prière.* — Fig. : *Gen.*, XVIII, 22, 33. Abraham pour la sixième fois insiste auprès de Dieu. — Proph. : *Ps.*, LXVIII, 4. *Laboravi clamans, raucæ factæ sunt fauces meæ.* Je me suis épuisé par mes cris, et ma gorge s'est desséchée.

LXXXIe VISITE.

LA MONTAGNE DES BÉATITUDES.

LE séjour sur la montagne des Béatitudes n'est-il pas plein de douceur? Prolongez-le, ô chrétien, et ne vous lassez pas de voir là Jésus; ne vous lassez pas de l'entendre. Quelles admirables vérités sortent de sa divine bouche!

Jésus, qui va nous parler du jeûne, a lui-même jeûné. En cela encore nous devons l'imiter. Le jeûne est nécessaire pour le corps, qu'il mortifie, pour l'âme, qu'il détache des choses sensibles et qu'il aide à vaincre le démon.

ÉVANGILE.

MATTH., VI.

16. *Cum autem jejunatis, nolite fieri sicut hypocritæ tristes: exterminant enim facies suas, ut appareant hominibus jejunantes. Amen dico vobis, quia receperunt mercedem suam.*

16. Lorsque vous jeûnez, ne prenez point un air triste, comme les hypocrites. Ils affectent en effet d'avoir alors un visage défiguré, afin que les hommes s'aperçoivent qu'ils jeûnent. Je vous déclare en vérité qu'ils ont reçu leur récompense.

17. *Tu autem cum jejunas, unge caput tuum, et faciem tuam lava.*

17. Mais vous, lorsque vous jeûnez, parfumez votre tête, et lavez votre visage.

18. Afin que ce ne soient pas les hommes qui s'aperçoivent que vous jeûnez, mais votre Père céleste qui voit dans le secret ; et votre Père, qui voit ce qui se passe dans le secret, vous en récompensera.

19. Gardez-vous de vous amasser des trésors sur la terre, où la rouille et les vers les consument, et où les voleurs les déterrent et les dérobent.

20. Mais faites vous des trésors dans le ciel, où les vers et la rouille ne les consument pas, et où il n'y a pas de voleurs qui les déterrent et les dérobent.

21. Car où est votre trésor, là est aussi votre cœur.

22. Votre œil est la lumière de votre corps. Si votre œil est simple, tout votre corps sera lumineux ;

23. Mais si votre œil est mauvais, tout votre corps sera ténébreux. Si donc la lumière qui est en vous n'est que ténèbres, combien seront grandes les ténèbres elles-mêmes !

18. *Ne videaris hominibus jejunans, sed Patri tuo, qui est in abscondito : et Pater tuus, qui videt in abscondito, reddet tibi.*

19. '*Nolite thesaurizare vobis thesauros in terra : ubi ærugo, et tinea demolitur ; et ubi fures effodiunt, et furantur.*

20. *Thesaurizate autem vobis thesauros in cœlo : ubi neque ærugo, neque tinea demolitur, et ubi fures non effodiunt, nec furantur.* (Luc., xii, 33 ; I Tim., vi, 19.)

21. *Ubi enim est thesaurus tuus, ibi est et cor tuum.*

22. *Lucerna corporis tui est oculus tuus. Si oculus tuus fuerit simplex, totum corpus tuum lucidum erit* (Luc., xi, 34) ;

23. *Si autem oculus tuus fuerit nequam, totum corpus tuum tenebrosum erit. Si ergo lumen, quod in te est, tenebræ sunt, ipsæ tenebræ quantæ erunt ?*

RÉFLEXIONS.

1° Quoi de plus efficace que le jeûne ou l'abstinence corporelle pour nous rapprocher de Dieu, pour nous aider à résister au démon et pour vaincre les vices et tous leurs appâts ? Aussi ce genre de pénitence a-t-il été familier à tous les Saints de l'ancienne et de la nouvelle loi. Ai-je toujours pratiqué ces saintes observances, au moins celles qui étaient prescrites par la loi ecclésiastique ?

2° Avons-nous jeûné avec humilité, ne cherchant en aucune manière, dans l'accomplissement de cet acte, la considération des hommes ? N'oublions pas ces paroles de saint Léon, pape : *Semper virtutis cibus jejunium fuit.* Le jeûne doit toujours être la nourriture de la vertu. C'est le jeûne qui produit les chastes pensées, les volontés raisonnables, les conseils salutaires. La chair enfin meurt à toutes ses concupiscences par les jeûnes volontaires.

3° Faisons-nous donc des richesses que la rouille ne peut pas détruire. Puisse le ciel être notre vrai trésor ! Pour l'acquérir que notre œil soit simple, c'est-à-dire notre intention droite et notre volonté sans ténèbres. O mon Sauveur, que d'éclatantes lumières en toute votre doctrine !

PRIÈRES.

ANT. *Convertimini ad me in toto corde vestro, dicit Dominus, in jejunio, fletu et planctu.*	ANT. Convertissez-vous, dit le Seigneur, de tout votre cœur, dans les larmes, les gémissements et le jeûne.
℣. *Nolo mortem peccatoris.*	℣. Je ne veux pas la mort du pécheur,

℟. Je veux qu'il se convertisse et qu'il vive.

ORAISON.

Nous vous supplions, Seigneur, de regarder nos jeûnes d'un œil bienveillant, et de nous faire la grâce de pratiquer de bon cœur cette pénitence corporelle. Ainsi soit-il.

℟. Sed ut convertatur et vivat.

OREMUS.

Jejunia nostra, quæsumus, Domine, benigno favore prosequere : ut observantiam, quam corporaliter exercemus, mentibus valeamus implere sinceris. Amen.

Jeûne. — FIG. : II Par., xx, 3, 4. Josaphat prêche le jeûne. — PROPH. : Is., LVIII, 4, 6. *Nolite jejunare sicut usque ad hanc diem... dissolve colligationes impietatis.* Ne jeûnez pas comme vous l'avez fait jusqu'à ce jour... mais brisez les liens de vos péchés.

LXXXIIe VISITE.

LA MONTAGNE DES BÉATITUDES.

Au temps où vivait le divin Sauveur, la province de la Galilée abondait en lis blancs. Jésus fit son sermon sur la montagne à l'époque de l'année où les lis en fleur couvraient les champs.

C'est ce qui l'amène à parler du lis, qu'il compare aux vêtements de Salomon.

Bien avant, le Sauveur, dans le Cantique des cantiques, s'était fait appeler du nom de cette fleur : *Ego lilium convallium*. Je suis le lis de la vallée.

Par sa blancheur, son parfum, l'un et l'autre d'une délicatesse extrême, le lis, si simple et si noble à la fois, est le symbole de la pureté.

RÉFLEXIONS.

Matth., vi.

24. *Nemo potest duobus dominis servire : aut enim unum odio habebit, et alterum diliget: aut unum sustinebit, et alterum contemnet. Non potestis Deo servire et mammonæ.* (Luc., xvi, 13.)

25. *Ideo dico vobis, ne*

24. Personne ne peut servir deux maîtres; car ou il haïra l'un, et aimera l'autre; ou il respectera l'un, et méprisera l'autre. Vous ne pouvez servir Dieu et l'argent.

25. Et voilà pourquoi je

vous dis : Ne cherchez pas avec inquiétude de quoi manger et boire, ni de quoi vêtir votre corps. La vie n'est-elle pas plus que la nourriture, et le corps plus que le vêtement ?

26. Regardez les oiseaux du ciel : ils ne sèment point, ils ne moissonnent point, ils n'amassent rien dans des greniers; mais votre Père céleste les nourrit. Est-ce que vous n'êtes pas plus qu'eux?

27. Et quel est celui d'entre vous qui puisse, avec tous ses soins, ajouter à sa taille la hauteur d'une coudée?

28. Et quant aux vêtements, pourquoi vous en inquiéter ? Considérez les lis des champs, et voyez comme ils croissent : ils ne travaillent point, ils ne filent point.

29. Or, je vous dis que Salomon même dans toute sa gloire n'a jamais été vêtu comme l'un d'eux.

30. Or, si Dieu a soin de vêtir de la sorte une herbe des champs, qui est aujour-

solliciti sitis animæ vestræ quid manducetis, neque corpori vestro quid induamini. Nonne anima plus est quam esca; et corpus plus quam vestimentum? (Ps. LIV, 23; Luc., XII, 22; Phil., IV, 6; I Tim., VI, 7; I Pet., V, 7.)

26. *Respicite volatilia cœli, quoniam non serunt, neque metunt, neque congregant in horrea : et Pater vester cœlestis pascit illa. Nonne vos magis pluris estis illis?*

27. *Quis autem vestrum cogitans potest adjicere ad staturam suam cubitum unum?*

28. *Et de vestimento quid solliciti estis? Considerate lilia agri quomodo crescunt : non laborant, neque nent.*

29. *Dico autem vobis, quoniam nec Salomon in omni gloria sua coopertus est sicut unum ex istis.*

30. *Si autem fœnum agri, quod hodie est et cras in clibanum mittitur, Deus sic*

vestit : *quanto magis vos modicæ fidei ?*

31. *Nolite ergo solliciti esse, dicentes : Quid manducabimus, aut quid bibemus, aut quo operiemur ?*

32. *Hæc enim omnia gentes inquirunt. Scit enim Pater vester quia his omnibus indigetis.*

33. *Quærite ergo primum regnum Dei, et justitiam ejus : et hæc omnia adjicientur vobis.*

34. *Nolite ergo solliciti esse in crastinum. Crastinus enim dies sollicitus erit sibi ipsi : sufficit diei malitia sua.*

d'hui, et qui demain sera jetée dans le four, combien aura-t-il plus soin de vous, ô hommes de peu de foi?

31. Ne vous inquiétez donc point, et ne dites pas : Que mangerons-nous? Que boirons-nous? ou de quoi nous vêtirons-nous?

32. Car voilà toutes les choses que les païens recherchent ; mais votre Père céleste sait que vous en avez besoin.

33. Cherchez donc en premier lieu le royaume de Dieu et sa justice, et toutes ces choses vous seront données comme par surcroît.

34. Ne vous mettez donc jamais en peine du lendemain ; car le lendemain sera en peine pour lui-même. A chaque jour suffit sa peine.

RÉFLEXIONS.

1º Si deux maîtres commandent à la fois et donnent des ordres contraires, il est évidemment impossible de leur obéir simultanément. Avions-nous besoin de l'affirmation de l'Évangile pour le comprendre? Hélas! à nous voir, ayant la prétention de suivre les inspirations de la grâce et celles des sens, d'accorder l'amour des richesses avec l'amour de Dieu, on dirait que cette vérité de simple bon sens nous échappe. Comme Notre-Seigneur a raison d'appeler là-dessus notre attention!

2° Il ne faut donc pas avoir un trop grand soin de son corps et de sa vie. Ce soin excessif empêche l'homme de s'occuper de son âme autant qu'il le faudrait. Et puis, enfin, à quoi bon? Toutes ces précautions extrêmes n'amènent jamais des résultats bien considérables. Qui, avec toute son industrie, a pu ajouter à sa taille la hauteur d'une coudée?

3° Cherchons donc avant tout le royaume de Dieu, c'est-à-dire le ciel et la justice parfaite. C'est au ciel que nous trouverons un bonheur sans mélange. A cette acquisition du royaume de Dieu doivent tendre tous nos efforts. Si nous mettons le ciel après tout le reste, sûrement nous perdrons le ciel. Mais, si nous le cherchons d'abord, nous aurons le reste par surcroît.

PRIÈRES.

Ant. Considérez les lis des champs, voyez comme ils croissent : ils ne travaillent point, ils ne filent point.

℣. Cherchez d'abord le royaume de Dieu et sa justice;

℟. Et tout le reste vous sera donné par surcroît.

Oraison.

O Dieu dont la providence ne se trompe jamais dans l'ordre de ses conseils

Ant. *Considerate lilia agri quomodo crescunt: non laborant, neque nent.*

℣. *Quærite primum regnum Dei et justitiam ejus :*

℟. *Et hæc omnia adjicientur vobis.*

Oremus.

Deus cujus providentia in sui dispositione non fallitur, te supplices exoramus, ut noxia cuncta submoveas, et omnia nobis profutura concedas. Amen.

éternels, nous vous supplions d'écarter de nous tout ce qui nous serait nuisible, et de nous accorder tout ce qui peut nous être salutaire. Ainsi soit-il.

Jésus, lis divin. — Fig. : *Cant.*, v, 13. Le bien-aimé (Jésus) est celui dont les lèvres, semblables au lis, distillent la myrrhe. — Proph. : *Cant.*, ii, 1. *Ego flos campi et lilium convallium.* Je suis la fleur des champs et le lis des vallées.

LXXXIIIe VISITE.

LA MONTAGNE DES BÉATITUDES.

TANT que Notre-Seigneur parlera, voudrions-nous quitter cette montagne des Béatitudes? Demeurons sur ce sommet dont le charme est inépuisable, et portons notre vue sur les lieux célèbres qu'on découvre de là, mêlés aux lis en fleurs. Aussi bien Jésus nous donne encore une précieuse leçon. Si nous voulons que sa bonté nous supporte, supportons les autres par amour pour lui. « Ne condamnez pas, vous ne serez pas condamnés. » Voilà ce que le Sauveur daigne nous enseigner ici.

ÉVANGILE.

37. Ne jugez point, et vous ne serez point jugés ; ne condamnez point, et vous ne serez point condamnés ; pardonnez, et on vous pardonnera.

2. Car vous serez jugés, selon que vous aurez jugé les autres ; et on se servira avec vous de la mesure dont vous vous serez servis avec les autres.

38. Donnez, et on vous

Luc., VI.

37. *Nolite judicare, et non judicabimini : nolite condemnare, et non condemnabimini : dimittite, et dimittemini.* (Matth., VII, 1.)

Matth., VII.

2. *In quo enim judicio judicaveritis, judicabimini ; et in qua mensura mensi fueritis, remetietur vobis.* (Rom., II, 1.)

Luc., VI.

38. *Date, et dabitur vobis;*

mensuram bonam, et confertam, et coagitatam, et superefluentem dabunt in sinum vestrum. Eadem quippe mensura, qua mensi fueritis, remetietur vobis. (MARC., IV, 24.)

39. *Dicebat autem illis et similitudinem : Numquid potest cæcus cæcum ducere? nonne ambo in foveam cadunt?*

40. *Non est discipulus super magistrum : perfectus autem omnis erit, si sit sicut magister ejus.* (MATTH., X, 24; JOAN., XIII, 16.)

donnera. On répandra dans votre sein une mesure pleine, pressée, entassée, surabondante; car on se servira envers vous de la même mesure dont vous vous serez servis envers les autres.

39. Il leur proposait aussi cette comparaison : Un aveugle peut-il conduire un autre aveugle? Ne tomberont-ils pas tous les deux dans la fosse?

40. Le disciple n'est pas plus que le maître ; mais tout disciple sera parfait, s'il ressemble à son maître.

RÉFLEXIONS.

1º Dieu nous a créés pour vivre avec nos frères, les consoler par notre présence, les aider, et non pour en être les juges. Il y a un seul juge des vivants et des morts, c'est Jésus-Christ. On usurpe donc la charge du Sauveur, en jugeant ses frères. La charité nous a bien souvent demandé de ne pas prendre en mal ce qui paraissait bien, et d'interpréter même le mal en bien. Combien de fautes seraient évitées si l'on s'appliquait à observer soigneusement ces préceptes !

2º « *Vous êtes inexcusable, ô homme qui jugez* », disait saint Paul aux Romains. Pourquoi donc? Parce que chacun doit rendre compte de soi-même à Dieu ; et de plus, parce que le jugement que nous avons porté sur nos frères sera notre propre peine et notre propre jugement au tribunal de Jésus-Christ. O mon Sauveur, faites-nous la grâce d'être plus charitables, et de prendre de plus en plus soin de nos intérêts spirituels.

3º Nous trouvons ici le remède au jugement téméraire. Il est tout entier dans la considération de notre propre misère. Regardons attentivement nos fautes, nos défauts, et nous trouverons tout cela pour le moins aussi lourd et aussi pesant que les péchés d'autrui. « Ah! s'écrie saint Ambroise, comment peux-tu donc juger les péchés de ton prochain, toi qui as la conscience de ceux que tu as commis? » *Tuorum tibi conscius peccatorum, quomodo potes de alterius peccato judicare?*

PRIÈRES.

Ant. Vous serez jugés selon que vous aurez jugé les autres.

℣. Pardonnez,

℟. Et on vous pardonnera.

Oraison.

Seigneur Jésus, vous, le Père du siècle futur, faites que, instruits par vos exemples, nous méritions d'assister dans la joie à ce jugement redoutable dont, en ce lieu, vous avez parlé à vos Apôtres et à vos Disciples. Ainsi soit-il.

Ant. *In quo judicio judicaveritis, judicabimini.*

℣. *Dimittite,*

℟. *Et dimittemini.*

Oremus.

Præsta nobis, Domine Jesu, Pater futuri sæculi, ut tuis sacris actionibus eruditi, judicio illi tremendo de quo hic locutus fuisti læti interesse mereamur. Amen.

Le talion. — Fig. : *Judic.*, 1, 5, 7. Adonibezec fut traité comme il avait traité les autres. — Proph. : *Eccli.*, xxviii, 1. *Qui vindicari vult, à Domino inveniet vindictam.* Celui qui cherche à se venger éprouvera la vengeance du Seigneur.

LXXXIVe VISITE.

LA MONTAGNE DES BÉATITUDES.

C'EST encore un principe de la morale ancienne et de la morale évangélique : Ne faire aux autres hommes que ce que nous voulons qu'ils nous fassent. La nature elle-même semble le demander ; mais au fond, en s'étudiant bien soi-même, on voit aussitôt qu'on n'y est pas toujours porté, et que pour atteindre ce résultat si simple, il est nécessaire de se faire violence.

Restons donc toujours sur cette montagne, afin d'entendre tant d'enseignements précieux et de les méditer à loisir.

ÉVANGILE.

MATTH., VII.

3. *Quid autem vides festucam in oculo fratris tui, et trabem in oculo tuo non vides ?*

4. *Aut quomodo dicis fratri tuo : Sine ejiciam festucam de oculo tuo : et ecce trabs est in oculo tuo ?*

5. *Hypocrita, ejice primum trabem de oculo tuo, et tunc videbis ejicere fes-*

3. Pourquoi voyez-vous une paille dans l'œil de votre frère, vous qui ne voyez pas la poutre qui est dans votre œil ?

4. Ou comment pouvez-vous dire à votre frère : Laissez-moi ôter la paille qui est dans votre œil ; tandis que dans le vôtre il y a une poutre ?

5. Hypocrite, ôtez d'abord la poutre de votre œil, et après cela vous songerez

à tirer la paille de l'œil de votre frère.

6. Gardez-vous de donner aux chiens les choses saintes, et ne jetez point vos perles devant les pourceaux, de peur qu'ils ne les foulent aux pieds, et que, se retournant contre vous, ils ne vous déchirent.

7. Demandez, et on vous donnera ; cherchez, et vous trouverez ; frappez, et on vous ouvrira.

8. Car quiconque demande, reçoit ; et qui cherche, trouve ; et on ouvrira à celui qui frappe.

9. Y a-t-il parmi vous un homme qui donne une pierre à son fils, lorsque celui-ci lui demande du pain ?

10. Ou si son fils lui demande un poisson, est-ce qu'il lui donnera un serpent ?

11. Si donc, vous, tout en étant méchants, savez donner de bonnes choses à vos enfants, à combien plus forte raison votre Père, qui est dans les cieux, donnera-t-il les vrais biens à ceux qui les lui demandent !

tucam de oculo fratris tui.

6. *Nolite dare sanctum canibus : neque mittatis margaritas vestras ante porcos, ne forte conculcent eas pedibus suis, et conversi dirumpant vos.*

7. *Petite, et dabitur vobis : quærite, et invenietis : pulsate, et aperietur vobis.* (MATTH., XI, 22 ; MARC., XI, 24 ; LUC., XI, 9 ; JOAN., XIV, 13 ; JAC., I, 6.)

8. *Omnis enim qui petit, accipit : et qui quærit, invenit : et pulsanti aperietur.*

9. *Aut quis est ex vobis homo, quem si petierit filius suus panem, numquid lapidem porriget ei ?*

10. *Aut si piscem petierit, numquid serpentem porriget ei ?*

11. *Si ergo vos, cum sitis mali, nostis bona data dare filiis vestris : quanto magis Pater vester, qui in cœlis est, dabit bona petentibus se !*

12. *Omnia ergo quæcumque vultis ut faciant vobis homines, et vos facite illis. Hæc est enim lex et Prophetæ.* (Tob., iv, 16; Luc., vi, 31.)

12. Faites donc aux autres tout ce que vous voudriez qu'ils fissent pour vous; car c'est là toute la loi et les prophètes.

RÉFLEXIONS.

1º La charité chrétienne bannit tout jugement téméraire. Si l'œuvre a été faite pour le bien, on serait coupable en la jugeant défavorablement; si elle a été faite pour le mal, il faut, d'après saint Bernard, excuser l'intention; attribuer la faute à l'ignorance, à la surprise, à la faiblesse. *Puta ignorantiam, puta subreptionem, puta casum.*

2º *Nolite dare sanctum canibus.* Quelle recommandation sortie des lèvres adorables de Jésus! N'est-ce pas là un conseil bien sérieux de vie spirituelle? Lorsqu'on est en face d'un mauvais vouloir avoué, en présence d'âmes aussi immondes que les animaux dont il est ici question, il faut se taire sur la doctrine évangélique, car ce serait jeter les perles en pâture aux pourceaux, et donner les choses saintes à des indignes. O Dieu, accordez-nous l'esprit de prudence et de discernement.

3º Enfin, notre bon Maître nous rappelle, dans cette page évangélique, le grand moyen pour obtenir la grâce sur la terre, et la gloire dans l'autre vie. Demandez, cherchez, frappez. Le Père de famille est si bon qu'il donnera le pain à l'enfant qui le lui demande, et en même temps toutes les grâces dont il aura besoin.

PRIÈRES.

Ant. *Docuit Christus orationem dicens: Petite, et dabi-*

Ant. Le Christ Jésus nous a enseigné la prière,

en disant : Demandez, et on vous donnera ; cherchez, et vous trouverez ; frappez, et on vous ouvrira.

℣. Car quiconque demande, reçoit ;

℟. Et qui cherche trouve, et on ouvre à celui qui frappe.

ORAISON.

Seigneur Jésus, qui avez dit : Demandez, et vous recevrez ; cherchez, et vous trouverez ; frappez, et il vous sera ouvert, accordez-nous un vif sentiment de votre divin amour, afin que nous vous aimions de tout notre cœur, et par nos œuvres, et que nous ne cessions jamais de vous louer.

Ainsi soit-il.

tur vobis ; quærite, et invenietis ; pulsate, et aperietur vobis.

℣. Omnis enim qui petit accipit ;

℟. Et qui quærit invenit, et pulsanti aperietur.

OREMUS.

Domine Jesu Christe, qui dixisti : Petite, et accipietis ; quærite, et invenietis ; pulsate, et aperietur vobis, quæsumus, da nobis divini tui amoris affectum ; ut te toto corde et opere diligamus, et a tua nunquam laude cessemus.

Amen.

Traiter les choses saintes avec prudence. ¹ — FIG. : *Ex.*, XIX, 1, 15. Sanctification du peuple avant de recevoir la loi. — PROPH. : *Lev.*, XX, 7, 8. *Sanctificamini,... quia ego sum Dominus.* Sanctifiez-vous, parce que je suis le Seigneur.

LXXXVᵉ VISITE.

LA MONTAGNE DES BÉATITUDES.

Ici on aimera à s'unir à tous les pieux pèlerins de Terre-Sainte qui sont venus sur cette montagne du Christ, sur cette montagne des Apôtres, sur cette montagne des Béatitudes. Avec eux on méditera spécialement la parole du Sauveur : « Entrez par la porte étroite. » Combien il est nécessaire d'entendre cette instruction du divin Maître : *Intrate per angustam portam !*

ÉVANGILE.

MATTH., VII.

13. *Intrate per angustam portam, quia lata porta, et spatiosa via est, quæ ducit ad perditionem, et multi sunt qui intrant per eam !* (LUC., XIII, 24.)

14. *Quam angusta porta, et arcta via est, quæ ducit ad vitam, et pauci sunt qui inveniunt eam !*

15. *Attendite a falsis prophetis, qui veniunt ad vos in*

13. Entrez par la porte étroite, car la porte de la perdition est large, et le chemin qui y mène est spacieux, et il y en a beaucoup qui y entrent.

14. Qu'elle est petite, la porte de la vie ; qu'il est étroit, le sentier qui y mène ; et qu'il y en a peu qui le trouvent !

15. Gardez-vous des faux prophètes : ils viennent à

vous sous des peaux de brebis, mais au dedans ce sont des loups ravisseurs.

16. Vous les reconnaîtrez à leurs fruits. Est-ce que l'on cueille des raisins sur des épines, ou des figues sur des ronces ?

17. Ainsi tout bon arbre produit de bons fruits, et tout mauvais arbre produit des fruits mauvais.

18. Un bon arbre ne peut produire de mauvais fruits, et un arbre mauvais n'en peut donner de bons.

19. Tout arbre qui ne produit pas de bons fruits sera coupé, et jeté au feu.

20. C'est donc à leurs fruits que vous les reconnaîtrez.

45. L'homme de bien tire le bien du bon trésor de son cœur, et le méchant tire le mal de son mauvais trésor; car la bouche parle de l'abondance du cœur.

vestimentis ovium, intrinsecus autem sunt lupi rapaces.

16. *A fructibus eorum cognoscetis eos. Numquid colligunt de spinis uvas, aut de tribulis ficus?*

17. *Sic omnis arbor bona fructus bonos facit : mala autem arbor malos fructus facit.*

18. *Non potest arbor bona malos fructus facere, neque arbor mala bonos fructus facere.*

19. *Omnis arbor, quæ non facit fructum bonum, excidetur, et in ignem mittetur.*

20. *Igitur ex fructibus eorum cognoscetis eos.*

Luc., vi.

45. *Bonus homo de bono thesauro cordis sui profert bonum; et malus homo de malo thesauro profert malum. Ex abundantia enim cordis os loquitur.*

RÉFLEXIONS.

1º La voie, c'est le chemin qu'il y a à faire avant d'arriver quelque part. Plusieurs voies se présentent à l'homme voyageur ici-bas. La voie large d'abord : celle-ci conduit à la perdition. Puis la voie étroite, qui conduit au salut. Combien d'hommes suivent, hélas! la voie large de la satisfaction de leurs passions! Faites-nous suivre, ô mon Sauveur, la voie étroite de l'obéissance à la raison et à votre loi.

2º Pour ne pas suivre la voie large, je me garderai des faux prophètes qui habitent en moi, c'est-à-dire de mes affections désordonnées, de mes passions, de l'amour-propre, de la concupiscence. Au dehors, ce sont les faux docteurs des sciences humaines, les mauvaises compagnies, les amis mensongers. Ils viennent et n'offrent que l'apparence du bien, car ils sont en réalité des loups ravisseurs.

3º Comme les arbres, les faux prophètes se reconnaissent à leurs fruits. Ne vous attendez pas à les voir produire ni la foi, ni l'humilité, ni la charité, ni rien de ce qui peut sanctifier. Il faut donc les fuir, pour ne rechercher que les prophètes sincères qui annoncent la vérité.

PRIÈRES.

Ant. *Quam angusta porta et arcta via est quæ ducit ad vitam, et pauci sunt qui inveniunt eam!*

℣. *Arbor bona bonos fructus facit ;*

℟. *Arbor mala malos fructus facit.*

Oremus.

Deus, qui errantibus, ut in viam possint redire justitiæ

Ant. Qu'elle est petite la porte de la vie ; qu'il est étroit le sentier qui y mène ; et qu'il y en a peu qui le trouvent !

℣. Le bon arbre produit de bons fruits ;

℟. L'arbre mauvais produit des fruits mauvais.

Oraison.

O Dieu qui découvrez la lumière de votre vérité à

ceux qui sont dans l'égarement, afin qu'ils puissent rentrer dans la voie de la justice, faites la grâce à tous ceux qui ont le bonheur d'être chrétiens d'éviter ce qui est contraire à ce nom, et de suivre tout ce qui y est conforme.

Ainsi soit-il.

veritatis tuæ lumen ostendis: da cunctis, qui christiana professione censentur, et illa respuere quæ huic inimica sunt nomini, et ea quæ sunt apta sectari.

Amen.

Les faux prophètes. — F<small>IG.</small> : *Deut.*, XIII, 1, 18. Le Seigneur réprouve les faux prophètes. — P<small>ROPH.</small> : *Jer.*, XXIII. *Nolite audire verba prophetarum qui decipiunt vos.* N'écoutez pas les paroles des prophètes menteurs qui vous trompent.

LXXXVIᵉ VISITE.

LA MONTAGNE DES BÉATITUDES.

UN souvenir historique douloureux se rattache à cette montagne. C'est là que les croisés luttèrent avec acharnement contre les Musulmans. Hélas ! malgré toute leur bravoure, ils furent vaincus. C'est là que Guy de Lusignan fut fait prisonnier, et son frère décapité par Saladin lui-même. Quel contraste entre ce spectacle de mort et celui que donnaient le divin Sauveur et la foule pressée autour de lui ! Mais aussi le sacrifice que tant d'hommes firent de leur vie pour arracher aux infidèles des lieux si vénérables console la foi du chrétien.

ÉVANGILE.

MATTH., VII.

21. *Non omnis, qui dicit mihi, Domine, Domine, intrabit in regnum cœlorum : sed qui facit voluntatem Patris mei, qui in cœlis est, ipse intrabit in regnum cœlorum.* (MATTH., XXV, 11; LUC., VI, 46.)

22. *Multi dicent mihi in illa die : Domine, Domine, nonne in nomine tuo prophetavimus, et in nomine tuo dæmonia ejecimus, et in no-*

21. Ce ne sont pas tous ceux qui me disent : Seigneur, Seigneur, qui entreront dans le royaume des cieux. Celui-là entrera dans le royaume des cieux qui fait la volonté de mon Père céleste.

22. Plusieurs me diront en ce jour-là : Seigneur, Seigneur, n'avons-nous pas prophétisé en votre nom ? n'avons-nous pas chassé les

démons en votre nom? n'avons-nous pas aussi opéré en votre nom beaucoup de prodiges?

23. Et alors je leur dirai hautement : Je ne vous ai jamais connus ; retirez-vous de moi, vous qui faites l'iniquité.

24. Tout homme donc qui écoute mes paroles, et les met en pratique, sera comparé à un homme sage qui a bâti sa maison sur le roc :

25. La pluie est tombée, les fleuves ont debordé, les vents ont soufflé et sont venus fondre sur cette maison, et elle n'est point tombée, parce qu'elle était fondée sur la pierre.

26. Mais, quiconque écoute mes paroles, et ne les met pas en pratique, celui-là est semblable à l'insensé qui a bâti sa maison sur le sable :

27. La pluie est tombée, les fleuves ont débordé, les vents ont soufflé, et sont venus fondre sur cette maison ; et elle est tombée, et sa ruine a été grande.

28. Lorsque Jésus eut

mine tuo virtutes multas fecimus? (Act., XIX, 13.)

23. *Et tunc confitebor illis : Quia nunquam novi vos : discedite a me, qui operamini iniquitatem.* (Ps., VI, 9; Luc., XIII, 27.)

24. *Omnis ergo, qui audit verba mea hæc, et facit ea, assimilabitur viro sapienti, qui ædificavit domum suam supra petram :*

25. *Et descendit pluvia, et venerunt flumina, et flaverunt venti, et irruerunt in domum illam, et non cecidit : fundata enim erat super petram.*

26. *Et omnis, qui audit verba mea hæc, et non facit ea, similis erit viro stulto, qui ædificavit domum suam super arenam :*

27. *Et descendit pluvia, et venerunt flumina, et flaverunt venti, et irruerunt in domum illam, et cecidit, et fuit ruina illius magna.*

28. *Et factum est : cum con-*

summasset Jesus verba hæc, admirabantur turbæ super doctrina ejus.

29. *Erat enim docens eos sicut potestatem habens, et non sicut Scribæ eorum, et Pharisæi.* (MARC., I, 22; LUC., IV, 32.)

achevé ce discours, les peuples étaient dans l'admiration de sa doctrine.

29. Car il les enseignait comme ayant autorité, et non comme leurs Scribes et leurs Pharisiens.

RÉFLEXIONS.

1º On doit accomplir ce qui est de précepte, avant de faire ce qui est de pur conseil. Certaines âmes disent : Seigneur, Seigneur! O Dieu! ô Dieu! et n'entrent pas dans le royaume des cieux, parce qu'elles n'ont pas le courage de faire la volonté du Père céleste. A la prière il est donc nécessaire de joindre les œuvres de la foi et de la piété. Oh! méditons les pensées si sérieuses, rappelées par ces paroles de Notre-Seigneur.

2º Construire sur le rocher solide, c'est s'appuyer sur Notre-Seigneur Jésus-Christ seul, entendre son enseignement et le mettre en pratique. Sans cela, on bâtit un édifice qu'un coup de vent peut renverser, parce qu'il n'est établi que sur un sable mouvant. La pluie, les vents, la tempête, arrivent, et tout s'écroule misérablement.

3º Ne nous étonnons pas de voir les foules pleines d'admiration pour le Sauveur. Il leur parle avec autorité; il les enseigne comme l'envoyé du Père, comme le Fils de Dieu. Écoutons avec la même foi tout ce qu'il prêche et rappelons-nous que là seulement est la vie du monde, et surtout la vie de nos âmes.

PRIÈRES.

ANT. *Cum consummasset Jesus verba hæc, admiraban-*

ANT. Jésus ayant achevé ce discours, les foules étaient

dans l'admiration de sa doctrine.

℣. La foule admirait sa doctrine.

℟. Il les instruisait comme ayant autorité.

ORAISON.

Nous vous supplions, Seigneur, accueillez dans votre céleste miséricorde les humbles prières de votre peuple, afin qu'il voie tous ses devoirs, et qu'il ait la force de les accomplir.

Ainsi soit-il.

tur turbæ super doctrina ejus.

℣. *Admirabantur turbæ super doctrina ejus.*

℟. *Erat enim docens sicut potestatem habens.*

OREMUS.

Vota, quæsumus, Domine, supplicantis populi cœlesti pietate prosequere, ut et quæ agenda sunt, videant, et ad implenda quæ viderint, convalescant.

Amen.

Fidèle observation de la loi. — FIG. : *Deut.*, XI, 11, 28. Promesses aux vrais observateurs de la loi. — PROPH. : *Ps.*, CXI. *Beatus vir qui timet Dominum ; in mandatis ejus volet nimis.* Heureux l'homme qui craint le Seigneur, et se complaît dans l'observance de ses commandements.

Montagne des Béatitudes.

LXXXVIIe VISITE.

LA MONTAGNE DES BÉATITUDES.

C'EST au pied de la montagne des Béatitudes, dans la plaine occidentale qui s'étend vers Capharnaüm, que le divin Sauveur va opérer la guérison du lépreux. *Seigneur, si vous voulez, vous pouvez me guérir.* Ainsi a déjà parlé un lépreux que Jésus guérissait dans une autre circonstance[1]. A ce sujet, un auteur[2] fait cette remarque : « Il est bien naturel que deux lépreux manifestent leurs désirs de la même manière, et avec la même simplicité. »

Rappelons-nous ce qu'était la lèpre : une maladie dégoûtante, contagieuse et très opiniâtre, figure trop fidèle du péché.

---

1. Voir visite LXIVº.
2. Le comte de Stolberg.

ÉVANGILE.

MATTH., VIII.

1. Jésus étant descendu de la montagne, de grandes troupes le suivaient.

2. Et voici qu'un lépreux vint à lui. Il l'adorait, et lui disait : Seigneur, si vous voulez, vous pouvez me guérir.

3. Jésus étendit la main, et, le touchant, lui dit : Je le veux, soyez guéri; et à l'instant la lèpre disparut.

4. Et Jésus lui dit : Gardez-vous d'en parler à personne; mais allez, montrez-vous au prêtre, et offrez ce que Moïse a ordonné, afin que cela leur serve de témoignage.

1. *Cum autem descendisset de monte, secutæ sunt eum turbæ multæ :*

2. *Et ecce leprosus veniens, adorabat eum, dicens : Domine, si vis, potes me mundare.* (MARC., 1, 40.)

3. *Et extendens Jesus manum, tetigit eum, dicens : Volo, mundare. Et confestim mundata est lepra ejus.*

4. *Et ait illi Jesus : Vide, nemini dixeris : sed vade, ostende te sacerdoti, et offer munus, quod præcepit Moyses, in testimonium illis.* (Lev., XIV, 2 ; Luc., V, 12.)

RÉFLEXIONS.

1° Jésus descend de la montagne où il a fait son sublime discours. Les foules ont reçu l'enseignement divin, et elles suivent toujours le Sauveur sans pouvoir le quitter. Celui qui a une fois goûté la conversation divine ne veut plus entendre autre chose sur la terre; tout lui est insipide en dehors de Jésus. Nous allons voir comment ce peuple sera récompensé de sa foi.

2º Un lépreux arrive, se présente devant le Sauveur, l'adore, et confesse ainsi la toute-puissance de sa volonté souveraine : *Si vous le voulez, vous pouvez me guérir.* Agissons-nous ainsi à l'égard de notre divin Maître. Avons-nous la même confiance et le même amour?

3º Que la bonté de Jésus est grande! Avec quelle promptitude il accorde le bienfait demandé! Le lépreux prie, il obtient. Les mains qui ont créé le monde guérissent le pauvre malade. Jésus lui ordonne de se présenter au prêtre, et de lui offrir le présent légal. Car le prêtre est le ministre de Dieu pour la guérison des âmes, et chez les Juifs il avait mission de constater la guérison de la lèpre.

Par le silence qu'il impose au lépreux à l'égard de tous, en dehors du prêtre, Jésus ne veut-il pas nous apprendre à fuir toute vaine gloire?

PRIÈRES.

Ant. *Sequebantur Jesum turbæ, et a longe leprosus adorabat, et orabat, et sanabatur.*

℣. *Domine, si vis, potes me mundare.*

℟. *Volo, mundare.*

Oremus.

Deus, cui proprium est misereri semper et parcere, suscipe deprecationem nostram: ut nos et omnes famulos tuos quos delictorum catena con-

Ant. Les foules suivaient Jésus, et de loin le lépreux adorait, priait et était guéri.

℣. Seigneur, si vous voulez, vous pouvez me guérir.

℟. Je le veux, soyez guéri.

Oraison.

O Dieu, dont un des attributs est d'être toujours prêt à faire grâce et à pardonner, recevez favorablement nos prières, et que les chaînes du péché qui lient nos âmes, et celles de vos serviteurs, soient brisées par la puissance de votre miséricorde infinie.

Ainsi soit-il.

stringit, miseratio tuæ pietatis absolvat.

Amen.

Le lépreux guéri. — Fig. : IV *Reg.*, v, 14. Le Syrien Naaman se lave sept fois dans le Jourdain, d'après l'ordre d'Elisée, et il est guéri de la lèpre. — Proph. : *Levit.,* xiv, 2. *Hic est ritus leprosi, quando mundandus est : adducetur ad sacerdotem.* Le lépreux, au jour de sa purification, sera d'abord amené au prêtre.

LXXXVIIIe VISITE.

CAPHARNAUM.

FOI DU CENTENIER.

APRÈS avoir fait entendre son divin discours, sur la montagne des Béatitudes, et guéri un lépreux, Jésus revient à Capharnaüm. Comme il était dans cette ville, un officier lui envoie quelques juifs de ses amis, pour lui demander la guérison d'un serviteur. Le centenier ne se trouvait pas digne de se présenter lui-même devant le Sauveur. Apprenant que Jésus se rend chez lui en personne, il va à sa rencontre, et reconnaît qu'il ne mérite pas un tel honneur. Ce fait, accompagné de circonstances si touchantes, nous rend la ville de Capharnaüm plus chère.

ÉVANGILE.

Luc., VII.

1. *Cum autem implesset omnia verba sua in aures plebis, intravit Capharnaum.* (Matth., VIII, 5.)

2. *Centurionis autem cujusdam servus male habens, erat moriturus : qui illi erat pretiosus.*

1. Après que *Notre-Seigneur* eut achevé tout ce discours devant le peuple, qui l'écoutait, il entra dans Capharnaüm.

2. Or, il se trouvait là un centenier, lequel avait chez lui, malade et près de mourir, un serviteur qui lui était fort cher.

3. Ayant entendu parler de Jésus, ce centenier lui envoya quelques-uns des anciens d'entre les Juifs, pour le supplier de venir et de sauver son serviteur.

4. Ceux-ci, étant donc venus auprès de Jésus, le conjuraient avec les plus vives instances, et lui disaient : C'est un homme qui mérite que vous lui fassiez cette grâce,

5. Car il aime notre nation, et il nous a même fait bâtir une synagogue.

6. Jésus s'en allait donc avec eux. Et, comme il n'était plus guère loin de la maison, le centenier envoya quelques-uns de ses amis au-devant de lui, pour lui dire de sa part : Seigneur, ne vous donnez pas tant de peine ; car je ne suis pas digne que vous entriez dans ma maison.

7. C'est pour cela aussi que je ne me suis pas estimé digne de venir moi-même à vous ; mais dites seulement une parole, et mon serviteur sera guéri.

8. Car, moi, qui ne suis qu'un homme soumis à

3. *Et cum audisset de Jesu, misit ad eum seniores Judæorum, rogans eum ut veniret, et salvaret servum ejus.*

4. *At illi, cum venissent ad Jesum, rogabant eum sollicite, dicentes ei : Quia dignus est ut hoc illi præstes.*

5. *Diligit enim gentem nostram, et synagogam ipse ædificavit nobis.*

6. *Jesus autem ibat cum illis. Et cum jam non longe esset a domo, misit ad eum Centurio amicos, dicens : Domine, noli vexari : non enim sum dignus ut sub tectum meum intres.* (MATTH., VIII, 8.)

7. *Propter quod et meipsum non sum dignum arbitratus ut venirem ad te : sed dic verbo, et sanabitur puer meus.*

8. *Nam et ego homo sum sub potestate constitutus, ha-*

bens sub me milites : et dico huic : *Vade, et vadit ; et alii, Veni, et venit ; et servo meo : Fac hoc, et facit.*

9. *Quo audito, Jesus miratus est : et conversus sequentibus se turbis, dixit : Amen dico vobis, nec in Israel tantam fidem inveni.*

MATTH., VIII.

11. *Dico autem vobis, quod multi ab Oriente et Occidente venient, et recumbent cum Abraham, et Isaac, et Jacob in regno cœlorum :* (MAL., I, 11.)

12. *Filii autem regni ejicientur in tenebras exteriores : ibi erit fletus, et stridor dentium.*

LUC., VII.

10. *Et reversi, qui missi fuerant, domum, invenerunt servum, qui languerat, sanum.*

d'autres hommes, ayant néanmoins des soldats sous mes ordres, je dis à l'un : Allez là, et il y va ; et à l'autre : Venez, et il vient ; et à mon serviteur : Faites ceci, et il le fait.

9. En entendant ces paroles, Jésus fut touché d'admiration ; et, se tournant vers la foule qui le suivait, il dit : Je vous déclare, en vérité, que je n'ai pas trouvé une si grande foi même en Israël.

11. Aussi, je vous dis que beaucoup viendront d'Orient et d'Occident, et auront place au festin, dans le royaume des cieux, avec Abraham, Isaac et Jacob ;

12. Tandis que les enfants du royaume seront jetés dans les ténèbres extérieures. C'est là qu'il y aura des pleurs et des grincements de dents.

10. Et revenus à la maison, ceux que le centenier avait envoyés *à Jésus*, trouvèrent guéri celui qui avait été malade.

RÉFLEXIONS.

1º Sont-ils nombreux, les maîtres qui aiment leurs serviteurs et qui leur sont dévoués au point de les regarder comme des membres de la même famille? Mon Dieu, faites-nous la grâce de traiter toujours ainsi nos inférieurs, de nous occuper de leur âme et de leurs besoins temporels.

2º La foi du centenier est grande. Il ne connaît qu'une chose, c'est l'obéissance. Il comprend que les créatures quelles qu'elles soient, doivent obéir à Jésus.

3º Le centenier a prié avec foi, avec humilité, l'amour dans le cœur; le miracle est accordé, parce que Jésus veut, ici-bas et sans retard, récompenser les vertus de cet homme. O bonté de notre Sauveur! Venez à notre secours, et aidez-nous à prier comme il faut, afin que nous obtenions ce que nous demandons. *Seigneur, je ne suis pas digne que vous entriez dans ma maison; une parole de vous me guérira.*

PRIÈRES.

Ant. Dans la cité de Capharnaüm, un centenier dit à Jésus : Seigneur, j'ai dans ma maison un serviteur, que la paralysie retient au lit, et qui souffre beaucoup. Jésus lui répondit : J'irai, et je le guérirai.

℣. Seigneur, je ne suis pas digne que vous entriez dans ma maison.

Ant. *In civitate Capharnaum, ait centurio ad Jesum: Domine, puer meus jacet in domo mea paralyticus, et male torquetur : cui dixit Jesus : Ego veniam, et curabo eum.*

℣. *Domine, non sum dignus ut intres sub tectum meum.*

℞. *Sed tantum dic verbo, et sanabitur puer meus.*

OREMUS.

Vide, quæsumus, Domine, infirmitates nostras et celeri nobis tua pietate succurre. Amen.

℞. Mais dites seulement une parole, et mon serviteur sera guéri.

ORAISON.

Nous vous supplions, Seigneur, de jeter un regard sur nos infirmités et de nous faire ressentir au plus tôt les effets de votre miséricorde.

Ainsi soit-il.

Les enfants du royaume rejetés. — FIG. : *Jer.*, XIII, 1, 11. Le peuple juif est rejeté et dispersé parmi les nations à cause de son idolâtrie. — PROPH. : *Is.*, LXV, 66. *Servi mei lætabuntur, et vos confundemini.* Mes serviteurs seront dans l'allégresse, et vous serez confondus.

Naïm.

LXXXIXe VISITE.

NAIM, OU JÉSUS A RESSUSCITÉ

LE FILS D'UNE VEUVE.

Au temps de Notre-Seigneur, Naïm était une jolie petite ville. Son nom, qui signifie *la belle cité*, l'indique assez. Elle était située au pied septentrional du petit Hermon, au milieu de la plaine d'Esdrelon, à une lieue et demie du Thabor, à la même distance d'Endor. Le Cison l'arrosait, et elle était très animée. C'est là que vint Notre-Seigneur en quittant Capharnaüm, et qu'il rencontra cette veuve désolée qui conduisait son fils unique au tombeau.

A l'endroit même où le Sauveur rendit plein de vie à sa mère cet adolescent, sainte Hélène fit construire une vaste et admirable église. Mais il n'en reste plus que des ruines. On voit là encore une colonne en marbre blanc, et l'abside presque totalement enfouie sous la terre. L'emplacement sert aujourd'hui de cimetière aux musulmans.

La ville, d'ailleurs, a disparu avec l'église. Naïm n'est plus qu'un pauvre village où végètent de rares habitants. Au milieu de la place on trouve un olivier. C'est le seul arbre que vous y voyiez.

ÉVANGILE.

Luc., vii.

11. *Et factum est, deinceps ibat in civitatem, quæ vocatur Naïm ; et ibant cum eo Discipuli ejus, et turba copiosa.*

12. *Cum autem appropinquaret portæ civitatis, ecce defunctus efferebatur filius unicus matris suæ : et hæc vidua erat : et turba civitatis multa cum illa.*

13. *Quam cum vidisset Dominus, misericordia motus super eam, dixit illi : Noli flere.*

14. *Et accessit, et tetigit loculum. (Hi autem qui portabant, steterunt.) Et ait : Adolescens, tibi dico, surge.*

11. Il arriva que le jour suivant Jésus allait à une ville appelée Naïm ; et ses Disciples, ainsi qu'une grande foule de peuple, y allaient avec lui.

12. Comme il approchait de la porte de la ville, voici qu'on portait en terre un mort, le fils unique d'une mère ; et cette femme était veuve ; et il y avait avec elle un grand nombre de personnes de la ville.

13. Le Seigneur, l'ayant vue, fut touché de compassion pour elle, et lui dit : Ne pleurez pas.

14. Puis il s'approcha et toucha le cercueil. (Ceux qui le portaient s'arrêtèrent). Et il dit : Jeune homme, levez-vous, je vous l'ordonne.

15. Et celui qui était mort se leva, et il se mit à parler. Et Jésus le rendit à sa mère.

16. Or, tous ceux qui étaient présents furent saisis de frayeur; et ils glorifiaient Dieu en disant : Un grand prophète s'est levé au milieu de nous, et Dieu a visité son peuple.

17. Le bruit de ce miracle se répandit dans toute la Judée, et dans tout le pays d'alentour.

15. *Et resedit qui erat mortuus, et cœpit loqui. Et dedit illum matri suæ.*

16. *Accepit autem omnes timor; et magnificabant Deum, dicentes : Quia propheta magnus surrexit in nobis, et quia Deus visitavit plebem suam.* (LUC., XXIV, 19.)

17. *Et exiit hic sermo in universam Judæam de eo, et in omnem circa regionem.*

RÉFLEXIONS.

1° La jeunesse se jette souvent dans le désordre, et presque toujours y trouve la mort. Le bonheur n'est donc pas dans les amusements et les plaisirs de la vie.

2° Jésus a toujours pitié des égarements d'une jeune âme, mais il ne fait pas toujours des miracles de résurrection spirituelle. Cela n'est accordé qu'à la prière et aux larmes des bons.

3° Enfin rappelons-nous que Dieu nous attend au milieu de nos égarements, jusqu'à une certaine heure. Cependant, lorsque la mesure est comble, sa justice coupe le fil de notre vie, et alors s'évanouissent nos plus florissantes espérances. C'est la mort, et puissions-nous ne pas trouver la mort éternelle! Surtout rappelons-nous que, jusqu'à notre dernier souffle, la miséricorde de Dieu nous tend la main.

PRIÈRES.

Ant. *Anima mea, cessa jam peccare; cogita de subitanea transpositione ad æterna tormenta : ibi enim non suscipitur pœnitentia, nec lucrifaciunt lacrymæ. Dum tempus adest, convertere; clama dicens : Deus meus, miserere!*

℣. *Adolescens, tibi dico, surge.*

℟. *Et resedit qui erat mortuus.*

Oremus.

Deus, qui das vitam hominibus et mortuos suscitas a morte, concede propitius, ut ad omnipotentiæ tuæ beneficia promerenda dignæ conversationis provocemur obsequio. Amen.

Ant. Mon âme, ne pèche plus; pense au passage soudain à d'éternels tourments : là, en effet, il n'y a plus de pénitence, et les larmes n'ont plus de prix. Tandis qu'il est temps encore, convertis-toi et crie au Seigneur en secret : Mon Dieu, ayez pitié de moi!

℣. Jeune homme, je vous l'ordonne, levez-vous.

℟. Et celui qui était mort se leva.

Oraison.

O Dieu, qui donnez la vie aux hommes, et qui faites sortir les morts du tombeau, accordez-nous, s'il vous plaît, de mériter, par l'obéissance parfaite de notre vie, les récompenses que nous destine votre toute-puissance. Ainsi soit-il.

Résurrection du fils de la veuve. — Fig. : IV *Reg.*, xiii, 21. Les ossements d'Élisée ressuscitent les morts. — Proph. : *Sap.*, xvi, 13. *Tu... Domine,... vitæ et mortis habes potestatem.* C'est vous, Seigneur, qui avez le pouvoir de vie et de mort.

XCe VISITE.

NAIM. — AMBASSADE DE JEAN-BAPTISTE.

ON croit que c'est à l'occasion du bruit produit par la résurrection du fils de la veuve de Naïm que Jean-Baptiste, alors dans les fers à Machéronte[1], envoya ses disciples au Sauveur; et l'on pense communément qu'il les lui adressa à Naïm même, ou aux environs de cette ville. C'est donc dans cette cité, ou dans le voisinage, que Jésus reçut les disciples de Jean, et qu'il rendit témoignage à son précurseur.

O Naïm, petite ville de la tribu d'Issachar, quelle gloire tu viens d'acquérir! Dans tes murs tu as vu le Fils de Dieu rendre à une mère son fils endormi du sommeil de la mort. Par toutes les mères ton nom sera béni de génération en génération.

ÉVANGILE.

	Luc., vii.
18. Les disciples de Jean-Baptiste ayant rapporté au saint Précurseur toutes ces choses,	18. *Et nuntiaverunt Joanni discipuli ejus de omnibus his.*
19. Celui-ci en appela deux, et les envoya à Jésus,	19. *Et convocavit duos de discipulis suis Joannes, et misit*

---

1. Machéronte était une forteresse, non mentionnée dans la Bible, bâtie avec magnificence par Hérode, et située à une grande hauteur sur le penchant du mont Nébo, dont les bases viennent dans la mer Morte.

ad Jesum, dicens : *Tu es qui venturus es, an alium expectamus?*

20. *Cum autem venissent ad eum viri, dixerunt : Joannes Baptista misit nos ad te dicens : Tu es qui venturus es, an alium expectamus?*

21. (*In ipsa autem hora multos curavit a languoribus, et plagis, et spiritibus malis, et cæcis multis donavit visum.*)

22. *Et respondens, dixit illis : Euntes renuntiate Joanni quæ audistis, et vidistis : Quia cæci vident, claudi ambulant, leprosi mundantur, surdi audiunt, mortui resurgunt, pauperes evangelizantur :* (Is., xxxv, 5.)

23. *Et beatus est quicumque non fuerit scandalizatus in me.*

24. *Et cum discessissent nuntii Joannis, cœpit de*

pour lui demander : Êtes-vous celui qui doit venir, ou devons-nous en attendre un autre ?

20. Étant donc venus trouver Jésus, ces hommes lui dirent : Jean-Baptiste nous a envoyés vers vous pour vous dire : Êtes-vous celui qui doit venir, ou devons-nous en attendre un autre ?

21. (Or, en cette heure-là même, Jésus guérit plusieurs malades des souffrances et des plaies dont ils étaient affligés, et il en délivra d'autres des malins esprits, et il rendit la vue à plusieurs aveugles.)

22. Après quoi, répondant *aux envoyés*, il leur dit : Allez, et rapportez à Jean ce que vous avez entendu et vu : les aveugles voient, les boiteux marchent, les lépreux sont guéris, les sourds entendent, les morts ressuscitent, l'Évangile est annoncé aux pauvres.

23. Et bienheureux celui qui ne prendra pas de moi un sujet de scandale.

24. Et lorsque les envoyés de Jean se furent reti-

rés, Jésus, s'adressant aux foules, leur parla ainsi de Jean : Qu'êtes-vous allés voir dans le désert? Un roseau agité du vent?

25. Qu'êtes-vous donc allés voir? Un homme vêtu avec mollesse? Vous savez que c'est dans les palais des rois que sont ceux qui portent des vêtements précieux et vivent dans les délices.

26. Qu'êtes-vous donc allés voir? Un prophète? Oui certes, je vous le dis, et plus qu'un prophète.

27. C'est lui dont il a été écrit : Voilà que j'envoie devant vous mon Ange, qui vous préparera la voie.

11. Je vous le déclare en vérité, parmi les enfants des femmes il ne s'en leva jamais un plus grand que Jean-Baptiste ; et toutefois celui qui est le plus petit dans le royaume des cieux, est plus grand que lui.

12. Or, depuis les jours de Jean-Baptiste jusqu'à présent, le royaume des cieux se prend par la violence, et ce sont ceux-là qui

Joanne dicere ad turbas : Quid existis in desertum videre? arundinem vento agitatam?

25. Sed quid existis videre? hominem mollibus vestimentis indutum? Ecce qui in veste pretiosa sunt et deliciis, in domibus regum sunt.

26. Sed quid existis videre? prophetam? Utique dico vobis, et plus quam prophetam.

27. Hic est de quo scriptum est : Ecce mitto Angelum meum ante faciem tuam, qui præparabit viam tuam ante te. (MAL., III, 1.)

MATTH., IX.

11. Amen dico vobis, non surrexit inter natos mulierum major Joanne Baptista : qui autem minor est in regno cœlorum, major est illo.

12. A diebus autem Joannis Baptistæ usque nunc, regnum cœlorum vim patitur, et violenti rapiunt illud.

13. *Omnes enim prophetæ et lex, usque ad Joannem prophetaverunt :*

14. *Et si vultis recipere, ipse est Elias, qui venturus est.* (Mal., iv, 5.)

15. *Qui habet aures audiendi, audiat.*

Luc., vii.
29. *Et omnis populus audiens et publicani, justificaverunt Deum, baptizati baptismo Joannis.*

30. *Pharisæi autem et legisperiti consilium Dei spreverunt in semetipsos, non baptizati ab eo.*

31. *Ait autem Dominus : Cui ergo similes dicam homines generationis hujus, et cui similes sunt ?*

32. *Similes sunt pueris sedentibus in foro, et loquentibus ad invicem, et dicentibus : Cantavimus vobis tibiis, et non saltastis : lamentavimus, et non plorastis.*

se font violence qui l'emportent.

13. Car tous les prophètes, aussi bien que la loi, ont prophétisé jusqu'à Jean ;

14. Et si voulez le bien comprendre, Jean-Baptiste est lui-même l'Élie qui doit venir.

15. Que celui-là entende, qui a des oreilles pour entendre.

29. Tout le peuple en même temps que les publicains, l'entendant, justifièrent la conduite de Dieu, ayant été baptisés du baptême de Jean.

30. Mais pour les pharisiens et les docteurs de la loi, ils méprisèrent le dessein de Dieu sur eux, ne s'étant point fait baptiser par Jean.

31. Le Seigneur ajouta : A qui donc comparerai-je les hommes de cette génération, et à qui sont-ils semblables ?

32. Ils ressemblent à ces enfants assis au milieu de la place, qui, se parlant les uns aux autres, disent : Nous avons joué de la flûte, et vous n'avez pas dansé ; nous

avons chanté des airs lugubres, et vous n'avez point pleuré.

33. Car Jean-Baptiste est venu, ne mangeant point de pain, ne buvant point de vin, et vous dites : Il est possédé du démon.

34. Le Fils de l'homme est venu, mangeant et buvant, et vous dites : C'est un homme de bonne chère, qui aime à boire du vin ; il est l'ami des publicains et des pécheurs.

35. Mais la sagesse a été justifiée par tous ses enfants.

33. *Venit enim Joannes Baptista, neque manducans panem, neque bibens vinum, et dicitis: Dæmonium habet.* (MATTH., III, 4; MARC., I, 6.)

34. *Venit Filius hominis manducans, et bibens, et dicitis : Ecce homo devorator, et bibens vinum, amicus publicanorum et peccatorum.*

35. *Et justificata est sapientia ab omnibus filiis suis.* (MATTH., XI, 2, 16.)

RÉFLEXIONS.

Nous avons ici le témoignage que Jean-Baptiste rend de Jésus-Christ, et le témoignage que Jésus-Christ rend de Jean-Baptiste.

1º C'est du fond de sa prison, *in vinculis*, que Jean veut rendre témoignage à Jésus. Il n'oublie pas qu'il est le précurseur, et qu'il doit remplir jusqu'au bout sa glorieuse mission.

Il envoie donc deux de ses disciples à Jésus, et oblige ainsi le Sauveur à nous donner une des preuves les plus éclatantes de sa divinité. Puissions-nous, à l'exemple de Jean-Baptiste, profiter de toutes les occasions favorables pour annoncer Jésus-Christ !

2º Notre-Seigneur répond : Les aveugles voient, les

boiteux marchent, les lépreux sont guéris, les sourds entendent, les morts ressuscitent, l'Évangile est annoncé aux pauvres. C'est ainsi que le Messie a été prédit, c'est ainsi qu'il se présente à tous. Que de merveilles dans l'ordre de la nature, mais aussi que de merveilles dans l'ordre surnaturel !

O Jésus, nous vous reconnaissons tous pour notre seul Sauveur.

3º Jean reçoit de Jésus un magnifique témoignage. Il n'est pas seulement Élie ou un prophète, mais l'ange du Très-Haut, qui marche devant sa face, et qui lui ouvre les voies. Il n'y en a pas de plus grand parmi les enfants des hommes. Rendons témoignage à Jésus, si nous voulons qu'il nous rende témoignage devant son Père.

PRIÈRES.

ANT. *Cæci vident, claudi ambulant, leprosi mundantur, surdi audiunt, mortui resurgunt, pauperes evangelizantur.*

℣. *Non surrexit major inter natos mulierum,*

℟. *Joanne Baptista.*

OREMUS.

Omnipotens sempiterne Deus, da cordibus nostris illam sequi tuarum rectitudinem semitarum quam beati Joannis Baptistæ vox clamantis edocuit. Amen.

ANT. Les aveugles voient, les boiteux marchent, les lépreux sont guéris, les sourds entendent, les morts ressuscitent, l'évangile est annoncé aux pauvres.

℣. Il n'y en a pas eu de plus grand parmi les enfants des femmes,

℟. Que Jean-Baptiste.

ORAISON.

O Dieu éternel et tout-puissant, donnez à nos cœurs de suivre la voie droite de vos sentiers, qui nous a été enseignée par votre héraut saint Jean-Baptiste. Ainsi soit-il.

I. *Le Christ doit être reconnu à ses miracles.* — Fig. : *Ex.*, IV, 1, 17. Moïse doit être reconnu à ses miracles. — Proph. : *Is.*, XXXV, 5. *Aperientur oculi cæcorum, et aures surdorum patebunt.* Les yeux des aveugles s'ouvriront, et les oreilles des sourds entendront.

II. *Jésus exalte Jean-Baptiste.* — Fig. : *Jer.*, I, 1, 10. Le Seigneur envoie Jérémie et l'exalte. — Proph. : *Mal.*, III, 1 ; IV, 5. *Mittam vobis Eliam prophetam.* Je vous enverrai Elie, mon prophète.

III. *Jésus et Jean méprisés par les pharisiens.* — Fig. : III *Reg.*, XIX, 4. Elie abandonné par les enfants d'Israël — Proph. : *Os.*, IX, 8, 17. *Propheta laqueus ruinæ,... insania in domo Dei.* Le prophète est devenu un lacs de ruines sur toutes ses voies, une démence dans la maison de Dieu.

Vue de Corozaïn.

XCIᵉ VISITE.

COROZAIN, BETHSAIDA, CAPHARNAUM.

MALÉDICTIONS AUX VILLES INFIDÈLES.

Il est très probable que Notre-Seigneur a prononcé toutes les paroles qu'on va lire aux environs de Tyr et de Sidon. Mais cela ne nous empêche pas de nous transporter à Corozaïn et à Bethsaïda, dont Jésus parle en ce jour.

Corozaïn était une assez petite ville, située au nord, et au bord galiléen du lac de Génésareth. Elle fut appelée plus tard Juliade, en l'honneur de la femme de Tibère. Les habitants de cette ville furent témoins d'un grand nombre de miracles de Jésus-Christ.

On sait que Corozaïn était voisine du désert, et non loin de Bethsaïda.

Quant à Bethsaïda, ainsi nommée à cause de la pêche abondante qu'on y faisait (*Bethsaïda signifiant maison de pêche*), c'était une petite ville de la tribu de Zabulon, près du lac de Génésareth, au midi de Capharnaüm, sur le bord occidental du lac. Il ne reste de Bethsaïda, appelée plus tard, comme Corozaïn, Juliade, que des ruines, parmi lesquelles celles d'une église, probablement dédiée autrefois aux saints apôtres Pierre, André et Philippe, nés dans cette ville.

ÉVANGILE.

Matth., xi.

20. Alors *Jésus* reprocha aux villes dans lesquelles il avait opéré un grand nombre de miracles de n'avoir pas fait pénitence.

21. Malheur à toi, Corozaïn, malheur à toi, Bethsaïda; car, si les miracles qui ont été opérés au milieu de vous avaient été faits dans Tyr et dans Sidon, il y a longtemps qu'elles auraient fait pénitence sous le sac et sous la cendre.

22. C'est pourquoi je vous le déclare : au jour du jugement, Tyr et Sidon seront traitées avec moins de rigueur que vous.

23. Et toi, Capharnaüm, t'élèveras-tu toujours jus-

20. *Tunc cœpit exprobrare civitatibus, in quibus factæ sunt plurimæ virtutes ejus, quia non egissent pœnitentiam.*

21. *Væ tibi, Corozaïn, væ tibi, Bethsaïda : quia, si in Tyro et Sidone factæ essent virtutes, quæ factæ sunt in vobis, olim in cilicio et cinere pœnitentiam egissent.* (Luc., x, 13.)

22. *Verumtamen dico vobis : Tyro et Sidoni remissius erit in die judicii quam vobis.*

23. *Et tu, Capharnaum, numquid usque in cœlum exal-*

taberis? usque in infernum descendes : quia si in Sodomis factæ fuissent virtutes, quæ factæ sunt in te, forte mansissent usque in hanc diem.	qu'au ciel? Tu seras abaissée jusqu'au fond de l'enfer, parce que, si les miracles qui ont été faits dans ton sein avaient été faits dans Sodome, elle subsisterait peut-être encore aujourd'hui.
24. *Verumtamen dico vobis, quia terræ Sodomorum remissius erit in die judicii, quam tibi.*	24. Aussi je vous déclare qu'au jour du jugement le pays de Sodome sera traité avec moins de rigueur que toi.

RÉFLEXIONS.

1º Dieu accorde ses dons à toutes les âmes qu'il a créées. Il les leur distribue selon l'inspiration de sa sagesse, et avec le dessein de les sauver toutes. Il multiplie même pour cela les prodiges. Ce qu'il a fait pour les habitants de Corozaïn et de Bethsaïda, il le fait pour nous tous. Croyons-le, et rendons-lui-en grâces.

2º Imiterons-nous ces villes coupables? Ne recevrons-nous pas avec reconnaissance les dons de Dieu? Les ferons-nous fructifier, selon l'ordre de ses desseins de miséricorde? Ah! répondons fidèlement à tant de prévenances divines.

3º Être délaissé de Dieu, et plus sévèrement châtié que Tyr et Sidon, si l'on oublie le Seigneur et si l'on méconnaît sa grâce, quel terrible sort!... Ce sera cependant celui des âmes ingrates. Ce sera l'enfer. O mon Dieu, faites que j'évite à tout prix ce malheur, et, pour cela, accordez-moi la grâce de vous aimer toujours et de vous obéir en tout.

PRIÈRES.

Ant. Alors Jésus reprocha aux villes dans lesquelles il avait opéré beaucoup de miracles, de n'avoir pas fait pénitence.

℣. Faites pénitence.

℟. Le royaume de Dieu est proche.

Oraison.

O Dieu, qui accordez aux justes la récompense de leurs mérites, et aux pécheurs qui font pénitence le pardon de leurs fautes, ayez pitié de ceux qui vous invoquent, et que l'aveu de leurs fautes leur obtienne la rémission de leurs péchés. Ainsi soit-il.

Ant. *Tunc cœpit Jesus exprobrare civitatibus in quibus factæ sunt plurimæ virtutes ejus, quia non egissent pœnitentiam.*

℣. *Pœnitentiam agite.*

℟. *Appropinquavit enim regnum cœlorum.*

Oremus.

Deus, qui et justis præmia meritorum, et peccatoribus per pœnitentiam veniam præbes, miserere supplicibus tuis, ut reatus nostri confessio indulgentiam valeat percipere delictorum. Amen.

Malheur aux villes impénitentes. — Fig. : *Jos.*, vi. Jéricho anathématisée et détruite. — Proph. : *Is.*, 1, 4. — *Væ genti peccatrici, populo gravi iniquitate, semini nequam!* Malheur à la nation pécheresse, au peuple coupable et à la race méchante !

XCIIe VISITE.

ENVIRONS DE BETHSAÏDA.

LE JOUG DU SEIGNEUR

A UNE lieue environ de Bethsaïda se trouve une montagne taillée à pic et s'élevant comme un mur. Dans cette roche, il y a une grotte assez profonde pour contenir cinq cents hommes environ. L'historien Josèphe l'appelle la *spelonque de Cenereth ou de Genesar*. Le lac de Génésareth aurait, dit-on, tiré de là son nom. Dans ce pays, voisin des villes maudites par Notre-Seigneur, on est saisi profondément à la pensée des jugements divins.

ÉVANGILE.

MATTH., XI.

25. *In illo tempore respondens Jesus dixit : Confiteor tibi, Pater, Domine cœli et terræ, quia abscondisti hæc a sapientibus et prudentibus, et revelasti ea parvulis.*

26. *Ita Pater : quoniam sic fuit placitum ante te.*

25. En ce moment-là même Jésus prononça ces paroles : Je vous rends gloire, ô mon Père, Seigneur du ciel et de la terre, de ce que vous avez caché ces choses aux sages et aux prudents, tandis que vous les avez révélées aux petits.

26. Oui, mon Père, *je vous en rends gloire*, parce qu'il vous a plu *que cela fût* ainsi.

27. Toutes choses ont été remises entre mes mains par mon Père. Et personne ne connaît le Fils, si ce n'est le Père; et nul ne connaît le Père, si ce n'est le Fils, et celui à qui il aura plu au Fils de le révéler.

28. Venez à moi vous tous qui êtes fatigués, et chargés *de peines*, et je vous soulagerai.

29. Prenez sur vous mon joug, et apprenez de moi que je suis doux et humble de cœur, et vous trouverez le repos de vos âmes.

30. Car mon joug est doux, et mon fardeau léger.

27. *Omnia mihi tradita sunt a Patre meo. Et nemo novit Filium, nisi Pater; neque Patrem quis novit, nisi Filius, et cui voluerit Filius revelare.* (JOAN., IV, 46; VII, 28; VIII, 19; X, 15.)

28. *Venite ad me, omnes qui laboratis, et onerati estis, et ego reficiam vos.*

29. *Tollite jugum meum super vos, et discite a me, quia mitis sum, et humilis corde; et invenietis requiem animabus vestris.* (JER., VI, 15.)

30. *Jugum enim meum suave est, et onus meum leve.*

RÉFLEXIONS.

1º Les secrets divins ne sont révélés qu'aux humbles, et ils sont au contraire cachés aux superbes. Telle est la volonté de Dieu, à laquelle nous devons rendre hommage, et qu'il nous faut proclamer toujours juste et toujours sainte. Tenons-nous dans l'adoration en face de ce mystérieux enseignement du Sauveur.

2º Le doux et bon Sauveur appelle à lui tous ceux qui sont fatigués et chargés de peines. Il leur dit : « Venez à moi, » parce qu'il veut les décharger du lourd fardeau qui les accable, ou du moins leur en adoucir le poids. Quelle bonté !

3º Le Sauveur dit encore : *Apprenez*, en vous imposant mon joug, *que je suis doux et humble de cœur*. N'est-ce pas nous dire, en d'autres termes, que son fardeau nous sera toujours léger. Il nous l'a dit expressément, mais il nous le répète sous cette forme pleine de suavité. En vous chargeant de mon fardeau, sachez que je suis doux et humble de cœur. Qui pourrait dire le nombre des âmes accablées consolées par cette parole et attirées auprès du Sauveur? Allez donc aussi, de votre côté, à Jésus dans la douceur et l'humilité. *Mandata ejus gravia non sunt.* (I JOAN., V, 3.)

PRIÈRES.

ANT. *Venite ad me, omnes qui laboratis et onerati estis, et ego reficiam vos.*

℣. *Jugum enim meum suave est,*

℟. *Et onus meum leve.*

OREMUS.

Deus, qui superbis resistis et gratiam præstas humilibus, auge in nobis veræ humilitatis virtutem, cujus in se formam Unigenitus tuus fidelibus exhibuit : ut nunquam indignationem tuam provocemus elati, sed potius tuæ semper pietatis capiamus dona subjecti. Amen.

ANT. Venez à moi, vous tous qui êtes fatigués et chargés de peines, et je vous soulagerai.

℣. Mon joug est doux,

℟. Et mon fardeau léger.

ORAISON.

O Dieu, qui résistez aux superbes et qui donnez votre grâce aux humbles, augmentez en nous la véritable vertu d'humilité dont votre Fils unique nous a montré l'exemple dans sa personne; et accordez-nous de ne jamais provoquer votre indignation par notre orgueil, mais bien plutôt de mériter votre miséricorde par notre humilité. Ainsi soit-il.

Jésus est doux, son joug est suave. — FIG. : *Judic.*, XIV, 8, 14. Le rayon de miel dans la gueule du lion. — PROPH. : *Ps.*, LXXXV, 1, 8. *Quoniam tu, Domine, suavis et mitis.* Vous êtes, Seigneur, plein de suavité et de douceur.

Ruines sur l'emplacement de la maison de Simon le pharisien à Jérusalem.

XCIII^e VISITE.

MARIE-MADELEINE CHEZ SIMON LE PHARISIEN

A JÉRUSALEM.

Jésus, notre Sauveur, continue ses courses évangéliques et se rend à Jérusalem, où nous le trouvons chez Simon le Pharisien. En effet, au nord de l'église de Sainte-Anne, dans le quartier compris entre la Piscine probatique et les remparts actuels de Jérusalem, se trouvent les ruines d'une ancienne église, dédiée à sainte Marie-Madeleine. Des pans de murs sont debout; quelques rares ouvertures romanes subsistent dans la muraille, et le milieu est un amas de pierres. La gravure ci-dessus donne une idée de l'ensemble.

C'est là que la tradition la plus ancienne place la maison de Simon le pharisien. En ce lieu donc, il faut contempler Marie-Madeleine, arrosant de ses larmes les pieds du Sauveur.

ÉVANGILE.

Luc., vii.

36. *Rogabat autem illum quidam de Pharisæis ut manducaret cum illo. Et ingressus domum Pharisæi discubuit.*

37. *Et ecce mulier, quæ erat in civitate peccatrix, ut cognovit quod accubuisset in domo Pharisæi, attulit alabastrum unguenti :* (Matth., xxvi, 7; Marc., xiv, 3; Joan., xi, 2; xii, 3.)

38. *Et stans retro secus pedes ejus, lacrymis cœpit rigare pedes ejus, et capillis capitis sui tergebat, et osculabatur pedes ejus, et unguento ungebat.*

39. *Videns autem Pharisæus, qui vocaverat eum, ait intra se dicens : Hic si esset propheta, sciret utique, quæ et qualis est mulier quæ tangit eum : quia peccatrix est.*

40. *Et respondens Jesus, dixit ad illum : Simon, habeo*

36. Un pharisien avait prié Jésus de manger chez lui. Jésus, étant entré dans la maison de ce pharisien, prit place à la table.

37. Et voilà qu'une femme, connue dans la ville pour être une pécheresse, ayant su qu'il était à table dans la maison du Pharisien, apporta un vase d'albâtre, plein de parfum;

38. Et se tenant derrière Jésus, à ses pieds, elle se mit à les arroser de ses larmes, puis elle les essuyait avec ses cheveux, les baisait, et y répandait ce parfum.

39. Ce que voyant, le Pharisien, qui l'avait invité, se dit en lui-même : Si cet homme-là était un prophète, il saurait bien qui est celle qui le touche, et que c'est une pécheresse.

40. Alors Jésus, prenant la parole, lui dit : Simon,

LA PÉCHERESSE OINT LES PIEDS DU CHRIST.

j'ai quelque chose à vous dire. Maître, parlez, répondit-il.

41. Un créancier avait deux débiteurs : l'un lui devait cinq cents deniers, et l'autre cinquante.

42. Comme ceux-ci n'avaient pas de quoi payer, il leur remit à tous les deux leur dette. Lequel des deux l'aime le plus?

43. Simon répondit : Je crois que c'est celui auquel il a remis davantage. Jésus lui dit : Vous avez bien jugé.

44. Puis, se tournant vers la femme, il dit à Simon : Vous voyez cette femme? Je suis entré dans votre maison, et vous n'avez pas versé d'eau sur mes pieds; elle les a arrosés de ses larmes et essuyés de ses cheveux.

45. Vous ne m'avez pas donné le baiser; pour elle, depuis qu'elle est entrée, elle n'a pas cessé de baiser mes pieds.

46. Vous n'avez pas répandu d'huile sur ma tête, et elle a répandu ses parfums sur mes pieds.

tibi aliquid dicere. At ille ait : Magister, dic.

41. *Duo debitores erant cuidam fœneratori : unus debebat denarios quingentos, et alius quinquaginta.*

42. *Non habentibus illis unde redderent, donavit utrisque. Quis ergo eum plus diligit?*

43. *Respondens Simon dixit : Æstimo quia is cui plus donavit. At ille dixit ei : Recte judicasti.*

44. *Et conversus ad mulierem, dixit Simoni : Vides hanc mulierem? Intravi in domum tuam, aquam pedibus meis non dedisti : hæc autem lacrymis rigavit pedes meos, et capillis suis tersit.*

45. *Osculum mihi non dedisti : hæc autem, ex quo intravit, non cessavit osculari pedes meos.*

46. *Oleo caput meum non unxisti : hæc autem unguento unxit pedes meos.*

47. *Propter quod dico tibi : Remittuntur ei peccata multa, quoniam dilexit multum. Cui autem minus dimittitur, minus diligit.*	47. C'est pourquoi, je vous le déclare, beaucoup de péchés lui sont remis, parce qu'elle a aimé beaucoup. Mais celui auquel on remet moins aime moins.
48. *Dixit autem ad illam : Remittuntur tibi peccata.* (MATTH., IX, 2.)	48. Alors il dit à cette femme : Vos péchés vous sont remis.
49. *Et cœperunt qui simul accumbebant, dicere intra se: Quis est hic, qui etiam peccata dimittit?*	49. Et ceux qui étaient à table avec lui commencèrent à dire en eux-mêmes : Quel est cet homme qui remet même les péchés?
50. *Dixit autem ad mulierem : Fides tua te salvam fecit : vade in pace.*	50. Mais Jésus dit *encore* à la femme : Votre foi vous a sauvée; allez en paix.

RÉFLEXIONS I.

1º Madeleine était assurément un sujet de scandale dans la cité de Jérusalem. Or Jésus est venu non pour chercher les justes, mais pour sauver les pécheurs. Il ira donc à la recherche de cette âme, et il la ramènera au bien par un effet de sa divine grâce.

2º Ainsi éclairée et attendrie, Madeleine n'hésite plus. Sans s'inquiéter des convives ni prendre conseil du respect humain, elle va droit au but, et demande pardon à son Maître. Quel immense et éternel repentir! C'est pour cela qu'elle arrose les pieds du Sauveur de ses larmes, et les essuie de ses cheveux.

3º Elle fait plus ; elle embrasse les pieds adorables de Celui qui est venu annoncer la paix. Elle sacrifie tout ce qui a servi d'instrument au péché, ses cheveux, ses lèvres, sa vie entière, désormais vouée à la pénitence. Pendant ce temps, le Sauveur purifiait de plus en plus Madeleine. Ah! versons des larmes de regret à la pensée de nos égarements, et ne cessons pas d'arroser et d'embrasser les pieds adorables de Jésus.

RÉFLEXIONS II.

1º Le pharisien n'a pas cru en Jésus comme Madeleine. Il a pensé que le Sauveur ignorait l'état de la pécheresse. En tout cas, il était persuadé que la présence de cette femme coupable ne pouvait que souiller le Christ, comme si Jésus n'avait pas la puissance de faire naître le repentir en elle, et de lui pardonner ses égarements. Que d'appréciations fausses ! L'orgueil, toujours malveillant de sa nature, corrompt facilement le jugement, et prend toutes choses dans un sens mauvais.

O mon Dieu! préservez-nous d'être orgueilleux comme ce pharisien.

2º Le Sauveur va prendre la défense de Madeleine, et il le fera avec la plus ingénieuse des comparaisons. Celui à qui on remet plus, ne doit-il pas aimer davantage? C'est ce que la nature indique, et c'est ce que la foi produit en Marie-Madeleine.

Prions Notre-Seigneur, qui nous a pardonné tant d'offenses, de nous aider à l'aimer de plus en plus.

3º Enfin, Jésus remet les péchés de Madeleine. N'est-ce pas l'annonce de ce qu'il fera plus tard pour tous les hommes, en instituant le sacrement de Pénitence. Que les pharisiens s'étonnent ! nous, nous croyons à l'amour de Dieu pour les pécheurs repentants.

Nous croyons à la joie de Madeleine purifiée de ses souillures, et nous lui demandons de nous obtenir la même grâce.

PRIÈRES.

Ant. Et ecce mulier quæ erat in civitate peccatrix, ut cognovit quod accubuisset in domo Pharisæi, attulit alabastrum unguenti.

℣. Simon, oleo caput meum non unxisti;
℟. Hæc autem unguento unxit pedes meos.

Oremus.

Beatæ Mariæ Magdalenæ, quæsumus, Domine, suffragiis adjuvemur, quæ amoris tui igne succensa peccatorum suorum veniam a te obtinuit. Amen.

Ant. Et voilà qu'une femme connue, dans la ville, pour être pécheresse, ayant su que Jésus était dans la maison du Pharisien, apporta un vase d'albâtre rempli de parfum.

℣. Simon, vous n'avez pas oint ma tête de parfums.
℟. Celle-ci a répandu ses parfums sur mes pieds.

Oraison.

Daignez faire, Seigneur, que nous soyons secourus par les suffrages de la bienheureuse Marie-Madeleine, qui, tout embrasée du feu de votre amour, a obtenu de vous la rémission de ses péchés. Ainsi soit-il.

Repentir et pardon de la pécheresse. — Fig. : II Reg., xii, 13. Repentir et pardon de David. — Proph. : Ps., xxix, 11, 13. *Convertisti planctum meum in gaudium mihi.* Vous avez changé ma douleur en joie.

Magdala, sur les bords du lac de Génésareth.

XCIVe VISITE.

JUDÉE, SAMARIE, GALILÉE.

LES SAINTES FEMMES SERVANT LES APOTRES.

Près du lac de Génésareth, entre Tibériade et Bethsaïda, on voit sur un tertre les vestiges d'un vieux manoir et les restes d'une tour antique. Là était, dit la tradition, le château de Magdala ou Madgdalon, dans lequel Marie-Madeleine passa une partie de sa vie et dont elle avait pris le nom. On sait que plus tard elle habita Béthanie. Saint Jérôme affirme que cette Marie de Béthanie était Galiléenne. Le château de Magdalon, au dire de l'historien Josèphe, devint dans la suite un château fort protégé par de solides murailles.

Ce qui reste de l'antique habitation de Marie-Madeleine est appelé par les Arabes : *Tour de l'Amante.* C'est bien le nom qui convient à la résidence de celle qui a tant aimé

Jésus, à qui Jésus a accordé un immense pardon, et qui a eu pour le Sauveur une reconnaissance et un dévouement incomparables.

Suivons le Sauveur et les Apôtres, accompagnés de Marie-Madeleine et d'autres saintes femmes, dans leurs prédications en Judée, Samarie et Galilée [1].

ÉVANGILE.

Luc., VIII.

1. Et factum est deinceps, et ipse iter faciebat per civitates et castella, prædicans et evangelizans regnum Dei : et duodecim cum illo :

2. Et mulieres aliquæ, quæ erant curatæ a spiritibus malignis, et infirmitatibus : Maria, quæ vocatur Magdalene, de qua septem dæmonia exierant; (Marc., xvi, 9.)

3. Et Joanna uxor Chusæ procuratoris Herodis, et Suzanna et aliæ multæ, quæ ministrabant ei de facultatibus suis.

1. Quelque temps après, Jésus allait par les villes et les villages, prêchant l'Évangile, et annonçant le royaume de Dieu. Et les douze Apôtres étaient avec lui,

2. Ainsi que quelques femmes qui avaient été délivrées des malins esprits, et guéries de leurs maladies, parmi lesquelles se trouvait Marie, surnommée Madeleine, de laquelle sept démons étaient sortis;

3 Et Jeanne, femme de Chusa, intendant de la maison d'Hérode, Suzanne, et plusieurs autres qui le servaient et l'assistaient de leurs biens.

---

1. C'était une coutume louable parmi les Juifs, que les femmes les plus religieuses, libres et d'un certain âge, comme les veuves, suivissent ceux qui les instruisaient dans la religion. Elles donnaient aux docteurs de la loi le simple nécessaire, c'est pourquoi Notre-Seigneur ne réforma point cet usage et laissa ainsi aux femmes pieuses le moyen de devenir apôtres.

RÉFLEXIONS.

1º Admirons notre divin Sauveur continuant ses courses évangéliques, prêchant partout, annonçant toujours la bonne nouvelle. Ses douze Apôtres sont avec lui. Ne parle-t-il pas avec eux et par eux ?

2º Avec le Sauveur et les Apôtres marchent aussi Marie-Madeleine, et Jeanne, épouse de Chusa, procureur d'Hérode, et Suzanne, et bien d'autres. Quelques-unes avaient été délivrées de l'esprit immonde. Jésus avait chassé le démon de leurs âmes, et il était juste qu'elles se montrassent reconnaissantes.

3º Elles faisaient plus encore, elles donnaient à Jésus et à ses Apôtres ce qu'il leur fallait pour vivre, et subvenaient à tous leurs besoins.

Cet admirable exemple a été donné à tous les siècles. Il y a toujours eu des âmes généreuses et reconnaissantes qui ont suivi Jésus, pourvoyant aux nécessités de l'Église et fournissant à ses ministres tout ce qui peut leur être nécessaire. L'avons-nous fait autant que nous l'avons dû et que nous l'avons pu ?

PRIÈRES.

Ant. Quelques femmes délivrées des esprits malins, et Jeanne, femme de Chusa, intendant d'Hérode, suivaient Jésus à travers les villes et les villages, et l'assistaient dans tous ses besoins.

℣. Parmi elles était Marie Madeleine.

Ant. *Mulieres quædam curatæ a spiritibus malignis, et Joanna uxor Chusæ, procuratoris Herodis sequebantur Jesum per civitates et castella, et ministrabant ei in necessitatibus.*

℣. *Inter quas erat Maria Magdalena,*

℟. *De qua septem exierant dæmonia.*

ORÉMUS.

Da, quæsumus, Domine Jesu, ut beatæ mulieres quæ in conspectu tuo gratiosæ extiterunt suis ministrationibus, per fidem integram et sanctæ vitæ munditiam gratos tibi nos reddant pariter et devotos. Amen.

℟. De son cœur Jésus avait chassé sept démons.

ORAISON.

Seigneur Jésus, faites que les bienheureuses femmes qui vous ont été si agréables par leurs services nous obtiennent la grâce de vous plaire et d'être tout à vous, par l'intégrité de la foi et la pureté de la vie. Ainsi soit-il.

Les femmes apôtres; Luc., VIII, 1, 5. — FIG. : III *Reg.*, XVII. Le prophète Élie est nourri par la veuve de Sarepta. — Miracles qui en sont la conséquence. — Multiplication de l'huile, de la farine, et résurrection du fils de cette veuve. — PROPH. : *Prov.*, XXXI, 30. *Mulier timens Dominum ipsa laudabitur.* La femme qui craint le Seigneur, sera louée. — *Eccli.*, XXXVI, 27. *Ubi non est mulier, ingemiscit egens.* Celui qui est dans le besoin gémit, lorsqu'il n'y a point de femme pour le secourir. — III *Reg.*, XVII, 9. *Surge, et vade in Sarepta Sidoniorum, et manebis ibi : præcepi enim ibi mulieri viduæ ut pascat te.* Élie, allez à Sarepta, ville des Sidoniens, et demeurez-y, car j'ai commandé à une femme veuve de vous nourrir.

XCVᵉ VISITE.

CAPHARNAUM.

DÉMONIAQUE AVEUGLE ET MUET.

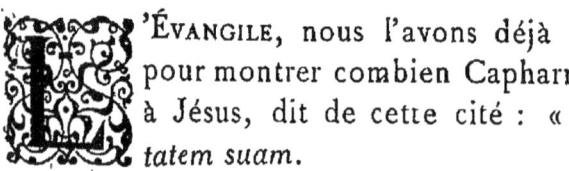'Évangile, nous l'avons déjà fait remarquer, pour montrer combien Capharnaüm était chère à Jésus, dit de cette cité : « Sa ville », *civitatem suam*.

C'était un titre bien précieux pour les habitants de Capharnaüm, s'ils eussent su et voulu l'apprécier. Mais ils ne l'ont pas fait.

L'historien Josèphe rapporte qu'une très belle fontaine portait en abondance des eaux rafraîchissantes à la ville de Capharnaüm. Le liquide limpide se déversait dans trois bassins de marbre, dont le premier renfermait l'eau pour boire, le deuxième, l'eau pour se laver, le troisième, l'eau qui devait désaltérer les animaux.

Voici un nouveau miracle opéré par le divin Sauveur dans cette ville si privilégiée. Nous allons l'y voir chassant le démon du corps d'un possédé aveugle et muet, et l'y entendre tenir aux Pharisiens un admirable langage.

ÉVANGILE.

Matth., XII.

22. *Tunc oblatus est ei dæmonium habens, cæcus, et mutus, et curavit eum ita ut loqueretur, et videret.*	22. Alors on lui présenta un possédé aveugle et muet; et *Jésus* le guérit, et cet *homme* commença à parler et à voir.

23. *Et stupebant omnes turbæ, et dicebant: Numquid hic est Filius David?*

MARC., III.
20. *Et veniunt ad domum; et convenit iterum turba, ita ut non possent neque panem manducare.*

21. *Et cum audissent sui, exierunt tenere eum: dicebant enim: Quoniam in furorem versus est.*

22. *Et Scribæ, qui ab Jerosolymis descenderant, dicebant: Quoniam Beelzebub habet, et quia in principe dæmoniorum ejicit dæmonia.*

23. *Et convocatis eis, in parabolis dicebat illis: Quomodo potest Satanas Satanam ejicere?*

24. *Et si regnum in se dividatur, non potest regnum illud stare.*

25. *Et si domus super semetipsam dispertiatur, non potest domus illa stare.*

26. *Et si Satanas consur-*

23. Tout le peuple fut rempli d'admiration, et on disait : N'est-ce point là le Fils de David?

20. Ce monde vint à la maison *où Jésus demeurait*, et il s'y rassembla une si grande foule, *que Jésus et ses Disciples* ne pouvaient pas même prendre leur repas.

21. Ce que ses proches ayant appris, ils vinrent pour se saisir de lui; car ils disaient qu'il avait perdu l'esprit.

22. Et les Scribes qui étaient venus de Jérusalem disaient : Il est possédé de Béelzébub; et c'est par le prince des démons qu'il chasse les démons.

23. Mais Jésus, les ayant appelés auprès de lui, leur disait en parabole : Comment Satan peut-il chasser Satan ?

24. Et si un royaume est divisé contre lui-même, ce royaume ne peut subsister.

25. Et si une maison est divisée contre elle-même, il est impossible que cette maison subsiste.

26. Si donc Satan se sou-

lève contre lui-même, le voilà divisé, il ne peut pas subsister, et *sa puissance doit prendre fin.*

27. Et si c'est par Béelzébub que je chasse les démons, par qui vos enfants les chassent-ils? C'est pourquoi ils seront eux-mêmes vos juges.

28. Mais si c'est par l'esprit de Dieu que je chasse les démons, le royaume de Dieu est donc parvenu jusqu'à vous.

29. Mais comment quelqu'un peut-il entrer dans la maison d'un homme fort, enlever ses armes et ce qu'il possède, si auparavant il n'enchaîne pas cet homme? C'est seulement alors qu'il pourra piller sa maison.

30. Celui qui n'est point avec moi est contre moi, et celui qui n'amasse point avec moi, dissipe.

31. C'est pourquoi je vous le déclare : tout péché et tout blasphème contre le Fils de l'Homme, sera remis à celui qui s'en sera rendu coupable; mais le blasphème contre le Saint-Esprit ne lui sera pas pardonné.

rexerit in semetipsum, dispertitus est, et non poterit stare, sed finem habet.

MATTH., XII.

27. *Et si ego in Beelzebub ejicio dæmones, filii vestri in quo ejiciunt? Ideo ipsi judices vestri erunt.*

28. *Si autem ego in spiritu Dei ejicio dæmones, igitur pervenit in vos regnum Dei.*

29. *Aut quomodo potest quisquam intrare in domum fortis, et vasa ejus diripere, nisi prius alligaverit fortem? et tunc domum illius diripiet.*

30. *Qui non est mecum, contra me est; et qui non congregat mecum, spargit.*

31. *Ideo dico vobis: Omne peccatum et blasphemia remittetur hominibus, Spiritus autem blasphemia non remittetur.* (MARC., III, 28-29; LUC., XII, 10.)

32. *Et quicumque dixerit verbum contra Filium hominis, remittetur ei ; qui autem dixerit contra Spiritum sanctum, non remittetur ei, neque in hoc seculo, neque in futuro.*	32. Et si quelqu'un parle contre le Fils de l'homme, il lui sera pardonné; mais s'il parle contre le Saint-Esprit, il ne lui sera pardonné ni en ce monde ni en l'autre.
MARC., III. 30. *Quoniam dicebant : Spiritum immundum habet.*	30. *Et il leur dit* ces choses, parce qu'ils l'accusaient d'être possédé de l'esprit impur.

RÉFLEXIONS.

1° Quoi d'étonnant à ce que Jésus guérisse un démoniaque muet et aveugle ? N'est-il pas la lumière du monde ? n'est-il pas le Verbe divin, celui dont la parole est vie et qui n'a qu'un mot à dire pour créer ? O mon Sauveur, avec la foule j'admire votre puissance, et je vous demande de prononcer pour mon âme la parole de guérison spirituelle.

2° Là est la preuve de votre divinité, ô Jésus. Non, Satan ne pourrait expulser Satan ; son royaume serait divisé et désolé. Le royaume de Dieu est donc venu ici-bas avec Jésus, et ne pas s'unir au Sauveur, c'est agir contre lui. Avons-nous toujours compris ces instructions sublimes ? Je suis avec vous, ô Jésus, pour ne pas être contre vous.

3° Je veux aussi, ô mon Sauveur, ramasser avec vous, c'est-à-dire travailler à la sanctification parfaite de mon âme, en vous demandant de venir à moi, et en vous disant sans cesse : *Veni, Domine Jesu, veni.* Venez, Seigneur Jésus, venez.

PRIÈRES.

Ant. Alors on lui présenta un possédé aveugle et muet. Et Jésus le guérit ; et cet homme commença à parler et à voir.

℣. Celui qui n'est point avec moi est contre moi.

℟. Celui qui n'amasse point avec moi dissipe.

Oraison.

Nous vous en supplions, Dieu tout-puissant, regardez vos serviteurs d'un œil favorable, afin que par votre grâce ils soient disciplinés dans leurs corps, et par votre assistance gardés dans leurs âmes. Ainsi soit-il.

Ant. *Tunc cæcus et mutus oblatus est ei dæmonium habens ; et Jesus curavit eum ita ut loqueretur et videret.*

℣. *Qui non est mecum contra me est.*

℟. *Et qui non congregat mecum dispergit.*

Oremus.

Quæsumus, omnipotens Deus, familiam tuam propitius respice, ut, te largiente, regatur in corpore, et te servante, custodiatur in mente. Amen.

Satan chassé par le Christ. — Fig. : I *Reg.*, xvii. Goliath est vaincu par David. — Proph. : *Is.*, ix, 4, 5. *Sceptrum... exactoris superasti.* Vous triompherez du joug de l'oppresseur.

Le plus fort lie le fort. — Fig. : *Judic.*, vi, 12, 16. Gédéon triomphant des Gabaonites. — Proph. : *Ps.*, xxiii, 8. *Dominus fortis et potens, Dominus potens in prælio.* Le Seigneur est fort et puissant, il est puissant dans les combats.

Le péché contre l'Esprit-Saint est irrémissible. — Fig. : *Lev.*, xxiv, 10, 16. Le blasphémateur sera lapidé. — Proph. : *Is.*, i, 4. *Væ... filiis sceleratis... blasphemaverunt Sanctum Israel.* Malheur aux fils criminels qui ont blasphémé le Saint d'Israël !

XCVIᵉ VISITE.

CAPHARNAUM. LE SIGNE DE JONAS.

C'EST à Capharnaüm, et il semble que ce soit aussi dans la maison de saint Pierre ou dans la synagogue que nous trouvons le Sauveur en cette visite. C'est en effet dans cette ville qu'une première fois fut prophétisée la résurrection du Sauveur, sous la figure de Jonas. Quel souvenir Notre-Seigneur va-t-il évoquer devant ces Pharisiens orgueilleux et méchants? Lisons et comprenons, car la résurrection de Jésus-Christ est la grande preuve de sa divinité.

ÉVANGILE.

MATTH., XII.

33. *Aut facite arborem bonam, et fructum ejus bonum; aut facite arborem malam, et fructum ejus malum; siquidem ex fructu arbor agnoscitur.*

33. Notre-Seigneur leur dit encore: Ou dites que l'arbre bon, et que le fruit en est bon aussi; ou dites que l'arbre est mauvais et que le fruit est mauvais, car c'est d'après le fruit que l'on connaît l'arbre.

34. *Progenies viperarum, quomodo potestis bona loqui, cum sitis mali? ex abundantia enim cordis os loquitur.* (Luc., VI, 45.)

34. Race de vipères, comment pourriez-vous dire de bonnes choses, vous qui êtes méchants? Car la bouche parle de la plénitude du cœur.

35. L'homme de bien tire de bonnes choses du bon trésor de son cœur; et le méchant en tire de mauvaises de son mauvais trésor.

36. Or je vous déclare que les hommes rendront compte au jour du jugement de toute parole oiseuse qu'ils auront dite.

37. Car vous serez justifiés ou condamnés par vos paroles.

38. Alors quelques-uns des Scribes et des Pharisiens lui dirent : Maître, nous voudrions bien que vous nous fissiez voir quelque prodige.

39. Et il leur répondit : Cette race méchante et adultère demande un prodige, et il ne lui en sera pas pas donné un autre que celui du prophète Jonas.

40. Car de même que Jonas fut trois jours et trois nuits dans le ventre de la baleine, ainsi le Fils de l'homme sera trois jours et trois nuits dans le sein de la terre.

41. Les Ninivites s'élèveront au jour du jugement

35. *Bonus homo de bono thesauro profert bona : et malus homo de malo thesauro profert mala.*

36. *Dico autem vobis, quoniam omne verbum otiosum, quod locuti fuerint homines, reddent rationem de eo in die judicii.*

37. *Ex verbis enim tuis justificaberis, et ex verbis tui scondemnaberis.*

38. *Tunc responderunt ei quidam de Scribis et Pharisæis, dicentes : Magister, volumus a te signum videre.*

39. *Qui respondens ait illis : Generatio mala et adultera signum quærit, et signum non dabitur ei, nisi signum Jonæ prophetæ.* (JON., II, 1.)

40. *Sicut enim fuit Jonas in ventre ceti tribus diebus et tribus noctibus, sic erit Filius hominis in corde terræ tribus diebus et tribus noctibus.* (MATTH., XVI, 4 ; LUC., XI, 29 ; I COR., I, 22.)

41. *Viri Ninivitæ surgent in judicio cum generatione*

ista, et condemnabunt eam; quia pœnitentiam egerunt in prædicatione Jonæ. Et ecce plus quam Jonas hìc. (Jon., III, 5.)

42. *Regina Austri surget in judicio cum generatione ista, et condemnabit eam; quia venit a finibus terræ audire sapientiam Salomonis, et ecce plus quam Salomon hìc.* (III Reg., x, 1; II Paral., IX, 1.)

contre cette race et la condamneront; car ils ont fait pénitence à la prédication de Jonas. Et il y a ici plus que Jonas.

42. La reine du Midi s'élèvera au jour du jugement contre cette race, et la condamnera; car elle est venue des extrémités de la terre pour entendre la sagesse de Salomon, et il y a ici plus que Salomon.

RÉFLEXIONS.

1º L'arbre doit être jugé d'après ses fruits. Rien de plus naturel. La parole de Notre-Seigneur consacre cette vérité. Mon âme produit-elle des fruits de vie pour le ciel? Ne suis-je pas un mauvais arbre, qui ne donne que des fruits sans saveur ou qui n'en porte aucun?

2º Que la bouche parle de l'abondance du cœur, rien de plus vrai, rien qui soit mieux confirmé par l'expérience de chaque jour. Le mal, les paroles et les actions mauvaises sont le fruit d'un cœur pervers. Et, bien que nous ne devions pas juger le prochain, cependant il faut se séparer de celui qui produit le mal; si l'on veut avoir un cœur bon, il faut dire et faire le bien.

3º Une parole oiseuse sera sévèrement jugée, ô mon Sauveur, que sera-ce donc des paroles mauvaises? Je veux, coûte que coûte, éviter tout mal, et en pensées et en paroles, car on ne peut échapper au jugement de Dieu, et ce jugement qui donc pourrait ne le pas craindre?

4º Je ne vous demande pas d'autres miracles que ceux

que vous avez déjà faits, ô mon Sauveur! Votre passage sur la terre, votre mort, votre résurrection, me suffisent amplement; j'ai foi en vous et je ne veux pas être condamné avec les méchants.

PRIÈRES.

Ant. Les hommes de Ninive se lèveront au jugement pour condamner cette génération, car elle n'aura pas reconnu le signe de Jonas.

℣. Ils firent pénitence à la prédication de Jonas;

℟. Et, ici, il y a plus que Jonas.

Oraison.

Nous vous en supplions, Seigneur, Dieu tout-puissant, faites que nous qui célébrons le souvenir de la résurrection de Notre-Seigneur, nous ressuscitions de la mort de l'âme par le renouvellement de l'esprit. Ainsi soit-il.

Ant. *Viri Ninivitæ surgent in judicio, et condemnabunt generationem istam, quia signum Jonæ non agnovit.*

℣. *Pœnitentiam egerunt in prædicatione Jonæ.*

℟. *Et ecce plus quam Jonas hic.*

Oremus.

Concede, quæsumus, omnipotens Deus, ut qui resurrectionis dominicæ memoriam colimus, innovatione spiritus a morte animæ resurgamus. Amen.

I. Le Fils de l'homme au sépulcre. — Fig. : *Jon.*, II. Jonas dans le sein du monstre marin trois jours et trois nuits. — Proph. : Ps., LXVIII, 1, 3, 19. *Veni in altitudinem maris, et tempestas demersit me.* Je suis arrivé au milieu de la mer, et la tempête m'a englouti.

II. Pénitence. — Fig. : *Jon.*, III. Jeûne et conversion des Ninivites. — Proph. : Joel, II, 12, 18. *Convertimini in jejunio, et in fletu, et in planctu.* Convertissez-vous dans le jeûne, les larmes et les lamentations.

I.

XCVIIe VISITE.

BORDS DU LAC DE GÉNÉSARETH.

LES SEPT DÉMONS.

C'EST sur les bords du lac de Génésareth, que Jésus nous donne le salutaire enseignement de résister aux démons, pour ne plus faire de chutes.

Cette dénomination différente des évangélistes n'offre absolument rien de contradictoire ; car, selon les interprètes, les deux noms pouvaient convenir à un même lieu, ou à deux localités situées à peu de distance l'une de l'autre. On pourrait dire encore que l'un de ces noms était le nom général de la contrée, et l'autre celui du lieu spécial où se trouvait Jésus. L'Évangile, au reste, s'exprime ainsi plus d'une fois, lorsqu'il dit, par exemple, que Jésus était sur les confins de Tyr et de Sidon, des Géraséniens et des Gadaréniens.

ÉVANGILE.

MATH., XII.

43. *Cum autem immundus spiritus exierit ab homine, ambulat per loca arida, quærens requiem, et non invenit.* (LUC., XI, 24.)

44. *Tunc dixit : Revertar in domum meam, unde exivi. Et veniens, invenit eam vacan-*

43. Lorsque l'esprit impur est sorti d'un homme, il va dans les lieux arides, cherchant du repos, et il n'en trouve pas.

44. Alors il dit : Je reviendrai dans la maison d'où je suis sorti. Et à son retour,

LES SEPT DEMONS.

il la trouve vide, nettoyée et parée.

45. Alors, il s'en va, et prend avec lui sept autres esprits plus méchants que lui, et, entrant dans cette maison, ils y demeurent; et le dernier état de cet homme devient pire que le premier. C'est ce qui arrivera à cette race criminelle.

tem, scopis mundatam, et ornatam.

45. *Tunc vadit, et assumit septem alios spiritus secum nequiores se, et intrantes habitant ibi : et fiunt novissima hominis illius pejora prioribus. Sic erit et generationi huic pessimæ.*(II Pet., II, 20.)

RÉFLEXIONS.

1° Marcher sans cesse et sans cause dans des lieux arides, dans la terre inhospitalière du désert, c'est le propre des mauvais esprits. Là, ils ne peuvent trouver de repos. N'est-ce pas aussi, ô mon Dieu, le propre des hommes qui obéissent à Satan? Ils ne trouvent de repos nulle part, et ils ne sont jamais heureux!... Quel épouvantable malheur!

2° Le démon, lui, au contraire, semble avoir un certain repos lorsqu'il entre dans une âme et qu'il y règne en maître. S'il en est chassé par la puissance de Dieu, il veut encore y rentrer, et il n'y revient que trop souvent. Cette âme, purifiée du péché et de tout ce qui la souillait, était parée magnifiquement. Elle faisait l'admiration des anges du ciel. O chrétien, considère comme elle est belle, remplie de splendeur, l'âme ornée de la grâce : les esprits bienheureux se réjouissent de la voir; mais elle est l'objet de la jalousie des démons.

3° Le divin Maître nous avertit que ce démon prendra sept autres esprits plus méchants que lui. Tous ensemble, ils chercheront à rentrer dans cette pauvre âme.

Quel péril! si l'âme cède à leur obsession, quel malheur! Comment les chasser de nouveau? Les voilà plus nombreux.

O mon Dieu, aidez-nous de votre puissante grâce, afin que nous ne laissions jamais triompher en nous ces redoutables ennemis.

PRIÈRES.

Ant. *Immundus spiritus, non inveniens requiem, dicit: Revertar in domum meam unde exivi.*

℣. *Fortitudo mea es tu, Domine!*

℟. *Et salus mea tu es.*

Oremus.

Vespere, mane et meridie, Majestatem tuam supplices exoramus, omnipotens Deus; ut expulsis peccatorum tenebris ad veram lucem quæ Christus est, nos jubeas pervenire. Amen.

Ant. L'esprit immonde, ne trouvant point de repos, se dit : Je retournerai dans ma maison, d'où je suis sorti.

℣. Vous êtes ma force, Seigneur!

℟. Vous êtes mon salut.

Oraison.

Au soir, au matin, au milieu du jour, nous supplions votre Majesté sainte, Dieu tout-puissant, de chasser loin de nous les ténèbres du péché, et de nous conduire à notre vraie lumière, qui est le Christ. Ainsi soit-il.

Expulsion de Satan, son retour. — Fig. : I Reg., XVI; 14, 23; XVIII, 10, 13. Saül plusieurs fois agité par le démon. — Proph. : Job, I, 7; II, 2. *Circuivi terram et perambulavi eam.* Satan dit : J'ai fait le tour de la terre, et je l'ai parcourue tout entière.

XCVIIIe VISITE.

CAPHARNAUM.

QUI EST MÈRE OU FRÈRE DE JÉSUS ?

C'EST aux environs de Capharnaüm que le Sauveur, entouré par la foule, apprenant que sa mère et ses proches demandaient à lui parler, fit la sublime réponse : « Qui est ma mère et qui sont mes frères ? » Étendant sa main vers ses disciples : « *Voici*, dit-il, ma mère et mes frères. » Puis il déclare que ceux qui obéissent à Dieu, il les aime comme s'ils étaient sa mère, son frère, sa sœur.

ÉVANGILE.

MATTH., XII.

46. Lorsque *Jésus* parlait encore au peuple, sa mère et ses frères se tenaient au dehors, demandant à lui parler.

47. Quelqu'un lui dit : Voici que votre mère et vos frères sont dehors, et vous cherchent.

48. Mais il répondit à celui qui lui disait ces paroles : Qui est ma mère ? et qui sont mes frères ?

49. Et étendant sa main

46. *Adhuc eo loquente ad turbas, ecce mater ejus et fratres stabant foris, quærentes loqui ei.*

47. *Dixit autem ei quidam : Ecce mater tua, et fratres tui foris stant quærentes te.*

48. *At ipse respondens dicenti sibi, ait : Quæ est mater mea, et qui sunt fratres mei ?*

49. *Et extendens manum*

in Discipulos suos, dixit: Ecce mater mea, et fratres mei.	vers ses Disciples, il dit : Voici ma mère et voici mes frères.
50. *Quicumque enim fecerit voluntatem Patris mei, qui in cœlis est, ipse meus frater, et soror, et mater est.*	50. Car, quiconque fait la volonté de mon Père qui est dans les cieux, celui-là est mon frère, et ma sœur, et ma mère.

(Vide MARC., III, 31; LUC., VIII, 19.)

RÉFLEXIONS.

1° Le grand docteur saint Jérôme pense que celui qui parlait à Jésus, en cette occasion, avait une intention déplorable. Il voulait voir, dit ce *Père*, si Jésus préférait les affections de la nature, de la chair et du sang, à sa grande *œuvre* surnaturelle de la sanctification des âmes.

Mais, ô astuce de l'homme, que penses-tu donc pouvoir en face de la science d'un Dieu ?

2° Jésus répond donc avec une certaine indignation, comme s'il était blessé de cette question insidieuse : Où sont ma mère et mes frères ? quelle est ma mère ? qui est mon frère ? N'est-ce pas comme si Jésus avait dit : Mon unique affaire en ce monde est de connaître mon Père céleste, et de faire toutes ses œuvres. Moi-même, ai-je toujours su renoncer à la chair et au sang, pour faire la volonté de Dieu ? Cela est pourtant nécessaire dans plus d'une circonstance.

« Celui qui aime son père et sa mère plus que moi, dit ailleurs notre Sauveur, ne peut être mon disciple. »

3° Quelle n'est pas la dignité des apôtres et des âmes de zèle qui deviennent, d'après saint Grégoire, le frère, la sœur, la mère de Jésus, en prêchant Jésus-Christ, et en faisant naître son amour dans les autres âmes ! Ce ne sont pas les Apôtres seulement, mais aussi les Saints, et tous ceux qui font la volonté du Père céleste, qui ont part à ces belles et glorieuses prérogatives.

Demandons à Notre-Seigneur qu'il daigne nous agréger ainsi à sa famille.

PRIÈRES.

ANT. Paix, vertu et gloire aux hommes de bonne volonté !	ANT. *Pax et virtus et honor hominibus bonæ voluntatis !*
℣. Que votre volonté soit faite,	℣. *Fiat voluntas tua,*
℟. Sur la terre comme au ciel.	℟. *Sicut in cœlo et in terra.*
ORAISON.	OREMUS.
Soyez notre secours et notre guide, Seigneur, afin qu'avec un cœur droit nous accomplissions sans cesse votre volonté sainte. Ainsi soit-il.	*Esto nobis, Domine, auxiliator et rector, ut voluntatem tuam rectis mentibus adimpleamus. Amen.*

Bonheur dans l'obéissance. — FIG. : *Gen.*, XXVI, 4, 5. Bénédiction d'Abraham et d'Isaac, à cause de leur obéissance. — PROPH. : *Ps.*, CXVIII. *Beati immaculati in via, qui ambulant in lege Domini.* Heureux les immaculés dans leur vie, heureux ceux qui suivent la loi du Seigneur.

XCIXᵉ VISITE.

LES BORDS DE LA MER DE GALILÉE.

PARABOLE DE LA SEMENCE.

E divin Sauveur quittait de temps en temps Capharnaüm, afin de porter le bienfait de sa parole et la lumière de ses miracles en différents endroits. On le voyait parlant sur le bord du lac, et annonçant la bonne nouvelle à des hommes qui ramaient, assis dans leurs barques.

Le voilà en ce moment qui sort de la ville pour aller sur le rivage de la mer. Là, une foule si considérable l'environne qu'il est obligé de monter dans un bateau, où il s'assied et parle à la multitude.

ÉVANGILE.

MATTH., XIII.

1. *In illo die exiens Jesus de domo, sedebat secus mare.*

1. Ce jour-là Jésus sortit de la maison qu'il habitait, et vint s'asseoir au bord de la mer.

2. *Et congregatæ sunt ad eum turbæ multæ, ita ut in naviculam ascendens sederet; et omnis turba stabat in littore.*

2. Et il s'assembla autour de lui une grande foule; c'est pourquoi il monta dans une barque, et s'y assit; et tout le peuple se tenait debout sur le rivage.

MARC., IV.

2. *Et docebat eos in para-*

2. Et il leur adressa beau-

coup d'instructions sous la forme de paraboles, et dans son enseignement il leur disait :

5. Celui qui sème sortit de sa maison pour semer son grain ; et, pendant qu'il semait, une partie de la semence tomba le long du chemin, où elle fut foulée aux pieds, et les oiseaux du ciel la mangèrent.

5. Une autre partie tomba au milieu des pierres, où la semence ne trouva pas beaucoup de terre ; et elle leva aussitôt, parce que la terre n'avait pas de profondeur.

6. Mais, le soleil étant venu, elle fut brûlée ; et comme elle n'avait pas de racine, elle desscha.

7. Une autre partie tomba au milieu des épines ; et les épines s'élevant en croissant l'étouffèrent, et elle ne donna pas de fruits.

8. Une autre enfin tomba dans la bonne terre, et elle donna son fruit, et ayant levé, et ayant crû, il

bolis multa, et dicebat illis in doctrina sua :

Luc., VIII.

5. *Exiit qui seminat seminare semen suum : et dum seminat, aliud cecidit secus viam, et conculcatum est, et volucres cœli comederunt illud.*

Marc., IV.
5. *Aliud vero cecidit super petrosa, ubi non habuit terram multam : et statim exortum est, quoniam non habebat altitudinem terræ :*

6. *Et quando exortus est sol, exæstuavit ; et eo quod non habebat radicem, exaruit.*

7. *Et aliud cecidit in spinas : et ascenderunt spinæ, et suffocaverunt illud, et fructum non dedit.*

8. *Et aliud cecidit in terram bonam : et dabat fructum ascendentem, et crescentem, et afferebat unum tri-*

ginta, unum sexaginta, et unum centum.

9. *Et dicebat : Qui habet aures audiendi, audiat.*

10. *Et cum esset singularis, interrogaverunt eum hi qui cum eo erant duodecim, parabolam.*

MATTH., XIII.
11. *Qui respondens, ait illis : Quia vobis datum est nosse mysteria regni cœlorum : illis autem non est datum.*

12. *Qui enim habet, dabitur ei, et abundabit : qui autem non habet, et quod habet auferetur ab eo.* (MATTH., XXV, 29.)

13. *Ideo in parabolis loquor eis : quia videntes non vident, et audientes non audiunt, neque intelligunt.*

14. *Et adimpletur in eis prophetia Isaiæ dicentis : Auditu audietis, et non intelligetis : et videntes videbitis, et non videbitis.* (Is., VI, 9;

y eut des grains qui rapportèrent les uns trente, les autres soixante, les autres cent pour un.

9. Et Jésus disait : Que celui-là entende, qui a des oreilles pour entendre.

10. Lorsque Jésus se trouva seul, ses douze Apôtres qui l'accompagnaient lui demandèrent ce que signifiait cette parabole.

11. Jésus leur répondit : A vous il a été donné de connaître les mystères du royaume des cieux; mais pour les autres, cela ne leur a pas été donné.

12. Car quiconque a déjà, on lui donnera encore, et il sera dans l'abondance; mais pour celui qui n'a point, on lui ôtera même ce qu'il a.

13. C'est pourquoi je leur parle en paraboles, parce qu'en voyant ils ne voient point, et en entendant ils n'entendent point.

14. Et ainsi s'accomplit en eux la prophétie d'Isaïe qui dit : Vous écouterez de vos oreilles, et vous ne comprendrez point; vous regar-

derez de vos yeux, et vous ne verrez point.

15. Car le cœur de ce peuple s'est appesanti, et leurs oreilles ont entendu difficilement, et ils ont fermé les yeux, de peur que leurs yeux ne voient, que leurs oreilles n'entendent, que leur cœur ne comprenne, et que, s'étant convertis, je ne les guérisse.

16. Mais pour vous, vos yeux sont heureux de ce qu'ils voient, et vos oreilles de ce qu'elles entendent.

17. Car, en vérité, je vous le dis, beaucoup de prophètes et de justes ont souhaité de voir ce que vous voyez, et ne l'ont pas vu, et d'entendre ce que vous entendez, et ne l'ont pas entendu.

11. Mais voici ce que veut dire cette parabole : La semence, c'est la parole de Dieu.

12. Ce qui tombe sur le bord du chemin désigne ceux qui écoutent la parole; mais le démon vient ensuite, qui enlève cette parole de leur cœur, de peur qu'en croyant ils ne soient sauvés.

JOAN., XII, 40; Act., XXVIII, 26.)

15. *Incrassatum est enim cor populi hujus, et auribus graviter audierunt, et oculos suos clauserunt : ne quando videant oculis, et auribus audiant, et corde intelligant, et convertantur, et sanem eos*

16. *Vestri autem beati oculi quia vident, et aures vestræ quia audiunt.*

17. *Amen quippe dico vobis, quia multi prophetæ et justi cupierunt videre quæ videtis, et non viderunt; et audire quæ auditis, et non audierunt.* (LUC., X, 24.)

LUC., VIII.

11. *Est autem hæc parabola : Semen est verbum Dei.*

12. *Qui autem secus viam, hi sunt qui audiunt : deinde venit diabolus, et tollit verbum de corde eorum, ne credentes salvi fiant.*

13. *Nam qui supra petram, qui cum audierint, cum gaudio suscipiunt verbum : et hi radices non habent*[1]*: |qui ad tempus credunt, et in tempore tentationis recedunt.*

14. *Quod autem in spinas cecidit, hi sunt qui audierunt, et a sollicitudinibus, et divitiis, et voluptatibus vitæ, euntes suffocantur, et non referunt fructum.*

15. *Quod autem in bonam terram, hi sunt qui in corde bono et optimo audientes verbum, retinent, et fructum afferunt in patientia.*

MARC., IV.
20. ...*Unum triginta*,... *et unum centum.*

LUC., VIII.
16. *Nemo autem lucernam accendens, operit eam vase, aut subtus lectum ponit : sed supra candelabrum ponit, ut intrantes videant lumen.*

13. Ce qui tombe sur un endroit pierreux représente ceux qui, ayant entendu la parole, la reçoivent avec joie; mais, comme ils n'ont point de racine, ils ne croient que pour un temps, et au moment de la tentation, ils se retirent.

14. Ce qui est tombé dans les épines figure ceux qui ont entendu la parole, mais en qui elle est ensuite étouffée par les soins, les richesses et les plaisirs de la vie, en sorte qu'ils ne portent point de fruit.

15. Enfin ce qui est tombé dans une bonne terre est l'image de ceux qui, ayant écouté la parole avec un cœur bon et parfait, la conservent, et portent du fruit par la patience.

20. ... L'un trente,... l'autre cent pour un.

16. Il n'y a personne qui, après avoir allumé une lampe, la couvre d'un vase ou la mette sous un lit; mais on la place sur le chandelier, afin que ceux qui entrent voient la lumière.

RÉFLEXIONS.

La parabole dont se sert ici Notre-Seigneur porte avec elle son explication parfaite et son enseignement. Il suffirait de lire le saint Évangile et de réfléchir sur chaque verset. Cependant remarquons :

1º Que la parole de Dieu est comparée à une semence, parce que tout bien, et dans l'ordre de la création, et dans l'ordre de la rédemption, est produit par la parole de Dieu, et que sans elle rien ne serait fait.

Saint Augustin va jusqu'à dire que « la parole de Dieu est aussi nécessaire au chrétien que le corps de Jésus-Christ, et celui qui écoute la parole divine sans respect est aussi condamnable que celui qui méprise le corps de Jésus-Christ ».

2º Remarquons en second lieu que la parole de Dieu produit des effets bien divers, suivant la disposition de cœur de ceux qui l'entendent. Ayons donc un cœur bon, et nous comprendrons très bien la parole de Celui qui nous aime, et nous la mettrons en pratique. Car malheur à quiconque la reçoit, et ne lui fait produire aucun fruit !

3º Notre-Seigneur demande qu'on entende sa parole ; et si, pour faire ce que cette parole dit, des sacrifices sont nécessaires, la divine grâce les rend aimables.

O âme chrétienne, prêtez donc une oreille attentive à la parole du Dieu qui vous a tant aimée. Écoutez sa voix ; elle est douce et bonne. Il n'y a rien de plus harmonieux à entendre. Il n'y a rien de plus suave à mettre en pratique que ce qu'elle ordonne.

PRIÈRES.

Ant. Jésus leur enseignait beaucoup de choses en pa-	Ant. *Docebat Jesus eos in parabolis multa, juxta ver-*

bum Prophetæ dicentis : Aperiam in parabolis os meum.

℣. *Vestri beati oculi,*
℞. *Quia vident.*

ORemus.

Adesto, Domine, supplicationibus nostris : et populo tuo, quem ex omnibus gentibus elegisti, veritatis tuæ lumen ostende. Amen.

raboles, selon la parole du Prophète : J'ouvrirai ma bouche pour parler en paraboles.

℣. Heureux sont vos yeux,
℞. Parce qu'ils voient.

Oraison.

Seigneur, soyez favorable à nos prières, et montrez la lumière de votre vérité au peuple que vous vous êtes choisi au milieu de toutes les nations. Ainsi soit-il.

I. *Jésus parle en paraboles.* — Fig. : *Judic.,* ix, 7, 21. Joatham propose une parabole aux habitants de Sichem. — Proph. : *Ps.,* lxxvii, 1, 2. *Aperiam in parabolis os meum, loquar propositiones ab initio.* J'ouvrirai ma bouche en paraboles, et je ferai connaître les desseins de Dieu dès l'origine.

II. *Pourquoi les paraboles ?* — Fig. : II *Reg.,* xii, 1, 15. Parabole de Nathan à David : — Proph. : *Is.,* vi, 9. *Audite audientes, et nolite intelligere : et videte visionem, et nolite cognoscere.* Vous écouterez de vos oreilles, et vous ne comprendrez point; vous verrez de vos yeux, et vous ne verrez point.

III. *Lumière sur le chandelier.* — Fig. : *Ex.,* xxxv, 31, 37. La lumière. — Proph. : *Job,* xii, 22. *Qui revelat profunda de tenebris et producit in lucem.* Dieu révèle les profondeurs des ténèbres, et les met au grand jour.

Cᵉ VISITE.

LES BORDS DE LA MER DE GALILÉE.

SCIENCE ET JUSTICE DE DIEU.

Les bords de ce lac, aujourd'hui désolés, étaient riants et fertiles au temps de Jésus-Christ. Sur ces rivages bas et profonds, rafraîchis par les eaux, la chaleur, se trouvant tempérée, produisait une admirable végétation. La vigne, les figuiers, les oliviers de l'Orient, y poussaient, ainsi qu'une grande variété d'arbres gracieux. De cette façon, pendant presque la moitié de l'année on pouvait s'endormir à l'ombre de la vigne et du figuier, et y manger les fruits si beaux de ces vergers enchanteurs.

Dans leurs légendes, les musulmans font de ce lac et de ses bords si agréables un des quatre paradis terrestres.

ÉVANGILE.

	Marc., iv.
22. Car il n'y a rien de caché qui ne doive être découvert, et rien ne se fait en secret qui ne doive paraître en public.	22. *Non est enim aliquid absconditum, quod non manifestetur, nec factum est occultum, sed ut in palam veniat.* (Matth., x, 26.)
23. Si quelqu'un a des oreilles pour entendre, qu'il entende.	23. *Si quis habet aures audiendi, audiat.*

24. *Et dicebat illis : Videte quid audiatis. In qua mensura mensi fueritis, remetietur vobis, et adjicietur vobis.* (MATTH., VII, 2 ; LUC, VI, 38.)

25. *Qui enim habet, dabitur illi : et qui non habet, etiam quod habet auferetur ab eo.* (MATTH., XIII, 12.)

26. *Et dicebat : Sic est regnum Dei, quemadmodum si homo jaciat sementem in terram,*

27. *Et dormiat, et exurgat nocte et die, et semen germinet, et increscat, dum nescit ille.*

28. *Ultro enim terra fructificat, primum herbam, deinde spicam, deinde plenum frumentum in spica.*

29. *Et cum produxerit fructus, statim mittit falcem, quoniam adest messis.*

24. Et il leur disait : Prenez bien garde à ce que vous entendez : car on se servira envers vous de la même mesure dont vous vous serez servis envers les autres ; et il vous sera donné encore davantage.

25. Car on donnera à celui qui a déjà ; et quant à celui qui n'a point, on lui ôtera même ce qu'il a.

26. Il disait aussi : Le royaume de Dieu est semblable à ce qui arrive lorsqu'un homme jette en terre de la semence ;

27. Soit qu'il dorme, soit qu'il se lève durant la nuit et durant le jour, la semence germe et croît, sans qu'il sache comment.

28. Car la terre produit d'elle-même d'abord l'herbe, puis l'épi, enfin le blé tout formé dans l'épi.

29. Et lorsque le fruit est mûr, on y met aussitôt la faucille, parce que c'est la moisson.

RÉFLEXIONS.

1º Il faut que tout ce qui est caché soit plus tard vu

en pleine lumière. Dieu est en effet la justice même, et c'est avec éclat, au grand jour, qu'il récompensera le bien caché et punira le mal secret. Alors les misères d'ici-bas auront leur compensation dans les joies éternelles. Notre nature pourrait-elle accepter les maux de la vie présente sans cette espérance? O mon Dieu, quel bonheur de penser que je ne trouverai jamais un lieu où vous n'êtes pas, et où vous ne me voyez pas !

2° Ayons, ô âmes chrétiennes, un grand respect pour les dons de Dieu, qui se multiplieront d'autant plus que nous les aurons reçus et gardés avec une foi plus grande. Dieu saura bien les faire fructifier en nous.

3° Quand viendrez-vous, ô mon Dieu, moissonner ce que vous avez semé, ce que vous avez fait croître par votre grâce et par la fidèle correspondance de nos âmes? Cette heure paraît bien désirable à tous; mais, pour les chrétiens fidèles, elle sera l'heure de la délivrance et de la céleste rémunération. Ne nous semble-t-il pas déjà l'entrevoir?

PRIÈRES.

Ant. Je l'ai dit, je garderai toutes mes voies, afin de ne pas pécher par ma langue.

℣. Il est bon de garder le secret du roi.

℟. Il est glorieux de révéler les œuvres de Dieu.

Oraison.

Accordez-nous, Seigneur, la grâce de veiller soigneusement sur notre langue, et

Ant. *Dixi: Custodiam vias meas ut non delinquam in lingua mea.*

℣. *Sacramentum regis abscondere bonum est.*

℟. *Opera autem Dei revelare honorificum.*

Oremus.

Da nobis, quæsumus, Domine Deus, linguam nostram caute custodire, ac omnia po-

tius mala quam animæ detrimentum in hoc sæculo tolerare. Amen. | de tout souffrir ici-bas plutôt que de nous exposer à perdre notre âme. Ainsi soit-il.

Science et justice divines. — Fig. : I *Reg.*, ix-xvi. Saül recevant et perdant sa royauté. — Proph. : *Ezech.*, xxxvii, 13. *Et scietis quia ego Dominus, cum aperuero sepulcra vestra.* Vous saurez, ô mon peuple, que je suis le Seigneur lorsque j'aurai ouvert vos sépulcres, et que je vous aurai fait sortir de vos tombeaux.

Ville de Tibériade. — Mer de Génésareth.

CI^e VISITE.

LES BORDS DE LA MER DE GALILÉE.

PARABOLE DE L'IVRAIE ET DU BON GRAIN.

On aime à s'arrêter encore sur les rivages enchantés de cette mer de Galilée. Quel coup d'œil offrent ces terres cultivées qui s'élèvent, par gradins et par vallées étagées, jusqu'à la hauteur des plateaux environnants du côté de l'ouest; tandis qu'à l'est, des rochers basaltiques et de sombres montagnes émergent du fond du lac et se terminent en sommets plus ou moins arrondis ! Ce lieu, nous l'avons déjà dit, est considéré par les mahométans comme l'un de leurs quatre paradis terrestres, dont les trois autres sont Damas, Samarkand et Bagdad.

C'est surtout lorsqu'on fait revivre par la pensée, sur ces rivages, tant de villes et tant de bourgades qui animaient ces contrées du temps de Notre-Seigneur, que l'on trouve ici un charme inépuisable.

Voyons le divin Sauveur au milieu de ce cadre, proposant la parabole de la semence.

ÉVANGILE.

MATTH., XIII.

24. *Aliam parabolam proposuit illis, dicens : Simile factum est regnum cœlorum homini qui seminavit bonum semen in agro suo.*

25. *Cum autem dormirent homines, venit inimicus ejus, et superseminavit zizania in medio tritici, et abiit.*

26. *Cum autem crevisset herba, et fructum fecisset, tunc apparuerunt et zizania.*

27. *Accedentes autem servi patrisfamilias, dixerunt ei : Domine, nonne bonum semen seminasti in agro tuo? Unde ergo habet zizania?*

28. *Et ait illis : Inimicus homo hoc fecit. Servi autem dixerunt ei : Vis, imus, et colligimus ea?*

24. Jésus leur proposa une autre parabole, disant : Le royaume des cieux est semblable à un homme qui avait semé de bonne semence dans son champ.

25. Mais, pendant que les hommes dormaient, son ennemi vint, et il sema de l'ivraie au milieu du froment, et s'en alla.

26. L'herbe ayant crû et produit son fruit, l'ivraie parut aussi.

27. Alors les serviteurs du père de famille, s'approchant, lui dirent : Seigneur, n'avez-vous pas semé de bonne semence dans votre champ? D'où vient donc qu'il contient de l'ivraie?

28. Et il leur dit : C'est l'homme ennemi qui a fait cela. Les serviteurs lui dirent : Voulez-vous que nous allions l'arracher?

29. Et il dit : Non, de peur que peut-être, en arrachant l'ivraie, vous n'arrachiez aussi le froment avec elle.	29. *Et ait : Non ; ne forte colligentes zizania, eradicetis simul cum eis et triticum.*
30. Laissez l'un et l'autre croître jusqu'à la moisson ; et au temps de la moisson, je dirai aux moissonneurs : Cueillez d'abord l'ivraie, et liez-la en bottes pour la brûler ; mais rassemblez le froment dans mon grenier.	30. *Sinite utraque crescere usque ad messem ; et in tempore messis, dicam messoribus : Colligite primum zizania, et alligate ea in fasciculos ad comburendum ; triticum autem congregate in horreum meum.*

(Vide Marc., iv, 26.)

RÉFLEXIONS.

1° Dieu est le père, il est le semeur, il est le maître des champs. C'est lui qui viendra chercher la moisson en son temps. Il a confié à ses prêtres le soin de veiller sur le champ. Mais ceux-ci peuvent quelquefois s'endormir. Adorons ce Dieu si bon en lui-même, et si bon dans les ministres qu'il nous a donnés de sa main bienfaisante.

2° L'homme ennemi sème l'ivraie. C'est le démon qui vient avec toute sa malice et toute sa rage, afin de perdre l'homme et de lui ravir l'enseignement de la foi. C'est aussi le monde, ce sont les passions humaines. L'ivraie est une production de celui qui est l'adversaire de Dieu et notre ennemi dès l'origine. L'homme doit discerner cette mauvaise semence de la bonne et l'arracher de son propre cœur, surtout si elle avait commencé à croître.

3° Ne perdons ni la foi ni l'espérance en Dieu lorsque nous voyons croître l'ivraie ou le mal autour de nous ; mais mettons plus que jamais nos angoisses dans le cœur de Dieu même. S'il souffre le mal et s'il attend l'heure de la moisson, attendons, nous aussi, cette heure du jugement, et nous verrons, nous comprendrons toutes les bontés de Dieu pour les justes et pour les pécheurs.

PRIÈRES.

ANT. *Domine, nonne bonum semen seminasti in agro tuo? Unde ergo habet zizania?*

℣. *Inimicus homo hoc fecit.*

℟. *Sinite utraque crescere usque ad messem.*

OREMUS.

Deus, a quo omne datum optimum et omne donum perfectum descendit, intende, precamur, votis quæ reddimus cum actionibus gratiarum, et præsta ut qui tuis jugiter ditamur beneficiis, continuis etiam te laudibus honoremus. Amen.

ANT. Seigneur, n'avez-vous pas semé de bonne semence dans votre champ? D'où vient donc qu'il contient de l'ivraie?

℣. C'est l'homme ennemi qui a fait cela.

℟. Laissez l'un et l'autre croître jusqu'à la moisson.

ORAISON.

O Dieu, de qui découlent toute grâce et tout don parfait, soyez attentif, nous vous en prions, à tous les vœux que nous vous adressons avec nos actions de grâces, et faites qu'étant sans cesse enrichis de vos bienfaits, nous vous rendions gloire par de continuelles louanges. Ainsi soit-il.

Incurie des serviteurs de Dieu. — FIG. : *Judith*, XIII. Holopherne est ivre, il dort, et dans son sommeil Judith lui tranche la tête. — PROPH. : *Lev.*, XXV, 32. *Terra non vendetur in perpetuum, quia mea est, et vos advenæ et coloni mei estis.* La terre ne sera jamais vendue, car elle est mienne; et vous n'êtes que des étrangers et mes colons. — *Ps.*, LXXV, 6. *Dormierunt somnum suum; nihil invenerunt viri divitiarum in manibus suis.* Ces hommes riches ont dormi leur sommeil, et à leur réveil ils ont trouvé leurs mains vides.

CII^e VISITE.

LES BORDS DE LA MER DE GALILÉE.

PARABOLE DU GRAIN DE SÉNEVÉ, DU LEVAIN.

Nous venons encore chercher en ce lieu les traces des pas de notre Sauveur, et interroger les échos de ces rivages qu'une parole divine, durant trois années, fit si souvent vibrer. Un peuple immense, avide d'entendre Jésus, foula cette terre, et c'est ici que l'Homme-Dieu proposa la parabole du grain de sénevé et du levain.

O Jésus, qui avez parcouru les bords de cette mer en faisant le bien et en enseignant la vérité, permettez donc que nous contemplions votre adorable personne debout ici et parlant du royaume |du ciel. Après tant de siècles, comme vous êtes vivant encore sur ces plages ! Et si le silence s'est fait dans ces lieux, si la solitude y règne, rien d'étonnant : qui donc, après vous, y pouvait parler, y pouvait demeurer ?

ÉVANGILE.

Matth., XIII.

31. *Jésus* leur proposa une autre parabole, en leur disant : « Le royaume des cieux est semblable à un grain de sénevé, qu'un homme prend et sème dans son champ.

31. *Aliam parabolam proposuit eis, dicens : Simile est regnum cœlorum grano sinapis, quod accipiens homo seminavit in agro suo :*

32. *Quod minimum quidem est omnibus seminibus : cum autem creverit, majus est omnibus oleribus, et fit arbor, ita ut volucres cœli veniant, et habitent in ramis ejus.*

33. *Aliam parabolam locutus est eis. Simile est regnum cœlorum fermento, quod acceptum mulier abscondit in farinæ satis tribus, donec fermentatum est totum.* (Luc., XIII, 21.)

34. *Hæc omnia locutus est Jesus in parabolis ad turbas, et sine parabolis non loquebatur eis :*

35. *Ut impleretur quod dictum erat per Prophetam dicentem : Aperiam in parabolis os meum, eructabo abscondita a constitutione mundi.* (Ps., LXXVII, 2.)

32. Ce grain est la plus petite de toutes les semences ; mais, lorsqu'il a crû, il est plus grand que tous les autres légumes, et il devient un arbre ; de sorte que les oiseaux du ciel viennent et se reposent sur ses branches.

33. Il leur dit encore une autre parabole : Le royaume des cieux est semblable au levain qu'une femme prend et mêle dans trois mesures de farine, jusqu'à ce que la pâte soit entièrement fermentée.

34. Jésus dit au peuple toutes ces choses en paraboles ; et il ne leur parlait point sans paraboles ;

35. Afin que cette parole du Prophète fût accomplie : J'ouvrirai ma bouche pour dire des paraboles, et je publierai des choses qui ont été cachées depuis le commencement du monde.

RÉFLEXIONS.

1° Les vérités évangéliques sont le grain de sénevé qui a été semé dans notre champ, c'est-à-dire dans notre âme par la grâce de Jésus-Christ. Cette grâce est tellement puissante que ce qui était tout petit devient bientôt un grand arbre. Le grain divin a été fécondé par la réflexion jointe à la prière. Prions donc et méditons sans cesse les vérités de la foi.

2° Il faut prier pour que cet arbre de la foi produise des fruits de vie en nos âmes. O Jésus ! ces fruits, puissiez-vous leur trouver de la douceur ! C'est ce que désirait le grand Ignace d'Antioche, lorsqu'il disait : « Je suis le froment du Christ, il faut que je devienne un pain digne d'être mangé par Jésus-Christ. »

3° Il suffit d'une seule pensée évangélique bien comprise et bien pratiquée pour sanctifier toute une vie, de même qu'il ne faut qu'un peu de levain pour fermenter toute la masse du pain.

Retenons donc dans notre cœur la pensée qui nous aura saisis, et mettons-la courageusement en pratique.

O mon Sauveur, sanctifiez aussi nos âmes et vivifiez-les par vos impressions salutaires.

PRIÈRES.

ANT. J'ouvrirai ma bouche pour parler en paraboles ; et je publierai des choses cachées depuis la création.

℣. Jésus parlait en paraboles aux foules.

℟. Il ne leur parlait point sans paraboles.

ORAISON.

Que la joie, Seigneur, surabonde sur nos lèvres, et

ANT. *Aperiam in parabolis os meum; eructabo abscondita a constitutione mundi.*

℣. *Omnia loquebatur Jesus in parabolis ad turbas.*

℟. *Sine parabolis non loquebatur eis.*

OREMUS.

Os nostrum, Domine, gaudio repleatur, et in tua mise-

ricordia semper exultet. Amen.

que de notre bouche s'échappe sans cesse un hymne d'allégresse à cause de votre miséricorde. Ainsi soit-il.

L'Église dans son accroissement. — FIG. : *Exod.,* VII, 12. La verge d'Aaron qui dévore toutes les autres verges des magiciens de Pharaon. — PROPH. : *Ps.,* LXXVII, 2. *Aperiam in parabolis os meum, loquar propositiones ab initio.* J'ouvrirai ma bouche en paraboles, et je ferai connaître les desseins de Dieu dès l'origine.

CIII^e VISITE.

CAPHARNAÜM. LA MAISON DE S. PIERRE.

EXPLICATION DE LA PARABOLE DE L'IVRAIE ET DE LA SEMENCE.

POUVONS-NOUS désormais entrer dans Capharnaüm sans être émus? Cette ville, Jésus l'affectionnait. C'est là qu'il aimait à habiter. Avec une nouvelle joie, venons donc chercher aujourd'hui Jésus à Capharnaüm. Il est entré dans la maison de Pierre, et il y instruit dans l'intimité ses chers disciples. Oh! soyons heureux d'entendre là, nous aussi, les explications divines consignées dans nos saints Livres.

O pays de Capharnaüm! tu étais autrefois le plus fertile et le plus riant de la Galilée; maintenant, tu ne portes plus d'autre fleur, sur ton sol devenu austère, que celle des souvenirs de l'amour d'un Dieu pour nous! Aux yeux de la foi, comme ta fertilité et tes grâces antiques sont effacées par la beauté de cette unique fleur!

ÉVANGILE.

MATTH., XIII.[1]

36. Alors *Jésus*, ayant congédié le peuple, rentra à la maison; et ses Disciples, s'approchant de lui, lui dirent: Expliquez-nous la parabole de l'ivraie semée dans le champ.

36. *Tunc, dimissis turbis, venit in domum : et accesserunt ad eum Discipuli ejus, dicentes : Edissere nobis parabolam zizaniorum agri.* (MARC., IV, 34.)

37. *Qui, respondens, ait illis* : *Qui seminat bonum semen, est Filius hominis.*

38. *Ager autem est mundus. Bonum vero semen, hi sunt filii regni; zizania autem, filii sunt nequam.*

39. *Inimicus autem, qui seminavit ea, est diabolus : messis vero, consummatio sæculi est : messores autem, Angeli sunt.* (Apoc., XIV, 15.)

40. *Sicut ergo colliguntur zizania, et igni comburuntur : sic erit in consummatione sæculi.*

41. *Mittet Filius hominis angelos suos, et colligent de regno ejus omnia scandala, et eos qui faciunt iniquitatem.*

42. *Et mittent eos in caminum ignis. Ibi erit fletus, et stridor dentium.*

43. *Tunc justi fulgebunt sicut sol in regno Patris eorum. Qui habet aures audiendi, audiat.* (Sap , III, 7; Dan., XII, 3.)

37. Jésus, répondant, leur parla ainsi : Celui qui sème le bon grain, c'est le Fils de l'homme.

38. Le champ, c'est le monde ; le bon grain, ce sont les enfants du royaume ; et l'ivraie, ce sont les enfants d'iniquité.

39. L'ennemi qui l'a semée, c'est le démon ; le temps de la moisson, c'est la fin du monde ; et les moissonneurs, ce sont les Anges.

40. De même donc qu'on arrache l'ivraie, et qu'on la brûle dans le feu, ainsi il en sera à la fin du monde.

41. Le Fils de l'homme enverra ses anges ; et ils ramasseront et jetteront hors de son royaume tous les scandales, et ceux qui commettent l'iniquité.

42. Et ils les précipiteront dans la fournaise de feu. C'est là qu'il y aura des pleurs et des grincements de dents.

43. Alors les justes brilleront comme le soleil dans le royaume de leur Père. Que celui-là entende, qui a des oreilles pour entendre.

RÉFLEXIONS.

1° Que le divin Maître est bon! Il va maintenant, et pour ses apôtres et pour tous les siens, expliquer les paraboles qu'il a prêchées au peuple. Nous avons toujours, si nous le voulons, la facilité de nous retirer dans la maison de la prière et de demander à notre Sauveur l'intelligence de ses divins enseignements.

2° Que le champ du monde est vaste! Là tant d'âmes ont besoin de la lumière de la foi! Parmi ces âmes, les unes ont la bonne volonté d'entendre la parole de Dieu; les autres, de parti pris, refusent de l'entendre. Ainsi le monde se divise en deux camps bien tranchés : celui des bons, figuré par le bon grain; celui des mauvais, figuré par l'ivraie.

Que chacun réfléchisse et voie dans quel camp il veut être.

3° Combien le jugement sera terrible! Les Anges exécuteront la sentence, et désormais les pécheurs, ceux qui donnent des scandales, seront jetés dans les brasiers éternels. Cette vérité est affirmée solennellement, et gravée en caractères ineffaçables dans l'Évangile. Oui, Seigneur, je crois fermement à ce jugement. Oui, je crois fermement à l'enfer. Les justes, au contraire, seront transplantés dans le ciel, où ils resplendiront avec plus d'éclat que le soleil et que tous les astres.

Faisons aussi un acte de foi à cette vérité, et demandons à notre Sauveur d'être admis en l'assemblée sainte des élus au ciel.

PRIÈRES.

ANT. Tous ceux qui font l'iniquité iront dans la four-	ANT. *Omnes qui faciunt iniquitatem ibunt in cami-*

num ignis, et justi fulgebunt sicut sol in regno Patris eorum.

℣. Messis est consummatio sæculi.

℟. Messores sunt Angeli.

ORemus.

Quæsumus, omnipotens Deus, ut sanctorum Angelorum custodia, a præsentibus periculis liberemur et ad vitam perveniamus æternam. Amen.

naise de feu, et les justes brilleront comme le soleil dans le royaume du Père céleste.

℣. La moisson est la fin du monde.

℟. Les moissonneurs sont les Anges.

Oraison.

Nous vous en supplions, ô Dieu tout-puissant, faites que, par la protection des saints Anges, nous soyons préservés des maux de la vie présente et conduits à la vie éternelle. Ainsi soit-il.

Larmes des réprouvés ; gloire des justes. — Fig. : *Sap.*, III, 1, 11. Gloire des justes ; châtiment des impies. — Proph. : *Dan.*, XII, 1, 3. *Evigilabunt... alii in opprobrium... (alii) fulgebunt quasi splendor firmamenti.* Les uns ressusciteront pour un opprobre éternel ; les autres brilleront comme la splendeur du firmament.

CIVe VISITE.

CAPHARNAUM. LA MAISON DE S. PIERRE.

PARABOLES AUX DISCIPLES : PIERRE PRÉCIEUSE, FILET.

Ici s'est accomplie la prophétie d'Isaïe [1] : « Au commencement Dieu a soulagé la terre de Zabulon et la terre de Nephthali... Le peuple qui marchait dans les ténèbres a vu une grande lumière, le jour s'est levé pour ceux qui habitaient dans la région de l'ombre de la mort. »

Capharnaüm, sur les confins de Zabulon et de Nephthali, a été la première ville qui ait entendu la prédication de la vérité, de la bouche d'un Dieu venu sur la terre. Ici, pour la première fois, a été annoncé au monde le royaume du ciel.

Quel souvenir! Isaïe, tout ce que vous avez dit s'est fait. En ce lieu une incomparable lumière a lui ; et son éclat, resplendissant aussitôt sur le monde, depuis ce temps dure toujours ; et tous les peuples depuis dix-huit siècles ont les yeux tournés vers ce petit coin de terre qui a vu poindre tant de clartés.

Notre-Seigneur continue ses explications divines dans la maison de Pierre.

---

1. Is., IX.

ÉVANGILE.

Matth., XIII.

44. Simile est regnum cœlorum thesauro abscondito in agro : quem qui invenit homo abscondit, et præ gaudio illius vadit, et vendit universa quæ habet, et emit agrum illum.

45. Iterum simile est regnum cœlorum homini negotiatori, quærenti bonas margaritas.

46. Inventa autem una pretiosa margarita, abiit, et vendidit omnia quæ habuit, et emit eam.

47. Iterum simile est regnum cœlorum sagenæ missæ in mare, et ex omni genere piscium congreganti;

48. Quam, cum impleta esset, educentes et secus littus sedentes, elegerunt bonos in vasa, malos autem foras miserunt.

49. Sic erit in consummatione sæculi; exibunt Angeli, et separabunt malos de medio justorum,

44. Le royaume des cieux est semblable à un trésor caché dans un champ. Un homme le trouve, le cache, et, dans sa joie, il va vendre tout ce qu'il possède, et achète ce champ.

45. Le royaume des cieux est encore semblable à un marchand qui cherche des pierres précieuses.

46. En ayant rencontré une de grande valeur, il s'en va, vend tout ce qu'il a, et l'achète.

47. Le royaume du ciel peut aussi être comparé à un filet jeté dans la mer, et qui prend toutes sortes de poissons.

48. Lorsqu'il est plein, les *pêcheurs* le tirent au bord de la mer, et, s'étant assis sur la rive, mettent ensemble tous les bons *poissons* dans des vases, et ils rejettent les mauvais.

49. C'est ce qui arrivera à la fin du monde : les Anges viendront, et sépareront les méchants d'avec les justes,

50. Et ils les jetteront dans la fournaise de feu. C'est là qu'il y aura des pleurs et des grincements de dents.

51. Avez-vous bien compris tout ceci? Ils lui répondirent : Oui.

52. Et il leur dit : C'est pourquoi tout docteur *qui est bien* instruit en ce qui regarde le royaume des cieux, est semblable à un père de famille qui tire de son trésor des choses nouvelles et anciennes.

53. Jésus, ayant achevé ces paraboles, partit de là.

50. *Et mittent eos in caminum ignis : ibit erit fletus, et stridor dentium.*

51. *Intellexistis hæc omnia? Dicunt ei : Etiam.*

52. *Ait illis : Ideo omnis scriba doctus in regno cœlorum, similis est homini patrifamilias, qui profert de thesauro suo nova et vetera.*

53. *Et factum est, cum consummasset Jesus parabolas istas, transiit inde.*

RÉFLEXIONS.

1º Le trésor caché dans la vie chrétienne ne serait-il pas cette vie de dévouement spécial que pratiquent le religieux et la religieuse? — Ah! une fois que ces âmes d'élite ont bien compris où est leur trésor, elles vendent tout, elles donnent tout, elles sacrifient tout, pour le trouver et l'acquérir à jamais.

2º La perle précieuse est la charité, vertu par laquelle nous aimons Dieu et nous mettons tout bien au-dessous de son amour. Qui pourrait arrêter le chrétien qui a trouvé le lien et la perfection de la charité? Il est dans la voie du salut éternel, et il ira jouir du Dieu qu'il aime.

3º Le filet lancé à la mer, c'est la pêche miraculeuse de

la sainte Église qui a jeté ses filets à travers le monde, et qui a recueilli toutes sortes de poissons bons et mauvais. Mais un jour viendra où les mauvais, séparés des bons, seront précipités dans la fournaise, où il y aura des pleurs et des grincements de dents. O mon Sauveur, nous comprenons et nous tremblons.

Bien des âmes lisent, entendent et ne réfléchissent pas. Faites-nous la grâce de comprendre et de trembler de plus en plus. Hélas! hélas! Quel terrible changement à l'heure de la mort!

PRIÈRES.

ANT. *Omnis scriba doctus in regno cœlorum, similis est homini patri familias qui profert de thesauro suo nova et vetera.*

℣. *Populus ambulabat in tenebris.*
℟. *Populus vidit lucem magnam.*

OREMUS.

Da nobis, omnipotens Deus, beatorum Angelorum tuorum auxilio ad summa proficere; ut, quorum in terris gloriam prædicamus, eorum quoque precibus adjuvemur in cœlis. Amen.

ANT. Tout docteur bien instruit en ce qui regarde le royaume des cieux, est semblable à un père de famille qui tire de son trésor des choses nouvelles et anciennes.

℣. Le peuple marchait dans les ténèbres.
℟. Le peuple a vu une grande lumière.

ORAISON.

O Dieu tout-puissant, par l'intercession des saints Anges, accordez-nous de marcher dans la voie de la perfection, afin que nous soyons secourus du haut du ciel par la prière de ceux que nous glorifions sur la terre. Ainsi soit-il.

Trésor caché. — Fig. : *Deut.*, xxxiii, 18, 19. Les trésors cachés dans la terre de Zabulon et d'Issachar. — Proph. : *Sap.*, vii, 14. (*Sapientiæ*) *infinitus enim thesaurus est hominibus.* La sagesse est un trésor infini pour les hommes.

Séparation des bons et des méchants. — Fig. : *Ex.*, xi. Le Seigneur accorde aux Hébreux les dépouilles des Égyptiens. — Proph. : *Eccli.*, xxxiii, 11, 14. *Dominus ex ipsis sanctificavit... et ex ipsis maledixit.* Le Seigneur a béni les uns et maudit les autres.

Mer de Galilée.

CV^e VISITE.

LA MER DE GALILÉE : LA TEMPÊTE APAISÉE.

Ésus en ce moment est sur une barque, et les flots de la mer de Galilée le portent, flots ordinairement tranquilles, charmants, d'une couleur bleue très foncée, et reflétant admirablement l'azur d'un ciel presque toujours pur.

Le Sauveur a non loin de lui la montagne de l'Hermon, l'un des plus beaux ornements du lac, au nord. Avec sa haute cime blanchie par les neiges éternelles, l'Hermon domine les diverses chaînes de montagnes qui s'abaissent par étages vers les rives de la riante mer, en même temps qu'il imprime à toute la contrée un véritable caractère de grandeur et de beauté; tandis que du côté de l'ouest des montagnes sombres et désertes répandent autour d'elles je ne sais quel reflet sauvage. (*Voir la gravure du mont Hermon, page* 239.)

O Jésus! voguez sur les eaux bleues et limpides de ce gracieux lac, encadré dans une nature si grandiose et si majestueuse; croisez ces centaines de bateaux pêcheurs qui le sillonnent et l'animent; quand les rares ouragans qui en troublent la sérénité viendront, vous les saurez apaiser par votre douce parole.

ÉVANGILE.

MATTH., VIII.

18. Jésus, voyant une foule nombreuse autour de lui, ordonnaà ses Disciples de le passer à l'autre bord du lac.

18. *Videns autem Jesus turbas multas circum se, jussit ire trans fretum.*

19. Alors un scribe, s'approchant, lui dit : Maître, je vous suivrai partout où vous irez.

19. *Et accedens unus scriba, ait illi : Magister, sequar te quocumque ieris.*

20. Et Jésus lui dit : Les renards ont des tanières, et les oiseaux du ciel ont des nids; mais le Fils de l'homme n'a pas une pierre où reposer sa tête.

20. *Et dicit ei Jesus : Vulpes foveas habent, et volucres cœli nidos : Filius autem hominis non habet ubi caput reclinet.* (LUC., IX, 58.)

21. Un autre de ses disciples lui dit : Seigneur, permettez-moi d'aller d'abord ensevelir mon père.

21. *Alius autem de discipulis ejus ait illi : Domine, permitte me primum ire, et sepelire patrem meum.*

22. Mais Jésus lui dit : Suivez-moi, et laissez aux morts le soin d'ensevelir leurs morts.

22. *Jesus autem ait illi : Sequere me et dimitte mortuos sepelire mortuos suos.*

Marc., iv.

35. *Et ait illis in illa die, cum sero esset factum : Transeamus contra.*

36. *Et dimittentes turbam, assumunt eum ita ut erat in navi ; et aliæ naves erant cum illo.* (Luc., viii, 22.)

37. *Et facta est procella magna venti, et fluctus mittebat in navim, ita ut impleretur navis.*

38. *Et erat ipse in puppi super cervical dormiens.....*

Matth., viii.

25. *Et accesserunt ad eum Discipuli ejus, et suscitaverunt eum, dicentes : Domine, salva nos, perimus.*

26. *Et dicit eis Jesus : Quid timidi estis, modicæ fidei ? Tunc surgens, imperavit ventis et mari, et facta est tranquillitas magna.*

27. *Porro homines mirati sunt, dicentes : Qualis est hic, quia venti et mare obediunt ei ?* (Vide Luc., viii.)

35. Ce même jour, sur le soir, il leur dit : Passons à l'autre bord.

36. Et, après qu'ils eurent congédié le peuple, ils l'emmenèrent avec eux dans la barque où il était, et il y avait d'autres barques qui le suivirent.

37. Alors il se fit une violente tempête, et le vent faisait entrer les flots dans la barque, de sorte qu'elle s'emplissait d'eau.

38. Et Jésus était sur la poupe, dormant sur un oreiller.

25. Alors ses disciples s'approchèrent de lui, et l'éveillèrent en lui disant : Seigneur, sauvez-nous, nous périssons.

26. Et Jésus leur dit : Pourquoi êtes-vous timides, hommes de peu de foi ? Puis, se levant, il commanda aux vents et à la mer, et il se fit un grand calme.

27. Or, ceux qui étaient présents furent dans l'admiration, et ils disaient : Quel est celui à qui les vents et la mer obéissent ?

RÉFLEXIONS.

1° Pour suivre Jésus de très près, il importe de n'avoir pas de lieu où reposer sa tête. Nous devons renoncer plus ou moins aux nôtres, et laisser les morts ensevelir leurs morts. Comprenons ces paroles. On ne peut pas, et on ne doit pas toujours tout quitter effectivement, mais il faut toujours tout quitter affectivement, c'est-à-dire par le cœur, et être prêt à suivre Jésus sans cesse et partout où il nous appelle.

2° Jésus navigue sur la mer de Galilée avec ses Apôtres ; il s'endort, et bientôt survient la tempête. C'est l'image de ce qui devra arriver dans tout le cours des siècles ; c'en est la divine figure. Ce sera souvent la tempête, et durant la tempête Jésus paraîtra endormi ; la prière le réveillera. Oui, ô mon âme, raffermis ta foi, Jésus semble dormir au milieu des tempêtes qui t'assaillent et qui bouleversent l'Église. Mais non, il ne dort pas, il veille ; il est là, et il attend qu'on le prie : *Domine, salva nos, perimus.* Seigneur, sauvez-nous, nous périssons.

3° Avons-nous la foi ? Oui. Donc nous ne devons rien craindre. En craignant nous ferions injure à Jésus, et nous manquerions de fidélité et de confiance. Il devrait être si doux d'adorer et d'aimer celui à qui les vents et la mer ont obéi à Génésareth ! Donc espérance en lui ! O Jésus, vous commanderez aux vents et à la mer, et il se fera un grand calme.

PRIÈRES.

Ant. Et le vent cessa, et il y eut aussitôt un grand calme.	Ant. *Et cessavit ventus, et facta est tranquillitas magna.*

℣. Quis putas est iste,

℟. Quia et ventus et mare obediunt ei?

ORÉMUS.

Deus, cui nihil impossibile, cui venti et mare obediunt, libera nos a tentationibus nostris, quia filii tui sumus et opera manuum tuarum.

Amen.

℣. Quel est donc cet homme,

℟. Que les vents et les flots lui obéissent?

ORAISON.

O Dieu, à qui rien n'est impossible, à qui les vents et les flots obéissent, délivrez-nous de nos tentations, parce que nous sommes vos enfants et l'œuvre de vos mains. Ainsi soit-il.

Jésus commande aux vents et aux flots. — FIG. : *Ex.*, VII, 8, 9. Moïse commande aux éléments. — PROPH. : *Ps.*, LXXXVIII, 10. *Tu dominaris potestati maris: motum fluctuum ejus tu mitigas.* Ta puissance s'étend sur la mer : tu calmes la fureur des flots.

Tour et lac de Tibériade.

CVIᵉ VISITE.

PAYS DE GÉRASA, AU DELA DU LAC DE TIBÉRIADE.

LES DÉMONS EXPULSÉS ENTRENT DANS LES POURCEAUX.

GÉRASA était une des villes fortifiées de la Décapole. Elle donnait son nom à la contrée qui l'environnait, et qui était ainsi le pays des Géraséniens.

Est-ce bien de Gérasa que les porcs coururent pour se précipiter dans la mer? Cette ville était enfoncée dans l'intérieur des terres, au pied des montagnes de Galaad, et les animaux immondes eussent eu beaucoup de chemin à faire. Origène prétend que cela arriva aux environs de Gadara, par conséquent dans le pays des Gadaréniens.

L'évangéliste a dit Géraséniens pour se conformer au langage vulgaire, qui étendait ce nom par exagération au pays des Gadaréniens.

ÉVANGILE.

Luc., VIII.

26. *Et navigaverunt ad regionem Gerasenorum, quæ est contra Galilæam.*

27. *Et cum egressus esset ad terram, occurrit illi vir quidam, qui habebat dæmonium jam temporibus multis, et vestimento non induebatur...*

Matth., VIII.

28. *...Occurerunt ei duo habentes dæmonia, de monumentis exeuntes, sævi nimis, ita ut nemo posset transire per viam illam.*

Marc., V.

3. *Qui domicilium habebat in monumentis, et neque catenis jam quisquam poterat eum ligare :*

4. *Quoniam sæpe compedibus et catenis vinctus dirupisset catenas, et compedes comminuisset, et nemo poterat eum domare :*

5. *Et semper die ac nocte*

26. Et ils abordèrent dans le pays des Géraséniens qui est vis-à-vis de la Galilée.

27. Jésus étant descendu à terre, il rencontra un homme qui depuis longtemps avait le démon en lui, et ne portait point d'habit.

28... Il y eut *même* deux possédés qui vinrent au-devant de Jésus, sortant des tombeaux, si furieux, que personne n'osait passer par ce chemin.

3. *Le premier* habitait dans les sépulcres, et nul ne pouvait le tenir lié, même avec des chaînes.

4. Car souvent, ayant les fers aux pieds et lié de chaînes, il rompait les chaînes et brisait les fers, et personne ne pouvait le dompter.

5. Et sans cesse, le jour

LES DÉMONS ET LES ANIMAUX IMMONDES. 463

et la nuit, il était au milieu des tombeaux, criant et se meurtrissant avec des pierres.

6. Voyant de loin Jésus, il courut et l'adora ;

7. Et jetant un grand cri, il dit : Qu'y a-t-il entre vous et moi, Jésus, Fils du Dieu très-haut? Je vous adjure par Dieu, ne me tourmentez pas.

8. Car *Jésus* lui disait : Esprit immonde, sors de cet homme.

9. Et il l'interrogeait : Quel est ton nom? Et il lui dit : Mon nom est Légion, parce que nous sommes plusieurs.

31. Et ces démons le priaient de ne pas leur commander d'aller dans l'abîme.

32. Or, il y avait là un grand troupeau de pourceaux, qui paissait dans la montagne, et les *démons* le priaient de leur permettre d'entrer en eux. Et il le leur permit.

33. Ils sortirent donc de cet homme, et entrèrent dans les porcs; et le trou-

in monumentis erat, clamans, et concidens se lapidibus.

6. *Videns autem Jesum a longe, cucurrit, et adoravit eum :*

7. *Et clamans voce magna dixit : Quid mihi et tibi, Jesu, Fili Dei altissimi? Adjuro te per Deum, ne me torqueas.*

8. *Dicebat enim illi : Exi, spiritus immunde, ab homine.*

9. *Et interrogabat eum : Quod tibi nomen est? Et dicit ei : Legio mihi nomen est, quia multi sumus.*

Luc., VIII.
31. *Et rogabant illum ne imperaret illis ut in abyssum irent.*

32. *Erat autem ibi grex porcorum multorum pascentium in monte : et rogabant eum, ut permitteret eis in illos ingredi. Et permisit illis.*

33. *Exierunt ergo dæmonia ab homine, et intraverunt in porcos : et impetu*

abiit grex per præceps in stagnum, et suffocatus est.

34. Quod ut viderunt factum qui pascebant, fugerunt, et nuntiaverunt in civitatem et in villas.

35. Exierunt autem videre quod factum est, et venerunt ad Jesum : et invenerunt hominem sedentem, a quo dæmonia exierant, vestitum, ac sana mente, ad pedes ejus, et timuerunt.

36. Nuntiaverunt autem illis et qui viderant, quo modo sanus factus esset a legione :

37. Et rogaverunt illum omnis multitudo regionis Gerasenorum ut discederet ab ipsis : quia magno timore tenebantur. Ipse autem ascendens navim, reversus est.

Marc., v.
18. Cumque ascenderet navim, cœpit illum deprecari, qui a dæmonio vexatus fuerat, ut esset cum illo :

19. Et non admisit eum, sed ait illi : Vade in domum tuam ad tuos, et annuntia il-

peau courut violemment se précipiter dans le lac, et s'y noya.

34. Voyant cela, ceux qui gardaient les porcs s'enfuirent, et l'annoncèrent dans la ville et dans les villages.

35. Or, plusieurs sortirent pour voir ce qui était arrivé, et vinrent à Jésus. Ils trouvèrent assis à ses pieds l'homme de qui les démons étaient sortis, vêtu et sain d'esprit; et ils furent remplis de crainte.

36. Et ceux qui l'avaient vu, leur racontèrent comment cet homme avait été délivré de la légion de démons.

37. Et tous les habitants du pays des Géraséniens le prièrent de s'éloigner d'eux, parce qu'ils étaient saisis d'une grande frayeur. Lui, montant dans la barque, s'en retourna.

18. Lorsqu'il montait dans la barque, celui qui avait été tourmenté par le démon le pria de lui permettre de le suivre;

19. Et il ne le lui permit point, mais il lui dit : Allez dans votre maison, vers les

LES DÉMONS ET LES ANIMAUX IMMONDES.

vôtres, et annoncez-leur tout ce que le Seigneur a fait pour vous, et comment il a eu pitié de vous.

20. Et cet homme s'en alla, et commença à publier dans la Décapole tout ce que Jésus avait fait pour lui; et tous étaient dans l'admiration.

lis quanta tibi Dominus fecerit, et misertus sit tui.

20. *Et abiit, et cœpit prædicare in Decapoli, quanta sibi fecisset Jesus : et omnes mirabantur.*

RÉFLEXIONS.

1° Quel misérable état que celui de cet homme tourmenté par le démon qui le possède ! Sa demeure est un sépulcre ; on ne peut même l'enchaîner ; il se frappe sans cesse à coups de pierres, et sans cesse il se lamente. Il voit Jésus, et il veut être secouru par lui. N'est-ce pas l'image de l'âme qui est dans le sépulcre et la mort du péché ; qui ne peut lier et vaincre ses passions ; que le remords agite, qui s'étourdit, devient furieuse et mourrait dans la rage et le désespoir, si la grâce de Jésus n'était pas là? O mon âme, adresse-toi donc à ton seul Sauveur.

2° Jésus a donné ordre à l'esprit impur de sortir du corps de cet homme. Il lui a demandé son nom : Cet esprit s'appelle Légion. Le pauvre infortuné est donc rempli de démons. Ces esprits mauvais, une fois chassés de son corps, voudraient entrer dans un troupeau de porcs. *Mitte nos in gregem porcorum.* Oh ! comme on reconnaît le démon à ce signe ! Jésus leur accorde ce qu'ils demandent, et tous les esprits immondes, possédant les corps de ces animaux, vont se précipiter dans la mer de Génésareth. Où en sont donc venus ces esprits autrefois angéliques ? Ils veulent habiter ces animaux impurs et les perdre. Jésus le permet aussi, pour nous apprendre à ne pas craindre de tout sacrifier pour l'expulsion du démon.

3º Ceux qui ont vu chasser la légion de démons ont peur de perdre leurs biens en suivant Jésus. Quelle folie! et quelle ingratitude! N'être pas soumis à Satan et posséder Jésus, voilà pourtant le seul bien réel pour nous, en cette vallée de larmes.

Mais ne voit-on pas tous les jours des hommes, des familles, des peuples comblés de biens par Jésus, repousser loin d'eux ce divin Sauveur?. Hélas! il y a là une vraie folie. Et encore Jésus a la bonté d'envoyer quand même, à ces ingrats, quelques-uns de ceux qui ont été délivrés, et qui leur prêchent la vérité et l'amour de Dieu! O Jésus, pardon! Et ne vous lassez pas d'être miséricordieux envers nous.

PRIÈRES.

ANT. *Huic dæmonio nomen erat Legio. Cui dixit Jesus: Exi, spiritus immunde, ab homine; et dæmonia exierunt ab homine et intraverunt in porcos.*

℣. *Qui sanatus fuerat, abiit et cœpit prædicare quanta sibi fecisset Jesus.*

℟. *Et omnes mirabantur in Decapoli.*

OREMUS.

Da, Domine Deus noster, indulgentiam reis, et medici-

ANT. Or, ce démon s'appelait Légion. Jésus lui dit: Esprit immonde, sors de cet homme. Et les démons sortirent et entrèrent dans des porcs.

℣. Celui qui avait été guéri, s'en alla et commença à publier ce que Jésus avait fait.

℟. Et tous étaient remplis d'admiration dans la Décapole.

ORAISON.

Accordez, Seigneur notre Dieu, l'indulgence aux coupables et le remède aux malades : afin qu'après avoir détruit en nous le règne du péché, nous puissions vous servir dans la liberté de nos âmes. Ainsi soit-il.

nam tribue vulneratis; ut, exclusa dominatione peccati, liberis tibi mentibus serviamus. Amen.

I. *Démon soumis à la puissance du Christ.* — Fig. : *Job,* I, 11, 12. Satan soumis à la puissance divine.— Proph. : III *Reg.*, XXII, 22. *Dixit Dominus (ad Satan) : Egredere et fac ita.* Le Seigneur dit à Satan : Sors et agis comme je te le permets, et non d'une autre manière.

II. *Pourceaux engloutis.* Fig. : *Ex.,* XIV, 22, 31. Égyptiens engloutis dans les flots. — Proph. : *Ex.,* XV, 1, 12. *Equum et ascensorem dejecit in mare.* Le Seigneur a précipité dans la mer le cheval et le cavalier.

III. *Le Christ repoussé par les Géraséniens.* — Fig. : *Ex.,* X. Moïse chassé par Pharaon. — Proph. : I *Reg.*, V, 10, 11. *Dimittite arcam Dei,... et non interficiat nos.* Renvoyez l'arche de Dieu,... et qu'elle ne fasse plus mourir aucun d'entre nous.

Césarée de Philippe, pays de l'hémorroïsse.

CVIIᵉ VISITE.

CAPHARNAUM

GUÉRISON DE L'HÉMORROISSE.

La femme malade d'une perte de sang depuis douze années, que Notre-Seigneur guérit à Capharnaüm ou aux environs de cette ville, était originaire de Césarée de Philippe, ou Panéas.

Elle était venue trouver Notre-Seigneur, et, ayant touché le bord de son vêtement, elle avait vu disparaître miraculeusement l'infirmité dont elle souffrait depuis si longtemps. « De retour dans sa ville natale, nous dit saint Astère, elle veut à tout prix rendre un hommage solennel et durable à son divin libérateur; elle lui érige une statue d'airain (devant la porte de sa maison), croyant par là s'acquitter, autant que possible, du bienfait qu'elle avait reçu. Ce pieux monument subsista pendant plusieurs siècles, comme pour constater d'avance le mensonge de ceux qui, dans la suite, devaient accuser d'imposture les écrivains du saint Évangile... Aujourd'hui, je l'avoue, la statue n'existe plus nulle part; elle est détruite; mais l'Évangile n'annonce-t-il pas et ne publie-t-il pas le fait divin dans tous les lieux du monde? Et cette pauvre femme, atteinte d'un flux de sang, n'est-elle pas connue de l'Orient à l'Occident?... » Nous savons par l'historien Sozomène que Julien l'Apostat fit enlever la statue du Sauveur trois siècles et demi après, et la remplaça par sa propre image à lui. La statue de l'apostat fut bientôt frappée de la foudre et réduite en poussière.

Une tradition respectable nous apprend que la pieuse femme ainsi guérie par Notre-Seigneur est celle-là même qui, alors qu'avec sa croix Jésus se rendait au Calvaire, s'approcha du divin supplicié et, écartant les soldats, essuya sa face adorable, couverte de crachats, de poussière et de sang.

ÉVANGILE.

21. Jésus ayant encore repassé dans la barque à l'autre bord, une grande multitude de peuple s'assembla autour de lui, et il était près de la mer.

22. Et il vint un chef de synagogue nommé Jaïre qui, voyant Jésus, se jeta à ses pieds,

MARC., V.

21. *Et cum transcendisset Jesus in navi rursum trans fretum, convenit turba multa ad eum, et erat circa mare.*

22. *Et venit quidam de archisynagogis nomine Jaïrus : et videns eum, procidit ad pedes ejus,* (MATTH., IX, 18; LUC., VIII, 41.)

23. *Et deprecabatur eum multum, dicens : Quoniam filia mea in extremis est, veni, impone manum super eam ut salva sit, et vivat.*

24. *Et abiit cum illo; et sequebatur eum turba multa, et comprimebant eum.*

25. *Et mulier, quæ erat in profluvio sanguinis annis duodecim,* (MATTH., IX, 20; LUC., VIII, 43.)

26. *Et fuerat multa perpessa a compluribus medicis : et erogaverat omnia sua, nec quidquam profecerat, sed magis deterius habebat :*

27. *Cum audîsset de Jesu, venit in turba retro, et tetigit vestimentum ejus :*

28. *Dicebat enim : Quia si vel vestimentum ejus tetigero, salva ero.*

29. *Et confestim siccatus est fons sanguinis ejus : et sensit corpore quia sanata esset a plaga.*

30. *Et statim Jesus in semetipso cognoscens virtutem, quæ exierat de illo, conversus ad turbam, aiebat :*

23. Et le priait instamment, disant : Ma fille est à l'extrémité, venez, imposez votre main sur elle, afin qu'elle guérisse, et qu'elle vive.

24. Et Jésus s'en alla avec lui; et une grande multitude le suivait, et il était pressé par la foule.

25. Alors une femme malade d'une perte de sang depuis douze annees,

26. Qui avait beaucoup souffert de plusieurs médecins, et avait dépensé tout son bien, sans aucun résultat, se trouvant plutôt dans un état pire,

27. Ayant entendu parler de Jésus, vint dans la foule par derrière, et toucha son vêtement :

28. Car elle disait : Si je touche seulement son vêtement, je serai guérie.

29. Et aussitôt la source du sang tarit; et elle sentit en son corps qu'elle était guérie de sa maladie.

30. Au même instant, Jésus, connaissant qu'une vertu était sortie de lui, se retourna vers la foule et dit :

L'HÉMORROISSE.

Qui a touché mes vêtements?

45. Chacun niant que ce fût soi, Pierre et ceux qui étaient avec lui dirent : Maître, la foule vous presse, et vous accable, et vous dites : Qui m'a touché?

46. Jésus dit : Quelqu'un m'a touché : car j'ai connu qu'une vertu était sortie de moi.

32. Et il regardait tout autour pour voir celle qui avait fait cela.

47. La femme, voyant qu'elle n'a pu se cacher, vint tremblante, se jeta à ses pieds, et déclara devant tout le peuple pourquoi elle l'avait touché, et comment elle avait été guérie sur-le-champ.

48. Et Jésus lui dit : Ma fille, votre foi vous a sauvée ; allez en paix.

Quis tetigit vestimenta mea?

Luc., viii.

45. ... *Negantibus autem omnibus, dixit Petrus, et qui cum illo erant : Præceptor, turbæ te comprimunt, et affligunt, et dicis : Quis me tetigit?*

46. *Et dixit Jesus : Tetigit me aliquis ; nam ego novi virtutem de me exiisse.*

Marc., v.

32. *Et circumspiciebat videre eam quæ hoc fecerat.*

Luc., viii.

47. *Videns autem mulier, quia non latuit, tremens venit, et procidit ante pedes ejus : et ob quam causam tetigerit eum, indicavit coram omni populo : et quemadmodum confestim sanata sit.*

48. *At ipse dixit ei : Filia, fides tua salvam te fecit : vade in pace.* (Vide : Matth., ix, 20-22.)

RÉFLEXIONS.

1° La santé du corps est grandement désirable ; mais celle de l'âme, il faut la vouloir à tout prix. Ah ! si nous pensons avoir la santé de l'âme, ou l'état de grâce, gardons-la bien précieusement. Si, au contraire, nous ne l'avons pas, appelons de tous nos vœux la grâce de Dieu en nous, et répondons à l'amour de celui qui a quitté le ciel afin de venir au secours des pauvres malades et des infirmes.

2º Jésus demande qui l'a touché au milieu de ces foules innombrables dont il est environné. C'est qu'en effet rien de petit, rien de grand, ne s'opère dans les âmes sans l'action de Jésus. N'est-il pas la vie de nos âmes et leur guérison? Cette femme a été guérie, nous pouvons l'être comme elle.

3º Ce qu'elle a fait, le voici : elle a eu foi en Jésus, elle a voulu toucher son vêtement, elle l'a touché, et elle a été guérie. Quelle faveur ! Mais bientôt elle confessera publiquement ce bienfait qu'elle a reçu, tant est grande la force de la grâce dans une âme humble et reconnaissante. Ah ! puissions-nous entendre Jésus nous dire : Allez en paix : votre foi vous a sauvés.

PRIÈRES.

Ant. *Cum audisset mulier de Jesu, venit in turba retro, et tetigit vestimentum ejus. Dicebat enim quæ erat in profluvio sanguinis ab annis duodecim : Quia si vel vestimentum ejus tetigero, salva ero.*

℣. *Quis me tetigit? dixit Jesus.*

℟. *Filia, fides tua salvam te fecit.*

Oremus.

Auxiliare, Domine, tempo-

Ant. Une femme, ayant entendu parler de Jésus, vint dans la foule par derrière, et toucha son vêtement. Car elle avait un flux de sang depuis douze ans, et elle disait : Si je puis seulement toucher son vêtement, je serai guérie.

℣. Qui m'a touché? dit Jésus.

℟. Ma fille, votre foi vous a sauvée.

Oraison.

Faites-nous ressentir, Seigneur, en temps opportun les effets de votre assistance ; et, par la protection de votre droite, daignez maintenir l'intégrité de la religion, et nous rendre la sécurité et l'honneur du nom chrétien. Ainsi soit-il.

ribus nostris, ut, tua nos ubique dextera protegente, religionis integritas et Christiani nominis securitas reparata consistat. Amen.

Guérison de l'hémorroïsse. — FIG. : *Sap.*, x, 9. La miséricorde divine guérissant les justes. — PROPH : *Jer.*, xxx, 17. *A vulneribus tuis sanabo te,... quia ejectam vocaverunt te, Sion!* Je guérirai tes blessures, dit le Seigneur, parce qu'ils t'ont appelée la répudiée, ô Sion !

CVIII^e VISITE.

CAPHARNAUM : LA MAISON DE JAIRE.

RÉSURRECTION DE SA FILLE.

Voyons Jésus dans une rue de cette ville privilégiée de Capharnaüm. Avec Pierre, Jacques et Jean, il se rend chez Jaïre, l'un des princes de la synagogue. La maison où il entre est dans les larmes. Jaïre et sa femme ont perdu leur enfant, une jeune fille dans la fleur de ses années. Mais le père avait demandé à Jésus de lui rendre sa fille. Et c'est pour cela que Jésus venait.

Jaïre, ton cœur ne t'a pas trompé! Vois plutôt : le divin Sauveur dit un mot, et la jeune morte aussitôt respire, ouvre les yeux. Jésus te la rend.

Le nom de Jaïre signifie *illuminé*. Puisons la lumière dans son souvenir ; demandons à Dieu d'être éclairés comme lui et d'attendre, à son exemple, de Jésus les plus grandes grâces.

ÉVANGILE.

Marc., v.

21. *Et cum transcendisset Jesus in navi rursum trans fretum, convenit turba multa ad eum, et erat circa mare.*

21. Jésus ayant encore repassé dans la barque à l'autre bord, une grande multitude de peuple s'assembla autour de lui, et il était près de la mer.

22. *Et venit quidam de archisynagogis nomine Jaïrus :*

22. Et il vint un chef de synagogue, nommé Jaïre,

qui, voyant Jésus, se jeta à ses pieds.

23. Et il le supplait instamment en disant : Ma fille est à l'extrémité, venez, imposez votre main sur elle afin qu'elle guérisse et qu'elle vive.

24. Et Jésus s'en alla avec lui, et une grande multitude le suivait, et il était pressé par la foule.

35. Lorsque *Jaïre* parlait encore, il vint des gens du chef de la synagogue qui lui dirent : Votre fille est morte, pourquoi importuner davantage le Maître ?

36. Mais Jésus, ayant entendu ce qu'on annonçait, dit au chef de la synagogue : Ne craignez point ; seulement ayez la foi.

37. Et il ne permit à personne de le suivre, si ce n'est à Pierre, à Jacques, à Jean, frère de Jacques.

38. Et ils arrivent dans la maison du chef de la synagogue, et *Jésus* voit une troupe confuse, des gens qui pleurent, qui jettent de grands cris.

et videns eum, procidit ad pedes ejus. (MATTH., IX, 18.)

23. *Et deprecabatur eum multum, dicens : Quoniam filia mea in extremis est, veni, impone manum super eam ut salva sit, et vivat.*

24. *Et abiit cum illo, et sequebatur eum turba multa, et comprimebant eum.*

MARC., V.
35. *Adhuc eo loquente, veniunt ab archisynagogo, dicentes : Quia filia tua mortua est : quid ultra vexas Magistrum ?*

36. *Jesus autem, audito verbo quod dicebatur, ait archisynagogo : Noli timere : tantummodo crede.*

37. *Et non admisit quemquam se sequi, nisi Petrum, et Jacobum, et Joannem fratrem Jacobi.*

38. *Et veniunt in domum archisynagogi, et videt tumultum, et flentes, et ejulantes multum.*

39. *Et ingressus, ait illis : Quid turbamini, et ploratis ? puella non est mortua, sed dormit.*

40. *Et irridebant eum. Ipse vero, ejectis omnibus, assumit patrem et matrem puellæ, et qui secum erant, et ingreditur ubi puella erat jacens.*

41. *Et tenens manum puellæ, ait illi :* Talitha cumi! *quod est interpretatum : Puella (tibi dico), surge.*

42. *Et confestim surrexit puella, et ambulabat : erat autem annorum duodecim. Et obstupuerunt stupore magno.*

43. *Et præcepit illis vehementer ut nemo id sciret : et dixit dari illi manducare.*

Matth., ix.
26. *Et exiit fama hæc in universam terram illam.* (Vide Luc., viii, 41.)

39. Et entrant, il leur dit : Pourquoi faites-vous tant de bruit, et pourquoi pleurez-vous? La jeune fille n'est pas morte, elle dort.

40. Et ils riaient de lui. Mais, ayant renvoyé tout le monde, il prend seulement le père et la mère de l'enfant et ceux qu'il avait *gardés* avec lui, et il entre dans la chambre où la fille était couchée.

41. Et, la prenant par la main, il lui dit : *Talitha, cumi!* Ma fille (je vous le commande), levez-vous.

42. Et aussitôt la jeune fille se leva, et elle marchait. Or elle était âgée de douze ans. Et on fut merveilleusement étonné.

43. Et il leur commanda très expressément de *faire en sorte* que personne ne le sût; et il leur dit de lui donner à manger.

26. Et le bruit s'en répandit dans tout le pays.

RÉFLEXIONS.

1º Rien n'arrête la mort : ni la beauté, ni la fortune,

ni la position des parents. La mort frappe à toutes les portes, et elle entraîne dans la tombe tout ce qui semblait devoir durer de longues années. Épreuve cruelle, terrible! Ah! recourons avec confiance à ce Dieu qui nous appelle, et qui veut nous bénir toujours, et dans la joie et dans la peine.

2º Lorsque Jésus demande de ne pas pleurer, c'est qu'il veut donner le baume de la consolation à ceux qui sont dans les larmes. O pères et mères, suivez donc Jésus jusqu'au lit de mort de votre fille. Vous l'y trouverez. Il vous attend. Éprouvez comme il est bien le divin consolateur! S'il ne vous la rend pas, c'est qu'il l'a mise dans son beau ciel; et si vous voyiez comme avec lui cette enfant est heureuse, vous seriez les premiers à lui dire : « Reste au ciel, et attends-nous là! Nous te reverrons bientôt! »

Elle a été ravie à l'âge de la première communion. Quel mystère de miséricordieuse tendresse pour une enfant de douze ans!

3º Jésus a ressuscité cette jeune fille et a commandé qu'on lui donne à manger. Après la résurrection de l'âme par le sacrement de pénitence, c'est aussi la nourriture qui devient nécessaire, et cette nourriture est la sainte Eucharistie. Que tous les chrétiens ressuscités soient donc affamés de ce pain céleste, et qu'ils s'en nourrissent toujours!

PRIÈRES.

Ant. Pourquoi se troubler et pourquoi pleurer? dit Jésus, notre vie et notre résurrection. La jeune fille n'est pas morte; elle dort.	Ant. *Quid ploratis et quid turbamini? ait Jesus, vita et resurrectio nostra. Puella non est mortua, sed dormit. O pater et mater hujus puellæ,*

beati estote in æternum !.....	O père, ô mère de cette jeune enfant, soyez à jamais heureux!...
℣. *Puella, tibi dico, surge.*	℣. Jeune fille, je vous le dis, levez-vous.
℟. *Et confestim surrexit puella, et ambulabat.*	℟. Et aussitôt la jeune fille se leva, et elle marchait.
OREMUS.	ORAISON.
Præsta, quæsumus, omnipotens Deus, ut qui gratiam hujus resurrectionis agnovimus, ipsi per amorem spiritus a morte animæ resurgamus. Amen.	Faites, ô Dieu tout-puissant, qu'ayant connu la résurrection de la fille de Jaïre, nous ressuscitions de la mort spirituelle par la vertu de charité. Ainsi soit-il.

Résurrection de la fille de Jaïre. — FIG. : III *Reg.*, XVII, 19, 24. Elle ressuscite le fils de la veuve. — PROPH. : I *Reg.*, II, 6. *Dominus mortificat et vivificat.* Le Seigneur donne la mort et la vie.

CIXᵉ VISITE.

CAPHARNAUM

LA VUE RENDUE A DEUX AVEUGLES.

ENCORE un miracle dans cette ville heureuse entre toutes les autres cités, encore une merveille, payement royal de l'hospitalité que Jésus reçoit d'elle. A Jérusalem le Sauveur n'accordera pas tant de prodiges. La cité déicide aura de loin ses pleurs, et sera le lieu de ses humiliations, de ses opprobres, de ses souffrances. C'est aux portes de Jérusalem que le divin Agneau sera immolé. Mais Capharnaüm est le doux lieu de sa gloire. Là, par ses miracles il fait des heureux, guérit les âmes en même temps que les corps, et sème la parole de vie.

Les étrangers qui passent sans cesse dans cette ville emportent de son adorable personne une impression salutaire; ils ont vu ses prodiges, entendu ses discours, et racontent partout, dans leur pays, que le Messie a enfin été donné au monde.

ÉVANGILE.

Matth., ix.

27. Comme Jésus sortait de ce lieu, deux aveugles le suivirent, criant, et disant : Fils de David, ayez pitié de nous.

28. Lorsqu'il fut arrivé

27. *Et transeunte inde Jesu, secuti sunt eum duo cæci, clamantes, et dicentes : Miserere nostrî, Fili David.*

28. *Cum autem venisset*

domum, accesserunt ad eum cæci. Et dicit eis Jesus : Creditis quia hoc possum facere vobis? Dicunt ei : Utique, Domine.

29. Tunc tetigit oculos eorum, dicens : Secundum fidem vestram fiat vobis.
30. Et aperti sunt oculi eorum. Et comminatus est illis Jesus, dicens : Videte ne quis sciat.

31. Illi autem exeuntes, diffamaverunt eum in tota terra illa.

dans la maison, ces aveugles s'approchèrent de lui. Et Jésus leur dit : Croyez-vous que je puisse faire ce que vous me demandez? Ils lui dirent : Oui, Seigneur.

29. Alors il leur toucha les yeux en disant : Qu'il vous soit fait selon votre foi.
30. Aussitôt leurs yeux s'ouvrirent. Et Jésus leur défendit fortement d'en parler, leur disant : Prenez bien garde que qui que ce soit ne le sache.

31. Mais eux, s'en étant allés, répandirent sa renommée dans tout ce pays-là.

RÉFLEXIONS.

1º Prier Jésus et lui demander instamment la guérison, c'est la première condition pour obtenir ses faveurs. *Miserere nostrî.* Ayez pitié de nous, ô Fils de David! Mais où sont les âmes humbles qui s'adressent ainsi à son cœur compatissant?

2º Croire en Jésus, et faire profession de cette foi publiquement, est bien souvent aussi un moyen infaillible d'être exaucé dans la prière. C'est ce que ne font pas toujours ceux qui prient. Demandons humblement, demandons ouvertement et avec foi.

3º Jésus guérit. Il veut qu'on se taise. Il défend aux miraculés de faire bruit du prodige dont ils ont été l'objet. Mais les aveugles voient, et se hâtent de proclamer la puissance et la bonté de Jésus. Peut-être, pour obéir à Jésus, gardent-ils le silence sur ce qui leur est arrivé à eux personnellement. En tout cas ils font connaître Notre-Seigneur Jésus-Christ. Après avoir connu le Sauveur et avoir vu de près sa bonté, avons-nous attiré les âmes à sa suite et en très grand nombre?... Non... Ayons donc plus de zèle et de reconnaissance.

PRIÈRES.

Ant. Deux aveugles criaient, et disaient bien haut : Fils de David, ayez pitié de nous. Et leur prière fut exaucée.

℣. Ayez pitié de nous, Fils de David.

℟. Ayez pitié de nous.

Oraison.

Éclairez, Seigneur Jésus, des rayons de votre splendeur lumineuse la nuit horrible où nous sommes; dissipez le sommeil que la torpeur et le découragement pourraient répandre sur nos sens, et éloignez des fils de la lumière toutes les iniquités des enfants de ténèbres. Ainsi soit-il.

Ant. *Duo cæci clamabant, et dicebant : Miserere nostrî, Fili David. Et exaudita est deprecatio eorum.*

℣. *Miserere nostrî, Fili David.*

℟. *Miserere nostrî.*

Oremus.

Tenebras, Domine Jesu, noctis horrendæ radio tui splendoris illumina; absterge a singulorum sensibus inertem diffidentiæ somnum, et a filiis lucis remove nequitias tenebrarum. Amen.

Guérison de deux aveugles. — Fig. : *Tob.*, xi, 13, 16. Tobie recouvre la vue. — Proph. : *Ps.*, xxxiii, 6. *Accedite ad eum, et illuminamini.* Allez à lui, et vous aurez la lumière.

CXe VISITE.

CAPHARNAUM

GUÉRISON D'UN DÉMONIAQUE MUET.

D'APRÈS certains commentateurs, Capharnaüm et ses environs étaient appelés la *Galilée des nations.* Quel magnifique à-propos dans ce nom !
Là, on rencontrait des Grecs, des Arabes, des Iduméens, des Juifs, des Syriens, qui venaient pour leur commerce. Par eux, le nom de Jésus était emporté au loin. Ravis de ce qu'ils voyaient faire au Sauveur, ces hommes parlaient de lui avec admiration à leurs connaissances, quand ils étaient de retour chez eux.

Étaient-ce ces étrangers, étaient-ce les Juifs qui amenèrent au Sauveur l'homme possédé du démon muet, délivré aujourd'hui à Capharnaüm? Nul ne le sait. Il est cependant plus probable que ce furent les Juifs.

ÉVANGILE.

MATTH., IX.

32. *Egressis autem illis, ecce obtulerunt ei hominem mutum, dæmonium habentem.* (LUC., XI, 14.)

33. *Et ejecto dæmonio, locutus est mutus; et miratæ sunt turbæ, dicentes : Nunquam apparuit sic in Israel.*

32. Après qu'ils furent sortis, on présenta à *Jésus* un homme muet, possédé du démon.

33. Le démon ayant été chassé, le muet parla, et la foule saisie d'étonnement disait: Jamais rien de semblable ne s'est vu en Israël.

34. Mais les Pharisiens disaient : C'est par le prince des démons qu'il chasse les démons.	34. *Pharisæi autem dicebant : In principe dæmoniorum ejicit dæmones.* (Vide MATTH., XII, 22.)

RÉFLEXIONS.

1° Mon Sauveur, je suis cette âme muette et possédée du démon. Je ne puis chanter vos louanges. Recevez les prières de mes amis, de mes parents, de votre sainte Église, et aidez-moi à chasser le démon muet.

2° O âme, répond le Sauveur, ta prière indique déjà les bonnes dispositions où tu te trouves; aussi, au moment où tu pries, tu es exaucée. Il n'y a plus de démon en toi, il n'y a plus de mutisme spirituel. Parle donc. Va dire tes péchés au prêtre. Ne les cache pas. Ne crains plus.

3° O doux Jésus! que les témoins de ce prodige redisent vos louanges, que les foules admirent vos miracles, que tous les peuples publient votre gloire. Pour moi, guérie par vous, je chanterai votre miséricorde, et je dirai que jamais rien de semblable ne s'est vu en Israël. Gloire à Dieu et à son Christ!!...

PRIÈRES.

ANT. Venez, et voyez Jésus, qui a fait entendre les sourds, parler les muets, et qui a chassé le démon du corps des possédés.	ANT. *Veni, et vide Jesum qui surdos fecit audire, et mutos fecit loqui, et dæmonium ab obsessis ejicit.*
℣. Les foules étaient dans l'admiration.	℣. *Miratæ sunt turbæ.*
℟. Jamais rien de semblable ne s'est vu en Israël.	℟. *Nunquam apparuit sic in Israël.*

ORÉMUS. *Salva nos, Domine Deus noster, salva nos, et congrega nos de nationibus, quia manus tuæ fecerunt nos et plasmaverunt nos in æternum. Amen.*	ORAISON. Sauvez-nous, Seigneur notre Dieu, sauvez-nous, et de toutes les nations attirez vers vous vos serviteurs; car vos mains nous ont créés et façonnés pour l'éternité. Ainsi soit-il.

Guérison du possédé muet. — FIG. : I Reg., XVI, 23. Le mauvais esprit de Saül mis en fuite. — PROPH. : Ps., CXV, 16, 17. *Dirupisti vincula mea, tibi sacrificabo hostiam laudis.* Vous avez brisé mes liens; c'est pourquoi je vous immolerai une victime.

Vue de Nazareth.

CXIe VISITE.

NAZARETH

JÉSUS MÉPRISÉ DANS SA PATRIE.

N'EST-CE pas avec bonheur que nous revenons à Nazareth? Ses maisons semées sur la colline, ses rues tortueuses, ne sont pas sans charme; et, bien que nous ne trouvions plus qu'un petit village au lieu de la ville qu'habita Jésus, il est facile de réédifier un instant, par la pensée, tout ce que le temps a détruit. Entrons en esprit dans la synagogue pour y adorer la puissance et la sagesse de celui qui est le Fils du Tout-Puissant.

On a ici presque le cœur serré. A Nazareth, Jésus est méconnu, et c'était sa patrie! Il l'a quittée. Mais le voilà qui revient à elle pour lui apporter la paix et lui annoncer l'Évangile. Il y revient avec un cortège de prodiges. Nazareth ne l'écoute pas plus que la première fois. Ses compatriotes vont se demander pourquoi le fils d'un ouvrier ose ainsi prêcher. Jésus ne peut être prophète dans son pays.

ÉVANGILE.

MARC., VI.

1. *Et egressus inde abiit in patriam suam : et sequebantur eum Discipuli sui :*

2. *Et facto Sabbato cœpit in synagoga docere : et multi audientes admirabantur in doctrina ejus, dicentes : Unde huic hæc omnia? et quæ est sapientia, quæ data est illi ? et virtutes tales, quæ per manus ejus efficiuntur?*

3. *Nonne hic est faber, filius Mariæ, frater Jacobi, et Joseph, et Judæ, et Simonis ? nonne et sorores ejus hic nobiscum sunt? Et scandalizabantur in illo.* (JOAN., VI, 42.)

4. *Et dicebat illis Jesus : Quia non est propheta sine honore nisi in patria sua, et*

1. Étant sorti de ce lieu, Jésus alla dans son pays, et ses Disciples le suivaient.

2. Au jour du Sabbat, il se mit à enseigner dans la synagogue. Plusieurs de ceux qui l'écoutaient étaient étonnés, et admiraient sa doctrine, et ils disaient : D'où lui sont venues toutes ces choses? Quelle est cette sagesse qui lui a été donnée? Et *d'où vient* que tant de prodiges se font par ses mains?

3. N'est-ce pas là le charpentier, fils de Marie, frère de Jacques, de Joseph, de Juda et de Simon? Et ses sœurs ne sont-elles pas ici parmi nous? Et ainsi, on trouvait en lui un sujet de scandale.

4. Et Jésus leur disait : Les prophètes ne sont sans honneur que dans leur pa-

trie, dans leur maison, et parmi leurs parents.

5. Et il ne put faire là aucun miracle, sinon qu'il y guérit un petit nombre de malades par l'imposition des mains.

6. Et il s'étonnait à cause de leur incrédulité. Il allait cependant enseigner de tous côtés dans les villages d'alentour.

in domo sua, et in cognatione sua.

5. *Et non poterat ibi virtutem ullam facere, nisi paucos infirmos impositis manibus curavit :*

6. *Et mirabatur propter incredulitatem eorum, et circuibat castella in circuitu docens.* (Vide : MATTH., XIII, 54-58; LUC., IV, 16.)

RÉFLEXIONS.

1º Jésus a une patrie sur la terre; et il n'est pas bien vu, bien reçu dans son pays. Cependant ce divin Sauveur aime Nazareth, parce que la patrie est une de ces saintes choses qu'il faut toujours aimer. Consolons-nous de ne pas voir notre amour toujours payé de retour, et que l'ingratitude ne nous lasse jamais.

2º A Nazareth on est surpris de sa sagesse, de sa science, et l'on ignore qu'il y a en lui tous les trésors de la sagesse et de la science de Dieu. On va jusqu'à chercher l'origine de celui qui est l'Éternel. O mon Dieu, quel scandale! Ils ne savent ce qu'ils font. Et des Chrétiens ont osé imiter ces ignorants Nazaréens. Pour nous, réparons ces blasphèmes.

3º Jésus, dit le saint Évangile, ne peut accomplir là aucun miracle, c'est-à-dire que sa sagesse le porta à n'en point faire. Il y guérit quelques infirmes, mais ne fit pas davantage. Nazareth avait possédé trop longtemps le bien de Dieu sans l'apprécier à sa valeur. Ne méprisons jamais les moindres grâces ; le moyen de tarir la source des célestes faveurs, c'est de n'en point faire cas.

PRIÈRES.

Ant. *Obliviscere, anima mea, patrem tuum et domum matris tuæ, et absque mora peregrinare ad cœlestem Jerusalem. Adjuva nos, divine faber !*

℣. *Nonne hic est faber,*

℞. *Et fabri filius ?*

Oremus.

Effice in nobis, quæsumus, Domine Jesu, fidelium corda filiorum, ut hæreditatem promissam mereamur ingredi per debitam servitutem. Amen.

Ant. O mon âme, oublie ton père et la maison de ta mère, afin de faire sans hésitation et sans retard ton pèlerinage à la céleste Jérusalem. Aidez-nous, divin ouvrier !

℣. N'est-ce pas là ce charpentier,

℞. Et ce fils de charpentier ?

Oraison.

Donnez-nous, Seigneur, nous vous en supplions, des cœurs d'enfants dociles, afin que, par l'obéissance qui vous est due, nous méritions d'entrer dans l'héritage que vous nous avez promis. Ainsi soit-il.

I. *Jésus prophète et oint du Seigneur.* — Fig. : *Lev.*, VIII, 1, 30. Aaron consacré par Moïse. — Proph. : *Is.*, LXI, 1, 3. *Spiritus Domini super me, eo quod unxerit Dominus me.* L'Esprit du Seigneur s'est reposé sur moi, parce que le Seigneur m'a rempli de son onction.

II. *Stupeur et haine des Nazaréens.* — Fig. : *I Reg.*, XXIV, 17, 20. Saül, dans son admiration, proclame le courage de David. — Proph. : *Ps.*, LV, 6. *Tota die verba mea execrabantur, adversum me omnes cogitationes eorum.* Pendant tout le jour ils méprisaient mes paroles, et leurs pensées étaient dirigées contre moi.

Plaine d'Esdrelon.

CXIIe VISITE.

PRÉDICATIONS EN GALILÉE.

L'ABONDANCE DE LA MOISSON DES AMES.

La grande plaine d'Esdrelon s'étend au pied du mont Thabor, non loin de la cité de Naïm, sur les bords de ce torrent qui, autrefois appelé *Cadomin* ou *Mageddo*, se nomme maintenant *Cison*.

Ce torrent de Cison, qui baigne, comme nous venons de le dire, toute la plaine d'Esdrelon, va de la mer de Tibériade à la mer Méditerranée, se divisant en deux branches, dont l'une se déverse dans le lac, et l'autre dans la Méditerranée, au golfe de Saint-Jean d'Acre, et de Caïpha, au pied du Carmel.

C'est probablement sur les bords de ce torrent, qui appartient encore à la Galilée et qui n'est pas éloigné des confins de la Samarie, que Jésus était assis avec ses apôtres et ses disciples. Là, dans cette vaste plaine d'Esdrelon, le Sauveur pouvait parler de moissons.

Transportons-nous en cet endroit pour entendre ce que Jésus y a dit.

ÉVANGILE.

MATTH., IX.

35. *Et circuibat Jesus omnes civitates et castella, docens in synagogis eorum, et prædicans evangelium regni, et curans omnem languorem et omnem infirmitatem.* (MARC., VI, 6.)

36. *Videns autem turbas, misertus est eis : quia erant vexati, et jacentes sicut oves non habentes pastorem.*

37. *Tunc dixit Discipulis suis : Messis quidem multa, operarii autem pauci.* (LUC., X, 2.)

38. *Rogate ergo Dominum messis ut mittat operarios in messem suam.*

35. Et Jésus parcourait toutes les villes et tous les villages, enseignant dans leurs synagogues, prêchant l'évangile du royaume, et guérissant toutes sortes de langueurs et d'infirmités.

36. Or, voyant ces foules, il en eut compassion; car ils étaient accablés de maux, et couchés *çà et là*, comme des brebis qui n'ont point de pasteur.

37. Alors il dit à ses Disciples : La moisson est grande, mais il y a peu d'ouvriers.

38. Priez donc le maître de la moisson d'envoyer des ouvriers dans sa moisson.

RÉFLEXIONS.

1° Jésus est venu pour évangéliser les pauvres. Il faut donc qu'il se rende dans toutes les villes et bourgades de la Galilée. Il y prêche. C'est son ministère qu'il remplit. Comme le divin Sauveur, acquittons-nous avec exactitude des devoirs de notre état.

2º Jésus est plein de miséricorde. Il guérit les malades et les infirmes; il a pitié de ceux qui sont sous le coup de l'épreuve. Il est plein de compassion pour ceux qui sont comme des brebis sans pasteur. Sommes-nous de pauvres brebis abandonnées, alors recourons à lui!

3º Comprenons sa parole : La moisson est grande, et il n'y a pas d'ouvriers. Cela n'est-il pas vrai encore aujourd'hui? Les ouvriers sont peu nombreux.

Où sont les saints? Ah! prions donc avec Jésus pour lui demander d'envoyer à son peuple de vrais et fidèles ministres.

PRIÈRES.

Ant. Jésus, voyant les foules, en eut compassion, car elles étaient accablées de maux, et gisaient çà et là comme des brebis qui n'ont point de pasteur.

℣. La moisson en vérité est abondante,

℟. Mais les ouvriers sont peu nombreux.

ORAISON.

Seigneur Dieu, Père tout-puissant, par votre Fils unique, dans la vertu de l'Esprit-Saint, multipliez, bénissez et protégez vos serviteurs, qui sont les ouvriers de votre

Ant. *Videns turbas Jesus, misertus est eis, quia erant vexati, et jacebant sicut oves non habentes pastorem.*

℣. *Messis quidem multa,*

℟. *Operarii autem pauci.*

OREMUS.

Domine Deus, Pater omnipotens, famulos tuæ voluntatis operarios per unicum Filium tuum, in virtute Spiritus sancti, multiplica, benedic et protege, ut ab omni hoste se-

curi, in tua laude jugiter lætentur. Amen.	volonté, et, en les délivrant de leurs ennemis, accordez-leur la joie de chanter sans cesse vos louanges. Ainsi soit-il.

Voyages, nourriture et miracles de Jésus. — Fig. : III *Reg.*, xvii. Voyages, nourriture et miracles d'Élie. — Proph. : *Os.*, xiv, 5. *Sanabo contritiones eorum, diligam eos spontanee.* Je guérirai leurs blessures, et je les aimerai de grand cœur.

CXIII^e VISITE.

GALILÉE : LE NOM DES APOTRES.

RECOMMANDATIONS QUI LEUR SONT ADRESSÉES.

Le nom de chaque apôtre est, aux yeux du chrétien, entouré d'une brillante auréole, et plus d'un renferme quelque admirable mystère.

C'est Simon, appelé Céphas par Jésus, parce que cet apôtre a reçu non seulement une primauté d'honneur, mais encore une primauté de juridiction. Pierre est toujours nommé, et, en toute circonstance, apparaît le premier.

C'est André, qui veut dire *fortissimus* (très fort), le frère de Pierre.

Ce sont Jacques et Jean, les fils de Zébédée, appelés *Boanerges*, ou Fils du tonnerre, à cause de leur ardeur à suivre le divin Maître.

C'est Philippe, né à Bethsaïda et invité par Notre-Seigneur à le suivre ; c'est Barthélemi, *filius suspendentis aquas* (le fils de celui qui arrête les eaux).

C'est Lévi, qui change son nom en celui de Matthieu ou publicain.

C'est Thomas, surnommé Didyme ou Jumeau.

C'est Jacques, dit le Mineur, fils d'Alphée ; c'est Jude ou Thaddée, appelé encore Lébée et frère de Jacques.

C'est Simon, appelé le Chananéen, nom qui signifie zélé.

Enfin, — et ici on se trouve en face d'un grand criminel qui a abusé de toutes les grâces de Jésus, et qui a profané le sublime honneur qui lui avait été fait d'être choisi comme apôtre; — c'est Judas Iscariote, appelé ainsi du lieu de sa naissance.

Peut-être est-ce dans la plaine d'Esdrelon, en la tribu d'Issachar, que le Sauveur adressa à ses Apôtres les recommandations que nous allons lire. Plusieurs auteurs prétendent que ce fut dans la petite plaine de Zabulon, qui est dans la tribu du même nom, à deux lieues au nord de Nazareth. Le nom de la tribu, de la ville et de la plaine de Zabulon veut dire *Gage de bienveillance,* ou simplement *Habitation.* En prenant la signification de gage de bienveillance, on comprend comme en ce lieu les recommandations du Sauveur étaient bien placées.

Le hameau qui serait la relique vivante de l'ancienne Zabulon est bâti sur un coteau, dans une situation agréable, fertile, au milieu d'oliviers et de vignobles.

ÉVANGILE.

MATTH., X.

1. *Et convocatis duodecim Discipulis suis, dedit illis potestatem spirituum immundorum, ut ejicerent eos, et curarent omnem languorem, et omnem infirmitatem.* (MARC., III, 13.)

2. *Duodecim autem Apostolorum nomina sunt hæc : primus, Simon, qui dicitur Petrus, et Andreas frater ejus,*

3. *Jacobus Zebedæi, et Joannes frater ejus, Philippus et Bartholomæus, Tho-*

1. Jésus, ayant appelé ses douze Disciples, leur donna puissance sur les esprits immondes, pour les chasser, et *le pouvoir* de guérir toutes sortes de langueurs et de maladies.

2. Or, voici le nom des douze Apôtres : le premier est Simon, qui est appelé Pierre, puis André, son frère;

3. Puis Jacques, fils de Zébédée, et Jean, son frère, Philippe et Barthélemi, Tho-

mas et Matthieu le publicain, Jacques, fils d'Alphée, et Thaddée,

4. Simon le Chananéen, et Judas Iscariote, qui trahit Jésus.

5. Jésus envoya donc ces douze apôtres, leur adressant ces instructions : N'allez point au pays des gentils, et n'entrez point dans les villes des Samaritains;

6. Mais allez plutôt vers les brebis perdues de la maison d'Israël.

7. Et là où vous irez, prêchez en disant : Le royaume des cieux est proche.

8. Guérissez les malades, ressuscitez les morts, purifiez les lépreux, chassez les démons. Vous avez gratuitement reçu, donnez gratuitement.

8. Et il leur commanda de ne rien emporter en chemin, si ce n'est un bâton, et de n'avoir ni sac, ni pain, ni argent dans leur bourse.

10. Car celui qui travaille mérite qu'on le nourrisse.

mas, et Matthæus publicanus, Jacobus Alphæi, et Thaddæus,

4. Simon Chananæus, et Judas Iscariotes, qui et tradidit eum.

5. Hos duodecim misit Jesus ; præcipiens eis, dicens : In viam gentium ne abieritis, et in civitates Samaritanorum ne intraveritis :

6. Sed potius ite ad oves, quæ perierunt domus Israel. (ACT., XIII, 46.)

7. Euntes autem prædicate, dicentes : Quia appropinquavit regnum cœlorum.

8. Infirmos curate, mortuos suscitate, leprosos mundate, dæmones ejicite : gratis accepistis, gratis date.

MARC., VI.

8. Et præcepit eis ne quid tollerent in via, nisi virgam tantum; non peram, non panem, neque in zona æs,

MATTH., X.

10. .... dignus enim est operarius cibo suo.

Marc., vi.	
9. *Sed calceatos sandaliis, et ne induerentur duabus tunicis.* (Vide : Luc., ix, 3.)	9. Et de ne prendre que leurs sandales, et de ne pas se pourvoir de deux tuniques.

RÉFLEXIONS I.

1° Notre-Seigneur donne une vraie puissance à ses Apôtres. Croyons-nous d'une foi ferme à cette autorité et à ce pouvoir, et sommes-nous prêts à venir humblement soumettre nos maladies aux médecins spirituels établis par Jésus-Christ?

2° Les noms des Apôtres sont inscrits en lettres ineffaçables dans nos saints Livres, mais plus encore dans le ciel. N'est-ce pas là la vraie gloire? O mon Dieu, par la vertu des saints Apôtres, faites que mon nom soit inscrit au ciel. Que ce soit là mon suprême désir, le but de ma vie et la fin de tous mes travaux!

3° Les Apôtres reçoivent de Jésus l'ordre de ne pas aller prêcher la foi en dehors d'Israël avant sa mort, avant sa résurrection, avant la descente du Saint-Esprit sur eux; car ce n'est pas encore l'heure. Apprenons par là à ne pas hâter le moment où nous devons accomplir nos œuvres de piété ou de zèle. La volonté de Dieu doit seule nous mettre en mouvement pour cela comme pour tout le reste. O Évangile de mon Dieu, que tu es plein, à chaque lettre, des plus sublimes enseignements!

RÉFLEXIONS II.

1° Le grand sujet de prédication pour les Apôtres, c'est le royaume de Dieu. Ce divin royaume ne doit-il pas être le seul mobile de nos pensées et de nos œuvres? Quelle joie pour le monde, qui avait si grand besoin de Dieu et de son règne, quand il entendit cette prédication! Les conversions, sous l'action de l'Esprit-Saint, furent innombrables.

2º Guérir les malades dans leur corps et dans leur âme; purifier les lépreux, qui étaient pour tout le monde un objet d'horreur et dont le mal était contagieux; chasser les démons; reprendre à la mort ses victimes, et surtout ressusciter les âmes à la vie de la grâce, quelles œuvres admirables! Méditons-les à loisir.

3º Mais Notre-Seigneur ajoute : *Gratis accepistis, gratis date,* vous avez tout reçu sans mérite propre, donnez tout sans rechercher votre intérêt. Il faut faire le bien au prochain, et surtout le bien spirituel, sans recherche et sans complaisance personnelle. Quelque chose de plus est nécessaire : c'est de supporter pour Dieu toutes sortes de privations et de peines. Imitons-nous les Apôtres, et obéissons-nous à notre divin Maître?

PRIÈRES.

Ant. Les apôtres sont ceux qui ont arrosé et fécondé l'Église de leur sang pendant leur vie. Ils ont bu le calice du Seigneur, et ils sont devenus les amis de Dieu.

℣. Le son de leur voix a retenti sur toute la terre,

℟. Et leurs paroles sont parvenues jusqu'aux extrémités du monde.

Ant. *Hi sunt apostoli qui viventes in carne plantaverunt Ecclesiam sanguine suo, calicem Domini biberunt, et amici Dei facti sunt.*

℣. *In omnem terram exivit sonus eorum,*

℟. *Et in fines orbis terræ verba eorum.*

OREMUS.	ORAISON.
Deus, qui nos repetita omnium Apostolorum tuorum memoria lætificas, præsta, quæsumus, ut quorum gaudemus meritis, instruamur exemplis. Amen.	O Dieu, qui nous réjouissez sans cesse par le fréquent souvenir des saints Apôtres, accordez-nous de trouver toujours la lumière dans les exemples de ceux dont les mérites nous sont si précieux. Ainsi soit-il.

Mission des douze Apôtres. — FIG. : *Num.*, XIII, 2, 22. Les premiers de la nation sont envoyés pour reconnaître la terre de Chanaan. — PROPH. : *Is.*, LII, 7, 9. *Quam pulchri super montes pedes evangelizantium!* Qu'ils sont beaux sur les montagnes, les pas des évangélistes !

Vue de la mer Morte prise des environs de Jéricho.

CXIVe VISITE.

GALILÉE.

NOUVELLES RECOMMANDATIONS AUX APOTRES.

Voici la mer Morte, dont Notre-Seigneur va évoquer le souvenir, en parlant de Sodome et de Gomorrhe. La vue que nous en donnons a été prise aux environs de Jéricho.

Cette mer est le plus grand des trois lacs de la vallée du Jourdain. On l'appelle mer Salée, mer Orientale, lac Asphaltite. Le niveau de ses eaux est à environ quatre cents mètres au-dessous de celui de toutes les autres mers.

Vous ne voyez sur ses rives ni plantes, ni habitations, ni trace de vie; c'est un désert où règne la désolation. Dans ce vaste étang de bitume et de sel, aucun poisson ne peut vivre; et les bêtes sauvages évitent de fréquenter ses bords. Tout au plus apercevez-vous planer au-dessus des oiseaux de proie qui rappellent que là les habitants de diverses villes furent l'objet de la divine malédiction.

Car à là place de cette mer étaient Sodome, Gomorrhe, Adama et Tséboïm, cités opulentes placées au sein d'un véritable paradis terrestre. Le Seigneur, avant de les engloutir dans cet affreux tombeau, les avertit miséricordieusement, mais elles n'écoutèrent pas sa voix.

En face de cette mer on comprend que le jugement de Dieu est redoutable.

ÉVANGILE.

MATTH., X.

11. *In quamcumque autem civitatem aut castellum intraveritis, interrogate, quis in ea dignus sit : et ibi manete donec exeatis.*

12. *Intrantes autem in domum, salutate eam, dicentes : Pax huic domui.*

13. *Et si quidem fuerit domus illa digna, veniet pax vestra super eam : si autem non fuerit digna, pax vestra revertetur ad vos.*

14. *Et quicumque non receperit vos, neque audierit sermones vestros : exeuntes foras de domo, vel civitate, excutite pulverem de pedibus vestris.*

11. En quelque ville ou quelque village que vous entriez, informez-vous qui, là, est digne *de vous loger;* et demeurez chez lui jusqu'à votre départ.

12. Entrant dans la maison, saluez-la, en disant : Que la paix soit à cette maison.

13. Et si cette maison en est digne, votre paix viendra reposer sur elle ; et si elle n'en est pas digne, votre paix reviendra vers vous.

14. Lorsqu'on refusera de vous recevoir et d'écouter vos paroles, sortant de cette maison ou de cette ville, secouez la poussière de vos pieds.

15. Je vous le dis en vérité : au jour du jugement Sodome et Gomorrhe seront traitées moins rigoureusement que cette ville.

15. *Amen dico vobis : tolerabilius erit terræ Sodomorum et Gomorrhæorum in die judicii, quam illi civitati.* (Vide : MARC., VI, 10, 11.)

RÉFLEXIONS.

1° Lorsqu'on fait le bien, et surtout lorsqu'on enseigne le saint Évangile, il est important de savoir à qui l'on parle. Il faut étudier si celui à qui l'on distribue la divine parole est digne de la recevoir. Le prédicateur de la foi doit reconnaître chez qui il descend. *Interrogate quis in ea dignus sit.* Cette leçon s'applique non seulement aux prêtres, mais encore aux chrétiens dans leurs rapports avec leurs frères. Évitons les hommes de réputation plus ou moins compromise, et dont l'orgueil ne se rendrait pas à l'évidence.

2° En parlant à nos frères, en entrant chez eux, souhaitons-leur la paix du Seigneur, et cette paix descendra sur eux s'ils en sont dignes. Et s'ils n'en veulent point, indignes qu'ils sont d'elle, cette paix nous reviendra plus abondante et plus douce. *Exsuperat omnem sensum*, a dit saint Paul. Elle surpasse tout sentiment.

3° Mais il y a des menaces pour les infidèles et les méchants qui refusent le don de Dieu apporté par les Apôtres. Les ministres du Seigneur doivent secouer la poussière de leurs pieds, dans la crainte de s'être souillés en de pareilles villes, qui seront plus condamnables que Sodome et Gomorrhe... Quelle terrible leçon ! Recevons toujours le don de Dieu avec reconnaissance.

PRIÈRES.

Ant. *Exeuntes de loco ubi non receperint vos, excutite pulverem de pedibus vestris; sed manete tantum in domo ubi adest filius pacis.*

℣. *Pax huic domui,*

℟. *Et omnibus habitantibus in ea.*

Oremus.

Visita, quæsumus, Domine, habitationes nostras et omnes insidias inimici ab eis longe repelle; Angeli tui sancti habitent in eis, et nos in pace custodiant. Amen.

Ant. En sortant du lieu où l'on ne vous recevra pas, secouez la poussière de vos pieds, et demeurez seulement dans la maison où habite un fils de la paix.

℣. La paix soit à cette maison,

℟. Et à tous ceux qui l'habitent.

Oraison.

Seigneur, nous vous en supplions, visitez nos demeures, et éloignez-en toutes les embûches de l'ennemi; que vos saints Anges y habitent, afin de nous conserver en paix. Ainsi soit-il.

Jésus instruit ses Apôtres. — Fig. : *Prophetæ passim.* Mission donnée à chacun des prophètes. — Proph. : *Ezech.*, ii, 4. *Indomabili corde sunt, ad quos ego mitto te... Scient quia propheta fuerit in medio eorum.* Je t'envoie à des cœurs indomptables... Ils sauront cependant qu'un prophète est venu au milieu d'eux.

CXVe VISITE.

LA PLAINE DE ZABULON EN GALILÉE.

NOUVELLES RECOMMANDATIONS AUX APOTRES.

Nous avons visité en esprit les bords de la mer Morte, parce que Notre-Seigneur parlait d'elle dans ses recommandations adressées aux Apôtres; mais le Sauveur n'a pas quitté la plaine de Zabulon, et il y continue ses discours; c'est pourquoi nous devons encore nous arrêter dans ce lieu béni. (*Voir page* 494.)

Cette petite plaine, située au-dessus de Nazareth, a environ une lieue carrée de surface. Au temps de Notre-Seigneur, les arbres, les plantes, les fleurs y croissaient en abondance. C'était un précieux trésor pour la Galilée. Il n'y avait pas de meilleurs pâturages dans toute la Palestine.

Un jour Moïse n'avait-il pas dit (Deut., XXXIII, 19) : « Zabulon sucera comme du lait les inondations de la mer, et il cherchera des trésors cachés dans les sables du voisinage. » C'était une prophétie. Cette tribu devait s'enrichir par le commerce maritime et trouver, sur ses côtes, toute l'abondance de l'or et de la fortune.

ÉVANGILE.

MATTH., X.

16. Voici que je vous envoie comme des brebis au milieu des loups. Soyez donc	16. *Ecce ego mitto vos sicut oves in medio luporum. Estote ergo prudentes sicut*

serpentes, et simplices sicut columbæ. (Luc., x, 3.)

17. Cavete autem ab hominibus. Tradent enim vos in conciliis, et in synagogis suis flagellabunt vos.

18. Et ad præsides et ad reges ducemini propter me, in testimonium illis et gentibus.

19. Cum autem tradent vos, nolite cogitare quomodo aut quid loquamini : dabitur enim vobis in illa hora quid loquamini. (Luc., xii, 11.)

20. Non enim vos estis qui loquimini, sed spiritus Patris vestri, qui loquitur in vobis.

21. Tradet autem frater fratrem in mortem, et pater filium : et insurgent filii in parentes, et morte eos afficient.

22. Et eritis odio omnibus

prudents comme des serpents, et simples comme des colombes.

17. Soyez en garde contre les hommes : car ils vous traduiront devant leurs assemblées, et ils vous flagelleront dans leurs synagogues.

18. Et vous serez conduits, à cause de moi, devant les gouverneurs et les rois, pour *me servir de* témoignage devant eux et devant les nations.

19. Lors donc qu'on vous livrera entre leurs mains, ne vous mettez pas en peine ni de la manière dont vous leur parlerez, ni de ce que vous devrez leur dire; car ce que vous devrez leur dire vous sera donné à l'heure même.

20. Car ce n'est pas vous qui parlez, mais c'est l'esprit de votre Père qui parle en vous.

21. Or le frère livrera à la mort son frère, et le père son fils; les enfants se lèveront contre leurs pères et leurs mères, et les feront mourir.

22. Et vous serez en

haine à tout le monde à cause de mon nom : mais celui qui persévérera jusqu'à la fin sera sauvé.

23. Lors donc qu'ils vous persécuteront dans une ville, fuyez dans une autre. Je vous le dis en vérité, vous n'aurez pas achevé *de parcourir* toutes les villes d'Israël, que le Fils de l'homme ne soit venu.

24. Le disciple n'est point au-dessus du maître, ni l'esclave au-dessus de son seigneur.

25. Il suffit au disciple d'être comme son maître, et à l'esclave d'être comme son seigneur. S'ils ont appelé le père de famille Béelzebub, combien *plutôt* traiteront-ils de même ses serviteurs ?

26. Ne les craignez donc point. Car il n'y a rien de caché qui ne doive être découvert, ni rien de secret qui ne doive être connu.

27. Ce que je vous dis dans les ténèbres, dites-le en plein jour; et ce qui vous est dit à l'oreille, publiez-le sur les toits.

28. Et ne craignez point

propter nomen meum : qui autem perseveraverit usque in finem, hic salvus erit.

23. *Cum autem persequentur vos in civitate ista, fugite in aliam. Amen dico vobis, non consummabitis civitates Israël, donec veniat Filius hominis.*

24. *Non est discipulus super magistrum, nec servus super dominum suum.* (Luc., vi, 40. Joan., xiii, 16; xv, 20.)

25. *Sufficit discipulo, ut sit sicut magister ejus ; et servo, sicut dominus ejus. Si patrem familias Beelzebub vocaverunt, quanto magis domesticos ejus ?*

26. *Ne ergo timueritis eos. Nihil enim est opertum, quod non revelabitur ; et occultum quod non scietur.* (Marc., iv. Luc., viii, 17 ; xii, 2.)

27. *Quod dico vobis in tenebris, dicite in lumine : et quod in aure auditis, prædicate super tecta.*

28. *Et nolite timere eos*

qui occidunt corpus, animam autem non possunt occidere : sed potius timete eum, qui potest et animam et corpus perdere in gehennam.	ceux qui tuent le corps, mais qui ne peuvent tuer l'âme : craignez plutôt celui qui peut perdre et l'âme et le corps dans l'enfer.
29. *Nonne duo passeres asse væneunt : et unus ex illis non cadet super terram sine Patre vestro?* (II Reg., xiv, 11; Act., xxvii, 34.)	29. N'est-il pas vrai qu'on a deux passereaux pour une obole, et cependant nul d'entre eux ne tombe à terre sans la *volonté* de votre Père.
30. *Vestri autem capilli capitis omnes numerati sunt.*	30. Mais les cheveux mêmes de votre tête sont tous comptés.
31. *Nolite ergo timere'; multis passeribus meliores estis vos.* (Vide Luc., xii, 4-12.)	31. Ainsi ne craignez point : vous valez beaucoup plus que les passereaux.

RÉFLEXIONS I.

1º Notre-Seigneur envoie ses Apôtres comme des brebis au milieu des loups. Les Apôtres seront donc doux et humbles au milieu des hommes méchants et orgueilleux, et, comme les brebis, ils se laisseront immoler.

Cette humilité, cette douceur, cette facilité à accepter la mort, doivent être aussi le partage des simples chrétiens.

2º Vous serez mes témoins devant les chefs des peuples et devant les peuples eux-mêmes. Quoi de plus digne d'ambition? Il faudra cependant être prudent. Le sommes-nous? Avons-nous un zèle éclairé? Comme nous avons pour cela besoin de l'Esprit-Saint!

3º L'Esprit-Saint prendra la défense des enfants de Dieu, et il parlera en leur nom, et aussi par leur bouche. Quelle promesse! N'oublions pas qu'elle nous vient de Jésus.

RÉFLEXIONS II.

1º Notre Sauveur avertit ses Apôtres qu'ils seront l'objet de la haine et de la persécution universelles. Quelle prédiction! A-t-elle découragé les vrais apôtres? Nous décourage-t-elle, nous aussi? Non certes. C'est une gloire d'être l'objet de la haine de Satan et de ses suppôts. Car ceux qui n'aiment pas la lumière de la foi catholique sont les enfants de Bélial.

2º La persévérance dans la foi et dans le sacrifice est demandée aux vrais apôtres, et elle devient le gage du salut. Beaucoup font cette question : « Serons-nous sauvés? » Et l'Évangile leur répond : « Oui, si vous persévérez. » Ils persévéreront s'ils le veulent sincèrement, et s'ils demandent à Dieu de leur en faire la grâce.

3º Le seul exemple du Maître, du divin Jésus, suffit pour nous exciter au combat. Le disciple doit ressembler au maître, qui a été crucifié; nous devons être crucifiés avec Jésus pour ressusciter avec lui. O divin Jésus, accordez-moi la grâce d'une ressemblance parfaite avec vous!

RÉFLEXIONS III.

1º *Ne craignez pas vos persécuteurs*, dit Notre-Seigneur. L'homme restauré en Jésus-Christ a pour devise de ne rien craindre : Ne craindre ni le démon, ni l'homme ennemi, ni les impies, et marcher le front haut : car tout ce qui se trame dans l'obscurité et dans l'iniquité sera un jour découvert et manifesté en plein soleil.

2º Il faut donc publiquement affirmer par les œuvres, et prêcher par la parole la vérité que Jésus a révélée, et comprendre que c'est là le devoir de tout vrai catholique.

Mon Dieu, que de fois j'ai été infidèle à ma mission, et

que de fois j'ai tenu secret le don de Dieu lorsqu'il devait être manifesté!

3º Que vous êtes bon, ô mon doux Sauveur! Vous m'invitez à la confiance par la parole la plus aimante et par la comparaison la plus touchante. Le Père du ciel prend soin du plus petit oiseau, et il ne prendrait pas soin de nos âmes! *Nolite ergo timere,* ne craignez donc rien.

PRIÈRES.

Ant. *Nihil est opertum quod non revelabitur, et occultum quod non scietur.*

℣. *Nolite timere eos qui occidunt corpus;*

℟. *Timete eum qui potest et animam et corpus perdere in gehennam.*

Oremus.

Da nobis, quæsumus, Domine, animas et linguas nostras caute custodire, ac omnia potius mala, quam animæ detrimentum, in hoc sæculo tolerare. Amen.

Ant. Il n'y a rien de caché qui ne doive être découvert, ni rien de secret qui ne doive être connu.

℣. Ne craignez pas ceux qui font périr le corps;

℟. Craignez plutôt celui qui peut perdre et l'âme et le corps dans l'enfer.

Oraison.

Accordez-nous, Seigneur, la grâce de garder soigneusement notre cœur et notre langue, et de souffrir plutôt toutes sortes de maux sur la terre que la perte de nos âmes pour l'éternité. Ainsi soit-il.

Le Christ fortifie ses Apôtres. — Fig. : *Ex.*, iv. Le Seigneur envoie Moïse et lui donne la force de remplir sa mission. — Proph. : Ezec., iii, 8. *Ecce dedi faciem tuam valentiorem faciebus eorum.* J'ai rendu ton aspect plus terrible que leur aspect, et ton front plus solide que leurs fronts.

CXVIe VISITE.

LA GALILÉE. PLAINES DE ZABULON OU D'ESDRELON.

LES APOTRES ARMÉS POUR LE COMBAT SPIRITUEL.

C'est probablement dans la plaine de Zabulon ou dans celle d'Esdrelon, sur les bords du torrent de Cison, que Notre-Seigneur continue ses recommandations aux Apôtres. Ainsi nous n'avons pas quitté la province de Galilée.

Province brillante du temps du Sauveur! Couverte de villes et de bourgades, d'une fertilité extrême, elle était aussi le centre d'un commerce florissant. Tous les marchands de Tyr passaient par les plaines de Zabulon et de Jesréel, pour entrer en communication avec l'extrême Orient. Aussi l'intelligence, chez les Galiléens, était-elle plus développée que chez les autres Juifs. Mais dans quelles ténèbres spirituelles les avaient fait tomber les soins absorbants et pleins de soucis qu'ils donnaient à leurs affaires! Les premiers ils reçurent la lumière évangélique, les premiers ils entendirent cette parole : « Celui qui ne me suit pas n'est pas digne de moi. » Éclairés sur le prix de la pauvreté spirituelle, ces hommes devinrent plus humbles, et leur esprit fut ainsi ouvert à la divine vérité.

ÉVANGILE.

MATTH., X.

32. Quiconque me confessera et me reconnaîtra devant les hommes, je le reconnaîtrai, moi aussi, devant	32. *Omnis ergo qui confitebitur me coram hominibus, confitebor et ego eum coram Patre meo, qui in cœlis est.*

(Marc., viii, 38. Luc., ix, 26; xii, 8, 12. II Tim., ii, 12.)

33. *Qui autem negaverit me coram hominibus, negabo et ego eum coram Patre meo, qui in cœlis est.*

34. *Nolite arbitrari quia pacem venerim mittere in terram : non veni pacem mittere, sed gladium.* (Luc., xii, 51.)

35. *Veni enim separare hominem adversus patrem suum, et filiam adversus matrem suam, et nurum adversus socrum suam :*

36. *Et inimici hominis, domestici ejus.* (Mich., vii, 6.)

37. *Qui amat patrem aut matrem plus quàm me, non est me dignus : et qui amat filium aut filiam super me, non est me dignus.* (Luc., xiv, 26.)

38. *Et qui non accipit crucem suam, et sequitur me, non est me dignus.* (Matth., xvi, 24. Marc., viii, 34.)

39. *Qui invenit animam suam, perdet illam : et qui perdiderit animam suam propter me, inveniet eam.* (Luc., ix, 24; xviii, 33. Joan., xii, 25.)

40. *Qui recipit vos, me*

mon Père qui est dans les cieux.

33. Et quiconque me renoncera devant les hommes, je le renoncerai aussi moi-même devant mon Père qui est dans les cieux.

34. Ne pensez pas que je sois venu apporter la paix sur la terre ; je ne suis pas venu y apporter la paix, mais l'épée.

35. Car je suis venu séparer l'homme d'avec son père, la fille d'avec sa mère, et la belle-fille d'avec sa belle-mère.

36. Et l'homme aura pour ennemis ceux de sa propre maison.

37. Celui qui aime son père et sa mère plus que moi n'est pas digne de moi. Et celui qui aime son fils et sa fille plus que moi n'est pas digne de moi.

38. Et celui qui ne prend pas sa croix et ne me suit pas, n'est pas digne de moi.

39. Et celui qui conserve sa vie la perdra ; et celui qui perd sa vie pour l'amour de moi la conservera.

40. Celui qui vous reçoit

me reçoit; et celui qui me reçoit, reçoit celui qui m'a envoyé.

41. Celui qui reçoit le prophète en qualité de prophète, recevra la récompense du prophète; et celui qui reçoit le juste en qualité de juste, recevra la récompense du juste.

42. Et quiconque donnera seulement à boire un verre d'eau froide à l'un de ces plus petits, parce qu'il est de mes disciples, je vous le dis en vérité, celui-là ne perdra pas sa récompense.

recipit, et qui me recipit, recipit eum qui me misit. (Luc., x, 16. Joan., xiii, 20.)

41. Qui recipit prophetam in nomine prophetæ, mercedem prophetæ accipiet : et qui recipit justum in nomine justi, mercedem justi accipiet.

42. Et quicumque potum dederit uni ex minimis istis calicem aquæ frigidæ tantum in nomine discipuli : amen dico vobis, non perdet mercedem suam. (Marc., ix, 40.)

RÉFLEXIONS.

1º Quiconque rend ici-bas témoignage à Jésus-Christ doit recevoir de lui un témoignage éclatant devant son Père. Que de fois nous demandons à nos semblables un bon témoignage qui nous aide à atteindre un but ardemment désiré! Hélas! bien souvent les démarches que nous faisons pour avoir ce témoignage sont infructueuses. Il n'en est pas ainsi avec Jésus-Christ.

2º Jésus, le Dieu de la paix, dit qu'il est venu apporter la guerre, et non la paix. Comment comprendre ce mystère? Avec un instant de réflexion on y arrive. Il s'agit d'une guerre à soutenir contre le monde, le péché et le démon. Cette guerre produit forcément la séparation d'avec tout ce qui est contre Dieu, et elle donne la paix avec Dieu et avec soi-même.

3º Sauver sa vie en ce monde en dehors de Jésus, c'est la perdre pour l'éternité; et la perdre pour lui sur la terre, c'est la conserver pour le ciel. Méditons et pratiquons cet enseignement.

4° Recevoir sous son toit hospitalier le disciple de Jésus et son apôtre, c'est recevoir Jésus lui-même, qui regarde comme fait à sa personne sacrée tout ce qu'on fait pour le plus petit de ses serviteurs; c'est se rendre digne du ciel. Pour cette œuvre de charité éminente, on ne saurait assurément être moins récompensé que pour le verre d'eau froide donné au nom de Jésus à celui qui a soif. *Celui qui reçoit le prophète recevra la récompense du prophète.*

PRIÈRES.

ANT. *Omnis ergo qui confitebitur me coram hominibus, confitebor et ego eum coram Patre meo qui in cœlis est.*

℣. *Beatus qui sequitur me.*

℟. *Non ambulat in tenebris.*

OREMUS.

Omnipotens sempiterne Deus, fac nos tibi semper et devotam gerere voluntatem, et Majestati tuæ sincero corde servire. Amen.

ANT. Quiconque me rendra témoignage devant les hommes, je lui rendrai aussi témoignage devant mon Père qui est dans les cieux.

℣. Heureux celui qui me suit.

℟. Il ne marche point dans les ténèbres.

ORAISON.

Seigneur Dieu éternel, faites que notre volonté soit toujours à vous, et que nous servions votre divine Majesté avec un cœur sincère. Ainsi soit-il.

Jésus enflamme les Apôtres pour le combat. — FIG. : *Jer.*, I, 17, 19. Le Seigneur enflamme le courage de Jérémie pour le combat. — PROPH. : *Eccli.*, IV, 24, 33. *Usque ad mortem certa pro justitia, et Deus expugnabit pro te inimicos.* Jusqu'à la mort combattez pour la justice, et Dieu mettra en déroute vos ennemis.

Église Saint-Jean-Baptiste à Sébaste.

CXVIIe VISITE.

SAMARIE. ONCTION DES MALADES.

PRÉOCCUPATIONS DU ROI HÉRODE.

A QUELQUES pas du petit village de Sébastieh, ou Sébaste, qui est l'ancienne Samarie, vers le nord on trouve les ruines d'une église bâtie par les croisés au XIIe siècle. Ceux-ci l'avaient eux-mêmes construite sur les ruines d'une autre église dans laquelle, du temps de sainte Paule, s'opéraient de nombreux prodiges. Cette sainte affirme qu'on voyait là s'accomplir des miracles à cause de saint Jean-Baptiste et de ses précieuses dépouilles ensevelies en cet endroit.

La gravure que nous donnons représente ce qui reste de l'église bâtie par les croisés.

ÉVANGILE.

Matth., xi.

1. Et factum est, cum consummasset Jesus, præcipiens duodecim Discipulis suis, transiit inde ut doceret et prædicaret in civitatibus eorum.

Marc., vi.

12. Et exeuntes prædicabant ut pœnitentiam agerent:

13. Et dæmonia multa ejiciebant, et ungebant oleo multos ægros, et sanabant. (Jac., v, 14.)

Luc., ix.

7. Audivit autem Herodes tetrarcha omnia quæ fiebant ab eo, et hæsitabat eo quod diceretur (Matth., xiv, 1.)

8. A quibusdam : Quia Joannes surrexit a mortuis : a quibusdam vero : Quia Elias apparuit : ab aliis autem : Quia propheta unus de antiquis surrexit.

9. Et ait Herodes : Joannem ego decollavi : quis est autem iste, de quo ego talia audio? Et quærebat videre eum.

1. Jésus, ayant achevé de donner ces instructions à ses douze Apôtres, partit de là pour aller enseigner et prêcher dans les villes d'alentour.

12. Eux partirent aussi, et ils prêchaient aux peuples de faire pénitence;

13. Et ils chassaient un grand nombre de démons; et, faisant des onctions d'huile sur plusieurs malades, ils les guérissaient.

7. Cependant le tétrarque Hérode entendit parler de tout ce que faisait Jésus, et son esprit était en suspens,

8. Parce que les uns disaient : Jean est ressuscité; les autres : Élie est apparu; d'autres : Un des anciens prophètes est ressuscité.

9. Alors Hérode dit : J'ai fait couper la tête à Jean; mais quel est cet homme dont j'entends dire de si grandes choses? Et il cherchait à le voir.

RÉFLEXIONS.

1º Jésus va enseigner les peuples, et, en compagnie des Apôtres qu'il a choisis, il continue à prêcher la pénitence : *ut pœnitentiam agerent.* N'est-ce pas ce qu'a prêché Jean-Baptiste, ainsi que tous les saints de l'Ancien Testament? Les Apôtres donnent l'onction sainte aux malades, et ils en guérissent un grand nombre. L'homme malade et pécheur doit faire pénitence, et recevoir les sacrements.

2º Hérode apprend les nombreux miracles de Jésus. C'est Jean-Baptiste qui est ressuscité, ou au moins quelque ancien prophète : voilà sa pensée intime. O Hérode, tu juges bien ; c'est le plus ancien des prophètes, c'est celui qui illumine tout homme venant en ce monde. C'est le Verbe de Dieu.

3º Parce qu'il a fait trancher la tête à Jean-Baptiste, Hérode croit en avoir fini avec les prophètes, et voici qu'il en apparaît un autre. Cela l'irrite. Il veut voir ce nouvel organe de Dieu, cet homme qui opère tant de merveilles ; mais cette faveur ne lui sera pas accordée. A quoi bon ? Son esprit obstiné ne croirait pas ; et sa culpabilité deviendrait plus grande. Ainsi Dieu refuse quelquefois des grâces de choix à ces pécheurs endurcis qui n'en profiteraient pas.

PRIÈRES.

Ant. Ayez pitié de moi, Seigneur, parce que je suis malade : guérissez-moi, Seigneur. Le mal a pénétré jusqu'à la moelle de mes os, mon âme est dans un trouble extrême.

Ant. *Miserere meî, Domine, quoniam infirmus sum : sana me, Domine. Conturbata sunt omnia ossa mea, et anima mea turbata est valde.*

℣. *Miserere mei, Domine,*

℟. *Quoniam tribulor.*

OREMUS.

Omnipotens sempiterne Deus, salus æterna credentium, exaudi nos pro famulis tuis infirmis, pro quibus misericordiæ tuæ imploramus auxilium; ut, reddita sibi sanitate, gratiarum tibi in Ecclesia tua referant actiones. Amen.

℣. Ayez pitié de moi, Seigneur,

℟. Car je suis dans l'angoisse.

ORAISON.

Dieu tout-puissant et éternel, salut de ceux qui croient en vous, exaucez les prières que nous vous adressons en faveur de vos serviteurs malades, pour lesquels nous implorons les secours de votre miséricorde, afin qu'après avoir recouvré la santé, ils vous rendent leurs actions de grâce dans votre Église. Ainsi soit-il.

I. *Prédication et miracles des Apôtres.* — FIG. : *Proph., passim.* Prédication et miracles des prophètes. — PROPH. : *Nah.*, I, 15. *Ecce super montes pedes evangelizantis... pacem.* Voici sur la montagne les pieds de celui qui apporte la bonne nouvelle, une nouvelle de paix.

II. *Hérode et Jean.* — FIG. : III *Reg.*, XIV, 1, 19. Jéroboam et le prophète Ahias. — PROPH. : *Ps.*, VIII, 6. *Gloria et honore coronasti eum.* Vous lui avez donné une couronne de gloire et d'honneur.

Tombeau de saint Jean-Baptiste à Sébaste.

CXVIII^e VISITE.

DÉCOLLATION DE SAINT JEAN-BAPTISTE [1].

L'ÉGLISE dont on a eu les ruines sous les yeux dans la visite précédente renferme le sépulcre de saint Jean-Baptiste.

Pour arriver à ce tombeau, que surmonte une coupole blanche, on franchit une porte qui fait face à l'est, et l'on descend vingt et une marches.

Ce sépulcre contient comme trois loges de cercueils. A gauche est la place du prophète Abdias, au centre celle d'Élisée, à droite celle de saint Jean-Baptiste.

L'on pense que les trois tombes furent profanées sous Julien l'Apostat et les reliques dispersées, mais non totalement perdues.

---

(1) Voir la note page 522.

L'authenticité de ce sépulcre paraît solidement établie.

Ici on croit entendre ces paroles du Précurseur : « Il faut que je diminue et que Jésus croisse »; et la vertu d'humilité apparaît singulièrement aimable et touchante en ce lieu.

ÉVANGILE.

MARC., VI.

17. Ipse enim Herodes misit, ac tenuit Joannem, et vinxit eum in carcere, propter Herodiadem uxorem Philippi fratris sui, quia duxerat eam. (LUC., III, 19.)

18. Dicebat enim Joannes Herodi : Non licet tibi habere uxorem fratris tui.(LEV., XVIII, 16.)

19. Herodias autem insidiabatur illi : et volebat occidere eum, nec poterat.

20. Herodes enim metuebat Joannem, sciens eum virum justum et sanctum : et custodiebat eum, et audito eo multa faciebat, et libenter eum audiebat.

MATTH., XIV.

5...... timuit populum : quia sicut prophetam eum habebant. (MATTH, XXI, 26.)

17. Car Hérode envoya prendre Jean, le fit lier et mettre en prison, à cause d'Hérodiade, la femme de Philippe, son frère, qu'il avait épousée.

18. Parce que Jean disait à Hérode : Il ne vous est pas permis d'avoir pour épouse la femme de votre frère.

19. Or, Hérodiade lui tendait des pièges, et voulait le faire mourir; mais elle ne pouvait y parvenir.

20. Car Hérode craignait Jean, sachant qu'il était un homme juste et saint; et il avait du respect pour lui; et il faisait beaucoup de choses sur son avis, et l'écoutait volontiers.

5...... Il appréhendait le peuple, parce que Jean en était regardé comme un prophète.

21. Enfin, il se présenta une circonstance favorable : c'était le jour de la naissance d'Hérode, et il donna un festin aux grands de sa cour, aux premiers officiers de ses troupes, et aux principaux de la Galilée.

22. La fille d'Hérodiade, y étant venue, dansa, et plut à Hérode et à tous ceux qui étaient à table avec lui. Le roi dit à la jeune fille : Demandez-moi ce que vous voudrez, et je vous le donnerai.

23. Et il ajouta avec serment : Tout ce que vous demanderez, je vous le donnerai, fût-ce même la moitié de mon royaume.

24. Elle sortit donc, et dit à sa mère : Que demanderai-je ? La tête de Jean-Baptiste, répondit la mère.

25. Étant aussitôt revenue en toute hâte auprès du roi, elle lui adressa ainsi sa demande : Je veux que vous me donniez à l'instant, dans un bassin, la tête de Jean-Baptiste.

26. Le roi en fut affligé ; néanmoins, à cause de son

Marc., vi.

21. *Et cum dies opportunus accidisset, Herodes natalis sui cœnam fecit principibus, et tribunis, et primis Galilææ.*

22. *Cumque introisset filia ipsius Herodiadis, et saltasset, et placuisset Herodi, simulque recumbentibus, rex ait puellæ: Pete a me quod vis, et dabo tibi :*

23. *Et juravit illi : Quia quidquid petieris dabo tibi, licet dimidium regni mei.*

24. *Quæ cum exisset, dixit matri suæ : Quid petam ? At illa dixit : Caput Joannis Baptistæ.*

25. *Cumque introîsset statim cum festinatione ad regem, petivit dicens : Volo ut protinus des mihi in disco caput Joannis Baptistæ.*

26. *Et contristatus est rex : propter jusjurandum, et pro-*

pter simul discumbentes noluit eam contristare :	serment et de ceux qui se trouvaient à table avec lui, il ne voulut pas la contrister.
27. Sed misso spiculatore præcepit afferri caput ejus in disco. Et decollavit eum in carcere,	27. Et il envoya un garde avec ordre d'apporter la tête de Jean-Baptiste dans un bassin. Et *le garde* lui coupa la tête dans la prison,
28. Et attulit caput ejus in disco : et dedit illud puellæ, et puella dedit matri suæ.	28. Et l'apporta dans un bassin, la donna à la jeune fille qui la donna à sa mère.
29. Quo audito, discipuli ejus venerunt, et tulerunt corpus ejus : et posuerunt illud in monumento.	29. Les disciples de Jean, l'ayant su, vinrent prendre son corps, et le mirent dans un tombeau.
MATTH., XIV. 12. ..... *Et venientes nuntiaverunt Jesu.*	12..... Et ils vinrent annoncer cela à Jésus.

RÉFLEXIONS.

1° Hérode célèbre par des réjouissances l'anniversaire de sa naissance; rien de plus légitime, et en cela il ne va pas contre la loi de Dieu. Mais dans la fête qu'il donne à cette occasion, on se livre à des danses mauvaises. Là commence le péché. On se repaît longuement de ces plaisirs charnels, le péché s'aggrave. Enfin, on s'y attache à ce point, qu'on est prêt à sacrifier, pour en jouir, tous les biens de la terre. Que dis-je? Pour les plaisirs terrestres, on sacrifie le ciel, non plus la moitié, mais la totalité de ce royaume éternel.

2° Hérodiade, cette femme adultère et incestueuse, fait demander à Hérode, pour prix de la danse de Salomé, sa fille, la tête de Jean-Baptiste. C'est ainsi que le prophète sera immolé; c'est ainsi qu'un crime en amène un autre. Étonnons-nous après cela d'avoir à souffrir quelque chose à cause de notre qualité de chrétiens?

3º Le roi est contristé; mais il a fait un serment. Quel aveuglement de se croire tenu à accomplir une chose mauvaise par ce seul motif qu'on a juré de la faire ! Voilà ce qui arrive de nos jours à ces hommes qui entrent dans des sociétés de ténèbres, où ils pensent être obligés à accomplir les actes coupables auxquels ils se sont engagés par serment. Hérode estimait Jean-Baptiste, et cependant il l'immole.

O mon Dieu, inspirez à ceux qui font le mal de s'arrêter en chemin, et de ne point tenir compte de serments qui ne peuvent les lier, étant proférés pour des choses coupables.

PRIÈRES.

Ant. Hérode envoya un garde avec ordre de couper la tête à Jean dans la prison. Ses disciples, l'ayant su, vinrent prendre son corps, et le placèrent dans un tombeau.

℣. Seigneur, vous avez exaucé le désir de son âme,

℟. Et vous avez été fidèle à lui accorder l'objet de ses désirs.

ORAISON.

Faites, ô Seigneur, qu'auprès du tombeau vénérable du saint patriarche Jean-

Ant. *Misso Herodes speculatore, præcepit amputari caput Joannis in carcere. Quo audito, discipuli ejus venerunt et tulerunt corpus ejus, et posuerunt illud in monumento.*

℣. *Desiderium animæ ejus tribuisti ei, Domine,*

℟. *Et voluntate labiorum ejus non fraudasti eum.*

OREMUS.

Sancti patriarchæ Joannis Baptistæ, præcursoris et martyris tui, quæsumus, Domine,

venerandum sepulcrum, sa- | Baptiste, votre précurseur
lutaris auxilii nobis præstet | et votre martyr, nous trou-
effectum. Amen. | vions un salutaire secours.
| Ainsi soit-il.

Jean mis à mort par Hérode. — Fig. : I *Reg.*, XXII, 9, 23. Achimélech mis à mort par Saül. — Proph. : *Ps.*, XXXVI, 12, 15. *Gladium evaginaverunt peccatores... ut trucident rectos corde.* Les pécheurs ont sorti le glaive du fourreau pour mettre à mort les justes.

Nota : La tradition ne nous donne rien de très précis sur le lieu de la glorieuse Décollation de saint Jean-Baptiste. L'historien Josèphe pense que ce fut à *Machérus* ou *Machéronte,* près du lac Asphaltite. D'autres croient, non sans quelque apparence de raison, que c'est à *Jérusalem* qu'on le décapita. Phocas, géographe grec, écrit que ce martyre eut lieu à *Samarie* ou *Sébaste*, où l'on visitait de son temps et la prison et le tombeau de Jean-Baptiste.

Lieu de la multiplication des pains.

CXIXᵉ VISITE.

LA PREMIÈRE MULTIPLICATION DES PAINS

SUR LES BORDS DE LA MER DE GALILÉE.

UN endroit assez désert se trouve à une ou deux lieues de Tibériade, entre cette ville et Bethsaïda de Galilée. Là, au milieu d'une petite plaine remplie d'herbes de toutes sortes et environnée d'une ceinture de collines au nord, à l'ouest et au midi, on remarque un tertre formant plate-forme à son sommet.

C'est le lieu du miracle de la multiplication des pains. Ce tertre en porte encore le nom : *Table de la multiplication des pains.*

Sainte Hélène, pour perpétuer la tradition locale qui place là le lieu de ce miracle, fit construire l'église des Douze-Trônes, à l'endroit même où Notre-Seigneur était assis et multiplia le pain de sa céleste doctrine, en même temps que le pain qui sert de nourriture au corps.

Aujourd'hui on n'aperçoit plus sur le tertre que quelques blocs basaltiques, dont celui du milieu est marqué de plusieurs croix. De ce lieu vraiment béni par le souvenir du grand miracle de Jésus, les yeux découvrent toute la plaine ainsi que les collines environnantes, et la mer de Galilée au levant. Spectacle magnifique !

ÉVANGILE.

MARC., VI.

30. *Et convenientes Apostoli ad Jesum, renuntiaverunt ei omnia quæ egerant, et docuerant.*

31. *Et ait illis : Venite seorsum in desertum locum, et requiescite pusillum. Erant enim qui veniebant et redibant multi : et nec spatium manducandi habebant.*

32. *Et ascendentes in navim, abierunt in desertum locum seorsum...*

LUC., IX.

10..... *Qui est Bethsaidæ.*

30. Or les Apôtres, s'étant rassemblés auprès de Jésus, lui rendirent compte de tout ce qu'ils avaient fait et enseigné.

31. Et il leur dit : Venez à l'écart, dans quelque lieu solitaire, et prenez un peu de repos. Car il y avait beaucoup de monde qui allait et venait, et ils n'avaient pas même trouvé le temps de manger.

32. Ils montèrent donc dans une barque et s'en allèrent dans un lieu désert...

10... Près de Bethsaïda,

PREMIÈRE MULTIPLICATION DES PAINS.

1... Au delà de la mer de Galilée, qui est le lac de Tibériade.

33. Mais le peuple les ayant vus partir, et plusieurs autres en ayant eu connaissance, ils ly accoururent à pied de toutes les villes *voisines*, et ils y arrivèrent avant eux.

2....Parce qu'ils voyaient les miracles que le Sauveur faisait en faveur des malades.

14. Jésus, sortant *de la barque*, vit une grande multitude de peuple.

3. Il monta donc sur la montagne, et s'y assit avec ses Disciples.

4. Or le jour de Pâque, qui est la grande fête des Juifs, était proche.

5. Jésus, ayant levé les les yeux, vit qu'une très grande foule venait à lui.

34. Et il en eut compassion, parce qu'ils étaient

JOAN., VI.
1... *Trans mare Galilææ, quod est Tiberiadis :*

MARC., VI.
33. *Et viderunt eos abeuntes, et cognoverunt multi : et pedestres de omnibus civitatibus concurrerunt illuc, et prævenerunt eos.*

JOAN., VI.
2. ...*Quia videbant signa quæ faciebat super his qui infirmabantur.*

MATTH., XIV.
14. *Et exiens vidit turbam multam...*

JOAN., VI.
3. *Subiit ergo in montem Jesus : et ibi sedebat cum Discipulis suis.*

4. *Erat autem proximum Pascha, dies festus Judæorum.*

5. *Cum sublevasset ergo oculos Jesus, et vidisset quia multitudo maxima venit ad eum,*

MARC., VI.
34. ...*Et misertus est super eos, quia erant sicut oves non*

habentes pastorem, et cœpit illos docere multa.

Luc., ix.

11. ...*Et loquebatur illis de regno Dei, et eos qui cura indigebant, sanabat.*

12. *Dies autem cœperat declinare. Et accedentes duodecim dixerunt illi : Dimitte turbas, ut euntes in castella villasque quæ circa sunt, divertant, et inveniant escas : quia hìc in loco deserto sumus.*

Joan., vi.

5. ...Jesus *dixit ad Philippum : Unde ememus panes, ut manducent hi ?*

6. *Hoc autem dicebat tentans eum : ipse enim sciebat quid esset facturus.*

7. *Respondit ei Philippus : Ducentorum denariorum panes non sufficiunt eis, ut unusquisque modicum quid accipiat.*

8. *Dicit ei unus ex disci-*

comme des brebis qui n'ont pas de pasteur, et il se mit à les instruire sur beaucoup de choses.

11. Et il leur parlait du royaume de Dieu, et guérissait ceux qui en avaient besoin.

12. Or le jour commençait à baisser. Et les douze Apôtres vinrent lui dire : Renvoyez ces foules, afin qu'elles s'en aillent dans les villages et les lieux d'alentour pour se loger et y trouver de quoi manger ; car nous sommes ici dans un lieu désert.

5. ...Jésus dit à Philippe : Où pourrions-nous acheter assez de pain pour donner à manger à tout ce peuple ?

6. Mais il parlait ainsi pour l'éprouver ; car il savait bien ce qu'il devait faire.

7. Philippe lui répondit : Quand on aurait pour deux cents deniers de pain, cela ne suffirait pas pour en donner à chacun un petit morceau.

8. Un autre de ses disci-

ples, André, frère de Simon-Pierre, lui dit :

9. Il y a ici un enfant qui a cinq pains d'orge et deux poissons; mais qu'est-ce que cela pour tant de monde ?

10. Jésus lui dit donc : Faites-les asseoir. Or il y avait beaucoup d'herbe en ce lieu.

14. Ils étaient environ cinq mille hommes.

40. Et ils s'assirent en diverses bandes, les unes de cent personnes, les autres de cinquante.

41. Jésus prit donc les pains et les deux poissons, et, levant les yeux au ciel, il les bénit; et ayant rompu les pains, il les donna à ses disciples, afin qu'ils les servissent au peuple, et il partagea à tous les deux poissons.

42. Tous mangèrent, et furent rassasiés.

43. Et les *Disciples* remportèrent douze corbeilles remplies de morceaux de pain, et de ce qui était resté des poissons.

44. Or ceux qui avaient

pulis ejus, Andreas frater Simonis Petri :

9. *Est puer unus hic, qui habet quinque panes hordeaceos et duos pisces : sed hæc quid sunt inter tantos?*

10. *Dixit ergo Jesus : Facite homines discumbere. Erat autem fœnum multum in loco...*

Luc., ix.

14. *Erant autem fere viri quinque millia.*

Marc., vi.

40. *Et discubuerunt in partes, per centenos et quinquagenos.*

41. *Et acceptis quinque panibus, et duobus piscibus, intuens in cœlum, benedixit, et fregit panes, et dedit Discipulis suis, ut ponerent ante eos : et duos pisces divisit omnibus.*

42. *Et manducaverunt omnes, et saturati sunt.*

43. *Et sustulerunt reliquias fragmentorum, duodecim cophinos plenos, et de piscibus.*

44. *Erant autem qui man-*

ducaverunt quinque millia virorum.

JOAN., VI.

14. *Illi ergo homines cum vidissent quod Jesus fecerat signum, dicebant : Quia hic est vere propheta qui venturus est in mundum.*

15. *Jesus ergo cum cognovisset quia venturi essent ut raperent eum, et facerent eum regem,...*

MARC., VI.

45... *statim coegit Discipulos suos ascendere navim, ut præcederent eum trans fretum ad Bethsaïdam, dum ipse dimitteret populum.*

mangé étaient au nombre de cinq mille hommes.

14. Ce peuple ayant vu le miracle qu'avait fait Jésus disait : C'est là vraiment le prophète qui doit venir dans le monde.

15. Mais Jésus, sachant qu'ils devaient venir pour l'enlever et le faire roi,...

4. ...obligea aussitôt ses Disciples de monter dans la barque, et de passer avant lui à l'autre bord, vers Bethsaïda, pendant qu'il congédierait le peuple.

RÉFLEXIONS.

1° Faisons revivre cet admirable tableau qu'offrit alors la mer de Galilée sur ses trop heureux rivages. Le Sauveur s'avance sur ces flots calmes et tranquilles. Toute l'espérance du monde est là : Jésus avec ses disciples, Jésus avec son Église. La foule les suit de loin sur le rivage. Tous se rendent au même lieu où la barque doit aborder.

2° Contemplons le Sauveur rempli de compassion pour cette foule, interrogeant Philippe, écoutant André, faisant venir les cinq pains, les deux poissons, et trouvant dans si peu de chose la nourriture de cinq mille hommes, c'est-à-dire d'au moins quinze mille personnes, car il y avait en plus les femmes et les enfants. Quel prodige! quelle providence!

3º Ce miracle achevé, les Disciples recueillent tous les restes, et ils en remplissent douze corbeilles. Cette foule, dans l'enthousiasme de la reconnaissance, veut faire roi Jésus. Bon peuple! La couronne royale, ce roi immortel des siècles, il la porte! Celle que tes mains veulent lui donner, qu'est-elle? De la main des hommes, le grand roi, il n'en acceptera jamais qu'une seule : la couronne d'épines. Ici, en voyant les Apôtres ramasser avec soin les restes du repas, prenons la résolution de ne perdre aucune parcelle du don de Dieu. *Totum te exigit qui totum te fecit.* (S. Aug.)

O Jésus! je ne vous dirai pas : Je vous fais le roi de mon cœur; car vous l'êtes de droit. Mais je vous dirai : Je reconnais que, à tous les titres vous êtes mon roi! Exercez sur moi votre divine royauté.

PRIÈRES.

Ant. Gouverner le monde est un miracle plus grand que nourrir cinq mille hommes avec cinq pains, et cependant personne ne l'admire.

℣. Les hommes admirent toutefois ce dernier miracle, non parce qu'il est plus grand,

℟. Mais parce qu'il est rare.

Oraison.

Seigneur Jésus, qui avez

Ant. *Majus enim miraculum est gubernatio totius mundi quam saturatio quinque millium hominum de quinque panibus, et tamen hoc nemo miratur.*

℣. *Illud tamen mirantur homines, non quia majus est,*

℟. *Sed quia rarum est.*

Oremus.

Domine Deus, qui quin-

que millia hominum in deserto Bethsaïdæ nutrivisti, gratiam tuam cordibus nostris benignus infunde. Amen.	nourri cinq mille hommes dans le désert de Bethsaïda, remplissez nos cœurs de votre grâce divine. Ainsi soit-il.

I. *Jésus se retire dans le désert avec ses disciples.* — Fig. : I *Reg.*, xxiii, 13, 18. David se retire dans le désert avec les siens. — Proph. : *Os.*, ii, 14, 15. *Ducam eam in solitudinem, et loquar ad cor ejus.* Je la conduirai dans la solitude, et là je parlerai à son cœur.

II. *Multiplication des pains.* — Fig. : *Ex.*, xvi, 14, 35. Le Seigneur envoie la manne au peuple d'Israël. — Proph. : *Ps.*, lxxvii, 23, 25. *Cibaria misit eis in abundantia.* Il leur envoya des vivres en abondance.

III. *Jésus refuse la royauté et s'enfuit.* — Fig. : *Ex.*, ii, 11; *Heb.*, xi, 24, 26. Moïse dédaigne le trône et fuit la cour du Pharaon. — Proph. : *Ps.*, xcv, 1, 10. *Dicite in gentibus : quia Dominus regnavit.* Apprenez aux nations que Dieu seul règne.

CXXᵉ VISITE.

LA MONTAGNE AUPRÈS DU LAC DE TIBÉRIADE

SUR LAQUELLE N.-S. SE RETIRA POUR PRIER.

CETTE montagne domine à l'ouest et au nord la plaine de la Multiplication des pains; et de là on découvre toute la mer de Galilée.

Ce lieu de la prière de Jésus-Christ a quelque chose qui émeut profondément.

Là, sur ces hauteurs, séparé de tous les côtés des habitations des hommes, enveloppé des ombres de la nuit, parlant de nous au ciel, que Jésus-Christ a de grandeur!

Demain, à l'aurore, il descendra, plein de majesté et de douceur.

O Fils de Dieu, nous vous adorons et nous vous aimons!

ÉVANGILE.

MATTH., XIV.

23. Ayant congédié le peuple, *Jésus monta seul sur la montagne pour prier; et, le soir étant venu, il se trouvait seul en ce lieu.*

23. *Et, dimissa turba, ascendit in montem solus orare. Vespere autem facto, solus erat ibi.* (Vide MARC., VI, 46.)

RÉFLEXIONS.

1º A certaines heures il faut savoir, comme Notre-Seigneur, se séparer de la foule pour prier; quitter le monde et les choses du monde pour un temps, afin d'être ainsi plus apte à comprendre et à traiter les choses divines, à s'occuper de Dieu et de son service. Ah! dans la prière, rappelons-nous cette séparation de la foule, *dimissa turba*, et laissons la créature pour le Créateur.

2º Jésus, en quittant la foule, nous donne un premier exemple. En montant sur la montagne, il nous en donne un second. Comme tout cela est beau et digne de Dieu! L'âme qui va à Dieu, s'élève au-dessus de la plaine. Elle est dans la montagne, puisque le Seigneur, qu'elle va chercher, habite les hauteurs.

3º N'oublions pas une troisième leçon que Jésus nous donne. Loin de la foule, dans ces régions élevées, il est seul, et il reste seul une grande partie de la nuit, afin de prier. Faisons-nous comme lui? Prions-nous, retirés en nous-mêmes, et prions-nous en union avec notre Rédempteur? O mon Sauveur, que la solitude est douce avec vous!

PRIÈRES.

Ant. *Ascendit in montem solus orare, et erat pernoctans in oratione Dei.*

℣. *Vigilate et orate,*
℟. *Ut non intretis in tentationem.*

Oremus.

Deus, qui nos divino exem-

Ant. Jésus se retira seul sur la montagne pour y prier pendant la nuit.

℣. Veillez et priez,
℟. Afin de ne pas entrer en tentation.

Oraison.

O Dieu, qui, par vos divins exemples, nous avez appris à prier sur cette montagne, afin de surmonter les dangers des tentations, accordez-nous de toujours prier avec ce même esprit. Ainsi soit-il.

.plo in monte hoc orare docuisti ad tentationum pericula superanda, da nobis in eodem spiritu semper orare. Amen.

La prière solitaire. — Fig. : I *Reg.*, vii. Les Israélites triomphent grâce à la prière du seul prophète Samuel. — Proph. : I *Reg.*, vii, 12. *Vocavit nomen loci illius: Lapis adjutorii, dixitque : Hucusque auxiliatus est nobis Dominus.* Il appela ce lieu, la Pierre du secours, et il dit : Le Seigneur est venu jusqu'ici à mon secours.

CXXIe VISITE.

LA MER DE GALILÉE.

JÉSUS MARCHE SUR LES FLOTS ET CALME LA TEMPÊTE.

'EST donc sur ces flots que marcha Notre-Seigneur; c'est sur ces flots que Jésus fit venir saint Pierre; c'est là que le compatissant Sauveur tendit la main à son apôtre effrayé.

O mer de Galilée, il est bon que maintenant tu sois solitaire. Si, comme autrefois, les barques te sillonnaient et le jour et la nuit, et si l'on jetait le filet dans tes ondes, au milieu de cette confusion bruyante on trouverait avec moins de charmes les souvenirs immortels laissés là par un Dieu.

ÉVANGILE.

JOAN., VI.

17. *Et cum ascendissent navim, venerunt trans mare in Capharnaum : et tenebræ jam factæ erant, et non venerat ad eos Jesus.*

18. *Mare autem, vento magno flante, exurgebat.*

19. *Cum remigassent ergo quasi stadia viginti quinque aut triginta,...*

17. *Les disciples* étant montés sur une barque, passèrent au delà de la mer vers Capharnaüm ; et il était déjà nuit, et Jésus n'était pas encore venu à eux.

18. Or, la mer commençait à s'enfler, à cause du grand vent qui soufflait.

19. Comme ils avaient déjà fait environ vingt-cinq ou trente stades,...

48. Jésus, voyant qu'ils avaient grande peine à ramer (parce que le vent leur était contraire), vers la quatrième veille de la nuit, il vint vers eux, marchant sur la mer; et il voulait les devancer.

49. Mais eux, le voyant ainsi marcher sur la mer, crurent que c'était un fantôme, et ils poussèrent des cris.

50. Car tous l'aperçurent, et furent troublés. Et aussitôt il leur parla, et leur dit : Rassurez-vous, c'est moi, ne craignez point.

28. Pierre lui répondit : Seigneur, si c'est vous, commandez que j'aille à vous en marchant sur les eaux.

29. Jésus lui dit : Venez. Et Pierre, descendant de la barque, marchait sur l'eau pour aller à Jésus.

30. Mais, voyant l'impétuosité du vent, il eut peur, et, lorsqu'il commençait déjà à enfoncer, il s'écria : Seigneur, sauvez-moi.

31. Aussitôt Jésus, étendant la main, le prit, et lui

MARC., VI.

48.... *Videns Jesus eos laborantes in remigando (erat enim ventus contrarius eis), et circa quartam vigiliam noctis, venit ad eos ambulans supra mare : et volebat præterire eos.*

49. *At illi, ut viderunt eum ambulantem supra mare, putaverunt phantasma esse, et exclamaverunt.*

50. *Omnes enim viderunt eum, et conturbati sunt. Et statim locutus est cum eis, et dixit eis : Confidite, ego sum, nolite timere.*

MATTH., XIV.

28. *Respondens autem Petrus dixit : Domine, si tu es, jube me ad te venire super aquas.*

29. *At ipse ait : Veni. Et descendens Petrus de navicula, ambulabat super aquam ut veniret ad Jesum.*

30. *Videns vero ventum validum, timuit : et cum cœpisset mergi, clamavit dicens : Domine, salvum me fac.*

31. *Et continuo Jesus, extendens manum, apprehendit*

eum, et ait illi : *Modicæ fidei, quare dubitasti?*

32. *Et cum ascendissent in naviculam, cessavit ventus.*

MARC., VI.
51. ...*Et plus magis intra se stupebant :*
52. *Non enim intellexerunt de panibus : erat enim cor eorum obcæcatum.*

MATTH., XIV.
33. *Qui autem in navicula erant, venerunt, et adoraverunt eum, dicentes : Vere Filius Dei es.*

dit : Homme de peu de foi, pourquoi avez-vous douté?

32. Et lorsqu'ils furent montés dans la barque, le vent cessa.

51. ...Et leur étonnement augmentait de plus en plus :
52. Car ils n'avaient pas eux-mêmes assez compris le miracle des pains, parce que leur cœur était aveuglé.

33. Alors ceux qui étaient dans la barque, s'approchant de lui, l'adorèrent, en disant : Vous êtes véritablement le Fils de Dieu.

RÉFLEXIONS.

1º Les Disciples font une excursion sur le lac de Génésareth. Ils se rendent à Capharnaüm, et Jésus n'est pas avec eux. Le vent souffle, la tempête devient menaçante. Sans Jésus et sa grâce, qu'attendre sinon les orages? Comment alors ne pas périr? Avec lui il n'y a rien à craindre; croyons-nous cela?

2º Dans leur course sur la mer, Jésus les sait en peine, et vers la fin de la nuit il leur apparaît marchant sur les eaux. Quel prodige! Mais il est le maître de la terre, du ciel, de la mer; il s'avance sur les flots, et dit à Pierre d'en faire autant. Pierre sur l'élément liquide ira d'un pied ferme tant que la foi sera dans son cœur ; mais voici que sa foi chancelle; aussitôt il s'enfonce dans l'eau. Soyons donc fermes dans notre espérance, et nous traverserons toutes les eaux amères des tribulations de cette vie.

3º Ne craignons rien ; car si nous doutions de la puissance de Dieu, comme Pierre, nous serions bien vite submergés; et si Jésus, malgré notre peu de foi, nous sauvait, nous entendrions le reproche : « Homme de peu de foi, pourquoi douter? » Ah! du moins, avec ceux qui étaient dans la barque, reconnaissons Jésus pour notre Sauveur et pour notre Dieu !

Vere Filius Dei es. Oui, ô Sauveur, vous êtes vraiment le Fils de Dieu ! Dans les peines de cette vie, tendez-nous la main; notre faiblesse est si grande qu'à tout moment nous pensons être submergés. Comme nous avons besoin de sentir notre main dans la vôtre!

PRIÈRES.

ANT. Pierre, voyant l'impétuosité du vent, eut peur, et, commençant à s'enfoncer dans l'eau, il s'écria : Seigneur, sauvez-nous, nous périssons.

℣. Homme de peu de foi,
℟. Pourquoi avez-vous douté?

ANT. *Petrus videns ventum validum timuit, et quum cœpisset mergi, clamavit dicens : Domine, salvum me fac.*

℣. *Modicæ fidei,*
℟. *Quare dubitasti ?*

ORAISON.

Seigneur, dont la droite a relevé l'apôtre Pierre, lorsqu'il enfonçait dans les

OREMUS.

Deus, cujus dextera beatum Petrum ambulantem in fluctibus ne mergeretur erexit,

exaudi nos propitius, et concede, ut hujus meritis æternitatis gloriam consequamur. Amen.	eaux, accordez-nous par ses mérites, nous vous en supplions, la gloire de l'éternité. Ainsi soit-il.

I. *Jésus marche sur les eaux.* — Fig. : *Ex.*, xiv, 21, 30. Moïse s'ouvre un chemin dans la mer Rouge. — Proph. : *Ps.*, lxxvi, 20. *Semitæ tuæ in aquis... et vestigia tua non cognoscentur.* Vous vous êtes fait un chemin au milieu de la mer, et l'on n'a pu reconnaître la trace de vos pas.

II. *Pierre marche sur les flots.* — Fig. : IV *Reg.*, ii, 7, 8. Élie et Élisée traversent le Jourdain sur leur manteau. — Proph. : *Is.*, xliii, 1, 2. *Noli timere... cum transieris per aquas, tecum ero.* Ne craignez pas de traverser les flots, je serai avec vous.

III. *Jésus calme la tempête.* — Fig. : *Jos.*, i, 8, 17. *Arca Jordanem ingressa, sistunt fluctus.* L'arche pénètre dans le lit du Jourdain, et le fleuve suspend son cours. — Proph. : *Nah.*, i, 3, 4. *Dominus increpans mare et exsiccans illud.* Le Seigneur menace la mer et la dessèche.

CXXIIe VISITE.

MIRACLES DE JÉSUS DANS LA TERRE DE GÉNÉSAR.

Sur cette terre de Génésar, qui s'étendait au delà de Capharnaüm jusqu'à Bethsaïda, que de miracles accomplis par Notre-Seigneur ! Suivons ce divin Sauveur au milieu d'un pays, si fertile d'ailleurs et si beau, qu'il a parcouru dans tous les sens. Enfin, voyons ces populations qui se lèvent sur son passage et qui lui apportent leurs malades.

La terre de Génésar avait été ravagée, dans les temps antiques, par Ben-Hadad, roi de Syrie, à la demande d'Asa, roi de Juda.

ÉVANGILE.

Marc., vi.

53. Ayant traversé le lac, ils allèrent aborder au pays de Génésareth.

54. Dès qu'ils furent sortis de la barque, les habitants de ce lieu reconnurent aussitôt Jésus.

55. Et parcourant toute la contrée, ils commencèrent à lui apporter des malades dans leurs lits, partout où ils entendaient dire qu'il était.

56. Et en quelque lieu

53. *Et cum transfretassent, venerunt in terram Genesareth, et applicuerunt.*

54. *Cumque egressi essent de navi, continuo cognoverunt eum :*

55. *Et percurrentes universam regionem illam, cœperunt in grabatis eos, qui se male habebant, circumferre, ub audiebant cum esse.*

56. *Et quocumque intro-*

ibat, in vicos, vel in villas, aut civitates, in plateis ponebant infirmos, et precabantur eum, ut vel fimbriam vestimenti ejus tangerent : et quotquot tangebant eum, salvi fiebant. (Vide MATTH., XIV, 34-36.)

qu'il entrât, dans les bourgs, dans les villages, dans les villes, on mettait les malades sur les places publiques, et on le priait de leur laisser seulement toucher le bord de son vêtement; et tous ceux qui le touchaient étaient guéris.

RÉFLEXIONS.

1º Au bord de la mer, les habitants de Génésareth reconnaissent Jésus, qu'ils avaient déjà vu, et dont ils ignoraient la divinité. Mais ceux qui étaient dans la barque avec Jésus et qui lui avaient dit : *Vous êtes vraiment le Fils de Dieu*, leur racontèrent sans doute le grand miracle dont ils avaient été témoins sur la mer, et ils cherchèrent à leur faire partager cette même foi en sa divinité. Ne nous contentons pas de connaître Jésus, mais efforçons-nous de le faire connaître et de le faire aimer comme étant le Fils de Dieu.

2º Dans ce pays de Génésareth, on amène à Jésus les malades, les boiteux, les infirmes. A chacun de ses pas, le Sauveur sème des merveilles, et il ne veut qu'une chose, faire du bien à tous, et évangéliser les pauvres. Nous ne pouvons opérer de miracles; mais rendre à notre prochain toutes sortes de bons offices, instruire les pauvres et les porter à la vertu, voilà autant d'œuvres à notre portée; et en ce point, il nous est possible d'imiter Jésus.

3º La parole évangélique nous affirme que tous ceux qui touchaient même le bord du vêtement de Jésus étaient sauvés. Qu'y a-t-il là de surprenant? Jésus est le seul Sauveur, il est le seul Dieu et l'unique maître de nos âmes. O mon Rédempteur, j'espère en vous de toute l'ardeur de mon cœur; je mets ma confiance en vous seul.

PRIÈRES.

Ant. Tous priaient Jésus, et touchaient la frange de son vêtement, et ils étaient sauvés.

℣. Partout où Jésus passait,

℟. Sur les places publiques on plaçait les infirmes.

Oraison.

Hâtez-vous, Seigneur, ne tardez pas d'effacer nos péchés et de détourner de nous tous les maux qui pourraient nous menacer. Ainsi soit-il.

Ant. *Precabantur Jesum omnes, et vestimenti ejus fimbriam tangebant, et salvi fiebant.*

℣. *Et quocumque introibat,*

℟. *In plateis ponebant infirmos.*

Oremus.

Festina, quæsumus, Domine, ne tardaveris, ut peccata nostra deleas et quæ nobis sunt adversa depellas. Amen.

Guérison des malades. — Fig. : *Sap.*, ix, 19. La sagesse guérit ceux qui sont agréables au Seigneur. — Proph. : *Os.*, vi, 1, 2. *Revertamur ad Dominum,... sanabit nos,... et curabit nos.* Revenons au Seigneur, il nous guérira, et il aura soin de nous.

CXXIII^e VISITE.

CAPHARNAUM.

LE PAIN DESCENDU DU CIEL.

C'EST dans cette ville, et probablement au milieu de la synagogue, devant une foule considérable que Jésus instruit ses Apôtres et l'immense assemblée sur l'auguste mystère de l'Eucharistie. La lumière est divinement dispensée, et versée en quelque sorte graduellement dans l'esprit de tout ce monde, par l'incomparable parole du Sauveur. Tout d'abord, c'est la promesse d'un pain céleste qu'il fait ; puis bientôt il affirme que lui-même est le pain de vie ; enfin il annonce qu'il donnera sa chair en nourriture et son sang en breuvage.

Ceci avait lieu le lendemain du jour où le Sauveur avait miraculeusement multiplié les pains.

ÉVANGILE.

JOAN., VI.

22. *Altera die, turba quæ stabat trans mare, vidit quia navicula alia non erat ibi nisi una, et quia non introisset cum Discipulis suis Jesus in navim, sed soli Discipuli ejus abiissent.*

22. Le lendemain, le peuple, qui était resté de l'autre côté de la mer, remarqua qu'il n'y avait point là d'autre barque *que celle où les Disciples étaient entrés*, et que Jésus n'était point monté avec eux, mais que les Disciples s'en étaient allés seuls.

23. Mais il était arrivé, dans l'intervalle, d'autres barques de Tibériade auprès du lieu où le Seigneur, ayant rendu grâces, les avait nourris de *cinq* pains.

24. Voyant donc que Jésus n'était point là, non plus que ses Disciples, ils montèrent dans ces barques, et vinrent à Capharnaüm, cherchant Jésus.

25. Et l'ayant trouvé de l'autre côté du lac, ils lui dirent : Maître, quand êtes-vous venu ici?

26. Jésus leur répondit : En vérité, en vérité je vous le dis : vous me cherchez non à cause des miracles que vous avez vus, mais parce que je vous ai donné à manger, et que vous avez été rassasiés.

27. Travaillez pour avoir, non la nourriture qui périt, mais celle qui demeure pour la vie éternelle, et que le Fils de l'homme vous donnera. Car c'est lui que Dieu le Père a marqué de son sceau.

28. Ils lui dirent : Que ferons-nous pour opérer les œuvres de Dieu?

23. *Aliæ vero supervenerunt naves a Tiberiade, juxta locum ubi manducaverant panem, gratias agente Domino.*

24. *Cum ergo vidisset turba quia Jesus non esset ibi, neque Discipuli ejus, ascenderunt in naviculas, et venerunt Capharnaum, quærentes Jesum.*

25. *Et cum invenissent eum trans mare, dixerunt ei : Rabbi, quando huc venisti?*

26. *Respondit eis Jesus, et dixit : Amen, amen dico vobis, quæritis me, non quia vidistis signa, sed quia manducastis ex panibus, et saturati estis.*

27. *Operamini non cibum qui perit, sed qui permanet in vitam æternam, quem Filius hominis dabit vobis. Hunc enim Pater signavit Deus.* (MATTH., III, 17; XVII, 5. JOAN., I, 32.)

28. *Dixerunt ergo ad eum : Quid faciemus ut operemur opera Dei?*

29. *Respondit Jesus, et dixit eis : Hoc est opus Dei, ut credatis in eum quem misit ille.* (I JOAN., III, 23.)

30. *Dixerunt ergo ei : Quod ergo tu facis signum, ut videamus, et credamus tibi? quid operaris?*

31. *Patres nostri manducaverunt manna in deserto, sicut scriptum est : Panem de cœlo dedit eis manducare.* (Exod., XVI, 14; Ps. LXXVII, 24; Sap. XVI, 20.)

32. *Dixit ergo eis Jesus : Amen, amen dico vobis, non Moyses dedit vobis panem de cœlo, sed Pater meus dat vobis panem de cœlo verum.*

33. *Panis enim Dei est, qui de cœlo descendit, et dat vitam mundo.*

34. *Dixerunt ergo ad eum : Domine, semper da nobis panem hunc.*

29. Jésus leur répondit : L'œuvre de Dieu, c'est que vous croyiez à celui qu'il a envoyé.

30. Ils lui dirent : Mais quel miracle faites-vous, afin que, le voyant, nous croyions en vous ? Que faites-vous d'*extraordinaire?*

31. Nos pères ont mangé la manne dans le désert, comme il est écrit : Il leur a donné à manger le pain du ciel.

32. Jésus leur répondit : En vérité, en vérité je vous le dis, Moïse ne vous a pas donné le pain du ciel; mais c'est mon Père qui vous donne le véritable pain du ciel.

33. Car le pain de Dieu, c'est celui qui est descendu du ciel, et qui donne la vie au monde.

34. Ils lui dirent donc : Seigneur, donnez-nous toujours de ce pain.

RÉFLEXIONS.

1° Le peuple demande à Jésus quand il est venu à Capharnaüm, et le Sauveur ne prend pas la peine de répondre à une question indiscrète. Il leur fait le reproche de chercher à le voir, non pour affermir leur foi, mais avec le dessein de recevoir du pain, ou quelque nouveau bienfait temporel. N'avons-nous pas souvent suivi et prié Jésus dans ce but tout humain ? Ne l'avons-nous pas fait uniquement pour obtenir une grâce temporelle ? Cherchons donc Jésus en esprit et en vérité.

2° Il faut travailler et agir pour obtenir la nourriture qui ne périt point, et qui dure éternellement. Et cette nourriture vivifiante sera toujours donnée à l'âme qui la demandera ; mais la première chose à faire, c'est de croire en Dieu et en son Christ. *Ut credatis in eum quem misit ille.* Obéissons à ce premier enseignement de Jésus.

3° Les hommes orgueilleux qui parlent à Jésus lui reprochent de ne pas faire d'aussi grands prodiges que Moïse, et de demander plus de foi en sa propre personne. Les insensés ! Ils n'ont donc pas compris que Jésus est le pain vivant ? En voilà un prodige au-dessus de tous les autres. C'est Jésus qui donne la vie au monde. Ah ! Seigneur, donnez-nous donc toujours ce pain vivifiant. *Domine, da nobis semper panem hunc.*

PRIÈRES.

Ant. Je suis le pain de vie. Celui-là est le pain divin qui est descendu du ciel, et qui donne la vie au monde.

℣. Seigneur, donnez-nous toujours de ce pain ;

℟. Car c'est le pain de Dieu.

Ant. *Ego sum panis vitæ. Panis enim Dei est, qui de cœlo descendit et dat vitam mundo.*

℣. *Domine, da nobis semper panem hunc ;*

℟. *Panis enim Dei est.*

OREMUS. *Fac nos, quæsumus, Domine, divinitatis tuæ sempiterna fruitione repleri : quam pretiosi corporis et sanguinis tui temporalis perceptio præfigurat. Amen.*	ORAISON. Faites, Seigneur, que nous soyons éternellement rassasiés par la jouissance de votre divinité, figurée par la réception temporelle de votre corps et de votre sang précieux. Ainsi soit-il.

I. *Les Juifs demandent la nourriture à Jésus.* — Fig. : *Gen.*, xliii, 1, 2. Les fils de Jacob retournent vers Joseph, poussés par la faim. — Proph. : *Eccli.*, xv, 1, 8. *Cibabit illum pane vitæ et intellectus.* Il lui donnera pour nourriture le pain de la vie et de l'intelligence.

II. *Le pain descendu du ciel.* — Fig. : *Ex.*, xvi, 15. La manne, pain des Israélites. — Proph. : *Sap.*, xvi, 20, '26. *Angelorum esca nutrivisti populum tuum.* Vous avez nourri votre peuple du pain des Anges.

CXXIV^e VISITE.

CAPHARNAUM.

JÉSUS EST LE PAIN DE VIE.

Quel honneur pour cette ville d'avoir été le lieu de ces promesses solennelles du mystère eucharistique ! Tout ce qui devait être dit sur l'adorable sacrement a été dit là par la bouche d'un Dieu, et avec une clarté qui ne permet pas à la droite raison même l'ombre d'un doute.

Divin Sauveur ! ce que vous nous promettez à Capharnaüm, en termes si précis, votre chair, votre sang comme nourriture de nos âmes, nous l'attendons... Vous ne mourrez pas avant d'avoir institué l'Eucharistie.

ÉVANGILE.

JOAN., VI.

35. Or, Jésus leur répondit : Je suis le pain de vie ; celui qui vient à moi, ne souffrira point de la faim ; et celui qui croit en moi, n'aura jamais soif.

35. *Dixit autem eis Jesus : Ego sum panis vitæ : qui venit ad me, non esuriet : et qui credit in me, non sitiet unquam.* (ECCLI., XXIV, 29.)

36. Mais je vous l'ai dit, vous m'avez vu, et vous ne croyez point.

36. *Sed dixi vobis, quia et vidistis me, et non creditis.*

37. Tous ceux que me donne mon Père viendront à moi ; et celui qui vient à moi, je ne le jetterai pas dehors ;

37. *Omne quod dat mihi Pater, ad me veniet : et eum qui venit ad me, non ejiciam foras :*

38. Car je suis descendu

38. *Quia descendi de cœlo,*

non ut faciam voluntatem meam, sed voluntatem ejus qui misit me.

39. *Hæc est autem voluntas ejus, qui misit me, Patris; ut omne quod dedit mihi, non perdam ex eo, sed resuscitem illud in novissimo die.*

40. *Hæc est autem voluntas Patris mei, qui misit me : ut omnis qui videt Filium, et credit in eum, habeat vitam æternam : et ego resuscitabo eum in novissimo die.*

41. *Murmurabant ergo Judæi de illo, quia dixisset : Ego sum panis vivus qui de cœlo descendi,*

42. *Et dicebant : Nonne hic est Jesus filius Joseph cujus nos novimus patrem et matrem ? Quomodo ergo dicit hic : Quia de cœlo descendi ?* (MATTH., XIII, 55; MARC., VI, 3.)

43. *Respondit ergo Jesus, et dixit eis : Nolite murmurare in invicem ?*

44. *Nemo potest venire ad me, nisi Pater, qui misit me, traxerit eum : et ego resuscitabo eum in novissimo die.*

du ciel, non pour faire ma volonté, mais pour faire la volonté de Celui qui m'a envoyé.

39. Or, voici quelle est la volonté de mon Père, qui m'a envoyé : c'est que je ne perde aucun de ceux qu'il m'a donnés, mais que je les ressuscite au dernier jour.

40. La volonté de mon Père, qui m'a envoyé, c'est que quiconque voit le Fils et croit en lui, ait la vie éternelle ; et moi, je le ressusciterai au dernier jour.

41. Mais les Juifs murmuraient contre Jésus de ce qu'il avait dit : Je suis le pain vivant qui est descendu du ciel.

42. Et ils disaient : N'est-ce pas là Jésus, fils de Joseph, dont nous connaissons le père et la mère ? Comment donc nous dit-il : Je suis descendu du ciel ?

43. Jésus leur répondit : Ne murmurez pas ainsi entre vous.

44. Personne ne peut venir à moi, si mon Père, qui m'a envoyé, ne l'attire ; et moi, je le ressusciterai au dernier jour.

45. Il est écrit dans les Prophètes : Ils seront tous enseignés de Dieu. Tous ceux donc qui ont entendu *la voix* de mon Père, et ont été enseignés *par lui*, viennent à moi.

46. Ce n'est pas qu'aucun homme ait jamais vu le Père, si ce n'est celui qui est de Dieu; c'est celui-là qui a vu le Père.

47. En vérité, en vérité, je vous le dis : celui qui croit en moi a la vie éternelle.

48. Je suis le pain de vie.

49. Vos pères ont mangé la manne dans le désert, et ils sont morts.

50. Mais voici le pain qui est descendu du ciel, afin que celui qui en mange ne meure pas.

51. Je suis le pain vivant qui suis descendu du ciel.

45. *Est scriptum in Prophetis : Et erunt omnes docibiles Dei. Omnis qui audivit a Patre, et didicit, venit ad me.* (Is., LIV, 13.)

46. *Non quia Patrem vidit quisquam, nisi is qui est a Deo ; hic vidit Patrem.* (MATTH., XI, 27.)

47. *Amen, amen dico vobis : Qui credit in me, habet vitam æternam.*

48. *Ego sum panis vitæ.*

49. *Patres vestri manducaverunt manna in deserto, et mortui sunt.* (Ex., XVI, 13.)

50. *Hic est panis de cœlo descendens : ut si quis ex ipso manducaverit, non moriatur.*

51. *Ego sum panis vivus qui de cœlo descendi.*

RÉFLEXIONS.

1° Après la foi exigée comme gage de salut, notre Sauveur demande aux foules de croire qu'il est le pain de vie, et que quiconque viendra à lui n'aura plus ni faim ni soif. Quoi de plus consolant? Et ne l'avons-nous pas senti des milliers de fois? Ah! ne faisons pas comme ce peuple qui ne veut point croire et qui, pour son malheur, va s'endurcir dans son obstination infidèle.

2° Il y aura cependant toujours des fidèles qui voudront librement et affectueusement croire en Jésus, et en Jésus pain vivant descendu du ciel. Ces croyants, Jésus les ressuscitera, il leur rendra leurs corps au dernier jour, et ils seront heureux pour l'éternité. Quelle grâce de savoir espérer en Jésus le salut éternel de nos âmes, et de l'y trouver sûrement !

3° Que les Juifs murmurent; leur cœur est dur et attaché à la terre : ils n'ont point l'intelligence ouverte à la lumière. Mais nous autres, comme nous sommes heureux de recueillir cette doctrine sur les lèvres de Jésus! Une pareille nourriture, c'est infiniment trop beau pour nous; mais nous savons qu'en réalité il nous la donnera. Nous croyons à l'amour de Jésus, et nous croyons à notre bonheur !

4° La manne qui nourrissait les Hébreux au désert ne venait que des nuées; mais ce pain vient du ciel, et il donne la vie éternelle. La manne n'empêchait point de mourir, mais ce pain empêche la mort de l'âme, et il rendra un jour la vie au corps.

PRIÈRES.

Ant. *Verba quæ ego locutus sum vobis spiritus et vita sunt.*

℣. *Oculi omnium in te sperant, Domine,*

℟. *Et tu das illis escam in tempore opportuno.*

Ant. Les paroles que je vous ai dites sont esprit et vie.

℣. Tous nos regards sont tournés vers vous, Seigneur!

℟. Car vous nous donnez la nourriture au temps opportun.

ORAISON..	OREMUS.
Effacez toutes nos iniquités, Seigneur, afin que nous puissions nous approcher du Saint des saints avec un cœur pur. Ainsi soit-il.	*Aufer a nobis, quæsumus, Domine, iniquitates nostras, ut ad Sancta sanctorum puris mereamur mentibus introire. Amen.*

I. *Le Christ pain vivant et céleste.* — Fig. : III Reg., xix, 5, 8. Élie est fortifié par une nourriture céleste. — Proph. : Ps., xxii, 1, 7. *Parasti in conspectu meo mensam.* Vous m'avez préparé une nourriture vivifiante.

II. *Les vrais disciples du Christ ne périront point.* — Fig. : Gen., xxxvii, 28; xli, 40. Joseph est sauvé par la protection du Seigneur. — Proph. : Sap., x, 13, 14. *(Sapientia) justum non dereliquit, sed a peccatoribus liberavit eum.* La Sagesse n'a pas abandonné le juste, mais elle l'a délivré des pécheurs.

III. *Murmures et incrédulité des Juifs.* — Fig. : Ex., xvi, 1, 7. Murmures et incrédulité des Israélites. — Proph. : Ps., lviii, 8, 16. *Si non fuerint saturati, et murmurabunt.* Ils murmureront à moins qu'ils ne soient rassasiés.

CXXVᵉ VISITE.

CAPHARNAUM.

LA CHAIR ET LE SANG DE JÉSUS-CHRIST SONT UNE NOURRITURE ET UN BREUVAGE.

Entendons dans cette cité trop heureuse le reste du discours de Notre-Seigneur sur le mystère eucharistique. Rien de pareil n'avait été dit sur la terre. C'est le chef-d'œuvre de son amour que Jésus annonce; c'est le principe de toutes les grandeurs de l'homme qu'il expose.

ÉVANGILE.

Joan., vi.

52. *Si quis manducaverit ex hoc pane, vivet in æternum : et panis quem ego dabo, caro mea est pro mundi vita.*

53. *Litigabant ergo Judæi ad invicem, dicentes : Quomodo potest hic nobis carnem suam dare ad manducandum?*

54. *Dixit ergo eis Jesus : Amen, amen dico vobis : nisi manducaveritis carnem Filii*

52. Si quelqu'un mange de ce pain, il vivra éternellement; et le pain que je donnerai, c'est ma chair que je dois livrer pour la vie du monde.

53. Or les Juifs disputaient entre eux, et disaient : Comment celui-ci peut-il nous donner sa chair à manger?

54. Jésus leur dit donc : En vérité, en vérité je vous le dis : si vous ne mangez

LA CHAIR DU CHRIST EST UNE NOURRITURE. 553

la chair du Fils de l'homme, et ne buvez son sang, vous n'aurez point la vie en vous.

55. Celui qui mange ma chair et qui boit mon sang a la vie éternelle, et je le ressusciterai au dernier jour.

56. Car ma chair est véritablement une nourriture, et mon sang est véritablement un breuvage.

57. Celui qui mange ma chair et qui boit mon sang, demeure en moi, et moi en lui.

58. Comme mon Père qui est vivant m'a envoyé, et comme je vis par mon Père ; de même celui qui me mange vivra par moi.

59. Voilà le pain qui est descendu du ciel. Ce n'est pas comme la manne que vos pères ont mangée, et qui ne les a pas empêchés de mourir ; celui qui mange de ce pain vivra éternellement.

60. Ce fut dans la synagogue de Capharnaüm, en enseignant, que Jésus dit ces choses.

61. Or, plusieurs de ses Disciples, qui l'avaient en-

hominis, et biberitis ejus sanguinem, non habebitis vitam in vobis.

55. *Qui manducat meam carnem, et bibit meum sanguinem, habet vitam æternam : et ego resuscitabo eum in novissimo die.*

56. *Caro enim mea vere est cibus : et sanguis meus vere est potus.* (I Cor., XI, 27.)

57. *Qui manducat meam carnem, et bibit meum sanguinem, in me manet, et ego in illo.*

58. *Sicut misit me vivens Pater, et ego vivo propter Patrem : et qui manducat me et ipse vivet propter me.*

59. *Hic est panis qui de cœlo descendit. Non sicut manducaverunt patres vestri manna, et mortui sunt : qui manducat hunc panem vivet in æternum.*

60. *Hæc dixit in synagoga, docens in Capharnaum.*

61. *Multi ergo audientes ex Discipulis ejus, dixerunt :*

Durus est hic sermo, et quis potest eum audire? (JOAN., III, 13.)

62. *Sciens autem Jesus apud semetipsum, quia murmurarent de hoc Discipuli ejus, dixit eis : Hoc vos scandalizat?*

63. *Si ergo videritis Filium hominis ascendentem ubi erat prius?*

64. *Spiritus est qui vivificat : caro non prodest quidquam. Verba quæ ego locutus sum vobis, spiritus et vita sunt.*

65. *Sed sunt quidam ex vobis qui non credunt. Sciebat enim ab initio Jesus qui essent non credentes, et quis traditurus esset eum.*

66. *Et dicebat : Propterea dixi vobis quia nemo potest venire ad me, nisi fuerit ei datum a Patre meo.*

67. *Ex hoc multi Discipulorum ejus abierunt retro : et jam non cum illo ambulabant.*

68. *Dixit ergo Jesus ad duodecim : Numquid et vos vultis abire?*

tendu, se dirent : Ces paroles sont dures, et qui peut les entendre?

62. Mais Jésus, connaissant en lui-même que ses Disciples murmuraient à ce sujet, leur dit : Cela vous scandalise?

63. Que sera-ce donc si vous voyez le Fils de l'homme monter où il était auparavant?

64. C'est l'esprit qui vivifie; la chair ne sert de rien. Les paroles que je vous ai dites sont esprit et vie.

65. Mais il y en a parmi vous qui ne croient point. Car dès le commencement Jésus connaissait ceux qui ne croyaient point, et celui qui le trahirait.

66. Et il disait : Voilà pourquoi je vous ai dit que personne ne peut venir à moi, s'il ne lui est donné par mon Père.

67. Dès lors plusieurs de ses Disciples se retirèrent de lui, et ne marchaient plus à sa suite.

68. Jésus dit donc aux douze Apôtres : Et vous, est-ce que vous voulez aussi me quitter?

LE SANG DU CHRIST EST UN BREUVAGE.

69. Simon-Pierre lui répondit : A qui irions-nous, Seigneur? Vous avez les paroles de la vie éternelle.

70. Et nous avons cru, et nous avons connu que vous êtes le Christ, Fils de Dieu.

71. Jésus leur répondit : Ne vous ai-je pas choisis au nombre de douze? et néanmoins l'un de vous est un démon.

72. Or il disait cela de Judas Iscariote, fils de Simon : car c'était lui qui devait le trahir, quoiqu'il fût l'un des douze.

1. Mais, après cela, Jésus parcourait la Galilée : car il ne voulait pas aller en Judée, parce que les Juifs cherchaient à le faire mourir.

69. *Respondit ergo ei Simon Petrus : Domine, ad quem ibimus? verba vitæ æternæ habes :*

70. *Et nos credidimus, et cognovimus, quia tu es Christus Filius Dei.* (MATTH., XVI, 16; MARC., VIII, 29; LUC., IX, 20.)

71. *Respondit eis Jesus : Nonne ego vos duodecim elegi : et ex vobis unus diabolus est?*

72. *Dicebat autem Judam Simonis Iscariotem : hic enim erat traditurus eum, cum esset unus ex duodecim.*

JOAN., VII.

1. *Post hæc autem ambulabat Jesus in Galilæam : non enim volebat in Judæam ambulare, quia quærebant eum Judæi interficere.*

RÉFLEXIONS.

1° Malgré l'incrédulité des Juifs, Jésus continue à affirmer qu'il est le pain de vie, que celui qui le reçoit a la vie, et que celui qui ne le reçoit pas reste dans la mort. O mon Sauveur, oui, je crois que votre chair sacrée est une nourriture, et que votre sang divin est un breuvage ; que vous demeurez en ceux qui vous reçoivent dignement, et que vous leur faites la grâce de vivre de votre vie et de celle du Père céleste; et la vie qu'ils ont ainsi est déjà par anticipation la vie éternelle.

2° Jésus blâme ses disciples de se scandaliser sans raison. Il leur reproche aussi de vouloir juger de tout par leurs sens terrestres et grossiers, et de n'avoir pas de foi. N'ai-je pas mérité bien souvent ce reproche, et ai-je toujours conservé la plus grande foi en Jésus et en son divin enseignement?

3° Disons plutôt avec Pierre : Mon Sauveur, je ne veux pas vous quitter, je veux être avec vous, vivre avec vous, et je crois que vraiment vous avez les paroles de la vie éternelle. Je prendrai donc l'Eucharistie que vous nous promettez quand vous l'aurez instituée. Je me nourrirai de votre chair et de votre sang. Comment voudrait-on qu'une pareille merveille m'étonne, quand elle vient de vous?

PRIÈRES.

ANT. *Qui manducat me, et ipse vivet propter me : qui manducat hunc panem, vivet in æternum.*

℣. *Caro mea vere est cibus,*

℟. *Et sanguis meus vere est potus.*

OREMUS.

Deus, qui nobis sub sacramento mirabili passionis tuæ memoriam reliquisti, tribue, quæsumus, ita nos corporis et sanguinis tui sacra mysteria venerari, ut redemptionis tuæ

ANT. Celui qui me mange vivra pour moi. Il vivra éternellement celui qui mange ce pain.

℣. Ma chair est vraiment une nourriture,

℟. Et mon sang est vraiment un breuvage.

ORAISON.

O Dieu, qui nous avez laissé, dans un sacrement admirable, le souvenir de votre passion, accordez-nous, nous vous en supplions, de révérer tellement les mystères sacrés de votre corps et de votre sang, que nous ressentions toujours en nous les fruits abondants de votre rédemption. Ainsi soit-il.

fructum in nobis jugiter sentiamus. Amen.

Scandale des Disciples, fidélité des Apôtres. — Fig. : *Num.*, xiv, 1, 38. Murmures d'Israël ; fidélité de Josué et de Caleb. — Proph. : Ps., lxviii, 23. *Fiat mensa eorum... in laqueum... et in scandalum.* Leur table sera une table de mensonge et de scandale.

CXXVIe VISITE.

LA GALILÉE.

TRADITIONS HUMAINES DES PHARISIENS.
LA PIÉTÉ FILIALE, ETC.

CET heureux pays a eu les prémices de la prédication évangélique. C'est là que le Fils de Dieu a tout d'abord semé sa doctrine céleste. Pour ce motif, certains auteurs appellent cette contrée le *pays de l'Annonciation* ou *de l'Évangile*. Le divin Sauveur en ce moment se trouve dans la basse Galilée, parce qu'il n'a pas voulu aller à Jérusalem célébrer la Pâque, sachant que les Juifs avaient le dessein de le faire mourir dans cette ville.

Nous allons voir les Pharisiens venir de Jérusalem pour trouver ici Jésus.

ÉVANGILE.

Joan., VII.

1. *Post hæc autem ambulabat Jesus in Galilæam : non enim volebat in Judæam ambulare, quia quærebant eum Judæi interficere.*

Marc., VII.

1. *Et conveniunt ad eum Pharisæi, et quidam de Scribis, venientes ab Jerosolymis.*

1. Mais, après cela, Jésus parcourait la Galilée : car il ne voulait pas aller en Judée, parce que les Juifs cherchaient à le faire mourir.

1. Et les Pharisiens, et quelques-uns des Scribes, venant de Jérusalem, s'assemblèrent autour de lui.

COMMANDEMENTS DIVINS : TRADIT. HUMAINES

2. Et ayant vu quelques-uns de ses Disciples prendre leur repas sans avoir lavé leurs mains, ils les en blâmèrent.

3. Car les Pharisiens et tous les Juifs ne mangent point qu'ils n'aient souvent lavé leurs mains, gardant en cela la tradition des anciens.

4. Et lorsqu'ils reviennent de la place publique, ils ne mangent point non plus sans s'être lavés. Ils ont encore beaucoup d'autres observances qu'ils ont reçues et qu'ils gardent, comme les purifications des coupes, des vases, des vaisseaux d'airain et des lits.

5. C'est pourquoi les Pharisiens et les Scribes dirent à *Jésus* : D'où vient que vos disciples ne se conforment pas à la tradition des anciens, mais qu'ils prennent leurs repas avec des mains impures ?

6. Jésus leur répondit : C'est avec grande raison qu'Isaïe a fait, de vous autres hypocrites, cette prophétie qui se lit dans l'Écriture : Ce

2. *Et cum vidissent quosdam ex Discipulis ejus, communibus manibus, id est non lotis, manducare panes, vituperaverunt.* (MATTH., XV, 2.)

3. *Pharisæi enim, et omnes Judæi, nisi crebro laverint manus, non manducant, tenentes traditionem seniorum :*

4. *Et a foro nisi baptizentur, non comedunt : et alia multa sunt, quæ tradita sunt illis servare, baptismata calicum, et urceorum, et æramentorum, et lectorum.*

5. *Et interrogabant eum Pharisæi et Scribæ : Quare discipuli tui non ambulant juxta traditionem seniorum, sed communibus manibus manducant panem ?*

6. *At ille respondens, dixit eis : Bene prophetavit Isaias de vobis hypocritis, sicut scriptum est : Populus hic labiis me honorat, cor autem*

corum longe est à me. (Is., XXIX, 13.)

7. *In vanum autem me colunt, docentes doctrinas et præcepta hominum.*

8. *Relinquentes enim mandatum Dei, tenetis traditionem hominum, baptismata urceorum et calicum : et alia similia his facitis multa.*

9. *Et dicebat illis : Bene irritum facitis præceptum Dei, ut traditionem vestram servetis.*

10. *Moyses enim dixit : Honora patrem tuum et matrem tuam. Et : Qui maledixerit patri, vel matri, morte moriatur.* (Exod., XX, 12, et XXI, 17; Lev., XX, 9; Deut., V, 16; Prov., XX, 20.)

11. *Vos autem dicitis : Si dixerit homo patri, aut matri, Corban (quod est donum) quodcumque ex me, tibi profuerit :*

12. *Et ultra non dimittitis eum quidquam facere patri suo, aut matri,*

peuple m'honore des lèvres, mais son cœur est loin de moi.

7. Mais c'est en vain qu'ils m'honorent, enseignant des maximes et des ordonnances humaines.

8. Car, laissant là le commandement de Dieu, vous vous attachez à la tradition des hommes, lavant les verres et les coupes, et vous livrant à beaucoup d'autres pratiques pareilles.

9. Et il leur disait : N'êtes-vous pas des gens bien religieux de détruire le commandement de Dieu, pour garder votre tradition?

10. Car Moïse a dit : Honorez votre père et votre mère. Et encore : Que celui qui maudira son père et sa mère soit puni de mort.

11. Pour vous, vous dites: Si un homme dit à son père et à sa mère : Tout don que je fais à Dieu vous soit utile, *il a satisfait à la loi.*

12. Et vous ne lui permettez pas de rien faire de plus pour son père et pour sa mère;

13. Rendant ainsi inutile le commandement de Dieu par votre tradition que vous avez vous-mêmes établie, et vous faites encore beaucoup d'autres choses semblables.

14. Et appelant de nouveau le peuple, il leur dit : Écoutez-moi, vous tous, et comprenez.

15. Rien de ce qui est extérieur et entre dans l'homme, ne peut le souiller ; mais ce qui le souille, c'est ce qui sort de l'homme.

16. Si quelqu'un a des oreilles pour entendre, qu'il entende.

17. Et après qu'il eut quitté le peuple, et qu'il fut entré dans la maison,

12. Ses Disciples, s'approchant, lui dirent : Savez-vous que les Pharisiens, ayant entendu ce que vous venez de dire, s'en sont scandalisés ?

13. Jésus leur répondit : Toute plante que mon Père céleste n'a pas plantée, sera arrachée.

14. Laissez-les : ce sont des aveugles qui conduisent d'autres aveugles ; or, si un

13. *Rescindentes verbum Dei per traditionem vestram, quam tradidistis : et similia hujusmodi multa facitis.*

14. *Et advocans iterum turbam, dicebat illis : Audite me omnes, et intelligite.* (MATTH., XV, 10.)

15. *Nihil est extra hominem introiens in eum, quod possit eum coinquinare, sed quæ de homine procedunt, illa sunt quæ communicant hominem.*

16. *Si quis habet aures audiendi, audiat.*

17. *Et cum introisset in domum à turba.*

MATTH., XV.

12... *Accedentes Discipuli ejus, dixerunt ei : Scis quia Pharisæi, audito verbo hoc, scandalizati sunt ?*

13. *At ille respondens, ait : Omnis plantatio, quam non plantavit Pater meus cœlestis, eradicabitur.* (JOAN., XV, 2.)

14. *Sinite illos : cæci sunt, et duces cæcorum ; cæcus autem si cæco ducatum præstet,*

ambo in foveam cadunt. (Luc., vi, 39.)

15. *Respondens autem Petrus dixit ei : Edissere nobis parabolam istam.* (Marc., vii, 17.)

Marc., vii.

18. *Et ait illis : Sic et vos imprudentes estis ? Non intelligitis quia omne extrinsecus introïens in hominem, non potest eum communicare :*

19. *Quia non intrat in cor ejus, sed in ventrem vadit et in secessum exit, purgans omnes escas ?*

20. *Dicebat autem, quoniam quæ de homine exeunt, illa communicant hominem.*

21. *Ab intus enim de corde hominum malæ cogitationes procedunt, adulteria, fornicationes, homicidia,* (Gen., vi. 5.)

22. *Furta, avaritiæ, nequitiæ, dolus, impudicitiæ, oculus malus, blasphemia, superbia, stultitia.*

aveugle conduit un aveugle, tous deux tomberont dans la fosse.

15. Pierre, prenant la parole, lui dit : Expliquez-nous cette parabole.

18. Et il leur dit : Quoi! vous avez encore vous-mêmes si peu d'intelligence? Ne comprenez-vous pas que tout ce qui est extérieur à l'homme, et entre en lui, ne peut le souiller,

19. Parce que cela n'entre point dans son cœur, mais va dans les entrailles, et se rejette dans un lieu secret, avec ce qu'il y a d'impur dans les aliments ?

20. Mais ce qui souille l'homme, leur disait-il, c'est ce qui sort de l'homme même.

21. Car c'est du dedans et du cœur des hommes que sortent les mauvaises pensées, les adultères, les fornications, les homicides,

22. Les vols, l'avarice, les méchancetés, la ruse, les impudicités, les regards mauvais, les blasphèmes, l'orgueil, la folie et le dérèglement de l'esprit.

23. Tous ces maux viennent du dedans, et souillent l'homme.	23. Omnia hæc mala ab intus procedunt, et communicant hominem.

RÉFLEXIONS.

1º Les Pharisiens ne se préoccupaient que des observances extérieures, et ils accusaient les Disciples du Sauveur de négligence et d'infidélité pour les prescriptions de la loi. Hélas ! ils eussent bien mieux fait de penser à eux-mêmes, au lieu de juger les autres, et de tourner en mal leurs actes ou leurs prétendues omissions. Examinons sérieusement si nous n'agissons pas ainsi à l'égard du prochain, et abandonnons à Dieu le jugement de nos frères.

2º Jésus montre aux Pharisiens qu'ils s'occupent de bagatelles, pendant qu'ils négligent les choses vraiment importantes, laissant de côté les grands préceptes divins, et en particulier celui d'honorer son père et sa mère, et de les assister dans tous leurs besoins. N'est-il pas évident que, même pour le service divin, on ne doit pas omettre de nourrir et son père et sa mère ? Prétendre honorer Dieu en ne remplissant point cette obligation sacrée, c'est vouloir s'en imposer à soi-même et aux autres.

3º Le principe du péché est dans le cœur, dans la volonté. C'est du cœur que sort tout ce qui souille l'homme. Que cette source soit bien pure, il ne s'en épanchera rien que de limpide et de bon. C'est à la purifier que doivent tendre tous nos efforts, et non à soigner, comme les Pharisiens, l'extérieur et ce qui se voit.

O mon Dieu ! inspirez-nous de l'horreur pour ces Pharisiens, pour leurs maximes et pour les règles de vie qu'ils donnent. Nous nous attachons avec tant de consolation à votre céleste doctrine !

PRIÈRES.

Ant. *Omnis plantatio quam non plantavit meus Pater cœlestis, eradicabitur, dicebat Jesus Pharisæis.*

℣. *Sinite illos : cæci sunt,*

℟. *Et duces cæcorum.*

Oremus.

Deus qui errantibus, ut in viam possint redire justitiæ, veritatis tuæ lumen ostendis, da cunctis qui christiana professione censentur et illa respuere quæ huic inimica sunt nomini, et ea quæ sunt apta sectari. Amen.

Ant. Toute plante que mon Père céleste n'a point plantée sera arrachée, disait Jésus aux Pharisiens.

℣. Laissez-les ; ils sont aveugles,

℟. Et ils conduisent des aveugles.

Oraison.

O Dieu qui montrez la lumière de votre vérité à ceux qui s'égarent, afin qu'ils puissent rentrer dans la voie de la justice, faites à ceux qui ont le titre de chrétiens la grâce de rejeter tout ce qui est contraire à ce nom, et de pratiquer tout ce qui y est conforme. Ainsi soit-il.

I. *Désobéissance et superstition des Pharisiens.* — Fig. : I *Reg.*, XIII, 9, 14; XV, 22, 25. Saül désobéissant et superstitieux. — Proph. : *Ps.*, IV, 3. *Filii hominum... utquid diligitis vanitatem et quæritis mendacium?* Enfants des hommes, pourquoi aimez-vous la vanité et recherchez-vous le mensonge?

II. *Les Pharisiens détruisant la piété filiale.* — Fig. : *Eccli.*, III, 1, 18. Nécessité de la piété filiale. — Proph. : *Is.*, XXIX, 13, 24. *Labiis suis glorificat me; cor autem ejus longe est a me.* Ce peuple me glorifie du bout des lèvres ; mais son cœur est loin de moi.

III. *C'est le cœur qui pèche.* — Fig. : *Prov.*, VI, 18. Dieu a en horreur les péchés du cœur. — Proph. : *Sap.*, I, 3, 5. *Perversæ cogitationes separant a Deo.* Les pensées mauvaises éloignent de Dieu.

Sidon.

CXXVIIe VISITE.

NOTRE-SEIGNEUR
AUX ENVIRONS DE TYR ET DE SIDON.

LA CHANANÉENNE.

Jésus se rend donc aux environs de Tyr et de Sidon, dans cette partie de la haute Galilée qui comprenait les tribus de Nephthali et d'Aser. Le saint Évangile ne nous dit point qu'il y soit allé auparavant.

Selon la tradition la plus autorisée, la rencontre de Notre-Seigneur et de la Chananéenne eut lieu à un mille de Sarepta. On sait qu'en cette ville, autrefois, le prophète Élie avait multiplié l'huile et la farine, et ressuscité le fils d'une pauvre veuve.

Si donc vous descendez de Sarepta vers la Méditerranée, après avoir parcouru la distance d'un mille, vous rencontrez les restes d'une petite chapelle : c'est là que la Chananéenne eut le bonheur de parler à Jésus et d'être exaucée.

Dans la gravure ci-dessus, la vue de Sidon donne quelque idée de l'aspect maritime que présente la contrée où se trouve en ce moment Notre-Seigneur.

ÉVANGILE.

Marc., vii.

24. *Et inde surgens abiit in fines Tyri et Sidonis: et ingressus domum, neminem voluit scire, et non potuit latere.*

24. Jésus partit ensuite de ce lieu, et s'en alla sur les confins de Tyr et de Sidon. Étant entré dans une maison, il désirait que personne ne le sût; mais il ne put y demeurer caché.

Matth., xv.

22. *Et ecce mulier Chananæa a finibus illis egressa clamavit, dicens ei: Miserere mei, Domine, fili David: filia mea male a dæmonio vexatur.*

22. Et voici qu'une femme chananéenne qui était venue de ces contrées-là se mit à crier, disant à Jésus : Seigneur, fils de David, ayez pitié de moi! Ma fille est misérablement tourmentée par le démon.

23. *Qui non respondit ei verbum. Et accedentes Discipuli ejus rogabant eum, dicentes : Dimitte eam, quia clamat post nos.*

23. Mais il ne lui répondit pas un mot. Ses Disciples s'approchèrent alors, et lui dirent en le priant : Renvoyez-la, parce qu'elle crie après nous.

24. Il leur répondit : Je n'ai été envoyé qu'aux brebis perdues de la maison d'Israël.

25. Elle vint cependant, et l'adora en disant : Seigneur, secourez-moi.

26. Jésus lui répondit : Il n'est pas juste de prendre le pain des enfants, et de le jeter aux chiens.

27. Elle reprit : Il est vrai, Seigneur ; mais les petits chiens mangent les miettes qui tombent de la table de leurs maîtres.

28. Alors Jésus lui répondit : O femme, votre foi est grande : qu'il vous soit fait comme vous le voulez. Et sa fille fut guérie à l'heure même.

30. Et, s'en étant allée dans sa maison, elle trouva sa fille couchée sur son lit et délivrée du démon.

31. Et Jésus quitta les confins de Tyr, et retourna par Sidon vers la mer de Galilée, passant au milieu du pays de la Décapole.

24. *Ipse autem respondens ait : Non sum missus nisi ad oves quæ perierunt domus Israel.* (MATTH., X, 6; JOAN., X, 3.)

25. *At illa venit et adoravit eum, dicens : Domine, adjuva me.*

26. *Qui respondens ait : Non est bonum sumere panem filiorum, et mittere canibus.*

27. *At illa dixit : Etiam, Domine : nam et catelli edunt de micis, quæ cadunt de mensa dominorum suorum.*

28. *Tunc respondens Jesus, ait illi : O mulier, magna est fides tua : fiat tibi sicut vis. Et sanata est filia ejus ex illa hora.*

MARC., VII.

30. *Et cum abiisset domum suam, invenit puellam jacentem supra lectum, et dæmonium exiisse.*

31. *Et iterum exiens de finibus Tyri, venit per Sidonem ad mare Galilææ inter medios fines Decapoleos.*

RÉFLEXIONS.

1° Pour recevoir la grâce de Dieu, on doit quitter Tyr et Sidon, les villes païennes, les villes de péché. Il faut en outre reconnaître ses fautes et les accuser humblement. Ma fille est maltraitée par le démon : *male vexatur*. La persévérance dans la prière est nécessaire, et, quand même Jésus semble sourd, on ne doit point se lasser de lui parler; et comme l'intercession des Saints est très utile auprès de lui, ne manquons pas de l'implorer. Ce fut là le rôle des Apôtres à l'égard de cette femme. O Jésus, si vous ne lui accordez pas tout de suite ce qu'elle demande, c'est que vous voulez donner du prix à sa prière et lui fournir l'occasion d'exercer sa foi.

2° O Chananéenne rejetée en apparence, vous ne vous rebutez pas. Votre cœur vous a dit que cette indifférence n'est que feinte. Vous savez que Jésus est bon ! La voilà qui recommence ses supplications : *Domine, adjuva me.* Alors Notre-Seigneur, qui veut provoquer une réponse absolue d'humilité, lui fait cette objection : *Il n'est pas juste de prendre le pain des enfants et de le donner aux chiens.* L'admirable réplique de cette femme qui prie pour sa fille ne se fait pas attendre, et la Chananéenne s'écrie : *Ah ! cela est vrai, Seigneur, mais les petits chiens mangent au moins les miettes qui tombent de la table de leurs maîtres.* O mon Sauveur, moi, je vous aurais abandonné; mais cette femme, elle, ne vous quittera pas sans que vous l'ayez exaucée.

3° Quelle récompense ! Sa fille sera guérie, et sa foi sera louée par le Sauveur. *O femme, votre foi est grande, qu'il vous soit fait selon votre prière.* Mon Sauveur, donnez-moi la grâce de me vaincre moi-même comme l'a fait la

Chananéenne de l'Évangile. Elle s'est dominée pour rester ferme dans la foi, l'humilité et la prière. Accordez-moi ces mêmes vertus, et je serai exaucé, je serai sauvé.

PRIÈRES.

ANT. Une femme vint de la région de Tyr et de Sidon. Elle priait, jetant des cris, elle priait le Sauveur pour sa fille, et elle le suppliait de plus en plus. Elle fut enfin exaucée, et son enfant fut guérie.

℣. O femme, votre foi est grande !

℟. Qu'il vous soit fait selon votre désir.

ORAISON.

O Seigneur Dieu, nous qui sommes indignes de vos grâces, et si attristés à cause de nos fautes personnelles, daignez nous réjouir par la miséricorde de votre Fils. Ainsi soit-il.

ANT. *A finibus Tyri et Sidonis veniens clamabat mulier Salvatori pro filia sua, et magis ac magis clamabat, et sanata est filia.*

℣. *O mulier, magna est fides tua !*

℟. *Fiat tibi sicut vis !*

OREMUS.

Indignos nos, quæsumus, Domine, famulos tuos quos actionis propriæ culpa contristat, unigeniti Filii tui misericordia lætifica. Amen.

La Chananéenne aux pieds de Jésus. — FIG. : III *Reg.*, XVII, 17, 19. La veuve de Sarepta aux pieds d'Élie. — PROPH. : *Ps.*, LXXXV, 16. *Respice in me... et salvum fac filium ancillæ tuæ.* Regardez-moi, Seigneur, et... sauvez le fils de votre servante.

CXXVIII^e VISITE.

LES ENVIRONS DE BETHSAIDA.

UN SOURD-MUET GUÉRI.

BETHSAIDA, l'antique cité qui vit naître Pierre, André et Philippe, n'offre aujourd'hui aux regards que des huttes de pêcheurs assises au milieu de ruines, sur des rochers à l'aspect sombre et sauvage.

C'est aux environs de cette ville détruite, sur le penchant de la montagne qui la domine, et près de la mer, qu'il faut chercher les traces de Notre-Seigneur guérissant le sourd-muet. Là il soupira, mit ses doigts divins dans les oreilles de cet homme, et plaça de sa salive sur sa langue.

ÉVANGILE.

MATTH., XV.	
29. ...*Et ascendens in montem, sedebat ibi.*	29. ...*Jésus*, ayant monté ensuite sur une montagne, s'y assit.
MARC., VII.	
32. *Et adducunt ei surdum et mutum, et deprecabantur eum, ut imponat illi manum.* (MATTH., IX, 32.)	32. Et on lui amena un homme qui était sourd et muet, et on le suppliait de lui imposer les mains.
33. *Et apprehendens eum de turba seorsum, misit digitos suos in auriculas ejus, et expuens, tetigit linguam ejus :*	33. Jésus fit sortir cet homme de la foule, lui mit ses doigts dans les oreilles, et, ayant pris de la salive, il en mit sur sa langue :

34. Et, levant les yeux au ciel, il poussa un soupir, et dit : Ephpheta, ce qui signifie, ouvrez-vous.

35. Aussitôt ses oreilles furent ouvertes, sa langue fut déliée, et il parlait distinctement.

36. Et il leur défendit d'en parler à personne ; mais plus il le leur défendait, plus ils le publiaient.

37. Et, dans l'étonnement extraordinaire où ils étaient, on les entendait dire : Il a bien fait toutes choses ; il a fait entendre les sourds et parler les muets.

34. *Et suspiciens in cœlum ingemuit, et ait illi : Ephpheta, quod est, adaperire.*

35. *Et statim apertæ sunt aures ejus, et solutum est vinculum linguæ ejus, et loquebatur recte.*

36. *Et præcepit illis ne cui dicerent. Quanto autem eis præcipiebat, tanto magis plus prædicabant :*

37. *Et eo amplius admirabantur, dicentes : Bene omnia fecit : et surdos fecit audire, et mutos loqui.*

RÉFLEXIONS.

1º On amène au Sauveur le sourd-muet. Souvent Dieu veut qu'il en soit ainsi. Ce ne sont pas ceux qui ont besoin d'être guéris qui viennent d'eux-mêmes à Jésus : ce sont les autres qui les amènent à Jésus ou à son prêtre.

2º Pour être guéri de la surdité et du mutisme spirituels, il faut se séparer du monde, quitter les affections coupables, les conversations légères, et s'humilier beaucoup. C'est alors que Jésus ferme nos oreilles à la vanité pour les ouvrir à la grâce. C'est alors qu'il donne à notre langue la puissance de louer Dieu, qu'il porte l'âme à gémir et à prier en regardant le ciel.

3º Jésus dit ensuite à cette âme : *Ephpheta*, ouvre-toi à moi, afin que j'établisse ma demeure en toi, afin que je te communique ma vie.

4° Que de merveilles en ce miracle ! Et quel autre mystère de voir Jésus demander le silence ! Il le fait afin d'enseigner l'humilité à tous. Mais l'âme qui est reconnaissante publiera quand même le divin bienfait, et rendra à Dieu toute la gloire qui lui est due.

PRIÈRES.

ANT. *Bene omnia fecit Jesus ; et surdos fecit audire et mutos loqui, dicebant turbæ. Et admirabantur omnes.*

℣. *Ephpheta, quod est, adaperire*
℟. *In odorem suavitatis.*

OREMUS.

Deus, conditor totius creaturæ, famulos tuos quos fonte baptismatis renovasti, quosque gratiæ tuæ plenitudine solidasti, in adoptionis tuæ sorte facias dignanter adscribi. Amen.

ANT. Jésus a bien fait toutes choses, disaient les foules ; il a fait entendre les sourds et parler les muets. Et tous étaient dans l'admiration.

℣. Ephpheta, c'est-à-dire, ouvrez-vous
℟. En odeur de suavité.

ORAISON.

O Dieu, créateur de tous les êtres, daignez inscrire au nombre de vos enfants adoptifs vos serviteurs que vous avez renouvelés par l'eau du baptême, et que vous avez vivifiés par l'abondance de votre grâce. Ainsi soit-il.

Guérison du sourd-muet. — FIG. : *Sap.*, X, 21. La sagesse ouvrant les lèvres d'un grand nombre d'hommes. — PROPH. : *Is.*, XXXII, 3, 4. *Aures audientium diligenter auscultabunt,... lingua balborum velociter loquetur.* Les oreilles des sourds entendront très bien,... et la langue des muets parlera de même.

Une vue du lieu de la multiplication des pains.

CXXIXe VISITE.

SECONDE MULTIPLICATION DES PAINS.

CE lieu nous est déjà connu, et nous y revenons avec émotion pour être de nouveau témoins du second miracle de la multiplication des pains et des poissons. Le double prodige, d'après la tradition, s'accomplit au même endroit. Nous sommes donc sur le rivage de la mer de Galilée, aux extrémités orientales de la grande plaine d'Hittin, à une ou deux lieues de Tibériade.

ÉVANGILE.

Matth., xv.

30. *Et accesserunt ad eum turbæ multæ, habentes secum*

30. Alors de grandes troupes de peuple vinrent

mutos, cæcos, claudos, debiles, et alios multos : et projecerunt eos ad pedes ejus, et curavit eos. (Isa., xxxv, 5.)

31. Ita ut turbæ mirarentur, videntes mutos loquentes, claudos ambulantes, cæcos videntes : et magnificabant Deum Israël.

32. Jesus autem, convocatis Discipulis suis, dixit : Misereor turbæ, quia triduo jam perseverant mecum, et non habent quod manducent : et dimittere eos jejunos nolo, ne deficiant in via.

Marc., viii.
3. ... Quidam enim ex eis de longe venerunt.

Matth., xv.
33. Et dicunt ei discipuli : Unde ergo nobis in deserto panes tantos, ut staturemus turbam tantam ?

34. Et ait illis Jesus: Quot

trouver Jésus, ayant avec elles des muets, des aveugles, des boiteux, des estropiés, et beaucoup d'autres infirmes, qu'elles mirent à ses pieds, et il les guérit.

31. De sorte que ces foules étaient dans l'admiration, voyant les muets parler, les boiteux marcher, les aveugles qui avaient recouvré la vue; et elles rendaient gloire au Dieu d'Israël.

32. Or Jésus appela ses Disciples, et leur dit : J'ai compassion de ce peuple, car voilà déjà trois jours qu'ils ne me quittent point, et ils n'ont rien à manger. Je ne veux pas les renvoyer sans qu'ils aient mangé, de peur qu'ils ne tombent en défaillance le long du chemin.

3. ... Car quelques-uns d'entre eux sont venus de loin.

33. Ses disciples lui dirent : Comment pourrons-nous trouver dans ce lieu désert assez de pain pour rassasier une aussi grande foule ?

34. Jésus leur demanda :

SECONDE MULTIPLICATION DES PAINS.

Combien avez-vous de pains? Sept, lui répondirent-ils, et quelques petits poissons.

35. Et il commanda au peuple de s'asseoir sur la terre;

36. Et, prenant les sept pains et les poissons, après avoir rendu grâces, il les rompit et les donna à ses disciples, et ses disciples les donnèrent au peuple.

37. Et tous mangèrent et furent rassasiés ; et on emporta sept corbeilles pleines des morceaux qui étaient restés.

38. Or ceux qui mangèrent ainsi étaient au nombre de quatre mille hommes, sans compter les enfants et les femmes.

39. Jésus ensuite congédia le peuple, monta sur une barque, et vint sur les confins de Magedan.

habetis panes? At illi dixerunt : Septem et paucos pisciculos.

35. *Et præcepit turbæ, ut discumberent super terram.*

36. *Et accipiens septem panes, et pisces, et gratias agens, fregit, et dedit Discipulis suis, et Discipuli dederunt populo.*

37. *Et comederunt omnes, et saturati sunt. Et quod superfuit de fragmentis, tulerunt septem sportas plenas.*

38. *Erant autem qui manducaverunt quatuor millia hominum, extra parvulos et mulieres.*

39. *Et, dimissa turba, ascendit in naviculam, et venit in fines Magedan.*

(Vid. Marc., viii, 1 à 10.)

RÉFLEXIONS.

1º O pèlerin de Terre sainte, pèlerin par le cœur, toi qui suis en pensée le Sauveur partout où il va, adore ici Jésus! Vois sa bonté pour tout un peuple; vois les attentions qu'il a pour lui. C'est ainsi que bientôt il multipliera pour le monde le pain céleste qui est son corps adorable.

2º Mange, puisque Jésus te le donne, mange le pain qui nourrit l'âme, le pain de la céleste doctrine, et puis le pain eucharistique. A celui qui le mange, la vie éternelle n'est-elle pas promise?

3º Rappelle-toi que le poisson symbolise Jésus. Chacune des lettres dont ce nom, en grec, se compose est une initiale des titres qui le désignent :

Jesus, Christus, Dei Filius, Salvator (1).

Les premiers chrétiens étaient heureux de voir leur Sauveur sous ce nom, et aussi sous cet emblème.

Pèlerin de Terre sainte, ici rappelle-toi le divin poisson Jésus-Christ, Fils de Dieu, Sauveur, qui sera à perpétuité la nourriture des hommes.

PRIÈRES.

ANT. *Patres vestri manducaverunt manna in deserto, et mortui sunt.*	ANT. Vos pères ont mangé la manne dans le désert, et ils sont morts.
℣. *Qui manducat hunc panem*	℣. Celui qui mange ce pain
℟. *Vivet in æternum.*	℟. Vivra éternellement.
OREMUS.	ORAISON.
Fac nos, quæsumus, Domine, divinitatis tuæ sempiterna fruitione repleri : quam	Faites-nous la grâce, Seigneur, d'être rassasiés éternellement par la jouissance

---

1. Ιχθυς, poisson : c'est-à-dire (I) *Jesus* (χ) *Christus* (θ) *Dei* (υ) *filius* (ς) *Salvator,* ou en grec : Ιησους Χριστος Θεου Υιος Σωτηρ.

SECONDE MULTIPLICATION DES PAINS.

de votre divinité, qui nous est si admirablement figurée par la réception temporelle de votre corps et de votre sang précieux. Ainsi soit-il.	*pretiosi corporis et sanguinis tui temporalis perceptio præfigurat. Amen.*

Jésus nourrit quatre mille hommes avec sept pains. — Fig. : IV Reg., IV, 42, 44. Elisée nourrit une multitude avec quelques pains. — Proph. : Ps., cx, 4. *Memoriam fecit mirabilium suorum... escam dedit timentibus se.* Le Seigneur a laissé un souvenir de ses merveilles ; il a donné une nourriture à ceux qui le craignent.

CXXXe VISITE.

MAGEDAN OU DALMANUTHA.

LE SIGNE DE JONAS INDIQUÉ POUR LA SECONDE FOIS.

En terminant le récit évangélique de la visite précédente, nous avons vu que le Sauveur vint alors sur les confins de Magedan. Nous ne connaissons que par conjecture la place de Magedan et de Dalmanutha, qui même ne faisaient peut-être qu'une seule ville, sous deux noms différents.

D'après saint Jérôme, Dalmanutha était une petite ville de la tribu de Manassé, au delà de la mer de Galilée, à peu de distance de Gérasa. Les Romains l'ont détruite de fond en comble. Dalmanutha et Magedan n'ont laissé aucun souvenir dans la tradition locale.

C'est donc à Dalmanutha que fut prophétisée, pour la seconde fois, la résurrection du Sauveur, sous la figure de Jonas. En effet, Jésus évoque le souvenir de Jonas dans la partie du texte sacré que nous avons en ce moment sous les yeux. (*Voir Visite XCVIe.*)

ÉVANGILE.

MATTH., XVI.

1. *Et accesserunt ad eum Pharisæi et Sadducæi tentantes: et rogaverunt eum ut signum de cœlo ostenderet eis.*

2. *At ille respondens, ait illis: Facto vespere dicitis:*

1. Alors les Pharisiens et les Sadducéens vinrent à Jésus pour le tenter, et le prièrent de leur faire voir quelque prodige dans le ciel.

2. Mais il leur répondit: Le soir vous dites: Il fera

beau, car le ciel est rouge.

3. Et le matin vous dites : Il y aura aujourd'hui de l'orage, parce que le ciel est sombre et rougeâtre.

4. Vous savez donc discerner *ce que présagent* les diverses apparences du ciel; et vous ne savez point reconnaître les signes des temps *que Dieu a marqués?* Cette génération corrompue et adultère demande un prodige; et il ne lui en sera pas donné d'autre que celui du prophète Jonas.

13. Et, les ayant quittés, il remonta dans la barque et passa à l'autre bord.

14. Et les Disciples oublièrent de prendre des pains, et ils n'en avaient qu'un seul dans la barque.

15. Alors Jésus leur donna ce précepte : Prenez garde, et méfiez-vous du levain des Pharisiens et du levain d'Hérode.

16. Et ils pensaient et se disaient l'un à l'autre : C'est parce que nous n'avons pas de pain.

17. Ce que Jésus connais-

Serenum erit, rubicundum est enim cœlum.

3. *Et mane : Hodie tempestas, rutilat enim triste cœlum.*

4. *Faciem ergo cœli dijudicare nostis : signa autem temporum non potestis scire? Generatio mala et adultera signum quærit : et signum non dabitur ei, nisi signum Jonæ prophetæ.* (Jon., II, 1. Matth., XII, 40. Joan., VI, 9.)

Marc., VIII.

13. *Et dimittens eos, ascendit iterum navim, et abiit trans fretum.*

14. *Et obliti sunt panes sumere : et nisi unum panem non habebant secum in navi.*

15. *Et præcipiebat eis, dicens : Videte, et cavete a fermento Pharisæorum, et fermento Herodis.*

16. *Et cogitabant ad alterutrum, dicentes : Quia panes non habemus.*

17. *Quo cognito, ait illis*

Jesus : *Quid cogitatis, quia panes non habetis? Nondum cognoscitis nec intelligitis? adhuc cæcatum habetis cor vestrum?*

18. *Oculos habentes non videtis? et aures habentes non auditis? Nec recordamini.* (MARC., VI, 41. JOAN., VI, 11.)

19. *Quando quinque panes fregi in quinque millia : quot cophinos fragmentorum plenos sustulistis? Dicunt ei : Duodecim.*

20. *Quando et septem panes in quatuor millia : quot sportas fragmentorum tulistis? Et dicunt ei ; Septem.*

21. *Et dicebat eis :...*
MATTH., XVI.
11. *Quare non intelligitis, quia non de pane dixi vobis : Cavete a fermento Pharisæorum et Sadducæorum?*

sant, il leur dit : Pourquoi vous entretenez-vous de cette pensée que vous n'avez pas de pain? Vous n'avez donc encore ni sens ni intelligence, et votre cœur est toujours dans l'aveuglement?

18. Est-ce que vous aurez toujours des yeux pour ne point voir, des oreilles pour ne point entendre? Et avez-vous perdu la mémoire?

19. Lorsque je rompis les cinq pains pour les cinq mille hommes, combien remportâtes-vous de corbeilles remplies des morceaux *qui étaient restés?* Douze, lui dirent-ils.

20. Et lorsque je rompis les sept pains pour quatre mille hommes, combien remportâtes-vous de paniers pleins des restes? Sept, lui dirent-ils.

21. Et il leur disait :...

11. Comment ne comprenez-vous pas que ce n'est point de ce pain que je vous parlais, lorsque je vous ai dit : Gardez-vous du levain des Pharisiens et des Sadducéens?

12. Alors ils comprirent qu'il ne leur avait pas dit de se garder du levain qu'on met dans le pain, mais de la doctrine des Pharisiens et des Sadducéens.	12. *Tunc intellexerunt, quia non dixerit cavendum a fermento panum, sed a doctrina Pharisæorum et Sadducæorum.*

RÉFLEXIONS.

1° Dieu a créé le monde ; il a fait les lois qui le régissent, et seul il peut changer ces lois ou les suspendre. Jésus-Christ vient, déclare qu'il est Dieu, et fait, pour le prouver, un acte de Dieu, en suspendant ou changeant les lois de la nature, c'est-à-dire en opérant un miracle. Nous devons donc croire qu'il est Dieu. Ses miracles étaient tellement nombreux, tellement publics et évidents, qu'il n'y avait pas lieu de les mettre en doute. Et là était le grand péché des Pharisiens. Là serait le nôtre de ne pas comprendre, après bientôt vingt siècles de christianisme, que la divinité est en Jésus-Christ.

2° Notre-Seigneur condamne en ce discours ceux qui mettent toute leur sollicitude, tous leurs soins à se procurer ce qui satisfait les besoins matériels de l'homme ici-bas, comme si en cela consistait la principale affaire de la vie présente. Confions-nous donc en la providence de Jésus, ce Dieu de bonté, qui, avec l'abondance des biens terrestres, nous donnera la plénitude des biens célestes.

3° Notre-Seigneur condamne plus encore ceux qui suivent d'autres doctrines que la sienne et que celle de son Église. Ils doivent à tout prix renoncer aux maximes du monde, à l'amour-propre, aux principes des mondains et des pharisiens contemporains, s'ils veulent vivre selon l'Évangile. O bon Sauveur, daignez nous accorder cette grande grâce.

PRIÈRES.

Ant. *Ad orientem maris Galileæ, circa Gerasam, in Magedan Christus indicavit Pharisæis signum Jonæ prophetæ esse signum suæ sepulturæ ac resurrectionis.*

℣. *Oculos habentes, non videtis;*
℟. *Aures habentes, non auditis.*

Oremus.

Omnipotens sempiterne Deus, qui, resurgens a mortuis, passione consummata, potentiorem te tuis Discipulis reddidisti, concede propitius, ut nos quoque, resurrectionis tuæ mysteria recolentes, præsentiæ divinæ beneficia consequamur. Amen.

Ant. A l'orient de la mer de Galilée, en Magedan, auprès de Gérasa, le Christ indiqua aux Pharisiens le miracle de Jonas comme la figure de sa sépulture et de sa résurrection.

℣. Ayant des yeux, vous ne voyez point;
℟. Ayant des oreilles, vous n'entendez point.

Oraison.

Seigneur Dieu éternel et souverain, qui, en ressuscitant d'entre les morts, après avoir subi votre passion, vous êtes montré à vos Apôtres plus puissant que jamais, accordez-nous de vénérer les mystères de votre résurrection, et de jouir toujours de votre divine présence. Ainsi soit-il.

I. *Jésus ressuscitera.* — Fig. : Jon., ii. Le signe du prophète Jonas.—Proph. : Ps., xxix, 4. *Domine, eduxisti ab inferno animam meam.* Seigneur, vous avez arraché mon âme au sépulcre.

II. *De la doctrine des Pharisiens.* — Fig. : Jér., xxiii, 16, 40. Il faut fuir et repousser la science des faux prophètes. — Proph. : Eccli., xi, 31, 36. *Attende tibi a pestifero, fabricat enim mala.* Méfiez-vous des méchants, car ils distillent le mal.

Bethsaïda.

CXXXIe VISITE.

BETHSAÏDA.

UN AVEUGLE EST GUÉRI PEU A PEU PAR JÉSUS.

CETTE cité qui nous est déjà si connue, nous la revoyons avec un nouveau charme, et nous y entrons encore volontiers avec Jésus.

Hélas! elle a mérité la malédiction du Sauveur: *Væ tibi, Bethsaïda!* malheur à toi, Bethsaïda! lui a dit le divin Maître. Depuis longtemps, la cité que le tétrarque Philippe fit appeler Juliade pour flatter l'empereur Auguste n'existe plus. On sait qu'elle était au pied d'une montagne assez élevée; que l'eau qui tombait des montagnes environnantes passait par Bethsaïda, ce qui lui valut le surnom dont la signification serait: *maison où l'eau s'écoule.* Il y a d'ailleurs des auteurs, on peut se le rappeler, qui attribuent à Bethsaïda la signification de *maison de pêche*.

Tout ce qui reste de cette ville, ce sont les ruines d'une église.

ÉVANGILE.

Marc., VIII.

22. *Et veniunt Bethsaïdam, et adducunt ei cæcum, et rogabant eum ut illum tangeret.*

23. *Et apprehensa manu cæci, eduxit eum extra vicum: et expuens in oculos ejus, impositis manibus suis, interrogavit eum si quid videret.*

24. *Et aspiciens, ait : Video homines velut arbores ambulantes.*

25. *Deinde iterum imposuit manus super oculos ejus : et cœpit videre, et restitutus est, ita ut clare videret omnia.*

26. *Et misit illum in domum suam, dicens : Vade in domum tuam : et si in vicum introïeris, nemini dixeris.*

22. Et ils arrivent à Bethsaïda ; et on amène à *Jésus* un aveugle, qu'on le priait de toucher.

23. Prenant l'aveugle par la main, il le conduisit hors du bourg, lui mit de la salive sur les yeux ; et lui ayant imposé les mains, il lui demanda s'il voyait quelque chose.

24. Cet homme, regardant, lui dit : Je vois marcher des hommes, *qui me paraissent* comme des arbres.

25. Jésus lui mit encore une fois les mains sur les yeux, et il commença à *mieux* voir ; et *enfin* il fut si bien guéri, qu'il voyait distinctement tous les objets.

26. Et il le renvoya dans sa maison en lui disant : Allez dans votre maison, et si vous entrez dans le bourg, n'y dites à personne *ce qui vous est arrivé*.

RÉFLEXIONS.

1° On amène à notre divin Sauveur un aveugle. Cette fois Jésus ne lui rend pas subitement la lumière. Ordinairement, il disait un mot, et c'était fait. Dans la circonstance présente, au lieu de dire à l'aveugle : *Vois*, Jésus le prend par la main, le conduit hors du bourg, lui met de la salive sur les yeux, lui impose les mains, lui fait voir les objets confusément, puis plus clairement ; enfin, de nouveau, il lui impose les mains et le guérit. Pourquoi tout cela ? Afin d'augmenter la foi de ceux qui demandaient le miracle, et aussi pour rendre plus humble celui qui allait être guéri, et accroître la ferveur de sa prière. Ainsi Dieu, plus d'une fois, agit à l'égard des âmes ; et le prêtre souvent doit se conduire de cette façon, quand il a à guérir des aveugles spirituels.

2° Quand la lumière commence à être rendue à une âme que le mal et les préjugés ont aveuglée, les objets de l'ordre surnaturel et la vérité ne lui apparaissent pas encore ce qu'ils sont ; mais patience ! Dieu, le ciel, les espérances éternelles ne tarderont pas à briller devant lui dans leur consolante réalité, et alors quelle joie !

3° Notre-Seigneur recommande à l'aveugle guéri de ne rien dire dans Bethsaïda, qui ne mérite pas un don pareil, et qui n'est pas digne des bienfaits célestes. Dans cette ville où ont été choisis trois apôtres, on ne veut pas profiter des grâces du Rédempteur, et on attire sa malédiction. Il n'en sera pas ainsi de nous, ô Jésus ! Vos faveurs feront naître en nos cœurs à jamais les sentiments de la plus vive reconnaissance !

PRIÈRES.

ANT. Et ils viennent à Bethsaïda, et on amène à Jésus un aveugle, que le Seigneur guérit peu à peu, hors de la ville.

℣. Et il commença à voir,

℟. Et il fut si bien guéri qu'il voyait distinctement tous les objets.

ORAISON.

O Dieu, qui seul restez immuable au-dessus de toute chose qui passe, donnez à nos cœurs un grand courage, afin qu'après nous avoir délivrés des nuages de l'ignorance, vous nous placiez dans la lumière de la vérité. Ainsi soit-il.

ANT. *Et veniunt Bethsaïdam, et adducunt ei cæcum quem sensim curavit Dominus extra vicum.*

℣. *Et cœpit videre,*

℟. *Et restitutus est ita ut clare videret omnia.*

OREMUS.

Deus, qui super omnia mutabilia incommutabilis permanes, da vigorem cordibus nostris : ut omni nos ignorantiæ caligine liberatos in veritatis tuæ luce constituas. Amen.

Guérison de l'aveugle. — FIG. : *Tob.*, XI, 7, 15. Guérison de Tobie. — PROPH. : *Is., L,* 10. *Qui ambulavit in tenebris... speret in nomine Domini.* Que celui qui marche dans les ténèbres, mette sa confiance dans le nom du Seigneur.

Environs de Césarée de Philippe.

CXXXIIe VISITE.

CÉSARÉE DE PHILIPPE.

SAINT PIERRE EST ÉTABLI LE FONDEMENT DE L'ÉGLISE.

DANS la tribu de Nephthali se trouvait une ancienne ville appelée Dan. Cette cité était également connue sous le nom de Pan ou Panéas, à cause du dieu Pan, auquel on rendait là un culte célèbre. Plus tard Jéroboam y fit exposer un veau d'or à l'adoration du peuple. D'après l'opinion commune, c'est bien cette ville de Dan que Philippe, fils d'Hérode le Grand, restaura et embellit, et qu'il nomma Césarée de Philippe, pour la distinguer de Césarée de Palestine.

Césarée de Philippe, dont on ne voit plus que des ruines, représentées dans la gravure, se trouvait au confluent de deux ruisseaux qui donnent naissance au Jourdain.

On sait qu'il y eut autrefois à Césarée de Philippe un siège épiscopal.

Ce fut donc près de cette cité que Jésus, marchant avec ses douze Apôtres, les interrogea sur ce qu'on pensait de lui. Ce fut là que Pierre, *Bouche des Apôtres et Voix de l'Église*, dit à Notre-Seigneur : Vous êtes le Christ, le Fils du Dieu vivant.

Comme en ce lieu on sent le besoin de louer le Seigneur pour ce don admirable de la foi qu'il a accordé à saint Pierre et à ses successeurs !

ÉVANGILE.

MARC., VIII.

27. *Et egressus est Jesus, et Discipuli ejus, in castella Cæsareæ Philippi : et in via interrogabat Discipulos suos, dicens eis : Quem me dicunt esse homines ?*

MATTH., XVI.

14. *At illi dixerunt : Alii Joannem Baptistam, alii autem Eliam, alii vero Jeremiam, aut unum ex prophetis.*

15. *Dicit illis Jesus : Vos autem quem me esse dicitis ?*

16. *Respondens Simon Petrus, dixit : Tu es Christus, Filius Dei vivi.* (JOAN., VI, 70.)

27. Jésus partit de là avec ses Disciples, pour aller dans les villages des environs de Césarée de Philippe, et il leur fit en chemin, cette question : Qui dit-on que je suis ?

14. Ils répondirent : Les uns disent que vous êtes Jean-Baptiste ; les autres, Élie ; d'autres enfin, Jérémie, ou quelqu'un des prophètes.

15. Jésus leur dit : Mais vous, qui dites-vous que je suis ?

16. Simon-Pierre, prenant la parole, dit : Vous êtes le Christ, le Fils du Dieu vivant.

17. Jésus lui répondit : Vous êtes heureux, Simon, fils de Jona ; car ce n'est point la chair et le sang qui vous l'ont révélé, mais mon Père qui est dans le ciel.

18. Et moi, je vous dis que vous êtes Pierre, et sur cette pierre je bâtirai mon Église, et les portes de l'enfer ne prévaudront pas contre elle ;

19. Et je vous donnerai les clefs du royaume des cieux. Et tout ce que vous lierez sur la terre sera lié dans le ciel, et tout ce que vous délierez sur la terre sera délié dans le ciel.

20. En même temps, il commanda à ses Disciples de ne dire à personne qu'il fût lui-même Jésus le Christ.

17. *Respondens autem Jesus, dixit ei : Beatus es, Simon Barjona, quia caro, et sanguis non revelavit tibi, sed Pater meus, qui in cœlis est.*

18. *Et ego dico tibi, quia tu es Petrus, et super hanc Petram ædificabo Ecclesiam meam, et portæ inferi non prævalebunt adversus eam.* (JOAN., XII, 42.)

19. *Et tibi dabo claves regni cœlorum. Et quodcumque ligaveris super terram, erit ligatum et in cœlis : et quodcumque solveris super terram, erit solutum et in cœlis.* (Is., XXII, 22. JOAN., XX, 23.)

20. *Tunc præcepit Discipulis suis, ut nemini dicerent quia ipse esset Jesus Christus.* (Vide Luc., IX, 18-27.)

RÉFLEXIONS.

1° Ce n'est pas dans la pensée d'une vaine gloire humaine que le Seigneur parle ici à ses Apôtres. Il veut leur enseigner la vérité, et il la tire, cette vérité, de la bouche de saint Pierre. Cette bouche en sera plus tard l'organe infaillible. O Jésus, donnez-moi toujours une soumission empressée à votre sainte Église et à son chef.

2° Et de nous-mêmes, qu'en disent-ils, les hommes ? S'ils

disent du mal de nous, et que ce mal soit vrai, nous devons nous réformer; s'ils en disent du bien, nous devons persévérer. Ceci est la pensée de saint Thomas d'Aquin. Enfin, si nous ne pouvons empêcher qu'on dise du mal de nous, au moins devons-nous n'y pas donner occasion.

3° Notre-Seigneur veut que ses Apôtres lui rendent un plus parfait témoignage, puisqu'ils le connaissent plus intimement. Pierre se lève au nom de tous, et il proclame Jésus, *le Fils du Dieu vivant*. Que de fois nous avons donné ce même témoignage à Jésus, et que de fois nous avons refusé de l'honorer ensuite par la sainteté de notre vie!!...

4° Le monde et le démon ne sauraient révéler ce qui est de Dieu : il ne faut pas écouter le monde, ni la chair, ni le sang; il ne faut pas aimer les biens périssables de la terre, si on veut avoir foi en Jésus et lui être fidèle jusqu'à la mort. Prêtons l'oreille à Dieu qui nous parle ; n'écoutons que lui seul, et mettons sous nos pieds le démon, le monde, la chair, le sang, avec toutes les doctrines qu'ils préconisent. Alors les portes de l'enfer ne pourront prévaloir contre nous.

PRIÈRES.

Ant. *Dixit Jesus apud Cæsaream Philippi : Beatus es, Simon Barjona, quia caro et sanguis non revelavit tibi, sed Pater meus qui in cœlis est. Et ego dico tibi quia*

℣. *Tu es Petrus,*

℟. *Et super hanc petram ædificabo Ecclesiam meam.*

Ant. Jésus, étant auprès de Césarée de Philippe, dit à Pierre : Tu es bienheureux, Simon, parce que ce n'est ni le sang ni la chair qui te l'a révélé, mais mon Père qui est dans les cieux. Et moi, je te dis que

℣. Tu es Pierre,

℟. Et sur cette pierre je bâtirai mon Église.

Oraison.	Oremus.
O Dieu, qui en confiant à saint Pierre, votre apôtre, les clefs du royaume céleste, lui avez donné le pouvoir de lier et de délier, accordez-nous, par son intercession, la grâce d'être délivrés des chaînes de nos iniquités. Ainsi soit-il.	*Deus, qui beato Petro, apostolo tuo, collatis clavibus regni cœlestis ligandi atque solvendi pontificium tradidisti, concede, ut intercessionis ejus auxilio a peccatorum nostrorum nexibus liberemur. Amen.*

Saint Pierre fondement de l'Église. — Fig. : *Ex.*, IV, 17; VII, 1. La verge et la puissance données à Moïse. — Proph. : *Is.*, XXII, 22. *Dabo clavem domus David super humerum ejus.* Je chargerai Éliacin des clefs de la maison de David.

Sources du Jourdain.

CXXXIIIe VISITE.

LES SOURCES DU JOURDAIN
ET LES ENVIRONS DE CÉSARÉE DE PHILIPPE.

LEÇON DONNÉE A SAINT PIERRE.

POUR accompagner Notre-Seigneur aux environs de Césarée de Philippe, où nous recueillons les divins enseignements qu'il a donnés en ces lieux, nous avons dû passer avec lui près des sources du Jourdain.

Il est doux sans doute de s'y arrêter un instant, et c'est ce que nous allons faire. Au levant de Césarée de Philippe voyez-vous deux ruisseaux se réunir? Quand ils coulaient séparément, ils avaient chacun leur nom distinct: c'était le Jor et le Dan. Ici, à l'endroit où leurs eaux se mêlent, leurs noms se confondent, et on a le Jordan ou Jourdain, qui veut dire en hébreu *le Fleuve du jugement*. Ces ruisseaux s'épanchent de deux étangs situés au pied du mont Liban.

ÉVANGILE.

21. A dater de ce jour, Jésus commença à découvrir à ses disciples qu'il fallait qu'il allât à Jérusalem, et y souffrît beaucoup, de la part des sénateurs et des princes des prêtres ; qu'il y fût mis à mort, et qu'il ressuscitât le troisième jour.

32. Et il en parlait ouvertement...

22. Et Pierre, le tirant à part, se mit à le reprendre, disant : Non, Seigneur, à Dieu ne plaise, non, cela ne vous arrivera pas.

23. Mais Jésus, se retournant, dit à Pierre : Retirez-vous de moi, Satan ; vous m'êtes un sujet de scandale ; vous n'avez pas le sentiment des choses de Dieu ; vous ne goûtez que celles des hommes.

MATTH., XVI.
21. *Exinde cœpit Jesus ostendere Discipulis suis, quia oporteret eum ire Jerosolymam, et multa pati a senioribus, et principibus sacerdotum, et occidi, et tertia die resurgere.*

MARC., VIII.
32. *Et palam verbum loquebatur...*

MATTH., XVI.
22. *Et assumens eum Petrus, cœpit increpare illum dicens : Absit a te, Domine : non erit tibi hoc.*

23. *Qui conversus, dixit Petro : Vade post me, Satana, scandalum es mihi : quia non sapis ea quæ Dei sunt, sed ea quæ hominum.*

RÉFLEXIONS.

1° Aussitôt après l'admirable confession de Pierre, Notre-Seigneur prédit sa Passion, car il ne suffit pas de croire que Jésus est le Fils de Dieu, il faut croire aussi qu'il est le Rédempteur, qu'il a souffert et qu'il est mort pour nous. Jésus nous apprend ici à opposer aux louanges et aux pensées d'orgueil qu'elles peuvent faire naître des paroles et des actes d'humilité.

Le Sauveur veut de plus enseigner à ses Disciples qu'ils ne devront pas se scandaliser s'ils le voient souffrir, puisqu'il le fera librement et volontairement.

2° Pierre ose dire à son Maître : Non, il ne faut pas que vous souffriez. Jésus répond : Il le faut. Ah! comme Pierre, nous n'eussions pas compris ces mystères, et nous eussions dit à Notre-Seigneur : De grâce, ne laissez pas la tribulation vous atteindre! Et cependant en sa passion était notre salut.

3° Le bon Sauveur ne ménage point saint Pierre. Il le repousse comme un objet de scandale, comme un suppôt de Satan.

N'est-il pas en effet l'ennemi de Dieu, celui qui s'oppose à l'accomplissement de la volonté du Maître du ciel? N'écoutons donc jamais celui qui voudrait nous détourner de faire la volonté de Dieu dans les moindres choses, et surtout dans la souffrance.

PRIÈRES.

Ant. *Cœpit Jesus ostendere Discipulis suis, quia oportebat Christum multa pati a senioribus et principibus sacerdo-*

Ant. Jésus commença à montrer à ses Disciples qu'il fallait qu'il allât à Jérusalem, qu'il y souffrît beaucoup de la part des anciens et des princes des prêtres, et qu'il y fût mis à mort, pour ressusciter le troisième jour.

℣. O Pierre, tu es pour moi un sujet de scandale;
℟. Tu ne comprends rien aux choses de Dieu.

ORAISON.

Dieu tout-puissant et éternel, faites-nous la grâce d'avoir pour les mystères de votre Passion un tel amour, que nous méritions de votre bonté le pardon de nos péchés. Ainsi soit-il.

tum, et occidi, et tertia die resurgere.

℣. *Scandalum mihi es :*
℟. *Non sapis ea quæ Dei sunt.*

OREMUS.

Omnipotens sempiterne Deus, da nobis ita dominicæ Passionis sacramenta diligere : ut indulgentiam delictorum percipere mereamur. Amen.

Passion et résurrection prédites. — FIG. : II Reg., XXII, 49. Au milieu des tribulations, David met sa confiance dans le Seigneur. — PROPH. : Ps., XVII, 49. *Ab insurgentibus in me exaltabis me et a viro iniquo eripies me.* Vous me glorifierez en face de ceux qui se sont révoltés contre moi, et vous me soustrairez à la poursuite des méchants.

CXXXIVe VISITE.

LES ENVIRONS DE CÉSARÉE DE PHILIPPE

IL FAUT SUIVRE JÉSUS.

REPOSONS-NOUS dans ces paisibles contrées des sources du Jourdain, où Notre-Seigneur nous a amenés et où il enseigna la foule.

Au pied des montagnes de l'Anti-Liban, au milieu d'une nature admirable par sa féconde beauté, on trouve dans les paroles de Notre-Seigneur une vertu si douce ; et comme le cœur s'ouvre large à cette divine sentence : Que sert à l'homme de gagner l'univers, s'il vient à perdre son âme !

ÉVANGILE.

Marc., VIII.

34. *Et convocata turba cum Discipulis suis, dixit eis : Si quis vult me sequi, deneget semetipsum : et tollat crucem suam, et sequatur me.* (Matth., x, 38. Luc., ix, 23 ; xiv, 27.)

35. *Qui enim voluerit animam suam salvam facere, perdet eam : qui autem perdiderit animam suam propter me et Evangelium, salvam faciet eam.* (Luc., xvii, 33.)

36. *Quid enim proderit*

34. Jésus, appelant à lui le peuple avec ses disciples, leur dit : Si quelqu'un veut venir après moi, qu'il se renonce lui-même, qu'il porte sa croix et qu'il me suive.

35. Car celui qui voudra sauver sa vie la perdra, et celui qui la perdra, pour l'amour de moi et de l'Évangile, la sauvera.

36. Que servirait-il en

effet à l'homme de gagner l'univers, s'il vient à se perdre lui-même ?

37. Et en échange pour son âme que pourra-t-il donner?

38. Car celui qui aura rougi de moi et de ma parole, au milieu de cette génération adultère et corrompue, le Fils de l'homme rougira aussi de lui, lorsqu'il viendra dans la gloire de son Père, et avec les saints anges.

39. Et il ajouta : Je vous le dis en vérité, il y en a quelques-uns de ceux qui sont ici présents qui ne mourront point, avant d'avoir vu le règne de Dieu arriver dans toute sa puissance.

homini, si lucretur mundum totum : et detrimentum animæ suæ faciat? (JOAN., XII, 25.)

37. *Aut quid dabit homo commutationis pro anima sua ?*

38. *Qui enim me confusus fuerit, et verba mea, in generatione ista adultera et peccatrice : et Filius hominis confundetur eum, cum venerit in gloria Patris sui, cum angelis sanctis.* (MATTH., X, 33; LUC., XII, 9.)

39. *Et dicebat illis : Amen dico vobis, quia sunt quidam de hic stantibus, qui non gustabunt mortem, donec videant regnum Dei veniens in virtute.*

Vid. MATTH., XVI, 24-28; LUC., IX, 23-26.

RÉFLEXIONS.

1° Notre-Seigneur convoque la foule. Ce n'est donc plus en ce moment un enseignement secret que les Apôtres doivent garder pour eux. Le devoir de tout le monde est de suivre Jésus. O Sauveur, donnez-moi la volonté de vous suivre ! Un simple désir ne serait pas assez. C'est une volonté inébranlable, qui ne se démente jamais, qu'il me faut.

2° Je veux suivre Jésus, je le veux à tout prix. Mais qu'ai-je à faire pour cela? D'abord pratiquer l'abnégation. Il ne faut pas seulement se dépouiller des choses du dehors, mais des choses du dedans, de l'amour-propre, du jugement personnel, des affections et des désirs mauvais. C'est le commencement de la vraie vie chrétienne.

3o Je veux suivre Jésus; qu'ai-je encore à faire? Le Sauveur l'a indiqué : Je dois porter ma croix; c'est-à-dire accepter de la main de Dieu toutes les peines de l'âme et du corps. Au Sauveur, je ne puis refuser cela, car si je porte ma croix, il me précède en portant la sienne, et il a mille douceurs pour me rendre moins lourd mon fardeau. C'est ainsi que, soutenu par sa grâce, je suis en mesure de *suivre Jésus*. C'est là le but de toute vie chrétienne. Et à cela il faut travailler sans relâche. Courage donc, ô mon âme, car la récompense sera grande : vivre dans le ciel de la vie éternelle de Jésus, le Fils du Dieu vivant.

PRIÈRES.

Ant. *Si quis vult post me venire, abneget semetipsum, tollat crucem suam, et sequatur me.*

℣. *Quid enim prodest homini si mundum universum lucretur,*

℟. *Animæ vero suæ detrimentum patiatur?*

Oremus.

Redemptor noster, aspice, Deus, et tibi nos jugiter servire concede. Amen.

Ant. Si quelqu'un veut venir après moi, qu'il se renonce soi-même, qu'il porte sa croix et qu'il me suive.

℣. Que sert à l'homme de gagner l'univers,

℟. S'il vient à perdre son âme?

Oraison.

Regardez-nous, ô divin Rédempteur, et accordez-nous la grâce de vous servir toujours. Ainsi soit-il.

Porter la croix. — Fig. : *Job*, vii. La vie humaine est pleine de misères. — Proph. : *Zach.*, ii, 8. *Qui tetigerit vos, tangit pupillam oculi mei.* Celui qui vous blessera, blessera la prunelle de mes yeux.

Le Thabor.

CXXXVe VISITE.

LE THABOR.

TRANSFIGURATION DE NOTRE-SEIGNEUR.

Le Thabor est la plus haute et la dernière montagne de la Galilée, au sud.

Les flancs de cette montagne, qui affecte la forme d'un cône renversé et tronqué, sont tapissés de gras pâturages semés d'une infinité de fleurs et plantés d'une grande variété d'arbres, parmi lesquels des chênes, des pistachiers, et cela jusqu'au haut. La pente, au reste, en est uniforme et rapide, et le sommet, qui est plat, mesure environ une demi-lieue de circonférence. On jouit là d'une vue magnifique. Vous avez au levant la mer de Galilée et les montagnes de Galaad, au nord l'Hermon, les montagnes de la Galilée supérieure, au couchant le Carmel, avec les souvenirs du sacrifice d'Élie; au midi le petit Hermon, les villes de Naïm et d'Endor, puis, plus loin les montagnes de la Samarie. Mais toutes ces magnificences sont effacées par le souvenir de la Transfiguration de Notre-Seigneur, dont ce plateau fut le théâtre. En ce lieu, sainte Hélène avait fait construire une belle église, dont les Croisés relevèrent les ruines. Les musulmans s'emparèrent du nouveau temple, et le renversèrent de fond en comble. Enfin, de nos jours, une moitié de ce plateau, éclairé des splendeurs de la gloire du Fils de Dieu, appartient aux catholiques, et l'autre moitié aux schismatiques grecs.

Quelque chose, en vérité, est demeuré là des consolations qui faisaient dire à saint Pierre : « Seigneur, il fait bon ici », et on y éprouve comme une sorte d'avant-goût de la béatitude éternelle. Quelle région sereine et paisible !

Chose étrange par le contraste ! Au pied du Thabor se déroule au midi, à l'est et au couchant la vaste plaine d'Esdrelon, qui a vu couler plus de sang humain qu'aucun autre pays du monde. Depuis le temps des Juges, jusqu'à Napoléon Ier, sur cette terre, plusieurs fois par siècle, ont été livrés les plus sanglants et les plus meurtriers combats !

La montagne et la plaine ainsi rapprochées nous offrent l'image de la terre, qui est remplie d'épreuves, à côté de l'image du ciel, où habite la paix et le bonheur.

ÉVANGILE.

Luc., ix.

28. *Factum est autem post hæc verba fere dies octo, et assumpsit Petrum, et Jacobum, et Joannem, et ascendit in montem ut oraret.*

28. Environ huit jours après qu'il eut dit ces paroles, *Jésus* prit avec lui Pierre, Jacques et Jean, et monta sur une montagne pour prier.

29. Or, pendant qu'il priait, son visage changea, ses vêtements devinrent blancs et éclatants de lumière.

30. Et voilà que deux hommes parlaient avec lui. C'était Moïse et Élie.

31. Ils paraissaient pleins de majesté, et ils lui parlaient de sa sortie du monde qui devait arriver dans Jérusalem.

32. Cependant Pierre et ceux qui étaient avec lui s'étaient endormis d'un profond sommeil. Et, se réveillant, ils virent *Jésus* dans sa gloire, et les deux hommes qui étaient avec lui.

33. Et comme *Moïse et Élie* se séparaient de *Jésus*, Pierre lui dit : Maître, nous sommes bien ici; faisons-y trois tentes, une pour vous, une pour Moïse et une pour Élie. Mais *Pierre* ne savait ce qu'il disait.

34. Il parlait encore lorsqu'il parut une nuée lumineuse qui les couvrit, et ils furent saisis de frayeur en les voyant entrer dans cette nuée.

35. Et de la nuée sortit

29. *Et facta est, dum oraret, species vultus ejus altera: et vestitus ejus albus et refulgens.*

30. *Et ecce duo viri loquebantur cum illo. Erant autem Moyses et Elias,*

31. *Visi in majestate: et dicebant excessum ejus, quem completurus erat in Jerusalem.*

32. *Petrus vero, et qui cum illo erant, gravati erant somno. Et evigilantes viderunt majestatem ejus, et duos viros, qui stabant cum illo.*

33. *Et factum est, cum discederent ab illo, ait Petrus ad Jesum: Præceptor, bonum est nos hic esse: et faciamus tria tabernacula, unum tibi, et unum Moysi, et unum Eliæ: nesciens quid diceret.*

34. *Hæc autem illo loquente, facta est nubes, et obumbravit eos: et timuerunt, intrantibus illis in nubem.*

35. *Et vox facta est de*

nube, dicens : Hic est filius meus dilectus, ipsum audite.

Matth., xvii.
6. *Et audientes Discipuli ceciderunt in faciem suam; et timuerunt valde.*

7. *Et accessit Jesus, et tetigit eos ; dixitque eis ; Surgite, et nolite timere.*

8. *Levantes autem oculos suos, neminem viderunt, nisi solum Jesum.*

9. *Et descendentibus illis de monte, præcepit eis Jesus, dicens : Nemini dixeritis visionem, donec Filius hominis a mortuis resurgat.*

Marc., ix.
9. *Et verbum continuerunt apud se, conquirentes quid esset : cum a mortuis resurrexerit.*

10. *Et interrogabant eum, dicentes : Quid ergo dicunt Pharisæi et Scribæ, quia Eliam*

une voix qui disait : Celui-ci est mon Fils bien-aimé, écoutez-le.

6. Les Disciples, ayant entendu ces paroles, tombèrent le visage contre terre, et furent saisis d'une grande crainte.

7. Mais Jésus, s'approchant, les toucha, et leur dit : Levez-vous, ne craignez point.

8. Levant alors les yeux, ils ne virent plus que Jésus seul.

9. Et comme ils descendaient de la montagne, il leur dit : Ne parlez à personne de ce que vous venez de voir, jusqu'à ce que le Fils de l'homme soit ressuscité d'entre les morts.

9. Et ils tinrent la chose secrète, se demandant l'un à l'autre ce qu'il voulait dire par ce mot : jusqu'à ce que le Fils de l'homme soit ressuscité d'entre les morts.

10. Et ils l'interrogeaient, disant : Pourquoi donc les Pharisiens et les Scribes di-

sent-ils qu'il faut qu'Élie vienne auparavant?

11. Jésus leur répondit : Il est vrai qu'Élie doit venir, et rétablir toutes choses.

12. Mais je vous déclare qu'Élie est déjà venu, et ils ne l'ont point connu ; mais ils l'ont traité comme il leur a plu. C'est ainsi qu'ils feront souffrir le Fils de l'homme.

13. Alors les Disciples comprirent que c'était de Jean-Baptiste qu'il leur avait parlé.

36. ...Et ils tinrent ceci secret, et ne dirent pour lors à personne rien de ce qu'ils avaient vu.

oportet venire primum ? (Mal., iv, 5.)

Matth., xvii.

11. *At ille respondens, ait eis : Elias quidem venturus est, et restituet omnia.* (Mal., iv, 6.)

12. *Dico autem vobis, quia Elias jam venit, et non cognoverunt eum, sed fecerunt in eo quæcumque voluerunt. Sic et Filius hominis passurus est ab eis.*

13. *Tunc intellexerunt Discipuli, quia de Joanne Baptista dixisset eis.*

Luc., ix.

36. *...Et ipsi tacuerunt, et nemini dixerunt in illis diebus quidquam ex his quæ viderant.*

RÉFLEXIONS I.

1° Notre-Seigneur prend avec lui trois de ses disciples : Pierre, qui sera bientôt le chef de son Église, Jean, le disciple vierge, Jacques, qui, le premier des Apôtres, cueillera la palme du martyre. Il les conduit sur une montagne élevée afin d'y prier. La prière, ne l'oublions pas, demande à ce qu'on s'élève en haut par le cœur, à ce qu'on se tienne à l'écart du monde par la pensée.

2° Le visage du Sauveur est transfiguré. Il apparaît, dans la prière, resplendissant comme le soleil. C'est qu'en effet l'oraison change l'homme et le transforme. Les vêtements du Maître brillent comme la neige. Et bientôt viennent avec lui Moïse et Élie. Ces deux saints du Vieux Testament lui parlent non des merveilles de la gloire céleste, mais de la mort qu'il doit subir à Jérusalem. Quelle leçon à comprendre et à pratiquer! Au milieu des joies, il ne faut pas oublier les épreuves et les douleurs de la tentation et de la mort.

3° Que Pierre fasse le vœu de rester là, qu'il s'y trouve bien, qu'il veuille y dresser trois tentes, il n'y a en cela rien d'étonnant, puisqu'il est en face de Jésus transfiguré. Mais l'apôtre ne comprend pas encore les choses de Dieu. Aussi une nuée va envelopper le Sauveur, et de cette nuée jaillira la parole de vie, la vraie lumière.

4° *Celui-ci est mon Fils bien-aimé, en qui j'ai mis mes complaisances, écoutez-le.* Les Disciples tombent la face contre terre, et ils sont effrayés. Quoi! vous avez peur! et pourtant ici tout est douceur et suavité. Méditons et savourons ces merveilles. Ce miracle est une preuve évidente de la divinité de Jésus. Croyons, obéissons et aimons.

RÉFLEXIONS II.

1° Notre divin Sauveur relève ses Apôtres effrayés. Ils ont entendu l'annonce de la Passion et la voix vibrante du Père céleste. Ils croient, mais c'est dans l'effroi de leurs âmes; il faut donc qu'ils soient consolés, et ils le seront bientôt. En effet, ils ne voient plus que Jésus seul; c'est leur bon Maître qui les aime et qui leur cache de nouveau sa gloire.

2° Tout s'est évanoui. Mais quel souvenir s'est gravé dans leur âme! Jésus défend à ses apôtres de parler de ce prodige avant sa résurrection et avant la venue de l'Esprit-

Saint; le Sauveur voulant que ceux-ci ne prissent pas de là occasion de se glorifier des bienfaits de Dieu comme de leur œuvre personnelle, et que nous, instruits par leur exemple, nous soyons fidèles à attribuer à la seule grâce de Dieu tout ce que nous sommes.

3º Les Scribes et les Pharisiens n'ont pas voulu voir Élie en Jean-Baptiste, et ils ne l'ont pas écouté; ils seront donc condamnés, dit le Sauveur. En effet, le témoignage que Jean a entendu est le même que celui qui est rendu sur le Thabor. La parole dite au Thabor a retenti également aux oreilles du Précurseur : *Celui-ci est mon Fils bien-aimé;... écoutez-le.* Pour nous, prêtons de plus en plus l'oreille à l'oracle divin, et redisons les paroles de Pierre : Seigneur, qu'il fait bon d'être ici, c'est-à-dire, de méditer vos célestes et suaves paroles, qui apportent la paix et la joie !

PRIÈRES.

Ant. Jésus-Christ, la splendeur du Père et l'image de sa substance, qui soutient tout par sa parole toute-puissante, après nous avoir purifiés de nos péchés, a daigné autrefois se montrer dans sa gloire sur cette montagne élevée du Thabor.

℣. Le Thabor et l'Hermon bondiront de joie à votre nom;

℞. Votre bras est puissant.

ORAISON.

O Dieu, qui dans la

Ant. *Christus Jesus, splendor Patris, et figura substantiæ ejus, portans omnia verbo virtutis suæ, purgationem peccatorum faciens, in hoc excelso monte Thabor gloriosus olim apparere dignatus est.*

℣. *Thabor et Hermon in nomine tuo exultabunt;*

℞. *Tuum brachium cum potentia.*

OREMUS.

Deus, qui fidei sacramenta

in Unigeniti tui gloriosa Transfiguratione patrum testimonio roborasti, et adoptionem filiorum perfectam, voce delapsa in nube lucida mirabiliter præsignasti ; concede propitius, ut ipsius Regis gloriæ nos cohæredes efficias, et ejusdem gloriæ tribuas esse consortes. Amen.	Transfiguration glorieuse de votre Fils unique, avez confirmé les mystères de la foi par le témoignage de vos prophètes, et qui, par une voix céleste sortie d'une nuée lumineuse, avez admirablement annoncé la parfaite adoption de vos enfants, faites que nous devenions les cohéritiers du Roi de gloire, et que nous participions un jour à cette même gloire. Ainsi soit-il.

I. *Venue d'Élie.* — Fig. : *Eccli.*, xlviii, 1, 13. Vie d'Élie dans les miracles. — Proph. : *Mal.*, iv., 5, 6. *Ecce ego mittam vobis Eliam prophetam.* Je vous enverrai le prophète Élie.

II. *Transfiguration du Sauveur.* — Fig. : *Ex.*, xxxiv, 29, 35. La tête de Moïse ornée de deux cornes éclatantes. — Proph. : *Dan.*, x, 5, 6. *Ecce vir unus vestitus lineis... et facies ejus velut species fulguris.* Voici un homme vêtu de lin, et dont la figure est resplendissante comme la foudre.

III. *Le Père parlant dans la nuée lumineuse.* — Fig. : *Ex.*, xxiv, 15, 17 ; xxv. Le Seigneur parlant du milieu de la nuée en feu. — Proph. : *Ps.*, ii, 7. *Dixit Dominus ad me : Filius meus es tu : ego hodie genui te.* Le Seigneur me dit : Tu es mon fils, je t'ai engendré aujourd'hui même.

CXXXVIe VISITE.

AU PIED DU THABOR.

CONVULSIONS ET GUÉRISON D'UN POSSÉDÉ LUNATIQUE.

Le lieu où Notre-Seigneur guérit le possédé lunatique est au pied même de la montagne du Thabor, du côté occidental.

Il y avait là, du temps du Sauveur, un village qui porte aujourd'hui le nom de Daboureh [1]. Les chrétiens y firent construire une église magnifique, mais tout est en ruines actuellement.

Non loin de là on peut voir la fontaine des Neuf Apôtres. C'est auprès de cette source que restèrent les apôtres, en attendant le retour de Pierre, Jacques et Jean, qui avaient accompagné Jésus sur le Thabor.

L'eau sort d'une grotte qui est à environ vingt pas, enfoncée dans le sol.

Ici donc Notre-Seigneur eut pitié de ce pauvre enfant tant maltraité par le démon. Les Apôtres n'avaient rien pu faire pour lui; mais Jésus le délivra.

ÉVANGILE.

Luc., ix.

37. Le lendemain, lorsqu'ils descendaient de la montagne, une grande foule de peuple vint au-devant de Jésus.

37. *Factum est autem in sequenti die, descendentibus illis de monte, occurrit illis turba multa.*

---

1. On l'appelle aussi *Tour de Débora* à cause du lieu de naissance de cette prophétesse.

MARC., IX.

13. *Et veniens ad Discipulos suos, vidit turbam magnam circa eos, et Scribas conquirentes cum illis.*

14. *Et confestim omnis populus videns Jesum, stupefactus est, et expaverunt, et accurentes salutabant eum.*

15. *Et interrogavit eos: Quid inter vos conquiritis?*

LUC., IX.

38. *Et ecce vir de turba exclamavit, dicens: Magister, obsecro te, respice in filium meum, quia unicus est mihi:*

MATTH., XVII.

14. *.... quia lunaticus est,*

LUC., IX.

39. *Et ecce spiritus apprehendit eum, et subito clamat, et elidit, et dissipat eum cum spuma, et vix discedit dilanians eum:*

40. *Et rogavi Discipulos tuos ut ejicerent illum, et non potuerunt.*

13. Et, venant auprès de ses Disciples, il vit autour d'eux une grande multitude, et des Scribes qui disputaient avec eux.

14. Aussitôt tout le peuple, voyant Jésus, fut saisi d'étonnement et de frayeur, et tous accoururent pour le saluer.

15. Alors il leur demanda: De quoi discutez-vous ensemble?

38. Et un homme, du milieu de la foule, s'écria et dit: Maître, je vous en supplie, regardez mon fils en pitié, car je n'ai que ce seul enfant.

14. ... Il est lunatique,

39. Et l'esprit malin se saisit de lui, lui fait tout d'un coup jeter de grands cris; il le renverse par terre, il l'agite par de violentes convulsions, en sorte que l'*enfant* écume, et à peine le quitte-t-il après l'avoir tout déchiré.

40. Et j'ai prié vos Disciples de le chasser, mais ils n'ont pu *le faire*.

41. Jésus, prenant la parole, dit : O race infidèle et perverse, jusqu'à quand serai-je avec vous ? jusqu'à quand vous souffrirai-je ? Amenez-moi ici votre fils.

19. Ils le lui amenèrent. Et il n'eut pas plutôt vu Jésus que l'esprit commença à l'agiter avec violence, et il tomba par terre, où il se roulait en écumant.

20. Jésus demanda au père de l'enfant : Combien y a-t-il que cela lui arrive ? Dès son enfance, dit le père.

21. Et le démon l'a souvent jeté dans le feu et dans l'eau pour le faire périr. Mais, si vous pouvez quelque chose, par pitié, secourez-nous.

22. Jésus lui répondit : Si vous pouvez croire, tout est possible à celui qui croit.

23. Aussitôt le père de l'enfant, s'écriant, lui dit avec larmes : Seigneur, je crois, aidez-moi dans mon incrédulité.

24. Et Jésus, voyant que le peuple accourait en foule, menaça l'esprit impur, et lui

41. *Respondens autem Jesus, dixit : O generatio infidelis et perversa, usquequo ero apud vos, et patiar vos ? Adduc huc filium tuum.*

MARC., IX.

19. *Et attulerunt eum. Et cum vidisset eum, statim spiritus conturbavit illum : et elisus in terram, volutabatur spumans.*

20. *Et interrogavit patrem ejus : Quantum temporis est ex quo ei hoc accidit ? At ille ait : Ab infantia :*

21. *Et frequenter eum in ignem et in aquas misit ut eum perderet. Sed si quid potes, adjuva nos, misertus nostri.*

22. *Jesus autem ait illi : Si potes credere, omnia possibilia sunt credenti.*

23. *Et continuo exclamans pater pueri, cum lacrymis aiebat : Credo, Domine : adjuva incredulitatem meam.*

24. *Et cum videret Jesus concurrentem turbam, comminatus est spiritui immundo,*

dicens illi : Surde et mute spiritus, ego præcipio tibi, exi ab eo : et amplius ne introeas in eum.

25. *Et exclamans, et multum discerpens eum, exiit ab eo, et factus est sicut mortuus, ita ut multi dicerent : Quia mortuus est.*

26. *Jesus autem, tenens manum ejus, elevavit eum, et surrexit.*

Luc., ix.

43. *.... et reddidit illum patri ejus.*

44. *Stupebant autem omnes in magnitudine Dei : omnibusque mirantibus in omnibus quæ faciebat, ...*

Marc., ix.

27. *Et cum introîsset in domum, Discipuli ejus secreto interrogabant eum : Quare nos non potuimus ejicere eum?*

Matth., xvii.

19. *Dixit illis Jesus : Propter incredulitatem vestram. Amen quippe dico vobis, si habueritis fidem, sicut granum sinapis, dicetis monti*

dit : Esprit sourd et muet, sors de cet enfant, je te le commande, et n'y rentre plus.

25. Le *démon*, jetant un grand cri et l'agitant par de violentes convulsions, sortit de l'*enfant*, qui demeura comme mort ; en sorte que plusieurs disaient qu'il était mort.

26. Mais, Jésus l'ayant pris par la main et le soulevant, il se leva.

43. ....Jésus [le rendit à son père.

44. Tous furent étonnés de la grande puissance de Dieu ; et tous *étaient* dans l'admiration de ce que faisait Jésus.

27. Et lorsque Jésus fut entré dans la maison, ses Disciples lui dirent en particulier : D'où vient que nous n'avons pu chasser ce démon?

19. Jésus leur répondit : C'est à cause de votre incrédulité. Car je vous le dis en vérité, si vous aviez de la foi comme [un grain de sé-

nevé, vous diriez à cette montagne : Transporte-toi d'ici là ; et elle s'y transporterait, et rien ne vous serait impossible.

20. Mais cette sorte de *démons* ne se chasse que par la prière et le jeûne.

huic : Transi hinc illuc, et transibit, et nihil impossibile erit vobis. (Luc., XVII, 6.)

20. *Hoc autem genus non ejicitur nisi per orationem et jejunium.*

RÉFLEXIONS.

1º Ce qu'il faut d'abord admirer, c'est l'empressement de tout ce peuple à saluer Jésus et à l'acclamer au moment où il descend de la montagne du Thabor. Et cependant ils ne connaissaient pas le grand miracle qui venait de s'accomplir. Quel n'eût pas été leur enthousiasme, s'ils avaient pu assister à sa transfiguration ! Acclamons Jésus, et adorons-le.

2º Mais voici que les Scribes disputent avec les Disciples, et, tandis que Jésus leur demande ce qui les agite ainsi, un père vient lui parler pour son fils, et implorer sa guérison. Je n'ai que ce fils, et il est lunatique ; jetez les yeux sur lui. Puis le père infortuné décrit tous les maux de cet enfant qu'il aime. J'ai prié vos disciples, ajoute-t-il, et ils n'ont pu le guérir. Comme ce père est éloquent dans la douleur que lui cause la souffrance de son enfant ! Avons-nous jamais prié de cette sorte ?

3º Si vous pouvez croire, tout est possible à celui qui croit, dit Jésus. Je crois, répond le père, mais aidez-moi dans mon incrédulité. Jésus va commander au démon, qui opposera les plus vives résistances, mais devra obéir. On a beau dire que le jeune homme est mort, il est vivant, il est rendu à son père.

4º Les Disciples viennent demander à Jésus la raison de

leur impuissance ; demandons aussi la raison de la nôtre quand il s'agit du bien. Nous ne prions pas, nous ne faisons pas pénitence. *Ce genre de démons ne se chasse que par la prière et le jeûne.* C'est tout le fruit de ce grand miracle ; c'est ce qu'il faut apprendre du Sauveur, et au pied du Thabor et en Galilée, dans le chemin que va suivre Jésus pour se rendre à Capharnaüm.

PRIÈRES.

Ant. Ce genre de démons ne se chasse que par la prière et le jeûne.

℣. Je crois, Seigneur ;
℟. Aidez-moi dans mon incrédulité.

Oraison.

Sanctifiez tous nos jeûnes, Seigneur, nous vous en supplions, et daignez nous accorder, dans votre bonté, le pardon de toutes nos fautes. Ainsi soit-il.

Ant. *Hoc genus dæmoniorum non ejicitur nisi oratione et jejunio.*

℣. *Credo, Domine,*
℟. *Adjuva incredulitatem meam.*

Oremus.

Sanctifica, Domine, quæsumus, nostra jejunia, et cunctarum nobis indulgentiam propitius largire culparum. Amen.

---

* I. *Jésus-Christ délivre le possédé après l'impuissance des Apôtres.* — Fig. : IV *Reg.*, XXIII, 1, 25. Josias détruit la statue de Baal, ses vases et ses bois. — Proph. : *Ps.*, LXXI, 12, 14. *Liberabit pauperem a potente, et pauperem cui non erat adjutor.* Il délivrera le pauvre du puissant, même le pauvre qui n'avait pas de protecteur.

II. *La foi, la prière, le jeûne pour chasser le démon.* — Fig. : *Tob.*, VIII, 3, 6. Le démon est lié par les prières de Tobie et de Sara. — Proph. : *Tob.*, XII, 8. *Bona est oratio cum jejunio.* La prière accompagnée du jeûne est toujours efficace.

CXXXVIIe VISITE.

PREDICATIONS A TRAVERS LA GALILÉE.

IL nous faut quitter le Thabor avec Notre-Seigneur; et c'est à travers la Galilée que nous allons maintenant suivre le divin Maître, dans tout ce pays qui s'étend de la plaine d'Esdrelon et du Thabor jusqu'à Capharnaüm. Nous voilà de nouveau sur le lac de Génésareth. Que cette contrée qui a retenti des prédications de Jésus a pour nous d'attraits! Est-ce qu'on n'y respire pas encore le parfum de ses miracles?

ÉVANGILE.

	Marc., IX.
29. En sortant de ce lieu, ils traversèrent la Galilée; et Jésus voulait que personne ne le sût.	29. *Et inde profecti prætergrediebantur Galilæam ; nec volebat quemquam scire.*

	Matth., XVII.
21. Et lorsqu'ils étaient en Galilée, Jésus leur dit : Le Fils de l'homme doit être livré entre les mains des hommes.	21. *Conversantibus autem eis in Galilæa, dixit illis Jesus : Filius hominis tradendus est in manus hominum.* (Matth., XX, 18.)
22. Et ils le feront mourir, et il ressuscitera le troisième jour : ce qui les affligea profondément.	22. *Et occident eum, et tertia die resurget. Et contristati sunt vehementer.*

Luc., ix.

45. *At illi ignorabant verbum istud, et erat velatum ante eos ut non sentirent illud: et timebant eum interrogare de hoc verbo.*

Marc., ix.

32. *Et venerunt Capharnaum...*

45. Ils n'entendaient pas ce langage ; et il leur était tellement caché, qu'ils n'y comprenaient rien ; et ils appréhendaient même de l'interroger sur ce sujet.

32. Ils vinrent ensuite à Capharnaüm...

(Vide Marc., ix, 30-31. Luc., ix, 44.)

RÉFLEXIONS.

1º On ne doit pas s'étonner que le Dieu de l'humilité, celui qui s'est si prodigieusement abaissé pour notre salut, veuille être ignoré de tous, et oblige pour un temps ses Disciples à se cacher. C'est d'ailleurs la prudence qui l'ordonne, c'est la nécessité qui l'impose : l'heure de Jésus n'était pas encore venue.

2º Oh ! qu'il eût été bon pour nous d'entendre les sublimes conversations du Fils de l'homme avec ses disciples, et qu'il nous eût été doux d'y prendre part ! Tout y est saint, tout y est parfait et digne de Dieu. Avons-nous toujours des conversations semblables, aussi saintes et aussi charitables ?

3º Le divin Sauveur prédit de nouveau plusieurs choses bien capables de contrister des âmes qui lui étaient dévouées. Il annonce la trahison qui doit le mettre aux mains de ses ennemis, il parle à l'avance de sa mort et de sa résurrection. Cette prédiction est une preuve palpable qu'il donnait librement sa vie, et qu'il rachetait volontairement, au prix de son sang, le monde coupable.

4° O Sauveur Jésus, nous partageons l'effroi de vos apôtres, et nous n'avons pas de peine à croire qu'ils ne durent rien comprendre à de semblables prédictions. Nous nous expliquons leur silence et la crainte qu'ils avaient de vous interroger. Oui, nous avons toujours peur de la souffrance, et nous voudrions nous soustraire à la mort, qui est cependant le juste châtiment du péché.

PRIÈRES.

Ant. Lorsqu'ils parlaient avec Jésus dans cette route, il était question de sa passion et de sa mort à Jérusalem.

℣. Ils feront mourir Jésus.

℟. Les Apôtres furent contristés.

Oraison.

O Seigneur Jésus, vous qui nous avez arrachés à la fureur de nos ennemis, empêchez-les toujours de prévaloir contre nous. Ainsi soit-il.

Ant. *In via hac conversantibus eis cum Jesu, de passione et excessu in Jerusalem erat verbum.*

℣. *Et occident eum.*

℟. *Et contristati sunt Apostoli.*

Oremus.

Liberator noster, Domine Jesu, de gentibus iracundis, libera nos semper ab insurgentibus in nos. Amen.

Passion et résurrection prédites. — Fig. : *Jer.*, XVIII, 19, 23. Jérémie prédit sa mort; il se met entre les mains du Seigneur. — Proph. : *Os.*, VI, 3. *In die tertia suscitabit nos, et vivemus.* Le troisième jour il nous ressuscitera, et nous vivrons.

Ruines de Capharnaüm.

CXXXVIIIe VISITE.

CAPHARNAUM.

JÉSUS PAYE LE TRIBUT POUR PIERRE.

Nous voici donc de nouveau sur les bords du lac de Génésareth, à Capharnaüm. Cette ville, que Jésus aimait à habiter et qui fut le théâtre de ses plus grands prodiges, ne devait donc offrir, après dix-huit siècles, que les ruines placées ici sous nos yeux !

Enfin ces ruines parlent ; et voici un nouveau miracle dont le souvenir fleurit toujours au milieu d'elles. Jésus demande à un poisson la pièce d'argent dont il a besoin, afin de payer l'impôt pour lui et pour Pierre. De ce miracle ressort plus d'un enseignement, et il nous apprend spécialement que là où est Pierre, là est aussi le Christ, prêchant et enseignant la vérité sur la terre.

ÉVANGILE.

MATTH., XVII.

23. Lorsqu'ils furent arrivés à Capharnaüm, ceux qui recevaient le tribut de deux dragmes vinrent trouver Pierre, et lui dirent : Votre maître ne paye-t-il point le tribut ?

24. Il leur répondit : Oui, *il le paye*. Et, étant entré dans la maison, Jésus le prévint et lui dit : Simon, que vous en semble? De qui les rois de la terre reçoivent-ils les tributs et les impôts? Est-ce de leurs propres enfants, ou des étrangers?

25. Des étrangers, répondit Pierre. Jésus lui dit: Les enfants en sont donc exempts.

26. Mais, afin que nous ne les scandalisions point, allez à la mer, et jetez votre ligne; et le premier poisson que vous tirerez de l'eau, prenez-le, ouvrez-lui la bouche, et vous trouverez une pièce d'argent de quatre dragmes. Vous la prendrez, et vous la leur donnerez pour moi et pour vous.

23. *Et cum venissent Capharnaum, accesserunt qui didrachma accipiebant, ad Petrum, et dixerunt ei : Magister vester non solvit didrachma?*

24. *Ait : Etiam. Et cum intrassset in domum, prævenit eum Jesus, dicens : Quid tibi videtur, Simon? Reges terræ a quibus accipiunt tributum vel censum? a filiis suis, an ab alienis?*

25. *Et ille dixit : Ab alienis. Dixit illi Jesus : Ergo liberi sunt filii.*

26. *Ut autem non scandalizemus eos, vade ad mare, et mitte hamum : et eum piscem, qui primus ascenderit, tolle, et aperto ore ejus, invenies staterem : illum sumens, da eis pro me et te.*

RÉFLEXIONS.

1° Ces percepteurs d'impôts demandent au Sauveur ce qu'il ne doit pas, puisqu'il paye exactement son tribut. C'est assurément offenser Jésus que de lui adresser cette réclamation. Nous ferions ainsi injure à Notre-Seigneur si, tout en commettant des fautes graves contre sa loi, et sans nous repentir, nous lui demandions ses grâces, en nous appuyant sur la promesse par laquelle il s'est engagé de les accorder à celui qui prie; son engagement n'est que pour ceux qui sont en état de grâce. Quoi qu'il en soit, la prière des pécheurs qui ne peuvent se décider à renoncer au mal n'est pas désagréable au Seigneur miséricordieux, et, dans quelque état que ce soit, il faut le prier. Oh! prenons la résolution de sortir du péché, si nous y sommes engagés, et d'aimer Dieu par-dessus tout.

2° Jésus n'est pas obligé de payer, puisqu'il est de la famille des rois, et qu'il est le roi des rois. Mais il ne veut pas se prévaloir de ce titre, et il se soumet à la loi commune. O mon Sauveur, ne vous prévalez pas de votre puissance et de votre justice envers moi, car je serais perdu à l'instant même et à jamais jeté dans les abîmes éternels.

3° O poissons de la mer, obéissez à votre Dieu mieux que nous ne lui obéissons nous-mêmes. Donnez à Jésus qui est pauvre la pièce dont il a besoin. Personne ne pourra en être scandalisé puisqu'il payera le tribut. Nous voulons, ô notre Sauveur, vous donner tout le tribut de nos cœurs, qui vous est dû en toutes choses. Aidez-nous à vous le payer avec exactitude et fidélité.

PRIÈRES.

Ant. Arrivés à Capharnaüm, ils demandent deux drachmes à Pierre. Or Jésus lui dit : Va à la mer, ouvre la bouche d'un poisson, et tu y trouveras une pièce de monnaie.
℣. Pierre, prends-la,
℟. Et donne-la pour moi et pour toi.

Oraison.

O Dieu, qui, en payant le tribut pour vous et pour Pierre, avez montré que votre union avec votre apôtre serait perpétuelle, donnez-nous la force de toujours accomplir avec vous tous les préceptes, tant spirituels que temporels. Ainsi soit-il.

Ant. *Quum venissent Capharnaum, didrachma petunt a Petro, cui dixit Jesus: Vade ad mare, et, aperto ore piscis, invenies staterem.*
℣. *Illum sumens, Petre,*
℟. *Da eis pro me et te.*

Oremus.

Deus, qui, tributum pro te et Petro solvens, ostendisti unionem tuam cum apostolo tuo fore perpetuam; da nobis omnia præcepta tam spiritualia quam temporalia tecum semper adimplere. Amen.

Jésus paye le tribut. — Fig. : *Gen.*, XLIX, 15. Issachar soumis au tribut. — Proph. : *Prov.*, III, 17, 18. *Et omnes semitæ illius pacificæ.* Toutes ses voies sont pacifiques. — *Ibid.*, XII, 24. *Manus... quæ autem remissa est tributis serviet.* La main du faible payera le tribut.

CXXXIXe VISITE.

CAPHARNAUM : LA MAISON DE SAINT PIERRE.

JÉSUS ET LES ENFANTS.

Au milieu des ruines de Capharnaüm, réédifions en esprit cette maison de Pierre où Notre-Seigneur aimait à se rendre. Voyons notre divin Maître qui s'y trouve en ce moment et qui parle. L'humilité, la charité, le scandale, la correction fraternelle, la puissance des clefs, le pardon des injures, voilà ce qu'enseigne aujourd'hui dans cette maison le Dieu venu du ciel.

Ne nous étonnons pas de voir le Sauveur aimer la maison de Pierre. Cette maison, Jésus l'a choisie pour toute la suite des siècles ; et il l'habitera à perpétuité ; et quand Pierre la transportera à Rome, la Capharnaüm du catholicisme, Jésus suivra Pierre dans cette habitation nouvelle ; et là, caché, il continuera à parler jusqu'à la fin du monde, par la bouche de son Vicaire. C'est là que Pierre liera et déliera toutes choses avec Jésus et par Jésus.

ÉVANGILE.

Marc., IX.	
32... *Qui cum domi essent, interrogabat eos : Quid in via tractabatis?*	32. Lorsqu'ils furent à la maison, *Jésus* leur demanda : De quoi disputiez-vous *ensemble* pendant le chemin ?
33. *At illi tacebant ; si-*	33. Mais ils demeurèrent

JÉSUS ET LES ENFANTS.

dans le silence, parce que, durant la route, ils avaient disputé entre eux *pour savoir* lequel, parmi eux, était le plus grand.

34. Mais, s'étant assis, il appela les douze, et leur dit : Si quelqu'un veut être le premier, il sera le dernier de tous et le serviteur de tous.

35. Puis, prenant un enfant, il le mit au milieu d'eux; et, après l'avoir embrassé, il leur dit :

3. En vérité, je vous le déclare, si vous ne vous convertissez, et si vous ne devenez comme de petits enfants, vous n'entrerez point dans le royaume des cieux.

4. Quiconque donc s'humiliera, et se rendra petit comme cet enfant, celui-là sera le plus grand dans le royaume des cieux.

36. Quiconque reçoit en mon nom un petit enfant comme celui-ci, me reçoit; et quiconque me reçoit, ce n'est pas moi *seulement* qu'il reçoit; mais celui qui m'a envoyé.

37. Alors Jean, prenant la

quidem in via inter se disputaverant, quis eorum major esset.

34. *Et residens vocavit duodecim, et ait illis : Si quis vult primus esse, erit omnium novissimus et omnium minister.*

35. *Et accipiens puerum statuit eum in medio eorum : quem cum complexus esset, ait illis :*

MATTH., XVIII.

3... *Amen dico vobis, nisi conversi fueritis, et efficiamini sicut parvuli, non intrabitis in regnum cœlorum.* (I Cor., XIV, 20.)

4. *Quicumque ergo humiliaverit se sicut parvulus iste, hic est major in regno cœlorum.*

MARC., IX.

36. *Quisquis unum ex hujusmodi pueris receperit in nomine meo, me recipit; et quicumque me susceperit, non me suscipit, sed eum qui misit me.*

37. *Respondit illi Joannes,*

dicens : *Magister, vidimus quemdam in nomine tuo ejicientem dæmonia, qui non sequitur nos, et prohibuimus eum.*

38. *Jesus autem ait : Nolite prohibere eum. Nemo est enim qui faciat virtutem in nomine meo, et possit cito male loqui de me.*

39. *Qui enim non est adversum vos, pro vobis est.*

40. *Quisquis enim potum dederit vobis calicem aquæ in nomine meo, quia Christi estis; amen dico vobis, non perdet mercedem suam.* (MATTH., x, 42.)

41. *Et quisquis scandalizaverit unum ex his pusillis credentibus in me, bonum est ei magis si circumdaretur mola asinaria collo ejus, et in mare mitteretur.* (LUC., XVII, 2.)

Vide LUC., IX, 46, 47, 50.

parole, lui dit : Maître, nous avons vu un homme qui chasse les démons en votre nom, *quoiqu'il* ne nous suive pas; et nous l'en avons empêché.

38. Jésus lui dit : Ne l'en empêchez pas; car il n'y a personne qui, ayant fait un miracle en mon nom, puisse aussitôt après mal parler de moi.

39. Qui n'est pas contre vous, est pour vous;

40. Et quiconque vous donnera *seulement* un verre d'eau en mon nom, parce que vous appartenez au Christ, je vous le dis en vérité, il ne perdra point sa récompense.

41. Mais si quelqu'un vient à scandaliser l'un de ces petits qui croient en moi, il vaudrait mieux pour lui qu'on lui attachât au cou une de ces meules qu'un âne tourne, et qu'on le jetât dans la mer.

RÉFLEXIONS.

1º Quelle était cette nouvelle discussion que les Apôtres avaient entre eux? Il s'agissait de savoir qui, parmi eux, aurait la première place. C'est bien là ce que demande l'orgueil humain, mais ce n'était pas ce que voulait l'Esprit de Dieu. Il fallait que le premier fût le plus humble de tous, et qu'il fût plus disposé qu'aucun autre à être placé au dernier rang. Telle est la doctrine évangélique.

2º C'est alors que Jésus leur dit, en amenant un petit enfant au milieu d'eux : « En vérité, je vous le déclare, si vous ne devenez comme de petits enfants, vous n'entrerez pas dans le royaume des cieux. »

Il faut s'humilier pour entrer au ciel.

O mon Sauveur, aidez-moi à comprendre cette leçon, qui est la vraie leçon de vie, et de paix, et de sainte espérance.

3º Notre-Seigneur recommande ensuite à ses Apôtres de ne pas ouvrir leur âme à des sentiments de jalousie, lorsqu'ils voient faire un miracle en son nom. Et en effet, il ne peut être contre Jésus et ses disciples, celui qui multiplie les prodiges au nom de Jésus. Ah! soyons donc toujours pleins de bienveillance pour ceux qui exercent la charité au nom de Jésus.

PRIÈRES.

Ant. En vérité, je vous le dis : si vous ne vous convertissez, et si vous ne devenez comme de petits enfants, vous n'entrerez point dans le royaume des cieux.

℣. Ayez le sel en vous,

℟. Et conservez la paix entre vous.

ORAISON.

Voyez, Seigneur, au milieu de tant de scandales,

Ant. *Amen dico vobis : nisi conversi fueritis, et efficiamini sicut parvuli, non intrabitis in regnum cœlorum.*

℣. *Habete in vobis sal,*

℟. *Et pacem habete inter vos.*

OREMUS.

Vide, Domine, inter innumera scandala, afflictio-

nem populi tui sancti, quoniam amara est nimis; humiliati enim sumus pro peccatis nostris. Exaudi nos, qui in cœlis es; quia non est alius præter te, Domine. *Amen.*	l'affliction de votre peuple saint qui est si amère ! Nous sommes humiliés à cause de nos péchés; exaucez-nous, ô Seigneur qui êtes aux cieux; car il n'y a pas d'autre Dieu que vous. Ainsi soit-il.

I. *Ambition des Apôtres réprimandée.* — FIG. : I *Reg.*, xv, 16, 28. Samuel blâme l'orgueil de Saül. — PROPH. : *Ps.*, cxiv, 6. *Custodiens parvulos Dominus : humiliatus sum, et liberavit me.* Le Seigneur prend sous sa garde les petits enfants : je me suis humilié, et il m'a sauvé.

II. *Émulation des Apôtres blâmée.* — FIG. : *Num.*, xi, 26, 29. Moïse blâme la colère et la jalousie de Josué. — PROPH. : *Ps.*, xxxvi, 8, 9. *Noli æmulari ut maligneris... sustinentes autem Dominum, ipsi hæreditabunt terram.* Ne vous laissez pas aller à la jalousie de peur de pécher... les enfants de Dieu seront maîtres de la terre.

CXLᵉ VISITE.

CAPHARNAUM : LA MAISON DE SAINT PIERRE.

ENSEIGNEMENT DE JÉSUS
SUR LE SCANDALE ET L'ENFER.

PARMI tous les oracles sacrés sortis de la bouche de Jésus en cette maison de saint Pierre, en voici un bien utile à entendre : c'est la condamnation du scandale. Le scandale est le grand péché du monde ; la sanction de cette condamnation est l'enfer éternel. Entrons dans cette sainte maison, et écoutons notre Dieu.

ÉVANGILE.

MATTH., XVIII.

7. Malheur au monde à cause de ses scandales ! Car il est nécessaire qu'il arrive des scandales ; mais malheur à l'homme par qui le scandale arrive !

7. *Væ mundo a scandalis! Necesse est enim ut veniant scandala : verumtamen væ homini illi, per quem scandalum venit!*

MARC., IX.

42. Si votre main est pour vous une occasion de scandale, coupez-la : il vaut bien mieux pour vous que vous entriez dans la vie n'ayant qu'une main, que d'en avoir deux, et d'aller en enfer, dans le feu éternel :

42. *Et si scandalizaverit te manus tua, abscide illam : bonum est tibi debilem introire in vitam, quam duas manus habentem ire in gehennam, in ignem inextinguibilem :* (MATTH., v, 30.)

43. *Ubi vermis eorum non moritur, et ignis non extinguitur.* (ISA., LXVI, 24.)

44. *Et si pes tuus te scandalizat, amputa illum : bonum est tibi claudum introire in vitam æternam, quam duos pedes habentem, mitti in gehennam ignis inextinguibilis :*

45. *Ubi vermis eorum non moritur, et ignis non extinguitur.*

46. *Quod si oculus tuus scandalizat te, ejice eum : bonum est tibi luscum introire in regnum Dei, quam duos oculos habentem mitti in gehennam ignis :*

47. *Ubi vermis eorum non moritur, et ignis non extinguitur.*

48. *Omnis enim igne salietur, et omnis victima sale salietur.* (LEV., II, 13.)

49. *Bonum est sal : quod si sal insulsum fuerit, in quo illud condietis ? Habete in*

43. Où le ver qui les ronge ne meurt point, et où le feu ne s'éteint pas.

44. Et si votre pied vous est une occasion de scandale, coupez-le : il vaut bien mieux pour vous que vous entriez dans la vie éternelle n'ayant qu'un pied, que d'en avoir deux, et d'être précipité en enfer, dans ce feu qui brûle éternellement :

45. Où le ver qui les ronge ne meurt point, et où le feu ne s'éteint pas.

46. Et si votre œil vous est un sujet de scandale, arrachez-le, et jetez-le loin de vous : il vaut bien mieux pour vous que vous entriez dans le royaume de Dieu n'ayant qu'un œil que d'en avoir deux et d'être précipité dans le feu de l'enfer :

47. Où le ver qui les ronge ne meurt point, et le feu ne s'éteint pas.

48. Car tous doivent être salés par le feu, comme toute victime doit être salée avec le sel.

49. Le sel est bon ; mais si le sel devient fade, avec quoi l'assaisonnerez-vous ?

Ayez le sel en vous, et conservez la paix entre vous.	vobis sal, et pacem habete inter vos. (MATTH., v, 13. LUC., XIV, 34.)
	MATTH., XVIII.
10. Prenez bien garde de ne mépriser aucun de ces petits; car je vous déclare que, dans le ciel, leurs Anges voient sans cesse la face de mon Père qui est dans les cieux.	10. Videte ne contemnatis unum ex his pusillis : dico enim vobis, quia Angeli eorum in cœlis semper vident faciem Patris mei, qui in cœlis est. (Ps., XXXIII, 8.)
11. Car le Fils de l'homme est venu sauver ce qui était perdu.	11. Venit enim Filius hominis salvare quod perierat. (LUC., XIX, 10.)

RÉFLEXIONS.

1° Le scandale! ô l'épouvantable malheur! C'est le mal qui détruit l'œuvre de Jésus, venu pour sauver les âmes. Il perd les âmes. Que de châtiments sont réservés aux misérables qui causent des scandales! O mon Sauveur, préservez à jamais ma pauvre âme de donner le moindre scandale au prochain. Sans votre grâce je ne puis absolument rien, et combien je compte ici sur votre bonté!

2° Il faut couper le membre qui est une occasion de scandale; par là seulement on évitera l'enfer. Vous êtes-vous jamais demandé dans la méditation, ô âme chrétienne, ce que c'est que ce ver qui ronge les damnés et qui ne meurt point, et ce feu qui ne s'éteint jamais? Par trois fois il en est question ici. Qui oserait mettre en doute cette vérité, et ne pas craindre ce redoutable enfer? Ils seront dans ces abîmes de feu comme des victimes salées pour le sacrifice.

3° *Avoir du sel en soi*, c'est croire fermement dans son cœur à ces grandes et effrayantes vérités; c'est se conduire d'après les lumières qu'elles procurent, c'est diriger sa vie conformément aux conséquences terribles qu'elles donnent à appréhender. Au milieu d'un monde incroyant, cela est difficile, mais rien n'est plus nécessaire, et c'est le moyen d'avoir la paix. *Et pacem habete inter vos* : Conservez ainsi la paix entre vous et en vous. Quelle sublime parole !

PRIÈRES.

ANT. *Væ mundo a scandalis !*

℣. *Ibi vermis eorum non moritur.*

℟. *Ibi ignis non extinguitur.*

OREMUS.

Deus, qui beatum Nicolaum pontificem innumeris decorasti miraculis : tribue, quæsumus, ut ejus meritis et precibus a gehennæ incendiis liberemur. Amen.

ANT. Malheur au monde, à cause de ses scandales !

℣. Là le ver qui les ronge ne meurt point ;

℟. Là le feu qui les consume ne s'éteint point.

ORAISON.

O Dieu, qui avez glorifié le bienheureux pontife Nicolas par d'innombrables miracles, daignez, par ses mérites et ses prières, nous délivrer des flammes de l'enfer. Ainsi soit-il.

I. *Malheur au scandale.* — FIG. : *Ex.*, VII à XI. Les dix plaies d'Égypte. — PROPH. : *Eccli.*, XXXII, 25. *In via ruinæ non eas,... ne ponas animæ tuæ scandalum.* Ne vous précipitez pas dans la voie de perdition et n'exposez pas votre âme au scandale.

II. *L'ange gardien.* — FIG. : *Gen.*, XXI, 17, 20. L'ange venant assister Ismaël. — PROPH. : *Ps.*, XXXIII, 8. *Immittet Angelus Domini in circuitu timentium eum, et eripiet eos.* L'Ange du Seigneur couvre de sa protection ceux qui le craignent, et il les délivrera de leurs ennemis.

III. *Le feu éternel de l'enfer.* — FIG. : *Num.*, XVI, 30, 35. Coré, Dathan et Abiron ensevelis dans la terre, et jetés vivants dans l'enfer. — PROPH. : *Is.*, XXXIII, 14. *Quis poterit habitare de vobis, cum igne devorante? quis habitabit ex vobis cum ardoribus sempiternis?* Qui d'entre vous pourra habiter au milieu d'un feu dévorant? qui habitera au milieu des flammes éternelles?

CXLIᵉ VISITE.

CAPHARNAUM : LA MAISON DE SAINT PIERRE.

ENSEIGNEMENTS

SUR LA CORRECTION FRATERNELLE, LA SOUMISSION A L'ÉGLISE, ETC.

NE quittons pas cette trop heureuse maison. Jésus y est encore, et il continue de parler. O Seigneur! je voudrais vous entendre toujours!

Faites que tout ce que vous avez dit dans cette maison trouve au fond de mon âme un écho puissant.

ÉVANGILE.

MATTH., XVIII.

12. Si un homme a cent brebis, et qu'une d'entre elles vienne à s'égarer, que pensez-vous qu'il fasse alors? Ne laisse-t-il pas les quatre-vingt-dix-neuf autres sur les montagnes, pour aller chercher celle qui s'est égarée?

13. Et, s'il arrive qu'il la trouve, je vous dis en vérité qu'elle lui cause plus de joie que les quatre-vingt-dix-neuf autres qui ne se sont point égarées.

14. Ainsi votre Père, qui est dans les cieux, ne veut

12. *Quid vobis videtur? si fuerint alicui centum oves, et erraverit una ex eis, nonne relinquit nonaginta novem in montibus, et vadit quærere eam quæ erravit?* (Luc., xv, 4.)

13. *Et si contigerit ut inveniat eam : amen dico vobis, quia gaudet super eam magis quam super nonaginta novem quæ non erraverunt.*

14. *Sic non est voluntas ante Patrem vestrum, qui in*

cœlis est, *ut pereat unus de pusillis istis.*

15. *Si autem peccaverit in te frater tuus, vade, et corripe eum inter te et ipsum solum : si te audierit, lucratus eris fratrem tuum.* (LEV., XIX, 17. ECCL., XIX, 13. LUC., XVII, 3. JAC., V, 9.)

16. *Si autem te non audierit, adhibe tecum adhuc unum vel duos, ut in ore duorum vel trium testium stet omne verbum.* (DEUT., XIX, 15. JOAN., VIII, 17. II COR., XIII, 1.)

17. *Quod si non audierit eos : dic Ecclesiæ. Si autem Ecclesiam non audierit, sit tibi sicut ethnicus et publicanus.*

18. *Amen dico vobis, quæcumque alligaveritis super terram, erunt ligata. et in cœlo : et quæcumque solveritis super terram, erunt soluta et in cœlo.* (JOAN., XX, 23.)

19. *Iterum dico vobis, quia si duo ex vobis consenserint super terram de omni re quamcumque petierint, fiet illis a Patre meo, qui in cœlis est.*

pas qu'un seul de ces petits périsse.

15. Si votre frère a péché contre vous, allez lui représenter sa faute en particulier, entre vous et lui : s'il vous écoute, vous aurez gagné votre frère.

16. Mais s'il ne vous écoute point, prenez encore avec vous une ou deux personnes, afin que tout soit confirmé par l'autorité de deux ou trois témoins.

17. Que s'il ne les écoute pas non plus, dites-le à l'Église; et s'il n'écoute pas l'Église elle-même, qu'il soit pour vous comme un païen et un publicain.

18. Je vous le dis en vérité, tout ce que vous lierez sur la terre sera lié dans le ciel; et tout ce que vous délierez sur la terre sera délié dans le ciel.

19. Et je vous dis encore que, si deux d'entre vous s'unissent ensemble sur la terre, quelque chose qu'ils demandent, elle leur sera accordée par mon Père qui est dans les cieux.

20. Car, en quelque lieu que se trouvent deux ou trois personnes assemblées en mon nom, je suis là au milieu d'elles.	20. *Ubi enim sunt duo vel tres congregati in nomine meo, ibi sum in medio eorum.*

RÉFLEXIONS.

1° Divin Sauveur de nos âmes, que vous êtes bon! Vous nous interrogez pour savoir ce que fera le pasteur qui a perdu une brebis. Vous voulez tirer de notre bouche une réponse qui mette en lumière votre conduite à notre égard; ô incomparable pasteur, sachant que vous nous aimez à ce point, comment pourrions-nous ne pas vous aimer?

2° Vous apprenez ensuite à l'inférieur et au supérieur leurs devoirs respectifs. L'inférieur qui a fait une faute doit accepter avec reconnaissance la réprimande; et le supérieur manquerait à ses obligations s'il craignait de reprendre celui qui le mérite. La correction doit se faire d'abord secrètement, puis en face de deux ou trois témoins, enfin en public, c'est-à-dire devant l'Église.

Quel bonheur que de ramener un frère au bien, et de lui faire entendre des paroles de charité et de paix!

3° L'Église a reçu ici une éclatante affirmation de ses droits. Quiconque n'est pas avec elle est païen et publicain. Celui-là est donc en dehors de la voie du salut qui n'est pas uni à la sainte Église. Et tout ce qu'elle lie ou délie, est lié ou délié pour l'éternité. Quelle puissance autre que celle de Dieu a pu créer cette œuvre magnifique sur la terre!

4° Enfin le Sauveur promet à ses Apôtres d'exaucer la prière faite en commun, et il assure qu'il se trouvera au milieu de ceux qui se rassemblent en son nom. Écoutons notre Sauveur, obéissons à sa voix, et nous le verrons priant en esprit et en vérité au milieu de nous.

PRIÈRES.

Ant. *Non vult Pater vester, qui in cœlis est, ut pereat unus de pusillis istis.*

℣. *Si peccaverit, corripe fratrem tuum.*

℟. *Si te audierit, lucratus eris fratrem tuum.*

Oremus.

Da, quæsumus, Domine, populis christianis quod profitentur agnoscere, et cœleste munus diligere quod frequentant. Amen.

Ant. Votre Père céleste ne veut pas qu'un seul de ces petits périsse.

℣. Si votre frère a péché, reprenez-le.

℟. S'il vous écoute, vous aurez gagné votre frère.

Oraison.

Seigneur, faites au peuple chrétien la grâce de pratiquer ce qu'il croit, et d'aimer le céleste présent qui lui est si souvent accordé. Ainsi soit-il.

I. *Correction fraternelle.* — Fig. : *Lev.*, XIX, 17. Un frère doit réprimander son frère sans haine dans le cœur. — Proph. : *Eccli.*, XIX, 13, 15. *Corripe amicum,... ne iterum addat facere.* Avertissez votre ami, pour qu'il ne retombe pas dans sa faute.

II. *Prière en commun.* — Fig : *Lev.*, XXVI, 11, 13. Le Seigneur habitant au milieu de son peuple. — Proph. : III *Reg.*, VI, 11, 13. *Habitabo in medio filiorum Israel, et non derelinquam.* J'habiterai au milieu des fils d'Israël, et je ne les abandonnerai pas.

CXLIIe VISITE.

CAPHARNAUM : LA MAISON DE SAINT PIERRE.

ENSEIGNEMENTS DE JÉSUS SUR LE PARDON DES INJURES.

SAINT Pierre possède Jésus dans sa maison. Quelle grâce, quel honneur pour lui! Il a écouté la divine parole avec les autres, confondu parmi eux. Quand Notre-Seigneur a cessé de parler, Pierre, en maître de la maison, s'approche de lui, et fait une question qui fournit au divin Maître l'occasion d'exposer sur la charité une sublime doctrine.

ÉVANGILE.

MATTH., XVIII.

21. Alors Pierre, s'approchant de *Jésus,* lui dit : Seigneur, combien de fois pardonnerai-je à mon frère, lorsqu'il aura péché contre moi? *sera-ce* jusqu'à sept fois?

21. *Tunc accedens Petrus ad eum, dixit : Domine, quoties peccabit in me frater meus, et dimittam ei? usque septies?* (LUC., XVII, 4.)

22. Jésus lui répondit : Je ne vous dis pas jusqu'à sept fois, mais jusqu'à septante fois sept fois.

22. *Dicit illi Jesus : Non dico tibi usque septies; sed usque septuagies septies.*

23. C'est pourquoi le royaume des cieux est comparé à un roi, qui voulut se faire rendre compte par ses serviteurs.

23. *Ideo assimilatum est regnum cœlorum homini regi, qui voluit rationem ponere cum servis suis.*

24. Et cum cœpisset rationem ponere, oblatus est ei unus qui debebat ei decem millia talenta.

25. Cum autem non haberet unde redderet, jussit eum dominus ejus vænumdari, et uxorem ejus, et filios, et omnia quæ habebat, et reddi.

26. Procidens autem servus ille, orabat eum, dicens : Patientiam habe in me, et omnia reddam tibi.

27. Misertus autem dominus servi illius, dimisit eum, et debitum dimisit ei.

28. Egressus autem servus ille, invenit unum de conservis suis, qui debebat ei centum denarios : et tenens suffocabat eum, dicens : Redde quod debes.

29. Et procidens conservus ejus, rogabat eum dicens : Patientiam habe in me, et omnia reddam tibi.

30. Ille autem noluit; sed abiit, et misit eum in carcerem, donec redderet debitum.

24. Quand il eut commencé à le faire, on lui en présenta un qui lui devait dix mille talents.

25. Et comme il n'avait pas de quoi payer, son maître ordonna qu'il fût vendu avec sa femme, ses enfants et tout ce qu'il possédait, pour acquitter sa dette.

26. Or ce serviteur, se jetant à ses pieds, le suppliait en ces termes : Ayez un peu de patience, et je vous rendrai tout.

27. Le maître de ce serviteur, touché de compassion, le laissa aller, et lui remit sa dette.

28. Mais ce serviteur, à peine sorti, trouvant un de ses compagnons qui lui devait cent deniers, le prit à la gorge, et l'étouffait presque, en disant : Rends-moi ce que tu me dois.

29. Son compagnon, se jetant à ses pieds, lui faisait cette prière : Ayez un peu de patience, et je vous rendrai tout.

30. Mais l'autre ne le voulut point, s'en alla, et le fit mettre en prison jusqu'à ce qu'il l'eût payé.

31. Les autres serviteurs, ses compagnons, voyant ce qui se passait, en furent extrêmement affligés, et racontèrent à leur maître ce qui était arrivé.

32. Alors son maître le fit venir, et lui dit : Méchant serviteur, je vous ai remis toute votre dette, parce que vous m'en avez prié ;

33. Ne fallait-il donc pas que vous eussiez aussi pitié de votre compagnon, comme j'ai eu pitié de vous ?

34. Et son maître, indigné, le livra aux exécuteurs de la justice, jusqu'à ce qu'il eût payé tout ce qu'il lui devait.

35. C'est ainsi que mon Père céleste vous fera, si chacun de vous ne pardonne à son frère du fond du cœur.

31. *Videntes autem conservi ejus quæ fiebant, contristati sunt valde : et venerunt, et narraverunt domino suo omnia quæ facta fuerant.*

32. *Tunc vocavit illum dominus suus, et ait illi : Serve nequam, omne debitum dimisi tibi quoniam rogasti me :*

33. *Nonne ergo oportuit et te misereri conservi tui, sicut et ego tuî misertus sum ?*

34. *Et iratus dominus ejus tradidit eum tortoribus, quoadusque redderet universum debitum.*

35. *Sic et Pater meus cœlestis faciet vobis, si non remiseritis unusquisque fratri suo de cordibus vestris.*

RÉFLEXIONS.

1º Ce roi, c'est le Dieu du ciel et de la terre, qui viendra un jour demander compte à chacun de ses œuvres. Et si ce roi est plein de miséricorde, il veut que l'homme aussi soit miséricordieux à l'égard de son prochain. Dieu remet les dettes même les plus considérables ; il faut donc que nous remettions celles qu'on a contractées envers nous.

2º Le maître ne retira pas le pardon qu'il avait accordé à

ce serviteur impitoyable. Le péché qui a été remis ne reparaît plus. Mais cet homme fut livré aux bourreaux à cause de son nouveau péché, c'est-à-dire pour sa cruauté envers ses propres débiteurs, auxquels il ne voulait pas remettre leurs dettes.

3° Bannir de son âme toute haine, toute rancune, toute vengeance, c'est commencer le pardon du cœur. Mais, pour l'avoir dans sa perfection, il faut aimer, véritablement aimer ses ennemis, et leur témoigner cette affection, même par des signes extérieurs, et se souvenir du Sauveur dans sa passion : *Pardonnez-leur, ils ne savent ce qu'ils font !*

PRIÈRES.

Ant. *Procidens autem servus ille orabat eum, dicens : Patientiam habe in me, et omnia reddam tibi.*

℣. *Oportuit et te misereri conservi tui :*

℟. *Sicut et ego tuî misertus sum.*

Oremus.

Præsta, quæsumus, Domine, omnibus inimicis nostris suorum veniam delictorum ; et preces nostras, quas tibi pro salute eorum effundimus clementer exaudi : ut, omissis odiis, veram charitatem pacemque inviolabilem secun-

Ant. Ce serviteur, se jetant à ses pieds, le conjurait en lui disant : Ayez un peu de patience, et je vous rendrai tout.

℣. Ne fallait-il pas que vous eussiez pitié de votre compagnon,

℟. Comme j'avais eu moi-même pitié de vous ?

Oraison.

Accordez, Seigneur, nous vous en supplions, le pardon à tous nos ennemis, et exaucez dans votre clémence les prières que nous vous faisons pour eux, afin que, laissant de côté toute haine, nous ayons entre nous la

PARDON DES INJURES.

vraie charité et l'inviolable paix que Jésus, votre Fils, nous a souvent prêchées. Ainsi soit-il.	dum admonitionem Filii tui Domini nostri Jesu Christi, invicem habeamus. Amen.

Pardon des injures. — FIG. : I *Reg.*, XXVI. David épargne une seconde fois Saül. — PROPH. : *Ezech.*, XVII, 123. *Numquid voluntatis meæ est mors impii?* Ai-je jamais voulu la mort de l'impie ?

Vallée du Jourdain et montagnes.

CXLIII^e VISITE.

PRÉDICATION DE JÉSUS

AU DELA DU JOURDAIN.

Au delà du Jourdain, qui servait de frontière à la terre de Chanaan et à la Terre promise proprement dite, il y avait une vaste région habitée par les Juifs, qui comptaient là plusieurs tribus.

Ce pays se divisait en trois bassins principaux, l'Hauran ou Basan, le pays de Galaad, les contrées de l'Arnon. L'Hauran ou Basan comprenait des plaines, des chaînes de montagnes; et, sur un espace considérable de ce territoire, étaient semés de grands blocs de basalte noir.

Dans le pays de Galaad, se trouvaient les montagnes de ce nom, la vallée de Jabock et le plateau de Galaad.

Enfin, les contrées de l'Arnon s'étendaient vers le sud,

jusqu'au plateau de Moab qui n'appartenait plus à la Terre Sainte.

Le Sauveur, qui est venu pour sauver les brebis d'Israël, se doit aussi à celles qui sont au delà du Jourdain, et voilà pourquoi nous le voyons se rendre dans ces contrées.

Quelle fête c'est toujours pour nous de le suivre, de le voir, de l'entendre !

ÉVANGILE.

MATTH., XIX.

1. Jésus, ayant achevé ces discours, partit de la Galilée, et vint aux confins de la Judée, au delà du Jourdain.

2. Et des foules nombreuses le suivirent, et il guérit là *leurs malades*.

1. Et il recommença aussi à les instruire, selon sa coutume.

1. *Et factum est, cum consummasset Jesus sermones istos, migravit a Galilæa, et venit in fines Judææ trans Jordanem.*

2. *Et secutæ sunt eum turbæ multæ, et curavit eos ibi.*

MARC., X.

1. *... Et sicut consueverat, iterum docebat illos.*

RÉFLEXIONS.

1° Quelle n'est pas la charité du Sauveur pour les âmes qu'il a créées, et qu'il veut sauver à tout prix ! Il quittera donc momentanément cette Galilée qu'il aime, et il suivra la route qui conduit dans ce pays situé au delà du Jourdain. C'est d'ailleurs près de là qu'il a reçu le baptême de Jean, et qu'il a commencé son ministère. Admirons et aimons notre divin Rédempteur.

2° Là, des foules nombreuses suivent Jésus, car elles sentent que Jésus les aime. Il leur prouve son amour, en guérissant leurs malades, en faisant disparaître les causes de leurs afflictions, surtout en leur rendant la paix de l'âme. Il apparaît bien que ce Sauveur est le maître de toutes choses. Ce qu'il a fait en Judée, en Samarie, en Galilée, il l'accomplit au delà du Jourdain. On voit que la terre est à lui, et à quelque endroit que ses pieds divins la foulent, il en jaillit des prodiges.

3° Jésus, tout en répandant ses bienfaits, instruit les âmes par sa divine parole en ce pays, comme en tous les lieux où il va. O prêtre éternel, remplissez votre sublime fonction, annoncez-nous la bonne nouvelle, et dites à vos serviteurs ce que vous voulez d'eux; dites ce que vous désirez de leurs âmes. Nous voulons vous écouter, vous suivre, vous aimer et en deçà et au delà du Jourdain, et partout et toujours, et dans l'exil et dans la patrie, mais surtout au Ciel.

PRIÈRES.

Ant. *In finibus Judææ trans Jordanem, sicut consueverat iterum docebat eos.*

Ant. Dans le pays d'au delà du Jourdain, sur la frontière de Juda, le Sauveur donnait aussi son enseignement au peuple, selon sa coutume.

℣. *Bene omnia fecit,*

℟. *Et curavit eos ibi.*

℣. Jésus a bien fait toutes choses.

℟. Là, il guérissait les malades.

Oremus.

Deus qui humanum genus per Christi tui prædicationem

Oraison.

O Dieu, qui avez daigné instruire le genre humain

par la prédication de votre Christ, accordez-nous la grâce, nous vous en supplions, de ne jamais faire alliance avec l'auteur de la perdition, mais d'arriver à l'éternelle union avec notre Rédempteur. Ainsi soit-il.

erudire dignatus es, præsta, quæsumus, ut non inhæreamus perditionis auctori, sed ad Redemptoris nostri consortia transferamur. Amen.

Jésus, divin prédicateur. — FIG. : *Ex.*, xxxv. Moïse renouvelle ses prédications au peuple d'Israël sur les préceptes divins du Sabbat, etc... — PROPH. : *Ex.*, IV, 12. *Perge igitur, et ego ero in ore tuo, doceboque te quid loquaris.* Continuez vos prédications, je parlerai par vos lèvres, et je vous apprendrai ce que vous aurez à dire.

Ruines de Sébaste.

CXLIV^e VISITE.

SAMARIE OU SÉBASTE.

ZÈLE INTEMPESTIF DES APOTRES.

SAMARIE a donné son nom à la province où elle se trouve enclavée. Le royaume d'Israël eut cette ville pour capitale. Sous Hérode le Grand, elle fut rebâtie, et reçut, en l'honneur de l'empereur Auguste, le nom de Sébaste.

De nos jours Sébaste, l'ancienne Samarie, n'est qu'un monceau de ruines. Là, on ne lit pas sans être vivement frappé cette prophétie de Michée : « *Je ferai de Samarie un monceau de pierres... Je mettrai à nu les fondements de ses murs, je ferai rouler ses pierres dans la vallée.* »

Cette ville, à douze lieues environ de Jérusalem, était placée sur une colline ovale, et un cercle de montagnes l'entourait, comme une immense ceinture de protection.

Elle devait avoir un aspect très pittoresque au milieu de ce site charmant.

Il n'est pas dit 'dans le saint Évangile que ce soit cette ville que Notre-Seigneur visita; mais, au milieu de ses ruines et dans ses environs, on se trouve bien pour méditer les instructions qui furent données dans un lieu aujourd'hui inconnu de la Samarie.

ÉVANGILE.

Luc., ix.

51. Le temps auquel il devait être enlevé *du monde* approchant, *Jésus* se mit en chemin avec un visage assuré pour aller à Jérusalem.

52. Et il envoya devant lui des messagers. Ceux-ci entrèrent dans une ville des Samaritains, pour lui préparer un *logement*.

53. Mais les gens de ce lieu ne voulurent point le recevoir, parce qu'il paraissait aller à Jérusalem.

54. Ce que Jacques et Jean, ses disciples, ayant vu, ils lui dirent : Seigneur, voulez-vous que nous disions au feu du ciel de descendre, et de les dévorer?

55. Mais, se retournant, il les réprimanda, et leur dit : Vous ne savez pas de quel esprit vous êtes.

51. *Factum est autem dum complerentur dies assumptionis ejus, et ipse faciem suam firmavit ut iret in Jerusalem.*

52. *Et misit nuntios ante conspectum suum : et euntes intraverunt in civitatem Samaritanorum ut pararent illi.*

53. *Et non receperunt eum, quia facies ejus erat euntis in Jerusalem.*

54. *Cum vidissent autem discipuli ejus Jacobus et Joannes, dixerunt : Domine, vis dicimus ut ignis descendat de cœlo, et consumat illos?*

55. *Et conversus increpavit illos, dicens : Nescitis cujus spiritus estis.*

56. *Filius hominis non venit animas perdere, sed salvare. Et abierunt in aliud castellum.* (JOAN., III, 17 ; XII, 47.)	56. Le Fils de l'homme n'est pas venu perdre les âmes, mais les sauver. Et ils s'en allèrent dans un autre bourg.

RÉFLEXIONS.

1º Jésus, le Dieu fort, sent le besoin de raffermir son courage avant d'aller à Jérusalem. Et, en effet, dans six mois il doit y mourir, et mourir de la mort la plus ignominieuse. Il est vrai que par là Jésus va opérer notre salut. Mais, hélas! que de douleurs, que de trahisons, que de sanglantes persécutions, que d'infamies l'attendent!... Le Sauveur a tout accepté, tout voulu, il a bu à l'avance le calice jusqu'à la lie.

2º O Apôtres, allez donc dans la ville des Samaritains, et trouvez une place pour l'hôte divin qui veut bien s'arrêter là une nuit, avant de se rendre à Jérusalem. Mais ne vous en étonnez pas; on ne le recevra point, puisqu'il y a inimitié entre Samarie et Jérusalem, et que Jésus va à Jérusalem. N'y a-t-il pas inimitié entre le monde et le ciel? Et le monde n'est-il pas l'ennemi de ceux qui travaillent pour aller au ciel?

3º Les Disciples semblaient animés d'un saint zèle, lorsqu'ils demandaient des malédictions pour la cité des Samaritains, allant jusqu'à penser qu'il fallait faire tomber sur elle le feu du ciel. Mais ce zèle était mauvais. Ce n'est pas ainsi que l'Esprit-Saint inspire. Disciples, vous avez ici des vues humaines! Comment pouvez-vous oublier que le Fils de l'homme est venu pour sauver, et non pour perdre les âmes? Secouons la poussière de nos pieds là où on ne veut pas de nous, bénissons ceux qui nous persécutent, et allons ailleurs porter les bienfaits de Dieu.

PRIÈRES.

Ant. On ne voulut pas recevoir Jésus dans une ville de la Samarie, parce qu'il semblait aller à Jérusalem. Jésus réprimanda Jean et Jacques en disant : Vous ne savez pas de quel esprit vous êtes. Car ils avaient dit : Seigneur, ordonnez que le feu descende du ciel et les dévore.

℣. Le Fils de l'homme n'est point venu perdre les âmes,

℟. Mais les sauver.

Oraison.

Exaucez-nous, ô Dieu de miséricorde, et faites que nous ayons toujours pour les grâces dont votre rédemption est la source le plus pieux respect. Ainsi soit-il.

Ant. *In civitate Samaritanorum non receperunt Jesum, quia facies ejus erat euntis in Jerusalem. Joannem et Jacobum Jesus increpavit, dicens : Nescitis cujus spiritus estis. Dixerant enim : Domine, vis dicimus ut ignis descendat de cœlo et consumat illos ?*

℣. *Filius hominis non venit animas perdere,*

℟. *Sed salvare.*

Oremus.

Exaudi nos, misericors Deus : et redemptionis nostræ subsidia, devota nos effice semper mente tractare. Amen.

Contre le zèle outré des Disciples. — Fig. : Jon., iv, 1, 11. Plaintes de Jonas et réprimande que Dieu lui adresse. — Proph. : Ps., xxxvi, 8, 11. *Desine ab ira et derelinque furorem, noli æmulari.* Cessez votre colère et abandonnez votre fureur, ne vous laissez pas aller à un zèle intempestif.

Mont Garizim.

CXLVe VISITE.

EN SAMARIE, GALILÉE, ETC.

ENSEIGNEMENTS DE JÉSUS
SUR LA PAUVRETÉ ÉVANGÉLIQUE.

ONTINUONS à suivre le Sauveur se rendant à Jérusalem par la Samarie, par la Galilée et, enfin bientôt, par le chemin de Jéricho à Béthanie.
En recherchant les traces des pas de Notre-Seigneur dans la Samarie, nous apercevons de loin le mont Garizim. Ce n'est pas là assurément que Jésus prononça les paroles du texte sacré en ce moment sous nos yeux; mais cette célèbre montagne attirant légitimement notre attention, nous ne pouvons lui refuser un regard.

C'est la plus haute montagne de la Samarie, et les Samaritains l'avaient en vénération. D'après leurs traditions, ce serait là que Dieu aurait promis à Abraham de lui donner en héritage tout le pays de Chanaan. Ce serait aussi sur cette montagne que Jacob aurait adoré Dieu à son retour de Mésopotamie.

ÉVANGILE.

Luc., ix.

57. Lorsqu'ils étaient en chemin, un homme dit à *Jésus*: Je vous suivrai partout où vous irez.

58. Jésus lui répondit : Les renards ont leurs tanières, et les oiseaux du ciel leurs nids; mais, pour le Fils de l'homme, il n'a pas une pierre où reposer sa tête.

59. Il dit à un autre : Suivez-moi. Et celui-ci lui répondit : Seigneur, permettez-moi d'aller auparavant ensevelir mon père.

60. Jésus lui dit : Laissez aux morts le soin d'ensevelir leurs morts; mais pour vous, allez, et annoncez le royaume de Dieu.

61. Un autre lui dit : Seigneur, je vous suivrai; mais permettez-moi de disposer auparavant de ce que j'ai dans ma maison.

62. Jésus lui répondit : Quiconque, ayant mis la

57. *Factum est autem, ambulantibus illis in via, dixit quidam ad illum : Sequar te quocumque ieris.*

58. *Dixit illi Jesus : Vulpes foveas habent, et volucres cœli nidos : Filius autem hominis non habet ubi caput reclinet.* (Matth., viii, 20.)

59. *Ait autem ad alterum : Sequere me. Ille autem dixit : Domine, permitte mihi primum ire, et sepelire patrem meum.*

60. *Dixitque ei Jesus : Sine ut mortui sepeliant mortuos suos : tu autem vade, et annuntia regnum Dei.*

61. *Et ait alter : Sequar te Domine, sed permitte mihi primum renuntiare his quæ domi sunt.*

62. *Ait ad illum Jesus : Nemo mittens manum suam*

main à la charrue, regarde derrière soi, n'est point propre au royaume de Dieu. | *ad aratrum, et respiciens retro, aptus est regno Dei.*

RÉFLEXIONS.

1° *Le Fils de l'homme n'a pas où reposer sa tête.* O mon Sauveur! quelle parole vous prononcez au milieu de vos prédications évangéliques! Ame chrétienne, si tu sais rougir, n'en est-ce pas ici le lieu? Quoi! tu voudrais encore posséder quelque chose sur la terre, après cela! Posséder par l'attachement du cœur, j'entends; car ces malheureux biens terrestres qui sont un fardeau, il faut compter avec eux. O mon Dieu! faites que je ne m'y attache jamais, si j'en possède. Et si j'en suis dépourvu, ne permettez pas que je sois triste de vous ressembler!...

2° Il faut laisser les morts ensevelir les morts, c'est-à-dire, laisser les gens du monde s'occuper des choses du monde. Quant aux chrétiens véritables, à ceux qui veulent suivre le chemin de la vérité, du salut et de la perfection, ils doivent, surtout s'ils sont apôtres, ne point s'immiscer dans les affaires misérables de cette vie. Ils sont déjà du ciel, ils ne sont plus de la terre.

O mon Sauveur, apprenez à vos serviteurs à mettre dans leur cœur la vraie doctrine sortie de votre bouche, et à la pratiquer!

3° Quelle parole prononcez-vous contre ceux qui commencent tout, et ne finissent rien, ô Jésus! Personne ne doit mettre la main à la charrue pour regarder ensuite en arrière... Celui-là ne serait point propre au royaume des cieux. Toute notre espérance est en vous, ô roi puissant et fort, venez et sauvez-nous! Aidez-nous tous à achever le travail commencé, et à mener à bonne fin, par la constante fidélité de nos âmes, l'œuvre difficile de notre salut.

PRIÈRES.

Ant. Quiconque, ayant mis la main à la charrue, regarde derrière soi, n'est pas propre au royaume de Dieu.

℣. Seigneur, je vous suivrai partout où vous irez.

℟. Suivez-moi.

ORAISON.

Dieu tout-puissant et éternel, dirigez nos actes selon votre volonté, afin que nous méritions de multiplier nos bonnes œuvres au nom de votre Fils bien-aimé. Ainsi soit-il.

Ant. *Nemo mittens manum suam ad aratrum, et respiciens retro, aptus est regno Dei.*

℣. *Sequar te quocumque ieris.*

℟. *Sequere me.*

OREMUS.

Omnipotens sempiterne Deus, dirige actus nostros in beneplacito tuo : ut in nomine dilecti Filii tui mereamur bonis operibus abundare. Amen.

Vie pauvre de Notre-Seigneur. — Fig. : III *Reg.*, xvii, 1, 11. La vie très pauvre d'Élie. — Proph. : *Ps.*, xxxix, 18. *Ego autem mendicus sum et pauper.* Je suis pauvre et semblable à un mendiant.

Tyr.

CXLVIe VISITE.

GALILÉE.

MISSION DES SOIXANTE-DOUZE DISCIPLES.

ON croit communément que ce fut en Galilée, peut-être sur la montagne des Béatitudes, que Jésus investit les soixante-douze disciples de la mission évangélique. Nous parlons ici de Tyr uniquement parce que le Sauveur prononce en ce moment le nom de cette ville.

Aujourd'hui la ville de Tyr est humiliée, désolée, anéantie, comme on peut le voir d'après ce qui en reste : mais quelle florissante cité on admirait autrefois! Les marchands étaient des princes, et les gens de négoce comptaient parmi les plus illustres de la terre. Au dire du prophète Ézéchiel, l'or y était aussi commun que la boue. Cette reine des mers, située à une lieue seulement de Sidon, avait un port vaste, spacieux, commode, où l'on affluait de toutes les parties du monde. Ces deux grands môles qui s'avançaient dans la mer offraient un aspect magnifique.

Mais, hélas! tant d'opulence était la source de tant de vices! L'amour des richesses y donnait la main à l'amour des plaisirs; et un épouvantable orgueil y régnait.

ÉVANGILE.

Luc., x.

1. Ensuite le Seigneur choisit encore soixante-douze autres *Disciples*, qu'il envoya devant lui deux à deux, dans toutes les villes et dans tous les lieux où lui-même devait aller.

2. Et il leur disait : La moisson est grande, mais les ouvriers sont en petit nombre. Priez donc le maître de la moisson d'envoyer des ouvriers dans sa moisson.

3. Allez, je vous envoie comme des agneaux au milieu des loups.

4. Ne portez ni bourse, ni sac, ni souliers; et ne saluez personne dans le chemin.

5. En quelque maison que

1. *Post hæc autem designavit Dominus et alios septuaginta duos : et misit illos binos ante faciem suam, in omnem civitatem et locum, quo erat ipse venturus.*

2. *Et dicebat illis : Messis quidem multa, operarii autem pauci. Rogate ergo dominum messis, ut mittat operarios in messem suam.* (Matth., ix, 37.)

3. *Ite : ecce ego mitto vos sicut agnos inter lapos.* (Matth., x, 16.)

4. *Nolite portare sacculum, neque peram, neque calceamenta : et neminem per viam salutaveritis.* (IV Reg., iv, 29. Matth., x, 10. Marc., vi, 8.)

5. *In quamcumque domum*

intraveritis, primum dicite : Pax huic domui !

6. *Et si ibi fuerit filius pacis, requiescet super illum pax vestra : sin autem, ad vos revertetur.*

7. *In eadem autem domo manete, edentes et bibentes quæ apud illos sunt : dignus est enim operarius mercede sua. Nolite transire de domo in domum.* (Deut., XXIV, 14. MATTH., X, 10.)

8. *Et in quamcumque civitatem intraveritis, et susceperint vos, manducate quæ apponuntur vobis :*

9. *Et curate infirmos, qui in illa sunt, et dicite illis : Appropinquavit in vos regnum Dei.*

10. *In quamcumque autem civitatem intraveritis, et non susceperint vos, exeuntes in plateas ejus, dicite :*

11. *Etiam pulverem qui adhæsit nobis de civitate vestra, extergimus in vos : tamen hoc scitote, quia appropinquavit regnum Dei.* (Act., XIII, 51.)

12. *Dico vobis, quia Sodo-*

vous entriez, dites d'abord : Que la paix soit dans cette maison !

6. Et s'il se trouve là un enfant de paix, votre paix reposera sur lui ; sinon, elle retournera vers vous.

7. Demeurez dans la même maison, mangeant et buvant ce qui s'y trouve : car celui qui travaille mérite son salaire. N'allez point de maison en maison.

8. Et en quelque ville que vous soyez entrés, et où l'on vous aura reçus, mangez ce qu'on vous présentera,

9. Et guérissez les malades qui s'y trouveront, et dites-leur : Le royaume de Dieu est venu près de vous.

10. Mais en quelque ville que vous soyez entrés, si l'on ne vous reçoit point, sortez dans les places publiques, et dites :

11. Nous secouons contre vous la poussière même de votre ville qui s'est attachée à nos pieds. Sachez néanmoins que le royaume de Dieu est proche.

12. Je vous assure que,

au dernier jour, Sodome sera traitée moins rigoureusement que cette ville-là.

13. Malheur à toi, Corozaïn; malheur à toi, Bethsaïda, parce que si les miracles qui ont été opérés chez vous avaient été faits dans Tyr et dans Sidon, il y a longtemps que *ces villes* auraient fait pénitence dans le sac et dans la cendre.

14. C'est pourquoi, *au jour* du jugement, Tyr et Sidon seront traitées avec moins de rigueur que vous.

15. Et toi, Capharnaüm, qui as été élevée jusqu'au ciel, tu seras précipitée jusque dans le fond des enfers.

16. Celui qui vous écoute m'écoute, et celui qui vous méprise me méprise ; et celui qui me méprise, méprise celui qui m'a envoyé.

13. *Væ tibi, Corozain; væ tibi, Bethsaïda : quia si in Tyro et Sidone factæ fuissent virtutes, quæ factæ sunt in vobis, olim in cilicio et cinere sedentes pœniterent.* (MATTH., XI, 21.)

mis in die illa remissius erit, quam illi civitati.

14. *Verumtamen Tyro et Sidoni remissius erit in judicio, quam vobis.*

15. *Et tu, Capharnaum, usque ad cœlum exaltata, usque ad infernum demergeris.*

16. *Qui vos audit, me audit : et qui vos spernit, me spernit. Qui autem me spernit, spernit eum qui me misit.* (MATTH., X, 40. JOAN., XIII, 20.)

RÉFLEXIONS.

1º Il est nécessaire que le prédicateur de la foi et le disciple de Jésus-Christ marche en la présence du Sauveur. *Ante faciem suam.* Là est le secret de la fécondité de son ministère. Le disciple de Jésus doit aussi prier pour que le père de famille envoie des ouvriers cueillir la moisson, qui est grande. *Messis multa,... rogate...* Ce ne sont pas des gens paresseux qu'il faut, mais des ouvriers laborieux. Marcher en la présence de Jésus-Christ et travailler sans relâche, tel doit donc être le caractère de l'homme apostolique.

2º C'est Notre-Seigneur seul qui donne la mission à ses disciples. *Ite.* Il les envoie, agneaux sans défense, au milieu des loups, avec mission de transformer ces loups en agneaux. Leur seule arme, c'est le détachement, l'amour de la paix. Qu'ont-ils à faire? Bénir la maison pacifique qui les recevra, y séjourner; car le vrai pasteur doit se tenir au milieu de son troupeau, guérir les malades, prêcher la paix, le royaume des cieux. Mais si on les repousse, les disciples du Maître ont l'ordre de secouer la poussière de leurs pieds, et de partir.

3º Quel anathème contre Capharnaüm, Corozaïn et Bethsaïda, qui n'ont pas voulu entendre la parole de Dieu, et la mettre à profit! Le Seigneur usera de miséricorde plutôt à l'égard des villes de Tyr et de Sidon, auxquelles la vérité n'est pas parvenue, et qui eussent fait pénitence si la parole divine eût retenti dans leur sein. Quel malheur de ne pas prêter l'oreille à la prédication des ministres de l'Évangile! Ne pas écouter ceux qui, de la part de Dieu, apportent la parole de vie, c'est mériter les châtiments éternels.

PRIÈRES.

ANT. *Qui vos audit, me audit; et qui vos spernit, me spernit; qui autem me spernit, spernit eum qui me misit.*

ANT. Celui qui vous écoute m'écoute, et celui qui vous méprise me méprise; mais celui qui me méprise, méprise celui qui m'a envoyé.

℣. Que la paix soit dans cette maison :

℟. Le royaume de Dieu est proche de vous.

ORAISON.

Seigneur, gardez continuellement, par un effet de votre miséricorde, vos serviteurs ; ils se glorifient de n'avoir d'autre appui que l'espérance de la grâce céleste, oh ! faites donc qu'ils soient toujours défendus par votre protection. Ainsi soit-il.

℣. *Pax huic domui :*

℟. *Appropinquavit in vos regnum Dei.*

OREMUS.

Familiam tuam, quæsumus, Domine, continua pietate custodi : ut quæ in sola spe gratiæ cœlestis innititur, tua semper protectione muniatur. Amen.

Les soixante-douze disciples. — FIG. : *Num.*, XI, 16, 25. Élection des soixante-dix anciens d'Israël. — PROPH. : *Ps.*, XLIV, 16, 18. *Constitues eos principes super omnem terram.* Vous les établirez princes sur toute la terre.

CXLVIIe VISITE.

CAPHARNAUM.

RETOUR DES SOIXANTE-DOUZE DISCIPLES.

L'OPINION commune est que ce fut dans Capharnaüm que les Disciples rejoignirent le Sauveur, après leur prédication évangélique. C'est donc dans cette ville que nous trouvons Jésus, quand les soixante-douze Disciples qu'il avait choisis sur la montagne des Béatitudes viennent se presser autour de lui, leur mission terminée.

Capharnaüm est témoin de la joie de ces hommes qui ont accompli des merveilles au nom de Jésus. La cité entend aussi le Sauveur prononcer de graves paroles à cette occasion.

Entrons-y en esprit, voyons ce groupe considérable de disciples, et Jésus qui se tient debout au milieu d'eux.

ÉVANGILE.

Luc., x.

17. Les soixante-douze *Disciples* revinrent avec joie, et dirent à *Jésus* : Seigneur, les démons mêmes nous sont assujettis en votre nom.

18. Il leur répondit : Je

17. *Reversi sunt autem septuaginta duo cum gaudio, dicentes : Domine, etiam dæmonia subjiciuntur nobis in nomine tuo.*

18. *Et ait illis : Videbam*

voyais Satan tomber du ciel comme un éclair.

19. Voici que je vous ai donné le pouvoir de fouler aux pieds les serpents et les scorpions, et toute la puissance de l'ennemi; et rien ne pourra vous nuire.

20. Et néanmoins ne mettez pas votre joie en ce que les esprits vous sont soumis; mais réjouissez-vous plutôt de ce que vos noms sont écrits dans les cieux.

21. A ce moment-là même il tressaillit de joie dans le Saint-Esprit, et il dit : Je vous rends gloire, ô mon Père, Seigneur du ciel et de la terre, de ce que vous avez caché ces choses aux sages et aux prudents, tandis que vous les avez révélées aux petits. Oui, mon Père, je vous en rends gloire, parce qu'il vous a plu que cela fût ainsi.

22. Toutes choses m'ont été remises entre les mains par mon Père. Et personne ne connaît qui est le Fils, si ce n'est le Père, et qui est le Père, si ce n'est le Fils, et celui à qui il aura plu au Fils de le révéler.

Satanam sicut fulgur de cœlo cadentem.

19. *Ecce dedi vobis potestatem calcandi supra serpentes et scorpiones, et super omnem virtutem inimici : et nihil vobis nocebit.*

20. *Verumtamen in hoc nolite gaudere, quia spiritus vobis subjiciuntur : gaudete autem quod nomina vestra scripta sunt in cœlis.*

21. *In ipsa hora exultavit Spiritu sancto, et dixit : Confiteor tibi, Pater, Domine cœli et terræ, quod abscondisti hæc a sapientibus et prudentibus, et revelasti ea parvulis. Etiam, Pater, quoniam sic placuit ante te.* (Matth., xi, 25.)

22. *Omnia mihi tradita sunt a Patre meo. Et nemo scit quis sit Filius, nisi Pater, et quis sit Pater, nisi Filius, et cui voluerit Filius revelare.*

23. *Et conversus ad Discipulos suos, dixit: Beati oculi qui vident quæ vos videtis.* (MATTH., XIII, 15.)	23. Et se tournant vers ses Disciples, il leur dit : Bienheureux les yeux qui voient ce que vous voyez.
24. *Dico enim vobis, quod multi prophetæ et reges voluerunt videre quæ vos videtis, et non viderunt; et audire quæ auditis, et non audierunt.*	24. Car je vous déclare que beaucoup de prophètes et de rois ont voulu voir ce que vous voyez, et ne l'ont point vu; et entendre ce que vous entendez, et ne l'ont point entendu.

RÉFLEXIONS.

1° Les Disciples reviennent de leur mission évangélique, et ils sont heureux. Ils témoignent leur contentement en disant : *Les démons eux-mêmes nous sont soumis.* Hélas! l'amour-propre est sans doute caché sous cette apparente joie spirituelle!... Notre-Seigneur leur rappelle qu'ils ne font le bien que par sa propre vertu, et que s'il est une chose capable de leur causer de l'allégresse, c'est plutôt de savoir que leurs noms sont écrits dans le ciel. O Dieu Sauveur, apprenez-nous la vraie humilité et la sainte espérance du ciel, car en dehors de ces vertus nous serions des serviteurs inutiles. Les talents, le génie, la science, tout est néant sans le salut.

2° Quel éloge sublime notre divin Sauveur ne fait-il pas de la simplicité et de l'humilité, dans cette admirable prière adressée à son Père : Je vous rends grâces, ô mon Père, d'avoir révélé ces choses aux petits et aux humbles, et de les avoir cachées à ceux qui se croient, et se disent sages et prudents! Oh! puissions-nous tous être du nombre.

des humbles et des petits que Jésus aime, et qu'il fait à jamais triompher au ciel !

3º Le bonheur des Disciples était grand de voir ce qu'ils voyaient, c'est-à-dire le divin Sauveur, et avec lui les merveilles de la prédication évangélique, et tous les fruits de salut opérés dans les âmes de bonne volonté. Combien les patriarches et les prophètes avaient souhaité d'être les témoins de tant d'admirables choses ! Ils avaient soupiré après l'avènement de leur Rédempteur. Ils avaient ardemment désiré voir le Messie. Et les Disciples le voyaient, ils l'entendaient, ils jouissaient de lui. Et nous qui goûtons les fruits de l'Évangile, toujours aussi beaux, aussi délicieux après bientôt vingt siècles de christianisme, combien nous devrions nous trouver heureux !

PRIÈRES.

Ant. Je vous rends gloire, mon Père, parce que vous avez caché ces choses aux sages et aux prudents, et vous les avez révélées aux petits.

℣. Beaucoup de rois ont souhaité de voir ce que vous voyez,

℟. Et entendre ce que vous entendez.

ORAISON.

Seigneur, venez en aide à votre peuple, afin que, faisant des progrès dans la sainte dévotion, il soit tou-

Ant. *Confiteor tibi, Pater, quia abscondisti hæc a sapientibus et prudentibus, et revelasti ea parvulis.*

℣. *Multi reges voluerunt videre quæ vos videtis,*

℟. *Et audire quæ auditis.*

OREMUS.

Auxiliare, Domine, populo tuo ; ut, sacræ devotionis proficiens incrementis, et tuo semper munere gubernetur et

ad redemptionis æternæ perveniat, te deducente, consortium. Amen.	jours gouverné par votre bonté, et qu'il parvienne, sous votre conduite, à la gloire méritée par l'éternelle rédemption. Ainsi soit-il.

I. *Orgueil des disciples au retour de leurs prédications.* — Fig. : III *Reg.*, xi. Orgueil et chute de Salomon. — Proph. : *Is.*, xiv, 12. *Quomodo cecidisti de cœlo, Lucifer ?* Pourquoi, Lucifer, as-tu été précipité du ciel ?

II. *Les mystères cachés aux savants et révélés aux petits.* — Fig. : *Gen.*, xli. Don d'interprétation des songes fait à Joseph. — Proph. : *Sap.*, 1, 4. *In malevolam animam non introibit sapientia.* La sagesse n'entrera point dans une âme mauvaise et orgueilleuse.

Adomin sur le chemin de Jérusalem à Jéricho.

CXLVIII^e VISITE.

CHEMIN DE JÉRUSALEM A JÉRICHO.

HOTELLERIE DU SAMARITAIN.

A QUATRE lieues de Jéricho, dans une vallée sombre et sauvage, on voit ce que la tradition dit être les restes de l'hôtellerie du Samaritain. Ce passage, qui est un lieu qu'on croirait fait exprès pour servir de retraite aux brigands, on n'oserait, aujourd'hui encore, le franchir sans escorte. La partie de ces défilés peu sûrs représentée dans la gravure est appelée par saint Jérôme *Adomin*, c'est-à-dire *passage du sang*. La parabole ou le fait dont parle Notre-Seigneur a donc eu cet endroit pour théâtre. Transportons-nous dans ce lieu en esprit. Peut-être le Sauveur y passe-t-il lui-même pour se rendre à Jérusalem après avoir quitté la Galilée et la Samarie. Aussi bien nous allons le voir bientôt à Béthanie.

ÉVANGILE.

Luc. x.

25. *Et ecce quidam legisperitus surrexit tentans illum, et dicens : Magister, quid faciendo vitam æternam possidebo ?* (Matth., xxii, 35. Marc., xii, 28.)

25. Alors un docteur de la loi se leva, et dit à Jésus pour le tenter : Maître, que faut-il que je fasse pour posséder la vie éternelle ?

26. *At ille dixit ad eum : In lege quid scriptum est ? quomodo legis ?*

26. Jésus lui répondit : Qu'y a-t-il écrit dans la loi ? qu'y lisez-vous ?

27. *Ille respondens dixit : Diliges Dominum Deum tuum ex toto corde tuo, et ex tota anima tua, et ex omnibus viribus tuis, et ex omni mente tua : et proximum tuum sicut teipsum.* (Deut., vi, 5.)

27. Celui-ci reprit : Vous aimerez le Seigneur votre Dieu de tout votre cœur, de toute votre âme, de toutes vos forces et de tout votre esprit ; et votre prochain comme vous-même.

28. *Dixitque illi : Recte respondisti : hoc fac, et vives.*

28. Jésus lui dit : Vous avez fort bien répondu : faites cela, et vous vivrez.

29. *Ille autem volens justificare seipsum, dixit ad Jesum : Et quis est meus proximus ?*

29. Mais cet homme, voulant faire paraître qu'il était juste, dit à Jésus : Et qui est mon prochain ?

30. *Suscipiens autem Jesus, dixit : Homo quidam descendebat ab Jerusalem in Jericho, et incidit in latrones, qui*

30. Jésus prenant la parole, lui dit : Un homme descendant de Jérusalem à Jéricho tomba entre les mains des

voleurs, qui le dépouillèrent, le couvrirent de plaies, et s'en allèrent, le laissant à demi mort.

31. Or, il arriva qu'un prêtre descendait par le même chemin; il vit cet homme, et passa outre.

32. Un lévite, étant venu près de là, le vit, et passa de même.

33. Mais un Samaritain qui voyageait vint à passer près de cet homme, et, l'ayant vu, fut touché de compassion.

34. S'étant approché, il versa de l'huile et du vin sur ses blessures, et les pansa; il le mit ensuite sur son cheval, le conduisit dans une hôtellerie, et prit soin de lui.

35. Le lendemain il tira de sa bourse deux deniers, et les donna au maître de l'hôtellerie, en lui disant : Ayez soin de cet homme, et tout ce que vous dépenserez de plus, je vous le rendrai à mon retour.

36. Lequel des trois vous semble avoir été le prochain de celui qui tomba entre les mains des voleurs?

37. Le docteur répondit :

etiam despoliaverunt eum; et plagis impositis, abierunt semivivo relicto.

31. *Accidit autem ut sacerdos quidam descenderet eadem via : et viso illo præterivit.*

32. *Similiter et levita, cum esset secus locum, et videret eum, pertransiit.*

33. *Samaritanus autem quidam iter faciens, venit secus eum : et videns eum misericordia motus est.*

34. *Et appropians alligavit vulnera ejus, infundens oleum et vinum : et imponens illum in jumentum suum, duxit in stabulum, et curam ejus egit.*

35. *Et altera die protulit duos denarios, et dedit stabulario, et ait : Curam illius habe : et quodcumque supererogaveris, ego cum rediero, reddam tibi.*

36. *Quis horum trium videtur tibi proximus fuisse illi qui incidit in latrones?*

37. *At ille dixit : Qui fecit*

misericordiam in illum. Et ait illi Jesus : Vade, et tu fac similiter.

C'est celui qui a exercé la miséricorde envers lui. Et Jésus lui dit : Allez donc, et faites de même.

RÉFLEXIONS.

1° Il n'y a qu'un seul précepte : Aimer Dieu et le prochain pour l'amour de Dieu. Que le docteur de la loi fasse les questions qu'il voudra au Dieu rédempteur, qu'il l'interroge par curiosité ou par une astucieuse malice, ou pour passer agréablement son temps, il recevra la réponse de l'Auteur de tout bien : « Faites cela, et vous vivrez. » *Hoc fac, et vives*. C'est qu'en effet, là est la vraie vie, dans les œuvres et non dans les paroles, surtout dans les œuvres de l'amour divin.

2° O homme, ne cherche pas à te justifier et à demander qui est ton prochain. C'est toute créature humaine formée à l'image de Dieu. Puissions-nous traiter l'image sacrée qui représente quelque chose d'aussi grand que Dieu, avec le respect et les égards qu'elle mérite, à cause de celui dont elle rappelle les traits divins !

3° Mais voici une parabole ou une histoire qui fait tout comprendre. Le voyageur, c'est le pécheur qui s'est laissé prendre par les voleurs, par le démon et par tous les ennemis de Dieu. Le bon Samaritain, c'est le Sauveur Jésus qui a pitié du pauvre blessé, qui le regarde d'un œil de miséricorde, qui panse ses plaies, y verse l'huile et le vin, et le conduit à l'hôtellerie, c'est-à-dire à l'Église catholique, où on prendra soin de lui. Le jour suivant Jésus continuera à subvenir aux besoins de cet homme. Ce divin Sauveur n'est-il pas le véritable ami des âmes ? N'a-t-il pas seul la vraie charité ? Remercions-le d'avoir été pour nous le bon

Samaritain, toutes les fois qu'il nous trouva blessés sur le chemin de la vie !

PRIÈRES.

ANT. Un homme, allant de Jérusalem à Jéricho, tomba entre les mains de voleurs qui le dépouillèrent, le couvrirent de coups, et le laissèrent à demi mort. Seul, un Samaritain fut touché de pitié à sa vue. Il le conduisit dans une hôtellerie, rendant à cet homme tous les services de la charité.

℣. Jésus dit au docteur de la loi :

℞. Allez, et faites de même.

ORAISON.

Que vos paroles, ô Seigneur, nous donnent la ferveur et la charité, afin que nous retirions de cette visite des fruits précieux en même temps qu'une sainte joie. Ainsi soit-il.

ANT. *Homo quidam descendebat ab Jerusalem in Jericho, et incidit in latrones qui etiam despoliaverunt eum, et plagis impositis semivivo relicto. Solus Samaritanus videns eum motus est misericordia, ducens in stabulum reddens huic homini omnia officia charitatis.*

℣. *Ait Jesus legisperito :*

℞. *Vade, et tu fac similiter.*

OREMUS.

Præbeant nobis, Domine, tua dicta fervorem et charitatem, quo eorum pariter et loco delectemur et fructu. Amen.

I. *Parabole du Samaritain.* — FIG. : *Tob.*, I, 19, 20. Tobie nourrissant ses frères, les logeant et les ensevelissant. — PROPH. : Is., LVIII, 7, 11. *Frange esurienti panem, et egenos vagosque induc in domum tuam.* Partagez votre pain avec celui qui a faim, et amenez les pauvres sans asile dans votre maison.

II. *Aimez Dieu et votre prochain.* — FIG. : *Tob.*, I, 15. Tobie adore Dieu et sert son prochain. — PROPH. : *Deut.*, VI, 5. *Diliges Dominum Deum tuum in toto corde.* Vous aimerez le Seigneur votre Dieu de tout votre cœur.

Béthanie.

CXLIX^e VISITE.

BÉTHANIE.

LA MAISON OU MARTHE REÇOIT JÉSUS.

BÉTHANIE qui signifie, selon les uns, maison d'obéissance, selon les autres, maison de gratification, était autrefois une petite cité de la tribu de Benjamin. Aujourd'hui Béthanie n'est plus qu'un gros village.

Vous trouvez ce village au levant, à quinze stades, c'est-à-dire à plus d'une lieue de Jérusalem. Le mont des Oliviers, qui est tout proche, dérobe aux habitants la vue de la ville sainte. Dans ce bourg, combien de fois Notre-Seigneur est venu voir Marthe, Marie et Lazare ! C'est pourquoi ce seul nom de Béthanie suffit pour faire naître aussitôt, dans l'âme chrétienne, une douce émotion.

Sur la gravure sont représentés les restes d'un vieux château qu'on dit avoir appartenu à Lazare et à ses sœurs, et dans lequel le Sauveur aurait fréquemment été reçu par ses amis.

Avec quels sentiments on pénètre en esprit dans cette maison privilégiée !

ÉVANGILE.

	Luc., x.
38. Jésus étant en chemin avec ses disciples, entra dans un bourg où une femme nommée Marthe le reçut en sa maison.	38. *Factum est autem, dum irent, et ipse intravit in quoddam castellum : et mulier quædam Martha nomine excepit illum in domum suam.*
39. Elle avait une sœur nommée Marie, qui se tenait assise aux pieds du Seigneur, écoutant sa parole.	39. *Et huic erat soror nomine Maria, quæ etiam sedens secus pedes Domini, audiebat verbum illius.*
40. Pour Marthe, elle était fort occupée à préparer tout ce qu'il fallait ; et, s'arrêtant devant Jésus, elle lui dit : Seigneur, ne remarquez-vous pas que ma sœur me laisse servir toute seule ? Dites-lui donc de m'aider.	40. *Martha autem satagebat circa frequens ministerium : quæ stetit, et ait : Domine, non est tibi curæ, quod soror mea reliquit me solam ministrare ? Dic ergo illi, ut me adjuvet.*
41. Le Seigneur lui répondit : Marthe, Marthe, vous vous inquiétez, et vous vous embarrassez du soin de bien des choses.	41. *Et respondens, dixit illi Dominus : Martha, Martha, sollicita es, et turbaris erga plurima.*
42. Or, une seule est nécessaire. Marie a choisi la meilleure part, et elle ne lui sera pas ôtée.	42. *Porro unum est necessarium. Maria optimam partem elegit, quæ non auferetur ab ea.*

RÉFLEXIONS.

1º Les deux sœurs de Lazare nous donnent bien des enseignements précieux. A l'exemple de Marthe, qui représente la vie active, nous devons être appliqués aux travaux de notre état, mais sans jamais oublier Dieu, sa loi sainte et son amour. Nous devons, comme elle surtout, exercer la charité envers le prochain et les pauvres. Marie, au contraire, représente la vie contemplative. C'est d'elle que nous apprenons à prier, à méditer la parole de Dieu, ses perfections infinies, à jouir de sa présence, de la douceur de sa conversation.

2º Notre divin Sauveur fait quelques reproches à Marthe; il ne la blâme pas d'être active et laborieuse à cause de lui, mais il lui témoigne une certaine peine de l'anxiété où elle se met, et de la distrayante préoccupation qui la pousse à travailler. Elle néglige d'écouter la parole céleste, en se livrant un peu trop à tous les soins extérieurs. Mon Sauveur, que de fois j'ai imité Marthe, au lieu de suivre intérieurement le doux appel de votre grâce!

3º L'unique chose nécessaire, c'est de chercher, avant tout, le royaume de Dieu, c'est de travailler au salut de son âme. Remplir ce grand devoir, c'est remplir tous les autres. C'est alors que l'activité d'une âme n'est pas inquiète et dissipée; c'est alors qu'elle est tranquille et paisible, parce que tout est fixe en Dieu ou dirigé vers lui. Faites, ô mon Dieu, que je sente que vous êtes mon unique nécessaire, comme vous êtes mon unique fin et mon unique bien.

PRIÈRES.

ANT. *Intravit Jesus in castellum, et mulier quædam*	ANT. Jésus entra dans une bourgade, et une

femme nommée Marthe le reçut en sa maison.

℣. Marthe, Marthe, vous vous inquiétez,

℟. Et vous vous embarrassez du soin de bien des choses.

ORAISON.

O très doux Jésus, qui, par un effet de votre bonté infinie, avez daigné entrer souvent dans cette maison de Marthe, votre servante ; faites, nous vous en prions, que par les mérites de votre hôtesse, nous ornions de saintes vertus le sanctuaire de notre âme, et qu'à la dernière heure nous soyons dignes d'habiter éternellement avec vous dans le royaume des cieux. Ainsi soit-il.

Martha nomine excepit illum in domum suam.

℣. *Martha, Martha, sollicita es,*

℟. *Et turbaris erga plurima.*

OREMUS.

Dulcissime Domine Jesu Christe, qui pro tua summa pietate, in hac famulæ tuæ Marthæ domo, sæpius hospitari dignatus es : da, quæsumus, ita nos meritis ipsius hospitæ tuæ, conscientiæ nostræ habitaculum sanctis tibi præparare virtutibus, ut cum extrema dies advenerit in cœlesti regno tecum perenniter hospitari mereamur. Amen.

Jésus chez Marthe et Marie. — FIG. : *Gen.*, XXIX. Jacob dans la maison de Lia et de Rachel, — PROPH. : III *Reg.*, XIX, 9, 13. *Non in commotione Dominus.* Le Seigneur n'habite pas dans le bruit et le trouble.

Cloître du *Pater*.

CLᵉ VISITE.

MONTAGNE DES OLIVIERS.

LE LIEU DU SECOND ENSEIGNEMENT DU *PATER*.

Au sommet de la montagne des Oliviers, à cent quatre-vingts pas environ du lieu de l'Ascension de Notre-Seigneur, se trouve la place où, d'après la tradition, le Sauveur apprit pour la seconde fois à ses Apôtres la prière du *Pater*. Une chapelle destinée à perpétuer ce souvenir existait autrefois en ce lieu. Détruite par le temps, qui amoncelle partout des ruines, elle a été remplacée par un monastère où, depuis le 15 octobre 1874, habitent des religieuses Carmélites venues de Carpentras, dont le but est de prier nuit et jour pour remercier le Seigneur de nous avoir donné cette sublime prière. Un des cloîtres de ce couvent renferme autant de fois le *Pater*, gravé en diverses langues, qu'il y a d'arcades dans chaque galerie.

On croit que là aussi fut composé le Symbole catholique. Les Apôtres, avant de se disperser pour la prédication de l'Évangile, se seraient rassemblés en ce lieu pour y rédiger les douze articles du *Credo*.

Dix-huit siècles ont passé sur cette prière et sur ce symbole : nous trouvons l'une et l'autre dans son intégrité parfaite. C'est ainsi que le Christ maintient au sein de son Église l'unité de croyance et de prière.

ÉVANGILE.

Luc., xi.

1. Un jour que *Jésus* était quelque part en prière, après qu'il eut achevé sa prière, l'un de ses Disciples lui dit : Seigneur, apprenez-nous à prier, ainsi que Jean l'a appris à ses disciples.

2. Et il leur dit : Lorsque vous priez, dites : Père, que votre nom soit sanctifié; que votre règne arrive.

3. Donnez-nous aujourd'hui notre pain de chaque jour.

4. Et remettez-nous nos offenses, puisque nous remettons nous-mêmes à ceux qui nous sont redevables; et ne nous laissez point succomber à la tentation.

1. *Et factum est, cum esset in quodam loco orans, ut cessavit, dixit unus ex Discipulis ejus ad eum : Domine, doce nos orare, sicut docuit et Joannes discipulos suos.*

2. *Et ait illis : Cum oratis, dicite : Pater, sanctificetur nomen tuum : adveniat regnum tuum.* (Matth., vi, 9.)

3. *Panem nostrum quotidianum da nobis hodie.*

4. *Et dimitte nobis peccata nostra, siquidem et ipsi dimittimus omni debenti nobis. Et ne nos inducas in tentationem.*

5. *Et ait ad illos : Quis vestrum habebit amicum, et ibit ad illum media nocte, et dicet illi : Amice, commoda mihi tres panes :*

6. *Quoniam amicus meus venit de via ad me, et non habeo quod ponam ante illum :*

7. *Et ille de intus respondens dicat : Noli mihi molestus esse, jam ostium clausum est, et pueri mei mecum sunt in cubili, non possum surgere, et dare tibi.*

8. *Et si ille perseveraverit pulsans : dico vobis, et si non dabit illi surgens eo quod amicus ejus sit, propter improbitatem tamen ejus surget, et dabit illi quotquot habet necessarios.*

9. *Et ego dico vobis : Petite, et dabitur vobis : quærite, et invenietis : pulsate, et aperietur vobis?* (MATTH., VII, 7; XXI, 22. MARC., XI, 24. JOAN., XIV, 13. JAC., I, 5.)

10. *Omnis enim qui petit, accipit : et qui quærit, inve-*

5. Et il leur dit : Si quelqu'un d'entre vous avait un ami, et qu'il allât le trouver au milieu de la nuit pour lui dire : Mon ami, prêtez-moi trois pains,

6. Car un de mes amis, faisant voyage, vient d'arriver chez moi, et je n'ai rien à lui présenter.

7. Que si cet homme, du fond de sa maison, lui répondait : Ne m'importunez point, ma porte est déjà fermée, et mes enfants sont couchés, aussi bien que moi; je ne puis me lever, et vous en donner.

8. Si néanmoins l'autre persistait à frapper, je vous dis que, quand même il ne se lèverait pas pour lui en donner parce qu'il est son ami, il se lèverait du moins à cause de son importunité, et lui donnerait autant de pain qu'il en aurait besoin.

9. Je vous dis de même : Demandez, et on vous donnera; cherchez, et vous trouverez; frappez, et on vous ouvrira.

10. Car quiconque demande, reçoit; et qui

cherche, trouve; et on ouvrira à celui qui frappe.

11. Est-il parmi vous un père qui donne à son fils une pierre, lorsque celui-ci lui demande du pain? Ou qui lui donne un serpent, lorsqu'il lui demande un poisson?

12. Ou un scorpion lorsqu'il lui demande un œuf?

13. Si donc, vous autres, étant méchants, vous savez néanmoins donner de bonnes choses à vos enfants, à combien plus forte raison votre Père, qui est dans le ciel, donnera-t-il le bon esprit à ceux qui le lui demandent!

nit : et pulsanti aperietur.

11. *Quis autem ex vobis patrem petit panem, numquid lapidem dabit illi ? Aut piscem, numquid pro pisce serpentem dabit illi ?* (MATTH., VII, 9, 10.)

12. *Aut si petierit ovum, numquid porriget illi scorpionem ?*

13. *Si ergo vos, cum sitis mali, nostis bona data dare filiis vestris : quanto magis Pater vester de cœlo dabit spiritum bonum petentibus se !*

RÉFLEXIONS.

Examinons pieusement le *Notre Père* et les sept demandes qu'il contient.

1° *Notre Père, qui êtes aux cieux, que votre nom soit sanctifié.*

Ne faut-il pas d'abord penser à celui qu'on invoque? En portant de suite nos yeux sur lui, nous voyons ce que doivent être notre confiance et notre respect. Nous parlons à notre Père, à celui qui nous a donné la vie, qui nous la conserve; et nous nous reportons vers lui dans les cieux, au lieu de sa demeure, et aussi de la nôtre un jour. Nous lui demandons que *son nom soit sanctifié.* C'est un désir si juste, si noble, si élevé, si saint! Nous souhaitons que ce Père, qui est Dieu, soit aimé, connu, adoré de toute la terre. Avec quel cœur il convient de faire cette demande! Oh! notre Père, qui êtes aux cieux, accordez-nous la grâce de ne jamais vous adresser ces mots magnifiques du bout des lèvres; mais faites que nous les disions toujours avec un cœur rempli de votre amour.

2° *Que votre règne arrive.*

Nous demandons que Dieu règne en nous par sa grâce, et qu'aucun péché grave ne réside en notre âme; et nous souhaitons que tout ici-bas lui obéisse et lui soit soumis. Faisons souvent ce vœu du fond de notre cœur, et que ce règne de Dieu soit l'objet de nos plus ardents désirs.

3° *Que votre volonté soit faite sur la terre comme au ciel.* (MATTH., VI, 10.)

Le désordre est partout où n'est pas accomplie la volonté de Dieu. Tout doit céder le pas à cette volonté adorable, et se fondre en elle. La plus grande félicité, c'est de vouloir comme Dieu. Oh! comme vous nous avez rendus grands, divin Jésus, en nous associant à vos pensées, à vos vues, à vos desseins! Car faire votre volonté, c'est tout cela. Et cette gloire que vous nous accordez de vouloir comme vous, de faire ce que vous voulez, vous nous la donnez dans une admirable plénitude; car vous nous dites de faire votre volonté ici-bas comme on la fait au ciel. Par ce point l'homme, sur la terre d'exil, touche à l'heureux habitant de la céleste patrie!

Oui! oui, notre Père, que votre volonté soit faite sur la terre comme au ciel. Jésus m'a mis sur les lèvres cette prière; et quoique indigne de vous la dire, je la murmure auprès de vous avec amour; et quand vous m'aurez accordé de faire réellement votre volonté ici-bas comme on la fait au ciel, que je serai heureux !

4° *Donnez-nous aujourd'hui notre pain quotidien ou supersubstantiel.* (MATTH., VI, 11.)

Quand serons-nous les vrais mendiants de Dieu, nous qui avons tant besoin de lui? Que, pour le corps, Dieu daigne nous donner le nécessaire; mais s'il nous refuse le superflu ou l'agréable, gardons nos cœurs dans la paix. Pour l'âme demandons cette nourriture quotidienne, ce pain vivant et eucharistique qui nous fera vivre éternellement.

5° *Pardonnez-nous nos offenses, comme nous les pardonnons à tous ceux qui nous ont offensés.*

Que de dettes nous avons contractées envers Dieu! Outre les dons de la nature et de la grâce, nous lui sommes redevables pour tant de péchés que nous avons commis. Il n'y a jamais eu de prière plus nécessaire que cette cinquième demande du *Notre Père*. Mais elle ne sera exaucée qu'autant que nous aurons pardonné de tout cœur à nos frères soixante-dix-sept fois sept fois, s'il le faut.

6° *Ne nous laissez pas succomber à la tentation.*

O mon Dieu, vous avez promis que nous ne serions jamais tentés au-dessus de nos forces, et voici que nous succombons trop souvent. La prière humble et confiante nous a fait défaut. Pénétrez-nous, ô mon Dieu, de cette pensée que la tentation, loin d'être un mal, est salutaire, et donnez-nous une invincible énergie pour la combattre et la vaincre.

7° *Mais délivrez-nous du mal.*

Il faut éviter le péché, qui est le seul mal véritable. C'est pourquoi nous demandons à Dîeu de nous en préserver, en même temps que de tous les maux qui pourraient atteindre notre corps. O Jésus, quand nous récitons cette prière, soutenez notre faible voix, vous qui nous l'avez apprise, et faites-nous comprendre ce que nous disons !

Ainsi soit-il.

PRIÈRES.

Ant. *Et factum est, quum esset in monte Oliveto orans, ut cessavit, dixit unus ex discipulis ejus ad eum: Domine, doce nos orare.*

℣. *Et ait illis Jesus :*
℟. *Cum oratis, dicite :*

OREMUS.

Pater noster qui es in cœlis, sanctificetur nomen tuum, adveniat regnum tuum, fiat voluntas tua, sicut in cœlo et in terra. Panem nostrum quotidianum da nobis hodie : et dimitte nobis debita nostra, sicut et nos dimittimus debitoribus nostris. Et ne nos inducas in tentationem, sed libera nos a malo. Amen.

Credo in Deum, Patrem

Ant. Et il arriva que, pendant qu'il était en prière sur le mont des Oliviers, un de ses disciples lui dit aussitôt qu'il eut achevé sa prière : Seigneur, apprenez-nous à prier.

℣. Et Jésus leur dit :
℟. Quand vous prierez, dites :

ORAISON.

Notre Père qui êtes aux cieux, que votre nom soit sanctifié, que votre règne arrive, que votre volonté soit faite sur la terre comme au ciel. Donnez-nous aujourd'hui notre pain de chaque jour, pardonnez-nous nos offenses, comme nous pardonnons à ceux qui nous ont offensés, et ne nous laissez pas succomber à la tentation, mais délivrez-nous du mal. Ainsi soit-il.

Je crois en Dieu, le Père

tout-puissant, créateur du ciel et de la terre, et en Jésus-Christ, son Fils unique, Notre-Seigneur, qui a été conçu du Saint-Esprit, est né de la Vierge Marie, a souffert sous Ponce-Pilate, a été crucifié, est mort, a été enseveli, est descendu aux enfers, et, le troisième jour, est ressuscité des morts; est monté aux cieux, est assis à la droite de Dieu, le Père tout-puissant, d'où il viendra juger les vivants et les morts. Je crois au Saint-Esprit, à la sainte Église catholique, à la communion des Saints, à la rémission des péchés, à la résurrection de la chair, à la vie éternelle. Ainsi soit-il.

omnipotentem, creatorem cœli et terræ. Et in Jesum Christum Filium ejus unicum, Dominum nostrum : qui conceptus est de Spiritu sancto, natus ex Maria Virgine: passus sub Pontio Pilato, crucifixus, mortuus, et sepultus, descendit ad inferos : tertia die resurrexit a mortuis : ascendit ad cœlos, sedet ad dexteram Dei Patris omnipotentis : inde venturus est judicare vivos et mortuos. Credo in Spiritum sanctum, sanctam Ecclesiam catholicam, Sanctorum communionem, remissionem peccatorum, carnis resurrectionem, vitam æternam. Amen.

Prière toujours exaucée. — Fig. : *Esth.*, xiv. La prière et les larmes d'Esther avant d'aller auprès d'Assuérus. — Proph. : *Ex.*, xvi, 4. *Ecce ego pluam vobis panes de cœlo.* Pour vous je ferai tomber des pains du haut du ciel.

CLIe VISITE.

LES ENVIRONS DE JÉRUSALEM.

JÉSUS CHASSE LES DÉMONS PAR SA DIVINE PUISSANCE.

C'EST sans doute aux environs de Jérusalem que se passa la scène évangélique dont il est fait mention dans cette visite. Nous pouvons ainsi demeurer encore sur le mont des Oliviers. Il nous sera facile, là, de contempler Notre-Seigneur, de l'entendre, et d'assister en esprit à ce miracle.

Au reste, sur le mont des Oliviers, on embrasse une partie très considérable du haut pays de Judée ; on voit la mer Morte, et en certains jours la mer Méditerranée. C'est assurément la montagne la plus élevée de la Judée. Aussi, les habitants de ce pays, en se rendant à la ville sainte, disaient : *Nous montons à Jérusalem*, et lorsqu'ils en revenaient, ils disaient : *Nous descendons de Jérusalem.*

ÉVANGILE.

Luc., XI.

14. *Et erat ejiciens dæmonium, et illud erat mutum. Et cum ejecisset dæmonium, locutus est mutus, et admiratæ sunt turbæ.* (Matth., IX, 32, 33; XII, 22.)

15. *Quidam autem ex eis dixerunt : In Beelzebub prin-*

14. Un jour Jésus chassa un démon qui était muet ; et lorsqu'il eut chassé ce démon, le muet parla, et tout le peuple fut dans l'admiration.

15. Néanmoins, quelques-uns dirent : Il chasse

le démon par la puissance de Béelzébub, prince des démons.

16. Et d'autres, pour le tenter, lui demandaient d'opérer un prodige dans le ciel.

17. Mais Jésus, connaissant leurs pensées, leur dit : Tout royaume divisé contre lui-même sera détruit, et toute maison divisée contre elle-même tombera.

18. Si donc Satan est aussi divisé contre lui-même, comment son règne subsistera-t-il ? Cependant, vous dites [que c'est par Béelzébub que je chasse les démons.

19. Si c'est par Béelzébub que je chasse les démons, par qui, vos enfants les chassent-ils ? Voilà pourquoi ils seront eux-mêmes vos juges.

20. Mais si c'est par le doigt de Dieu que je chasse les démons, il est certain que le royaume de Dieu est venu parmi vous.

21. Lorsqu'un homme fort et bien armé garde sa maison, tout ce qu'il possède est en paix ;

cipe dæmoniorum ejicit dæmonia. (MATTH., IX, 34. MARC., III, 22.)

16. *Et alii tentantes, signum de cœlo quærebant ab eo.*

17. *Ipse autem, ut vidit cogitationes eorum, dixit eis : Omne regnum in seipsum divisum desolabitur, et domus supra domum cadet.*

18. *Si autem et Satanas in seipsum divisus est, quomodo stabit regnum ejus? quia dicitis in Beelzebub me ejicere dæmonia.*

19. *Si autem ego in Beelzebub ejicio dæmonia, filii vestri in quo ejiciunt? Ideo ipsi judices vestri erunt.*

20. *Porro si in digito Dei ejicio dæmonia, profecto pervenit in vos regnum Dei.*

21. *Cum fortis armatus custodit atrium suum, in pace sunt ea quæ possidet.*

22. *Si autem fortior eo superveniens vicerit eum, universa arma ejus auferet in quibus confidebat, et spolia ejus distribuet.*

23. *Qui non est mecum, contra me est : et qui non colligit mecum, dispergit.*

24. *Cum immundus spiritus exierit de homine, ambulat per loca inaquosa, quærens requiem : et non inveniens dicit : Revertar in domum meam, unde exivi.*

25. *Et cum venerit, invenit eam scopis mundatam et ornatam.*

26. *Tunc vadit et assumit septem alios spiritus secum, nequiores se ; et ingressi habitant ibi. Et fiunt novissima hominis illius pejora prioribus.*

27. *Factum est autem, cum hæc diceret, extollens vocem quædam mulier de turba, dixit illi : Beatus venter*

22. Mais s'il en survient un autre plus fort que lui, qui le renverse, il lui enlèvera toutes ses armes dans lesquelles il mettait sa confiance, et il partagera ses dépouilles.

23. Celui qui n'est point avec moi, est contre moi, et celui qui n'amasse point avec moi dissipe.

24. Lorsque l'esprit immonde est sorti d'un homme, il s'en va par des lieux arides, cherchant du repos ; et comme il n'en trouve pas, il dit : Je retournerai dans ma maison, d'où je suis sorti.

25. Il y revient, et la trouve nettoyée et ornée.

26. Alors il va prendre avec lui sept autres esprits plus méchants que lui ; ils entrent dans cette maison, et y demeurent. Et le dernier état de cet homme devient pire que le premier.

27. Lorsqu'il disait ces choses, une femme, élevant la voix au milieu du peuple, lui dit : Heureuses les en-

trailles qui vous ont porté, et les mamelles qui vous ont allaité!	qui te portavit, et ubera quæ suxisti!
28. Jésus reprit: Heureux plutôt ceux qui écoutent la parole de Dieu, et qui la pratiquent.	28. *At ille dixit : Quinimo, beati qui audiunt verbum Dei, et custodiunt illud.*

RÉFLEXIONS.

Après avoir délivré l'homme possédé d'un démon muet, Jésus pose trois grands principes de la vie chrétienne, dont un seul suffirait pour fixer à jamais l'âme dans la voie droite.

1° *Tout royaume divisé sera détruit.* L'homme ne peut à la fois suivre son plaisir et faire son devoir. Cette prétention est une cause de ruine, parce qu'elle amène la division dans l'âme, qui se trouve ainsi tirée de deux côtés. Lorsque l'homme balance entre le plaisir et le devoir, il est grandement à craindre que l'attrait de ce qui plaît ne l'emporte sur le devoir, et la ruine est consommée.

2° *Celui qui n'est pas pour moi, est contre moi.* Il n'y a en effet qu'un seul Sauveur, et ne pas vivre avec lui, ne pas l'aimer, ne pas le servir, ne pas lui obéir, c'est évidemment être contre lui. Hélas! quiconque en est là s'achemine vers sa perte éternelle. Combien d'hommes qui, passant leur vie sans Jésus, s'exposent à être traités, au dernier jour, comme ses ennemis!

3° *Heureux ceux qui entendent la parole de Dieu et qui la mettent en pratique.* C'est la troisième sentence qui sort de la bouche de Notre-Seigneur. A la gloire de la maternité divine et aux joies ineffables qui l'accompagnent, une chose est préférable : entendre la parole de Dieu et la mettre en pratique. Quelle pensée! Comme nous devons être avides de recueillir cette divine parole, et avec quel soin il faut que nous fassions ce qu'elle prescrit ! Que là soit toute notre étude, là tout notre bonheur.

PRIÈRES.

Ant. *Beati qui audiunt verbum Dei et custodiunt illud.*

℣. *Qui non est mecum, contra me est.*

℟. *Qui non colligit mecum dispergit.*

Oremus.

Deus, auctor lucis et claritatis inventor, illumina, quæsumus, nostrarum tenebras animarum : nosque famulos tuos gratiæ tuæ charitate confirma. Amen.

Ant. Heureux ceux qui écoutent la parole de Dieu, et qui la pratiquent.

℣. Celui qui n'est pas avec moi est contre moi.

℟. Celui qui n'amasse point avec moi dissipe.

Oraison.

O Dieu, auteur de la lumière et source de toute clarté, illuminez les ténèbres de nos âmes, nous vous en prions, et confirmez-nous dans votre service par votre sainte grâce. Ainsi soit-il.

I. *Puissance de Satan et sa faiblesse.* — Fig. : *Ex.*, xiv. Pharaon, image de Satan, poursuit Moïse et les Israélites, et bientôt il est englouti dans la mer Rouge avec tout son peuple. — Proph. : *Ex.*, xiv, 4. *Indurabo cor ejus, ac persequetur vos, et glorificabor in Pharaone.* J'endurcirai son cœur, il vous poursuivra, et je serai glorifié dans Pharaon.

II. *La bienheureuse Vierge.* — Fig. : *Cant.*, iii, 9, 10. Le sein de la bienheureuse Vierge Marie est figuré par le lit du roi Salomon, fait de bois du Liban. Il a des colonnes d'argent, le fond d'or, le milieu est orné de tout ce qu'il y a de plus précieux. Contemplez ces merveilles, âmes saintes, vraies filles de Jérusalem ! — Proph. : *Judith.*, xiii, 23. *Benedicta es tu... a Domino... præ omnibus mulieribus super terram.* Vous êtes bénie du Seigneur au-dessus de toutes les femmes de la terre.

CLIIᵉ VISITE.

NOTRE-SEIGNEUR AUX ENVIRONS DE JÉRUSALEM.

DU SIGNE DE JONAS, DE LA REINE DU MIDI ET DES NINIVITES.

JÉSUS va passer les derniers mois de sa vie apostolique en Judée et sur les confins de l'Iturée. Il est encore auprès de la ville sainte. Suivons-le avec un amour plus grand que jamais, dans ce pays alors si beau. Le travail de l'homme et la bénédiction de Dieu avaient fait à cette époque de la Judée, et surtout des environs de Jérusalem, une contrée si fertile et si riante! Vous voyiez partout, sur le flanc des collines et des montagnes, des terrasses soutenues par des murailles soigneusement construites. Ces murs étaient tapissés d'espaliers qui portaient des fruits précoces. On sait que la tribu de Juda était surtout un pays de vignobles; et les raisins qu'on y recueillait avaient une beauté et une grosseur remarquables.

Asseyons-nous à l'ombre de ces vignes et de ces figuiers, et méditons sur les dernières prédications du Fils de Dieu en ce pays.

ÉVANGILE.

	Luc., XI.
29. Comme le peuple accourait en foule, Jésus commença à dire : Cette race d'hommes est une race méchante. Elle demande un	29. *Turbis autem concurrentibus cœpit dicere : Generatio hæc, generatio nequam est : signum quærit, et signum non dabitur ei, nisi signum*

Jonæ prophetæ. (MATTH., XII, 39.)

30. *Nam sicut fuit Jonas signum Ninivitis : ita erit et Filius hominis generationi isti.* (JON., ii, 1.)

31. *Regina Austri surget in judicio, cum viris generationis hujus, et condemnabit illos, quia venit a finibus terræ audire sapientiam Salomonis : et ecce plusquam Salomon hic.* (III Reg., x, 1. II Paral., IX, 1.)

32. *Viri Ninivitæ surgent in judicio cum generatione hac, et condemnabunt illam : quia pœnitentiam egerunt ad prædicationem Jonæ* (JON., III, 5)*; et ecce plus quam Jonas hic.*

33. *Nemo lucernam accendit, et in abscondito ponit, neque sub modio, sed supra candelabrum, ut qui ingrediuntur lumen videant.* (MATTH., v, 15. MARC., IV, 21.)

34. *Lucerna corporis tui est oculus tuus. Si oculus tuus fuerit simplex, totum corpus tuum lucidum erit : si autem*

signe, et il ne lui en sera pas donné d'autre que celui du prophète Jonas.

30. Car, de même que Jonas fut un signe pour les Ninivites, ainsi le Fils de l'homme en sera un pour cette nation.

31. La reine du Midi se lèvera au *jour* du jugement contre les hommes de cette nation, et elle les condamnera, parce qu'elle est venue des extrémités de la terre pour entendre la sagesse de Salomon ; et il y a ici plus que Salomon.

32. Les habitants de Ninive se lèveront au jour du jugement contre ce peuple, et le condamneront, parce qu'ils ont fait pénitence à la prédication de Jonas ; et il y a ici plus que Jonas.

33. Il n'est personne qui, après avoir allumé une lampe, la mette en un lieu caché, ou sous un boisseau ; mais on la place sur un chandelier, afin que ceux qui entrent voient la lumière.

34. Votre œil est la lampe de votre corps : si votre œil est simple *et pur*, tout votre corps sera éclairé ;

mais s'il est mauvais, votre corps aussi sera dans les ténèbres.

35. Prenez donc garde que la lumière qui est en vous ne soit elle-même que ténèbres.

36. Si donc votre corps est éclairé, et n'a rien de ténébreux, tout sera illuminé en vous, comme vous le seriez à la lumière d'un flambeau.

nequam fuerit, etiam corpus tuum tenebrosum erit. (MATTH., VI, 21.)

35. *Vide ergo ne lumen, quod in te est, tenebræ sint.*

36. *Si ergo corpus tuum lucidum fuerit, non habens aliquam partem tenebrarum, erit lucidum totum, et sicut lucerna fulgoris illuminabit te.*

RÉFLEXIONS.

Prenons garde de ne pas transformer en ténèbres, par notre faute, la lumière que nous avons reçue ; car nous serions bien condamnables, et de là naîtrait pour nous une cause de ruine éternelle.

1º Jonas disparaissant dans le ventre d'une baleine, et retrouvé vivant au bout de trois jours, a été une figure de la résurrection de Jésus. Croyons fermement à la résurrection du Sauveur : c'est la vérité fondamentale de notre religion.

2º La reine du Midi, quittant momentanément son royaume, est venue voir Salomon. Nous reconnaissons que, en cela, elle est digne d'éloges. La sagesse de ce grand roi a fait l'objet de son admiration. Et nous ne trouverions pas le temps de contempler dans la méditation le vrai Salomon, le roi pacifique par excellence, celui qui nous donne toute lumière pour la vie présente, et qui nous promet tout bien dans la vie future? Nous serions inexcusables si nous ne faisions pas tout pour le connaître.

3º Les Ninivites ont entendu la prédication de Jonas,

ils ont fait pénitence, et le pardon leur a été accordé. Comme eux nous devons entendre la prédication de Jésus et de son saint précurseur. L'un et l'autre, par leur vie et leurs paroles, ont prêché la pénitence. A nous d'obéir à ce grand enseignement.

PRIÈRES.

Ant. *Viri Ninivitæ surgent in judicio cum generatione hac, et condemnabunt illam, quia pœnitentiam egerunt in prædicatione Jonæ.*

℣. *Lucerna corporis est oculus.*

℟. *Oculus simplex.*

Ant. Les Ninivites s'élèveront, au jour du jugement, contre ce peuple, et le condamneront, parce qu'ils ont fait pénitence à la prédication de Jonas.

℣. Votre œil est la lampe de votre corps.

℟. Que votre œil soit simple.

Oremus.

Lumen tuum, Domine, magnum ac sempiternum est; ideoque misericordiam tuam petimus, quam opere non meremur, ut oratio captiva peccatis, quæ inimico impediente fuscatur, vultus tui candore purgetur. Amen.

Oraison.

Seigneur dont la lumière est éternelle et brille d'une splendeur magnifique, nous implorons votre miséricorde, tout indignes que nous sommes, par nos actes, d'en ressentir les effets; et nous vous supplions de purifier, par les rayons de votre visage, notre prière sur laquelle l'ennemi répand des ombres ténébreuses, et que nos péchés empêchent d'aller librement à vous. Ainsi soit-il.

Prédiction de la résurrection du Sauveur. — Fig. : Jon., II, 1. Jonas demeurant trois jours et trois nuits dans le sein de la baleine est la figure de Jésus ressuscitant le troisième jour. — Proph. : Ps., cxix, 1. *Ad Dominum, cum tribularer, clamavi, et exaudivit me.* Dans mon affliction, j'ai crié vers le Seigneur, et il m'a exaucé.

CLIII^e VISITE.

JÉRUSALEM : LA MAISON D'UN PHARISIEN.

HYPOCRISIE DES SCRIBES ET DES PHARISIENS.

C'EST dans une ville de Judée, et probablement à Jérusalem, qu'eut lieu ce qui est raconté ici par l'Évangile [1].

Jérusalem, hélas ! tu as entendu souvent Jésus ; mais tes Pharisiens pleins d'orgueil n'ont point profité de sa divine parole. Entrons néanmoins dans la maison de ce Pharisien, et, par notre humilité et notre amour reconnaissant pour Jésus, faisons oublier à ce divin Maître l'ingratitude et l'orgueil de ces hommes si coupables.

Ce n'est pas loin du Temple que Jésus parle des prophètes immolés.

Nous pouvons voir en esprit ce monument vénérable où l'on offrait au Seigneur des victimes et des prières.

ÉVANGILE.

	Luc., xi.
37. Pendant que *Jésus* parlait, un Pharisien le pria de dîner chez lui. Et, étant entré, il se mit à table.	37. *Et cum loqueretur, rogavit illum quidam Pharisæus ut pranderet apud se. Et ingressus recubuit.*
38. Or, le Pharisien se prit à penser en lui-même,	38. *Pharisæus autem cœpit intra se reputans dicere, quare*

---

1. Voir le nota page 692.

non baptizatus esset ante prandium.

39. *Et ait Dominus ad illum : Nunc vos, Pharisæi, quod deforis est calicis et catini, mundatis : quod autem intus est vestrum, plenum est rapina et iniquitate.* (MATTH., XXIII, 25.)

40. *Stulti, nonne qui fecit quod deforis est, etiam id quod deintus est fecit ?*

41. *Verumtamen quod superest, date eleemosynam : et ecce omnia munda sunt vobis.*

42. *Sed væ vobis Pharisæis, quia decimatis mentham, et rutam, et omne olus : et præteritis judicium et charitatem Dei : hæc autem oportuit facere, et illa non omittere.*

43. *Væ vobis Pharisæis, quia diligitis primas cathedras in synagogis et salutationes in foro.* (MATTH., XXIII, 6. MARC., XII, 39. LUC., XX, 46.)

44. *Væ vobis, quia estis ut monumenta quæ non appa-*

et à se demander pourquoi il ne s'était pas lavé les mains avant le repas.

39. Le Seigneur lui dit : Vous autres, Pharisiens, vous nettoyez le dehors de la coupe et du plat ; mais au dedans de vous tout est plein de rapine et d'iniquité.

40. Insensés que vous êtes, est-ce que celui qui a fait le dehors n'a pas aussi fait le dedans ?

41. Néanmoins faites l'aumône de ce que vous avez, et toutes choses seront pures pour vous.

42. Mais malheur à vous, Pharisiens, qui payez la dîme de la menthe et de la rue, et de toutes les herbes, et qui n'avez aucun souci de la justice et de l'amour de Dieu : ces choses, il les fallait faire, et ne pas omettre les autres.

43. Malheur à vous, Pharisiens, parce que vous aimez à avoir les premières places dans les synagogues et à être salués sur la place publique.

44. Malheur à vous, parce vous ressemblez à des sépul-

cres qui ne paraissent point, et sur lesquels les hommes marchent sans le savoir.

45. Alors un des docteurs de la loi, prenant la parole, lui dit : Maître, en disant cela vous nous outragez aussi.

46. Mais Jésus lui dit : Et à vous aussi, Docteurs de la loi, malheur! parce que vous chargez les hommes de fardeaux qu'ils ne peuvent porter, et que vous ne voudriez pas même toucher du bout du doigt.

47. Malheur à vous qui bâtissez des tombeaux aux Prophètes ; et ce sont vos pères qui les ont tués.

48. Certes vous montrez assez que vous consentez à ce qu'ont fait vos pères ; car eux les ont tués, et vous, vous leur bâtissez des tombeaux.

49. C'est pourquoi la sagesse de Dieu a dit : Je leur enverrai des prophètes et des apôtres ; et ils tueront les uns, et persécuteront les autres ;

50. Afin qu'on redemande à cette nation le sang de tous les prophètes, qui a été

rent, et homines ambulantes supra, nesciunt.

45. *Respondens autem quidam ex legisperitis, ait illi : Magister, hæc dicens, etiam contumeliam nobis facis.*

46. *At ille ait : Et vobis Legisperitis væ, quia oneratis homines oneribus quæ portare non possunt : et ipsi uno digito vestro non tangitis sarcinas.* (MATTH., XXIII, 4.)

47. *Væ vobis, qui ædificatis monumenta Prophetarum : patres autem vestri occiderunt illos.*

48. *Profecto testificamini quod consentitis operibus patrum vestrorum : quoniam ipsi quidem eos occiderunt, vos autem ædificatis eorum sepulchra.*

49. *Propterea et sapientia Dei dixit : Mittam ad illos prophetas, et apostolos, et ex illis occident, et persequentur :*

50. *Ut inquiratur sanguis omnium prophetarum, qui effusus est a constitutione*

mundi a generatione ista :

51. *A sanguine Abel, usque ad sanguinem Zachariæ, qui periit inter altare et ædem. Ita dico vobis, requiretur ab hac generatione.* (Gen., IV, 8. II Paral., XXIV, 22.)

52. *Væ vobis Legisperitis : quia tulistis clavem scientiæ, ipsi non introistis, et eos qui introibant, prohibuistis.*

53. *Cum autem hæc ad illos diceret, cœperunt Pharisæi et Legisperiti graviter insistere, et os ejus opprimere de multis,*

54. *Insidiantes ei, et quærentes aliquid capere de ore ejus, ut accusarent eum.*

versé depuis le commencement du monde ;

51. Depuis le sang d'Abel jusqu'au sang de Zacharie, qui périt entre l'autel et le Temple. Oui, je vous déclare qu'on en demandera compte à cette nation.

52. Malheur à vous, Docteurs de la loi, parce que vous avez pris la clef de la science, et n'y êtes point entrés, et avez repoussé ceux qui entraient.

53. Comme il leur disait ces choses, les Pharisiens et les Docteurs de la loi commencèrent à le presser vivement, et à l'accabler de toutes sortes de questions,

54. Lui tendant des pièges, et tâchant de tirer de sa bouche quelque parole pour l'accuser.

RÉFLEXIONS.

1° Un Pharisien a invité le Sauveur à dîner chez lui ; et c'est pour le juger aussitôt avec malice et le condamner dans son cœur. Cet homme trouve que Jésus n'observe pas la loi. Au lieu de penser à purifier le fond de son cœur et à pratiquer la charité, ce Pharisien ne s'occupe que de ce qui est extérieur, de ce qui apparaît aux yeux, et il condamne méchamment les autres. Quelle étrange conduite !

2º Que de malédictions adressées par le divin Sauveur aux Pharisiens et aux orgueilleux légistes ! Ils sont maudits à cause de leur orgueil, de leur jactance, de leur désobéissance à Dieu et de leur peu de charité. Les voyez-vous imposer aux autres des fardeaux qu'ils ne veulent pas eux-mêmes toucher du doigt ? Ces travers odieux des Pharisiens n'existent-ils pas aujourd'hui encore ? Et ne méritons-nous pas plus ou moins les reproches de Jésus ?

3º La grâce de Dieu est repoussée par les orgueilleux Pharisiens et par tous leurs complices. Ces hommes veulent trouver Jésus en défaut, et l'accuser devant les tribunaux de la nation. Ils entendent conserver la puissance et continuer d'opprimer le peuple ; et pour cela ils sont prêts à perdre la réputation du Sauveur. O misère profonde de la vanité humaine et de l'égoïsme intéressé !...

PRIÈRES.

Ant. Insensé, celui qui a fait le dehors, n'a-t-il pas fait aussi le dedans ?

℣. Faites l'aumône,

℟. Et que toutes choses soient pures en vous.

Oraison.

Seigneur, remplissez vos serviteurs de l'esprit de la céleste charité, et daignez les embraser du feu de votre divin amour. Ainsi soit-il.

Ant. *Stulte, nonne qui fecit quod deforis est, etiam id quod deintus est, fecit ?*

℣. *Date eleemosynam,*

℟. *Et omnia munda sint in vobis.*

Oremus.

Famulis tuis, Domine, spiritum supernæ dilectionis infunde, et ignem divini amoris in eis propitiatus accende. Amen.

---

1. *Il faut purifier le cœur.* — Fig. : *Ex.,* xxv, 11. L'arche était recouverte d'or au dedans. — Proph. : *Ps.,* xliv, 14. *Omnis*

gloria ejus filiæ regis ab intus. Toute la gloire de la fille du roi est dans son intérieur.

II. *Malheur aux Pharisiens!* — Fig. : *Is.*, v, 8, 25. Isaïe dit : Malheur aux pécheurs. — Proph. : *Mich.*, iii, 9. *Audite hoc, principes et judices,... quia abominamini judicium.* Écoutez ces malédictions, princes et juges, car vous avez eu horreur de la justice.

III. *L'enfer réservé aux hypocrites.* — Fig. : *Job,* xx, 7. L'hypocrisie des orgueilleux est confondue. — Proph. : *Ezech.*, xxii, 31. *Effudi super eos indignationem meam.* J'ai répandu sur eux les flots de mon indignation.

Nota. — Il est très difficile, pour ne pas dire impossible, de fixer d'une manière absolument certaine le lieu où se sont accomplis les faits évangéliques rapportés dans cette visite et dans celles qui vont suivre, jusqu'à la CLXXII^e. Aussi, tout en suivant les traditions les plus en faveur auprès des Pères et des interprètes, tels que saint Augustin, saint Jérôme, saint Chrysostome, Maldonat, Cornelius a Lapide et beaucoup d'autres, nous ne donnerons, pour ces visites, que des désignations générales de pays : de telle sorte que la piété puisse trouver, dans les localisations de ces faits, de l'aide et de la consolation, sans être exposée à se tromper ; ce qui eût été à craindre, si l'on eût voulu préciser davantage.

CLIVe VISITE.

EN JUDÉE.

JÉSUS AU MILIEU DES FOULES : QUI FAUT-IL CRAINDRE?

Jésus parcourt la Judée. Combien cette Judée est intéressante à visiter, quand on y recherche les dernières traces des pas de Notre-Seigneur quelques mois avant sa mort.

Le voilà dans cette contrée, au milieu d'une foule qui le presse de toutes parts. Les hommes marchent les uns sur les autres, tant il y a d'encombrement. Avec quelle pieuse curiosité on écoute ici Jésus prémunissant les siens, en présence de tout ce peuple, contre l'orgueil et l'hypocrisie des Pharisiens !

A voir l'énergie avec laquelle le Dieu venu sur la terre s'élève contre l'orgueil, qui ne prendrait désormais en haine ce vice odieux?

ÉVANGILE.

	Luc., xii.
1. Une grande multitude étant autour de *Jésus*, de sorte qu'on marchait les uns sur les autres, il commença à dire à ses Disciples: Gardez-vous du levain des Pharisiens, qui est l'hypocrisie.	1. *Multis autem turbis circumstantibus, ita ut se invicem conculcarent, cœpit dicere ad Discipulos suos : Attendite a fermento Pharisæorum, quod est hypocrisis.* (Matth., xvi, 6. Marc., viii, 15.)

2. *Nihil autem opertum est, quod non reveletur, neque absconditum, quod non sciatur.* (MATTH., X, 26. MARC., IV, 22.)

3. *Quoniam quæ in tenebris dixistis, in lumine dicentur : et quod in aurem locuti estis in cubiculis, prædicabitur in tectis.*

4. *Dico autem vobis amicis meis : Ne terreamini ab his qui occidunt corpus, et post hæc non habent amplius quid faciant.*

5. *Ostendam autem vobis quem timeatis : timete eum, qui, postquam occiderit, habet potestatem mittere in gehennam. Ita dico vobis, hunc timete.*

6. *Nonne quinque passeres væneunt dipondio, et unus ex illis non est in oblivione coram Deo?*

7. *Sed et capilli capitis vestri omnes numerati sunt. Nolite ergo timere : multis passeribus pluris estis vos.*

8. *Dico autem vobis : Omnis quicumque confessus*

2. Mais il n'y a rien de caché qui ne doive être découvert, ni rien de secret qui ne doive être su.

3. Car ce que vous avez dit dans les ténèbres, on le dira dans la lumière, et ce que vous avez dit à l'oreille, dans l'intérieur de la maison, sera publié sur les toits.

4. Je vous dis donc à vous, qui êtes mes amis : Ne craignez point ceux qui tuent le corps, et qui après cela n'ont rien de plus à vous faire.

5. Mais je vous montrerai qui vous devez craindre : Craignez celui qui, après avoir ôté la vie, a le pouvoir de jeter en enfer. Je vous le dis, oui, celui-là craignez-le.

6. N'a-t-on pas cinq passereaux pour deux oboles? Et pas un d'eux cependant n'est en oubli devant Dieu.

7. Les cheveux mêmes de votre tête sont tous comptés. Ne craignez donc point, vous êtes de plus de prix qu'une infinité de passereaux.

8. Or, je vous le dis : Quiconque m'aura confessé

devant les hommes, le Fils de l'homme le confessera aussi devant les anges de Dieu.

9. Mais qui m'aura renié devant les hommes, sera renié devant les anges de Dieu.

10. Et si quelqu'un parle contre le Fils de l'homme, son péché lui sera remis; mais si quelqu'un blasphème contre l'Esprit-Saint, son péché ne lui sera point remis.

11. Lorsqu'ils vous conduiront dans les synagogues, devant les magistrats et les puissants *du monde*, ne vous inquiétez point comment vous répondrez, ni de ce que vous direz.

12. Car l'Esprit-Saint vous enseignera à l'heure même ce que vous devrez dire.

13. Alors, quelqu'un du milieu de la foule lui dit : Maître, dites à mon frère de partager avec moi notre héritage.

14. Mais Jésus lui dit : O homme, qui m'a établi

fuerit me coram hominibus, et Filius hominis confitebitur illum coram angelis Dei. (MATTH., X, 32. MARC., VIII, 38. II TIM., II, 12.

9. *Qui autem negaverit me coram hominibus, negabitur coram angelis Dei.*

10. *Et omnis qui dicit verbum in Filium hominis, remittetur illi : ei autem, qui in Spiritum sanctum blasphemaverit, non remittetur.* (MATTH., XII, 32. MARC., III, 29.)

11. *Cum autem inducent vos in synagogas, et ad magistratus et potestates, nolite solliciti esse qualiter aut quid respondeatis, aut quid dicatis.*

12. *Spiritus enim sanctus docebit vos in ipsa hora quid oporteat vos dicere.*

13. *Ait autem ei quidam de turba : Magister, dic fratri meo ut dividat mecum hæreditatem.*

14. *At ille dixit illi : Homo, quis me constituit ju-*

dicem aut divisorem super vos?	pour vous juger, ou pour faire vos partages?
15. *Dixitque ad illos: Videte, et cavete ab omni avaritia; quia non in abundantia cujusquam vita ejus est, ex his quæ possidet.*	15. Et il leur dit : Gardez-vous avec soin de toute avarice : car, en quelque abondance qu'un homme soit, sa vie ne dépend pas des biens qu'il possède.

RÉFLEXIONS.

1° Les vrais amis de Jésus ne doivent craindre que Dieu. C'est Dieu en effet qui, après la mort, châtie le coupable, et c'est le démon qui entraîne l'âme au péché et à l'enfer. Ainsi, quiconque a une conscience chrétienne vraiment éclairée ne redoute réellement que les jugements de Dieu et les suggestions de Satan. En suis-je là, Seigneur? Est-ce que je ne crains pas plus que toute autre chose la perte des biens temporels, et surtout celle de l'argent et de la vie?

2° Quand on ne craint et n'aime que Dieu, on lui rend le témoignage qui lui est dû; et on n'omet pas de le faire, tant en particulier qu'en public. On attend de l'Esprit-Saint la force et la lumière, pour ne dire que ce qu'il faut à la gloire et à la louange du Très-Haut. *Ne préméditez rien, c'est l'Esprit-Saint qui vous enseignera à l'heure même tout ce que vous devrez dire.*

3° Notre divin Sauveur montre bien ici qu'il n'est pas de ce monde, et que nous ne devons pas tenir aux misérables choses de la terre. S'il refuse de mettre la paix entre deux frères à propos d'un héritage, c'est uniquement afin de les guérir de leur avarice et de leur affection désordonnée pour les biens d'ici-bas. Ce n'est pas, en effet, l'abondance des biens de la terre qui nous fait vivre heureux et plus saints. O Sauveur Jésus, raffermissez notre foi en ces vérités fondamentales, et faites-les pénétrer dans tous les actes de notre vie.

PRIÈRES.

Ant. Le Saint-Esprit vous enseignera, à l'heure de la persécution, ce qu'il faudra que vous disiez.

℣. Ne vous mettez point en peine comment vous répondrez,

℟. Ni de ce que vous direz.

ORAISON.

O Dieu, qui donnez tous les biens et qui ne délaissez jamais ceux qui mettent en vous leur espoir, accordez-nous la grâce de conserver toujours notre confiance dans votre providence et dans votre bonté. Ainsi soit-il.

Ant. *Spiritus sanctus docebit vos in ipsa hora persecutionis quid oporteat vos dicere.*

℣. *Nolite solliciti esse quid respondeatis,*

℟. *Aut quid dicatis.*

OREMUS.

Deus, qui bona cuncta largiris et in te confidentes nunquam deseris, præsta, ut in tua semper habeamus providentia et pietate fiduciam. Amen.

Nécessité de louer Dieu. — Fig. : I *Paral.,* xxix. David rend grâces à Dieu, dont il confesse la gloire devant son peuple pour tous les biens que le Seigneur lui a accordés. Ses bénédictions en actions de grâces. — Proph. : *Ps.,* cxxix, 14. *Verumtamen justi confitebuntur nomini tuo.* Les justes rendront témoignage à votre nom.

TABLE DES MATIÈRES

DU PREMIER VOLUME

Nota. — *Les noms en lettres majuscules indiquent le lieu; les lettres italiques, la gravure, et les petits caractères romains, le sujet évangélique.*

	Pages.
Approbation, Lettres.	I
Dédicace.	IX
Préface.	XI
Manière de se servir de l'ouvrage.	XVII

Visites.

I. Jaffa. *Vue de Jaffa.* — Préface du saint Évangile.	I
II. Jérusalem. *Église de Sainte-Anne.* — Nativité de Marie.	5
III. — Le Temple. *Mosquée El-Aksa.* — *Eglise de la Présentation.* — Présentation de Marie.	15
IV. — Le Temple. *Mosquée d'Omar.* — L'Ange annonce la naissance de Jean-Baptiste.	18
V. Nazareth. *Crypte de l'Annonciation.* — L'annonciation de Marie.	24
VI. — Jésus vivant en Marie.	30
VII. Saint-Jean in Montana. *Sanctuaire de la Visitation.* — La Visitation de la sainte Vierge.	34
VIII. — *Ruines de l'ancienne église du Magnificat.* — Le Magnificat.	39

Visites.		Pages.
IX. Saint-Jean in Montana.	*Vue d'Aïn-Kérim*. — Le lieu de la naissance de saint Jean-Baptiste....	43
X. —	Le cantique de Zacharie.	48
XI. Nazareth.	*Entrée de la chapelle de l'Annonciation.* — Un ange apparaît à saint Joseph.	52
XII. Bethléem.	*Autel de la Nativité de Notre-Seigneur dans la grotte.* — La Nativité de Notre-Seigneur.	56
XIII. Près de Bethléem.	*Ruines de la chapelle de l'apparition des Anges aux pasteurs.* — Les bergers avertis par les Anges.	62
XIV. —	*Champ des pasteurs.* — A Jésus enfant inspirant le cantique des Anges.	67
XV. —	*Intérieur de la grotte du lait.* — Lieu de l'ancienne maison de saint Joseph près de Bethléem.	70
XVI. Bethléem.	*Intérieur de l'église au-dessus de la grotte de la Nativité.* — Adoration des bergers	73
XVII. —	*Extérieur de l'église supérieure.* — Le Christ est circoncis et nommé Jésus.	77
XVIII. —	*Lieu de l'adoration des Mages dans la grotte.* — Adoration des Mages.	80
XIX. —	*Entrée de la grotte du lait.* — L'allaitement.	85
XX. —	*Les diverses grottes.* — Au lieu où saint Joseph reçut l'ordre de fuir en Égypte.	88
XXI. Jérusalem.	*Le Temple. Ancienne église de la Présentation.* — *Mosquée El-Aksa du coté du midi.* — Purification de Marie et présentation de Jésus au Temple.	91
XXII. —	*Le Temple.* Notre-Seigneur inspirant le cantique de saint Siméon dans le Temple de Jérusalem.	97
XXIII. De Bethléem a Nazareth.	*Extérieur du couvent franciscain à Bethléem.* — La sainte Famille se rend à Nazareth	100
XXIV. Le Caire en Égypte.	*Chapelle et grotte de la Sainte-Vierge.* — La sainte Famille pendant son séjour en Égypte.	103

Visites.	Pages.
XXV. LA MATARÉE, PRÈS DU CAIRE, EN EGYPTE. *Sycomore de la Vierge.* — Au sycomore de la Vierge en Égypte.	106
XXVI. BETHLÉEM. *Tombeau de Rachel.* — Les saints Innocents.	110
XXVII. EGYPTE. Jésus envoie l'Ange à Joseph pour lui donner ordre de quitter l'Égypte.	114
XXVIII. D'EGYPTE EN GALILÉE. *Nazareth.* — Le voyage de Notre-Seigneur d'Égypte en Galilée	117
XXIX. DÉSERT DE SAINT JEAN. *Grotte de saint Jean.* — Saint Jean pénitent et solitaire.	120
XXX. NAZARETH. *Vue du couvent franciscain.* — Vie cachée de Notre-Seigneur	123
XXXI. TEMPLE DE JÉRUSALEM. *Vestiges de l'ancienne église d'El-Bireh.* — Jésus perdu et retrouvé.	127
XXXII. NAZARETH. *Atelier de saint Joseph.* — Joseph artisan.	132
XXXIII. — *Fontaine de la Vierge.* — Marie va puiser l'eau à la fontaine.	135
XXXIV. LE JOURDAIN. *Vue d'Abila de Lysanias.* — Saint Jean-Baptiste prêchant.	138
XXXV. — *Une Vue du Jourdain.* — Prédication de Jean-Baptiste.	143
XXXVI. — *Le Jourdain à l'endroit du baptême de Jésus.* — Baptême de Jésus.	147
XXXVII. LA QUARANTAINE. *Montagne et solitude, près de Jéricho.* — Jeûne de Jésus.	152
XXXVIII. BÉTHANIE DU JOURDAIN. *Vue de Jéricho et des montagnes occidentales.* — Témoignage de Jean.	158
XXXIX. — *Aqueduc près de Jéricho.* — Témoignage de Jean.	164
XL. BORDS DU JOURDAIN. — Première vocation de Pierre et d'André, son frère	168
XLI. LE JOURDAIN. — Vocation de Philippe de Bethsaïda. — Nathanaël	172
XLII. CANA EN GALILÉE. *Vue de la fontaine de Cana* — Jésus change l'eau en vin.	176

Visites.	Pages.
XLIII. CAPHARNAUM. — Capharnaüm est la ville de Jésus.	181
XLIV. TEMPLE DE JÉRUSALEM. *Jérusalem du côté de l'orient.* — Jésus chasse les vendeurs.	184
XLV. —. . Prudence de Jésus.	188
XLVI. JÉRUSALEM. *Chambre et chapelle de Saint-Nicodème à Ramley.* — Entrevue de Jésus et de Nicodème.	191
XLVII. JUDÉE. *Descente à la fontaine de Siloé.* — Jésus et le Sacrement de baptême.	197
XLVIII. ÆNNON. *Une vue de Naplouse.* — Témoignage de Jean-Baptiste.	200
XLIX. SAMARIE. *Oliviers près de Naplouse.* — Humilité de saint Jean-Baptiste.	205
L. PRÈS DE SICHEM OU NAPLOUSE. *Le Puits de Jacob.* — Conversion de la Samaritaine.	209
LI. SICHEM, OU NAPLOUSE. *Vue de Naplouse du côté du nord.* — Conversion de nombreux Samaritains.	219
LII. VOYAGE DE SICHEM EN GALILÉE. *Sichem : porte de mosquée.* — Il faut croire à l'Evangile.	223
LIII. NAZARETH. *Eglise arménienne.* — Jésus dans la synagogue.	227
LIV. — *Montagne du précipice.* — Jésus poursuivi.	232
LV. — *Vue de Nazareth du côté de l'ouest.* — Notre-Dame de l'Effroi.	236
LVI. HAUTE GALILÉE. CAPHARNAUM. *Sommet du mont Hermon.*— Pénitence, sa nécessité	239
LVII. CANA EN GALILÉE. *Village de Cana.* — Guérison du fils d'un officier.	243
LVIII. BORDS DE LA MER DE GALILÉE. *Lac de Génésareth.* — Deuxième appel d'André et de Pierre.	247
LIX. — Vocation de Jacques et de Jean.	250
LX. CAPHARNAUM. *Ruines de Capharnaüm.* — Synagogue. Délivrance d'un démoniaque.	253
LXI. — La belle-mère de saint Pierre malade.	257
LXII. GALILÉE. — Le Christ va dans une solitude pour prier.	260
LXIII. MER DE GALILÉE. *Mer de Galilée.* — La Barque de Pierre et la Pêche miraculeuse.	264

Visites.			Pages.
LXIV.	Montagne du Christ entre Bethsaïda et Capharnaum. *Habitation de lépreux à Naplouse.* — Lépreux guéris.		269
LXV.	Capharnaum. — Guérison du paralytique.		273
LXVI.	Bord de la mer de Galilée. — Vocation de saint Matthieu.		278
LXVII.	Capharnaum. — Jésus époux des âmes.		281
LXVIII.	Jérusalem. *Piscine probatique.* — L'homme infirme depuis trente-huit ans.		285
LXIX.	Galilée près de Cana. *Le champ des épis.* — Les Épis et le Sabbat.		299
LXX.	Synagogue en Galilée. *Ruines de synagogue à Capharnaüm.* — Guérison d'une main desséchée.		303
LXXI.	Mer de Galilée. — Jésus dans une barque. Jésus est le vrai Messie.		307
LXXII.	Montagne de Jésus-Christ et des apôtres. *Première vue de la montagne des Béatitudes.* — Election des Apôtres.		311
LXXIII.	Montagne des Béatitudes. *Vue de la montagne des Béatitudes.* — Les huit béatitudes.		316
LXXIV.	—	Sermon sur la Montagne. Les Apôtres sel et lumière du monde.	322
LXXV.	—	Sermon sur la Montagne. Paix et réconciliation.	327
LXXVI.	—	Sermon sur la Montagne. Le lien conjugal et le scandale.	331
LXXVII.	—	Sermon sur la Montagne. Cela est, cela n'est pas.	335
LXXVIII.	—	Sermon sur la Montagne. Amour des ennemis.	338
LXXIX.	—	Sermon sur la Montagne. Fuir l'hypocrisie.	343
LXXX.	—	Sermon sur la Montagne. Le *Pater*.	347
LXXXI.	—	Sermon sur la Montagne. Le Jeûne.	352
LXXXII.	—	Sermon sur la Montagne. Chercher le royaume de Dieu.	356

Visites. Pages.
LXXXIII. Montagne des Béatitudes. Sermon sur la Montagne.
Ne pas juger............ 361
LXXXIV. — Sermon sur la Montagne. Demandez,
cherchez, frappez......... 364
LXXXV. — Sermon sur la Montagne. Porte étroite,
voie large............ 368
LXXXVI. — Sermon sur la Montagne. Faire la volonté
de Dieu............. 372
LXXXVII. En bas de la montagne. *Montagne des Béatitudes.*
— Guérison d'un lépreux......... 376
LXXXVIII. Capharnaum. — Foi du centenier...... 380
LXXXIX. Naïm. *Naïm.* — Jésus ressuscite le fils d'une
veuve.............. 385
XC. — Ambassade de Jean-Baptiste à Jésus.... 389
XCI. Mer de Galilée. *Vue de Corozaïn.* — Malédiction aux
villes infidèles........... 396
XCII. Environs de Bethsaïda. — Le joug du Seigneur.... 400
XCIII. Jérusalem. *Ruines de la maison de Simon le Pharisien.*
— Marie-Madeleine chez Simon le Pharisien.... 403
XCIV. Courses évangéliques en Judée, Samarie, Galilée.
Magdala, sur les bords du lac de Génésareth. —
Les Saintes Femmes servant les Apôtres...... 409
XCV. Capharnaum. — Démoniaque aveugle et muet.... 413
XCVI. — Le signe de Jonas......... 418
XCVII. Bords du lac de Génésareth. — Les sept démons.. 422
XCVIII. Capharnaum. — Qui est frère ou mère de Jésus?.. 425
XCIX. Bords de la mer de Galilée. — Parabole de la se-
mence.............. 428
C. — Science et justice de Dieu....... 435
CI. — *Ville de Tibériade.* — Parabole de l'ivraie
et du bon grain.......... 439
CII. — Parabole du grain de sénevé, du le-
vain.............. 443
CIII. Capharnaum. Maison de saint Pierre. — Explication
de la parabole de l'ivraie et du bon
grain.............. 447

Visites.	Pages.
CIV. CAPHARNAUM. MAISON DE SAINT PIERRE. Paraboles aux disciples, pierre précieuse, filet. . . .	451
CV. MER DE GALILÉE. *Mer de Galilée.* — La tempête apaisée.	456
CVI. SERMON AU DELA DU LAC DE TIBÉRIADE. *Tour et lac de Tibériade.* — Les démons expulsés entrent dans les pourceaux.	461
CVII. CAPHARNAUM. *Césarée de Philippe, pays de l'hémorroïsse.* . . . — Guérison de l'hémorroïsse	468
CVIII. CAPHARNAUM, MAISON DE JAÏRE. — Résurrection de sa fille.	474
CIX. CAPHARNAUM. — La vue rendue à deux aveugles. . . .	479
CX. — Guérison d'un démoniaque muet. . .	482
CXI. NAZARETH. *Vue de Nazareth.* — Jésus méprisé dans sa patrie.	485
CXII. GALILÉE. *Plaine d'Esdrelon ou de Jezraël.* — L'abondance de la moisson des âmes.	489
CXIII. — Les noms des Apôtres. Recommandations qui leur sont adressées.	493
CXIV. — *Vue de la mer Morte prise des environs de Jéricho.* — Nouvelles recommandations aux Apôtres. .	499
CXV. GALILÉE, PLAINE DE ZABULON. — Prudence et simplicité recommandées aux Apôtres.	503
CXVI. GALILÉE, ZABULON OU ESDRELON. — Les Apôtres armés pour le combat spirituel.	509
CXVII. SAMARIE. *Église Saint-Jean-Baptiste, à Sébaste.* — Onction des malades. Préocccupation du roi Hérode.	513
CXVIII. SAMARIE OU SÉBASTE. *Tombeau de saint Jean-Baptiste à Sébaste.* — Décollation de saint Jean-Baptiste. .	517
CXIX. GALILÉE, BORDS DE LA MER. *Lieu de la multiplication des pains.* — La première multiplication des pains. . .	523
CXX. PRÈS DU LAC DE TIBÉRIADE, MONTAGNE DE BETHSAÏDA. — Notre-Seigneur se retira là pour prier.	531
CXXI. MER DE GALILÉE. Jésus marche sur les flots et calme la tempête.	534

Visites. Pages.

CXXII. Terre de Génésar. — Miracles de Jésus dans la terre de Génésar............. 539

CXXIII. Capharnaum. — Le pain descendu du ciel..... 542

CXXIV. — Jésus, est le pain de vie..... 547

CXXV. — La chair et le sang de Jésus-Christ sont une nourriture et un breuvage.. 552

CXXVI. Galilée. — Traditions humaines des Pharisiens; la piété filiale............. 558

CXXVII. Environs de Tyr et de Sidon. *Sidon*. — La Chananéenne................ 565

CXXVIII. Environs de Bethsaïda. — Un sourd-muet guéri. 570

CXXIX. Bords de la mer de Galilée. *Une vue du lieu de la multiplication des pains*. — Seconde multiplication des pains.................. 573

CXXX. Magedan ou Dalmanutha. — Le signe de Jonas, indiqué pour la seconde fois........... 578

CXXXI. Bethsaïda. *Vue de Bethsaïda* — Un aveugle est guéri peu à peu par Jésus........... 583

CXXXII. Césarée de Philippe. *Environs de Césarée de Philippe*. — Saint Pierre est établi le fondement de l'Eglise. 587

CXXXIII. Environs de Césarée de Philippe. *Sources du Jourdain.* — Leçon donnée à saint Pierre. 592

CXXXIV. — Il faut suivre Jésus......... 596

CXXXV. Mont du Thabor. *Le Thabor.* — Transfiguration de Notre-Seigneur................ 599

CXXXVI. Au pied du Thabor. — Convulsions et guérison d'un possédé lunatique................ 607

CXXXVII. Galilée. — Passion et résurrection annoncées... 613

CXXXVIII. Capharnaum. *Ruines de Capharnaüm.* — Jésus paye le tribut pour Pierre........... 616

CXXXIX. Capharnaum, la maison de saint Pierre. — Jésus et les enfants............. 620

CXL. — Enseignement de Jésus, sur le scandale et l'enfer.............. 625

CXLI. — Enseignements sur la correction fraternelle, la soumission à l'Eglise.... 629

Visites.	Pages.
CXLII. CAPHARNAUM, LA MAISON DE SAINT PIERRE. Enseignements de Jésus, sur le pardon des injures.	633
CXLIII. AU DELA DU JOURDAIN. *Vallée du Jourdain et montagnes.* — Prédication de Jésus. La foule le suit.	638
CXLIV. SAMARIE, OU SÉBASTE. *Ruines de Sébaste.* — Zèle intempestif des apôtres.	642
CXLV. EN SAMARIE ET GALILÉE, etc. *Mont Garizim.* — Enseignement de Jésus sur la pauvreté évangélique.	646
CXLVI. GALILÉE. *Tyr.* — Mission des soixante-douze disciples.	650
CXLVII. CAPHARNAUM. — Retour des soixante-douze disciples.	656
CXLVIII. CHEMIN DE JÉRUSALEM A JÉRICHO. *Chemin de Jérusalem à Jéricho.* — Le bon Samaritain.	661
CXLIX. BÉTHANIE. *Vue de Béthanie.* — La maison où Marthe reçoit Jésus.	666
CL. MONT DES OLIVIERS. *Cloîtres du Pater.* — Le lieu du second enseignement du *Pater* (*le Credo*).	670
CLI. ENVIRONS DE JÉRUSALEM. Jésus chasse les démons par sa divine puissance.	678
CLII. — Du signe de Jonas, de la Reine du Midi et des Ninivites.	683
CLIII. JÉRUSALEM. LA MAISON D'UN PHARISIEN. — Hypocrisie des Scribes et des Pharisiens.	687
CLIV. EN JUDÉE. — Jésus au milieu des foules. Qui faut-il craindre?.	694

A PARIS

DES PRESSES DE JOUAUST ET SIGAUX

RUE SAINT-HONORÉ, 338

www.ingramcontent.com/pod-product-compliance
Lightning Source LLC
Chambersburg PA
CBHW071703300426
44115CB00010B/1298